Dietrich Benner
Allgemeine Pädagogik

34

Grundlagentexte Pädagogik

Inhalt

Vorwort

Eine Allgemeine Pädagogik kann heute noch weniger als vielleicht in früheren Zeiten einen Überblick über die pädagogischen Handlungsfelder, die in ihnen wirksamen Theorien und die verzweigten Anstrengungen und Resultate erziehungswissenschaftlicher Forschung geben. Sie muß jedoch, wenn sie ihren Namen verdienen soll, einen pädagogischen Grundgedanken[1] vorstellen, der allgemein in einem doppelten Sinne ist. Er muß Geltung beanspruchen können für alle Handlungsfelder pädagogischer Praxis; und er muß Anerkennung finden können in allen Bereichen erziehungswissenschaftlicher Theorieentwicklung und Forschung. Ob eine Allgemeine Pädagogik solche Geltung beanspruchen darf und solche Anerkennung finden kann, entscheidet sich freilich nicht in ihr selbst. Denn Anerkennung und Geltung soll ihr ja gerade durch ihre Bedeutung für die pädagogische Praxis und die erziehungswissenschaftliche Theorieentwicklung und Forschung zukommen.

So scheint es gleich in mehrfacher Hinsicht ein riskantes Unternehmen zu sein, heute eine Allgemeine Pädagogik zur Diskussion zu stellen, kann ein solcher Versuch doch aus vielen Gründen scheitern. Er kann mißlingen, weil er von niemandem ernst genommen wird und weder in den Praxisfeldern pädagogischen Handelns noch in der erziehungswissenschaftlichen Theoriebildung und Forschung Adressaten findet, für die die Entfaltung eines pädagogischen Grundgedankens in irgendeiner Hinsicht bedeutsam wäre. Er kann scheitern, weil sich die Annahme, es gebe überhaupt so etwas wie einen Grundgedanken pädagogischen Denkens und Handelns, angesichts der verzweigten Aufgaben professionellen pädagogischen Handelns und angesichts der Vielfalt und Verschiedenheit erziehungswissenschaftlicher Forschungstraditionen gar nicht mehr überzeugend ausweisen läßt. Er kann schließlich scheitern, weil es miteinander konkurrierende Vorstellungen von pädagogischer Praxis mit jeweils historisch begrenzter theoretischer Reichweite und praktischer Gültigkeit gibt und der Anspruch, den eine Allgemeine Pädagogik erheben muß, einen einzigen pädagogischen Grundgedankengang systematisch zu entwickeln, gar nicht mehr als wahrheitsfähig angesehen wird.

Ob der Versuch, in einer Allgemeinen Pädagogik den pädagogischen Grundgedanken systematisch zu fassen, gelingen kann oder zum Scheitern verurteilt ist, hängt freilich nicht nur von ihren möglichen Adressaten, von ihrer Stellung zu den verschiedenen Bereichen pädagogischer Praxis und erziehungswissenschaftlicher Forschung, und auch nicht allein davon ab, ob sie im Streit konkurrierender Handlungsstrategien und Forschungsparadigmata einen Beitrag zur Klärung der Wahrheitsfrage pädagogischer Urteilskraft zu leisten vermag. Zwar entscheidet dies alles gewiß mit darüber, ob eine Allgemeine Pädagogik Geltung beanspruchen und Anerkennung finden kann. Nicht weniger ausschlaggebend dürfte jedoch sein, welche Bedeutung sie selbst ihrem Versuch, den pädagogischen Grundgedanken zu entfalten, beimißt.

Beanspruchte Allgemeine Pädagogik, das, was unter pädagogischem Denken und Handeln zu verstehen ist, allererst zu begründen und eine pädagogische Urteilskraft hervorzubringen, die dann für die erziehungswissenschaftliche Theorieentwicklung und Forschung ebenso wie für das pädagogische Handeln bestimmend wird, so würde es am Ende wohl so viele pädagogische Grundgedanken geben, wie sich Allgemeine Pädagogiken aufstellen lassen. Von einem maßgeblichen pädagogischen Grundgedanken könnte dann gar nicht mehr die Rede sein. Begnügte sich hingegen Allgemeine Pädagogik damit, lediglich die schon in Erziehungswissenschaft und pädagogischer Praxis vorhandenen Urteilsformen auf einen Begriff zu bringen und einen allgemeinen pädagogischen Grundgedanken reflektierend zu rekonstruieren, so würden wir am Ende womöglich so viele Meinungen über die Eigenart pädagogischen Denkens und Handelns zusammentragen, wie es Auffassungen von pädagogischer Urteilskraft gibt, ohne der einen Meinung einen Vorzug gegenüber der jeweils anderen begründet einräumen zu können.

Worauf aber soll dann eine Allgemeine Pädagogik ihren Anspruch gründen, den Grundgedanken pädagogischen Denkens und Handelns systematisch zu formulieren und zur Diskussion zu stellen? Die Antwort hierauf ist ebenso einfach wie komplex. Gäbe es die Frage nach der Grundstruktur und Eigenart pädagogischen Handelns gar nicht als solche, so wäre eine Allgemeine Pädagogik gar nicht möglich; verfügten wir dagegen über eine allgemein anerkannte Antwort auf diese Frage, so wäre sie gar nicht notwendig. Die Möglichkeit einer Allgemeinen Pädagogik läßt sich nur auf das geschichtliche Faktum der Frage nach der Eigenart pädagogischen Denkens und Handelns selbst gründen. Unabhängig von der Dignität dieser Frage kann eine Allgemeine Pädagogik keinerlei Bedeutung beanspruchen. Die Notwendigkeit einer systematischen Erörterung des Grundgedankens pädagogischen Denkens und Handelns kann dann aber nicht anders als in Auseinandersetzung mit den geschichtlich vorgegebenen Fragen nach der Eigenart pädagogischen Denkens und Handelns erwiesen werden. Unabhängig von diesen Fragen läßt sich weder die Möglichkeit noch die Notwendigkeit einer Vergewisserung darüber, was unter der Grundstruktur pädagogischen Denkens und Handelns legitimerweise zu verstehen ist, erweisen.

In diesem Sinne versteht sich der folgende Entwurf einer Allgemeinen Pädagogik, wie aus seinem Untertitel hervorgeht, als Versuch einer systematisch-problemgeschichtlichen Vergewisserung über die Grundstruktur pädagogischen Denkens und Handelns. Sollte jedoch die für die zurückliegenden Jahrhunderte unserer Geschichte mitbestimmende Frage nach der Eigenart pädagogischen Denkens und Handelns einmal der Vergessenheit anheim fallen, so wäre damit zugleich der systematischen Pädagogik jegliche Grundlage entzogen, überhaupt die Frage zu erörtern, was unter einem pädagogischen Grundgedanken zu verstehen ist. Die Erinnerung daran wachzuhalten, was hierunter verstanden werden kann, ist heute die vielleicht vordringliche Aufgabe einer Allgemeinen Pädagogik. Von dieser Aufgabe handeln alle Kapitel der hier vorgelegten Arbeit:

Das einleitende Kapitel skizziert Notwendigkeit und Schwierigkeit, den pädagogischen Grundgedanken heute systematisch zu formulieren.

Das zweite Kapitel versucht die Möglichkeit einer Allgemeinen Pädagogik im Hinblick auf die Bedeutung zu begründen, die der pädagogischen Praxis im Rahmen der sich wandelnden menschlichen Gesamtpraxis zukommt.

Im dritten Kapitel werden Prinzipien vorgestellt, die für eine Bestimmung der Eigenart pädagogischen Denkens und Handelns unverzichtbar sind und sowohl von der pädagogischen Praxis als auch von der Erziehungswissenschaft anerkannt werden müssen, wenn auch künftig an einem systematischen Begriff pädagogischen Denkens und Handelns festgehalten werden soll.

Auf der Grundlage dieser Prinzipien entwickelt das vierte Kapitel eine systematische Gliederung der Erziehungswissenschaft nach handlungstheoretischen Fragestellungen, das fünfte Kapitel eine systematische Gliederung der pädagogischen Praxis nach Dimensionen pädagogischen Handelns, die Geltung und Anerkennung für alle Teile der ausdifferenzierten pädagogischen Praxis und der erziehungswissenschaftlichen Forschung beanspruchen.

Die hier vorgelegte Allgemeine Pädagogik schließt mit der Aufforderung, die Einheit der Pädagogik angesichts der Vielheit pädagogischer Berufe und erziehungswissenschaftlicher Teildisziplinen in den Prinzipien pädagogischen Denkens und Handelns, den handlungstheoretischen Fragestellungen der Erziehungswissenschaft und den systematischen Dimensionen pädagogischer Praxis zu begründen.

Nahezu alle in dieser Arbeit entwickelten Überlegungen entstammen der Theoriegeschichte der Pädagogik. Auf Originalität in den systematischen Aussagen wird kein Anspruch erhoben. Diese könnte allenfalls darin liegen, daß die hier vorgelegte Einführung in die Grundstruktur pädagogischen Denkens und Handelns sich darum bemüht, von heutigen Fragestellungen ausgehend, die Bedeutung der Tradition für eine zeitgemäß-unzeitgemäße Bestimmung des pädagogischen Grundgedankens zu erweisen und eine systematische Ordnung der handlungstheoretischen Fragestellungen der Erziehungswissenschaft sowie der praktischen Dimensionen pädagogischen Handelns zu entwickeln, an welcher in problemgeschichtlicher Sicht festgehalten werden muß, wenn die Frage nach der Grundstruktur pädagogischen Denkens und Handelns auch künftig Beachtung finden soll.

Die Arbeit an diesem Band hat – mit vielen Unterbrechungen – zehn Jahre in Anspruch genommen. Sie wurde gefördert durch die Zusammenarbeit mit Friedhelm Brüggen, Karl-Franz Göstemeyer, Herwart Kemper, Helmut Peukert und Jörg Ramseger im Münsteraner Institut und durch den Gedankenaustausch mit Wolfdietrich Schmied-Kowarzik und Egon Schütz. Hans Bokelmann habe ich für viele „Frühstücksgespräche", Anneli Witte für die Betreuung des Manuskripts zu danken.

Münster/Altenberge im März 1987
Dietrich Benner

Vorbemerkung zur Zweiten Auflage

Der Text wurde für die 2. Auflage noch einmal durchgesehen und an einigen Stellen ergänzt.

Münster/Altenberge im Oktober 1990
Dietrich Benner

12

1. Einleitung:
Von der Schwierigkeit,
Notwendigkeit und Möglichkeit
einer Allgemeinen Pädagogik

1.1. Von der Schwierigkeit, sich über Erziehungswissenschaft und pädagogische Praxis zu verständigen

Von einer Allgemeinen oder Systematischen Pädagogik wird man mit Recht verlangen dürfen, daß sie allgemeine Aussagen über die Erziehungswissenschaft, über deren Gegenstand, das pädagogische Handeln, und über beider Stellung zu anderen Wissenschaften und Praxisformen macht. Worauf sonst sollte sich ihre Allgemeinheit und Systematik beziehen?

Eine solche Auffassung geht von der Voraussetzung aus, daß sich verschiedene Wissenschaften und Praxisformen voneinander abgrenzen lassen und daß diese in einem systematisch sinnvollen Zusammenhang stehen, aus welchem eine jede ihren Ort und ihre Bedeutung gewinnt. In mehrfacher Hinsicht sind solche Annahmen jedoch heute problematisch. Unter den Wissenschaften besteht kein Konsens bezüglich ihres systematischen Zusammenhangs. Sie lassen sich, wie die wissenschaftstheoretische Diskussion der letzten Jahre neuerlich gezeigt hat, weder nach Gegenstandsbereichen noch nach Methoden eindeutig ordnen. Ebenso schwierig ist es, verschiedene Tätigkeiten voneinander abzugrenzen; Erziehung, Arbeit (Ökonomie) und Politik stehen in einem so komplexen Zusammenhang, daß es naiv und vermessen erscheinen muß, sie als autonome Bereiche abgrenzen zu wollen.

Weder nach außen, gegenüber anderen ,,Wirklichkeiten``, noch nach innen, im Hinblick auf eine innere Konsistenz, läßt sich heute so etwas wie ,,die Erziehungswissenschaft`` ausgrenzen und identifizieren. Das Problem, Wissenschaften und Praxisfelder systematisch zu ordnen, betrifft ja nicht nur das Verhältnis der Pädagogik zu anderen Wissenschaften und Praxisformen; es stellt sich auch innerhalb der Pädagogik selbst. Die Erziehungswissenschaft löst sich immer mehr in eine Vielzahl von Einzeldisziplinen auf, die nur mehr durch das lockere Band eines gemeinsamen Namens zusammengehalten werden, der neuerdings immer häufiger im Plural verwendet wird, weil sich mit ihm keine unmittelbar einsichtige gemeinsame Fragestellung mehr verbindet. Zu den „Erziehungswissenschaften" rechnen wir heute nicht nur verschiedene Bereichs- oder Regionalpädagogiken, sondern ebenso unterschiedliche, lediglich mit dem Attribut „pädagogisch" oder irgendeinem Grundbegriff der Pädagogik versehene Einzelwissenschaften. So sprechen wir, um nur einige Beispiele zu nennen, von Berufs-, Freizeit-, Kunst-, Musik-, Moral- und Religionspädagogik, von Vorschul-, Schul-, Sozialpädagogik und Erwachsenenbildung, von pädagogischer Psychologie, pädagogischer Soziologie und Bildungsökonomie. Analog verhält es sich mit der pädagogischen Praxis. Wir unterscheiden die pädagogischen Berufe in solche von Kindergärtnern und Vorschulerziehern, Sozial- und Schulpädagogen, Schultypen zugeordneten Fach- und Stufenlehrern, Testspezialisten, Curriculumkonstrukteuren und -evaluatoren, Schullaufbahnberatern, Elternberatern, Weiterbildnern und andere mehr. Die pädagogische Praxis hat sich längst in eine Vielzahl von Einzeltätigkeiten ausdifferenziert, die in keinem unmittelbar einsichtigen und sie verbindenden pädagogischen Zusammenhang mehr stehen, für die es weder eine einheitliche Aufgabenstellung noch eine auf sie vorbereitende und sie überprüfende systematisch gegliederte Wissenschaft gibt.

Vor diesem Hintergrund muß die grundsätzliche Frage gestellt werden, ob für die sich in erziehungswissenschaftliche Einzeldisziplinen auflösende Pädagogik und die sich in Einzeltätigkeiten zergliedernde pädagogische Praxis überhaupt noch eine Allgemeine Pädagogik erforderlich und ein sie verbindender pädagogischer Grundgedanke formulierbar ist.

Aussichtslos muß es auf den ersten Blick erscheinen, allgemeine Aussagen über eine besondere Wissenschaft und deren Gegenstand machen zu wollen, wenn diese ihre Identität und Besonderheit eingebüßt hat. Eine Allgemeine Pädagogik kann es offenbar nur geben, wenn und solange die Pädagogik eine Wissenschaft ist, die einen besonderen Gegenstand hat; eine besondere Wissenschaft kann sie aber nur sein, wenn ihre Besonderheit sie nicht nur gegenüber anderen Wissenschaften und Gegenstandsbereichen abgrenzt, sondern in allen ihren Fragestellungen auch systematisch bestimmt. Für die Allgemeine Pädagogik bedeutet dies letztlich, daß sie nur unter Bedingungen möglich ist, unter denen sie gar nicht erforderlich ist, unter Bedingungen nämlich, in denen die Einheit pädagogischen Denkens dessen Besonderheit gegenüber anderen Wissenschaften und Handlungsbereichen auszeichnet und für alle theoretischen und praktischen Fragestellungen der Pädagogik bestimmend ist; und umgekehrt bedeutet dies, daß eine Allgemeine Pädagogik gerade dort nicht mehr möglich ist, wo sie vielleicht erforderlich wäre, um der Vielzahl der mit dem Namen „Erziehungswissenschaft" und dem Attribut „pädagogisch" versehenen Disziplinen und Tätigkeiten zu einer ihnen fehlenden systematischen Einheit zu verhelfen.

14

1.2. Von der Notwendigkeit Allgemeiner Pädagogik

Wenn die Allgemeine Pädagogik die Identität der Pädagogik weder der Vielfalt erziehungswissenschaftlicher Einzeldisziplinen und pädagogischer Tätigkeitsbereiche einfach entlehnen noch diesen vorgeben kann, worauf soll sich dann überhaupt noch eine allgemeine Bestimmung der Erziehungswissenschaft als einer besonderen Wissenschaft und der pädagogischen Praxis als einer besonderen Tätigkeit gründen lassen? Reicht es vielleicht, daß die Notwendigkeit der „Erziehungswissenschaften" ebenso anerkannt ist wie die Vielzahl der gesellschaftlich mehr oder weniger nützlichen pädagogischen Einzeltätigkeiten? Einer solchen Auffassung wird zustimmen, wer annimmt, daß es zwar eine Vielzahl von sogenannten „Erziehungswissenschaften" und „pädagogischen" Einzeltätigkeiten gibt, daß aber ein diese verbindendes und ihnen zugrunde liegendes pädagogisches Denken weder notwendig noch sinnvoll ist.

Eine solche Annahme ist keineswegs abwegig; sie läßt sich vielfältig belegen. Darüber, was von den Heranwachsenden wo und wie gelernt wird, entscheiden nicht etwa pädagogische, sondern politische, ökonomische, technische und einzelwissenschaftliche Gesichtspunkte. So wird die Anzahl, Art und der Umfang der Unterrichtsfächer an unseren Schulen politisch reglementiert, beurteilen die Lehrer die Leistungen ihrer Schüler nicht nach separaten pädagogischen Kriterien, sondern nach fachwissenschaftlichen Gesichtspunkten, bestimmen sich die Schwierigkeitsgrade der Prüfungsleistungen danach, wieviele Schüler einen bestimmten Schultyp erfolgreich abschließen bzw. zu weiterführenden Ausbildungsinstitutionen zugelassen werden sollen. Und ob jemand zum Lehrberuf an staatlichen Institutionen zugelassen wird, entscheidet unter anderem auch der Verfassungsschutz, der die Bewerber nicht etwa auf irgendwelche pädagogischen Fähigkeiten, sondern auf ihre Verfassungstreue überprüft. All dies und vieles mehr stützt die Auffassung, daß es zwar pädagogische Berufe und Einzeltätigkeiten, nicht aber ein diese leitendes und verbindendes pädagogisches Denken gibt. Wer um die historisch-gesellschaftliche und politische Vermitteltheit der Erziehung, des Unterrichts und der Bildungs- und Ausbildungsinstitutionen weiß, der mag dazu neigen, nicht nur die Existenz, sondern auch Möglichkeit und Notwendigkeit eines eigenständigen pädagogischen Denkens und Handelns zu leugnen. Nichts mag ihm suspekter erscheinen als der Anspruch auf eine vermeintliche Eigenständigkeit, der nur blind macht gegenüber der historisch-gesellschaftlichen und politischen Vermitteltheit der Handlungsnormen, -kontexte und -umstände pädagogischer Einzeltätigkeiten und Berufe.

Versteht sich die Allgemeine Pädagogik als eine besondere erziehungswissenschaftliche Disziplin, welche für Fragen allgemeiner Art zuständig ist, die auf der Ebene der anderen Disziplinen der Erziehungswissenschaft und der pädagogischen Einzeltätigkeiten nicht erörtert oder berücksichtigt werden können, so erweist sie sich als ebenso überflüssig wie sinnlos. Aus der Sicht der anderen Disziplinen der Erziehungswissenschaft und der verschiedenen pädagogischen Tätigkeiten kann einer Allgemeinen Pädagogik dann jedenfalls keinerlei Bedeutung zukommen, wenn diese nur Aussagen allgemeiner Art machen kann, welche die pädagogischen Einzeltätigkeiten und die Disziplinen der Erziehungswissenschaft selbst gar nicht berühren. Versteht man dagegen die Allgemeine Pädagogik so, daß ihre Aussagen für die gesamte Erziehungswissenschaft und für alle pädagogischen Tätigkeiten gelten oder doch Geltung beanspruchen können, so entsteht die umgekehrte Situation, daß eine Allgemeine Pädagogik – jedenfalls denen, die sie betreiben – sinnvoll und notwendig erscheinen mag, aber angesichts der Ausgliederung der Erziehungswissenschaft in Einzeldisziplinen und der fortschreitenden Arbeitsteilung in der pädagogischen Praxis keinen Adressaten mehr hat, der ihre Aussagen zur Kenntnis nehmen möchte und beachten könnte. In dem einen Fall muß die Allgemeine Pädagogik ihre eigene Überflüssigkeit eingestehen, in dem anderen Fall tritt sie als unerwünschter Lehrmeister der Pädagogik auf, der ungebeten über den allgemeinen Charakter der Erziehungswissenschaft und die Bedingungen, Aufgaben und Möglichkeiten pädagogischen Handelns Aussagen macht, auf die niemand hört[2].

Der Pädagogik als Wissenschaft und Praxis ist freilich mit keiner dieser beiden möglichen Rollen Allgemeiner Pädagogik gedient. Sie kann sich in der Vielzahl erziehungswissenschaftlicher Disziplinen und pädagogischer Tätigkeiten weder auf das Fehlen eines gemeinsamen pädagogischen Grundgedankens berufen, um so Fragestellungen der Allgemeinen Pädagogik abzuwehren, noch darauf hoffen, ihre Identität in einer Allgemeinen Pädagogik zu finden. Für die Allgemeine Pädagogik bedeutet dies, daß sie die Notwendigkeit eines pädagogischen Grundgedankens keineswegs aus der fehlenden Systematik der Erziehungswissenschaft und der nicht vorhandenen Einheit der pädagogischen Praxis ableiten kann. Denn diese kommen ja, je nach Forschungsperspektive und Selbstverständnis, durchaus ohne Allgemeine Pädagogik aus. Worauf aber soll dann noch ein pädagogischer Grundgedanke gegründet werden, wenn dieser weder aus dem Zustand der Erziehungswissenschaft und der pädagogischen Praxis noch aus selbsterhobenen Ansprüchen einer Allgemeinen Pädagogik abgeleitet werden kann?

Wenn überhaupt läßt sich die Notwendigkeit eines pädagogischen Grundgedankens heute nur in einer dem pädagogischen Denken und Handeln selbst eigenen Notwendigkeit erweisen, die den pädagogischen Einzelhandlungen, der sich in Disziplinen ausdifferenzierenden Erziehungswissenschaft und der nach dem pädagogischen Grundgedanken fragenden Allgemeinen Pädagogik in einer Weise zugrunde liegt, daß wir einen diese verbindenden pädagogischen Grundgedankengang weder

16

geschichts- und sozialwissenschaftlich einfach rekonstruieren, noch hermeneutisch als eine überzeitliche Wesensbestimmung unseres Daseins erschließen, noch in transzendentaler Reflexion auf die Voraussetzungen vernünftiger Rede über pädagogische Fragen einfach setzen, sondern uns seiner nur handlungstheoretisch und problemgeschichtlich zugleich vergewissern können. Sollte es gelingen, den pädagogischen Grundgedanken handlungstheoretisch in einer dem pädagogischen Denken und Handeln selbst eigenen, problemgeschichtlichen Grundstruktur menschlichen Denkens und Handelns aufzuweisen, so erklärte sich vielleicht zugleich, weshalb wir, von den verschiedenen Disziplinen der Erziehungswissenschaft und den Einzeltätigkeiten pädagogischer Praxis ausgehend, nicht ohne weiteres zu einem sie verbindenden Grundgedanken vordringen können, sondern von einer im menschlichen Handeln selbst fundierten Notwendigkeit pädagogischen Denkens und Handelns ausgehen müssen, um die Frage nach Sinn und Bedeutung der erziehungswissenschaftlichen Disziplinen und der pädagogischen Einzeltätigkeiten stellen zu können. Zugleich brauchte dann die Allgemeine Pädagogik nicht mehr in der Rolle einer letztlich überflüssigen Einzeldisziplin der Erziehungswissenschaft auftreten oder die Rolle eines unerwünschten Querulanten spielen, den niemand um seine Meinung fragt. Vielmehr könnte sie den Versuch wagen, ausgehend von der prinzipiellen Notwendigkeit pädagogischen Denkens und Handelns einen pädagogischen Grundgedanken zu entwickeln, der Erziehungswissenschaft und pädagogische Praxis nicht mit einer von außen vorgegebenen oder normativ konstruierten, sondern ihnen selbst zugrundeliegenden Notwendigkeit pädagogischen Denkens und Handelns konfrontiert und von hierher darauf insistiert, daß der von der Allgemeinen Pädagogik systematisch erarbeitete pädagogische Grundgedanke nicht stellvertretend für Wissenschaft und Praxis in einer Allgemeinen Pädagogik Anerkennung finden kann, sondern im pädagogischen Denken und Handeln selbst wirksam sein und Anerkennung finden muß.

1.3. Von der Möglichkeit Allgemeiner Pädagogik. Vorüberlegungen zu einem praxeologischen Verständnis von pädagogischer Praxis und Erziehungswissenschaft

Der Versuch, die systematische Entwicklung eines pädagogischen Grundgedankens auf eine in der menschlichen Praxis selbst begründete, fundamentale Notwendigkeit pädagogischen Denkens und Handelns zu gründen, steht unter mindestens drei Voraussetzungen: erstens unter der

Voraussetzung, daß es überhaupt eine solch fundamentale, pädagogisches Denken und Handeln fundierende, selber aber nicht reflexiv fundierbare Notwendigkeit gibt, zweitens unter der Voraussetzung, daß einer solchen Notwendigkeit Bedeutung für den Wahrheitscharakter pädagogischer Aussagen und die Dignität pädagogischer Praxis zukommt, und schließlich drittens unter der Voraussetzung, daß sich die fundamentale Notwendigkeit pädagogischen Denkens und Handelns im Hinblick auf jeweils geschichtlich vorgegebene Frage- und Problemstellungen in der Entwicklung eines pädagogischen Grundgedankens auslegen läßt[3].

Von diesen drei Voraussetzungen können wir die erste per definitionem nicht in ein Wissen überführen, denn sie bezieht sich ja auf eine Notwendigkeit, die wir nicht selber hervorbringen, sondern die mit unserer eigenen Existenz immer schon gegeben ist. Der zweiten Voraussetzung zufolge soll nun einer solch fundamentalen und präreflexiven Notwendigkeit Relevanz für den Wahrheitsanspruch und die Dignität der Pädagogik zukommen. Ob dies wirklich der Fall ist, läßt sich von unserem Nicht-Wissen um die erste Voraussetzung her nicht entscheiden, sondern kann nur durch die Einlösung der dritten Voraussetzung, die systematische Entwicklung des pädagogischen Grundgedankens im Hinblick auf die geschichtlich uns vorgegebenen Fragen und Probleme pädagogischen Handelns, glaubhaft gemacht werden.

Damit aber scheint sich das Verhältnis der drei Voraussetzungen, unter denen der hier vorgelegte Versuch einer Allgemeinen und Systematischen Pädagogik steht, umzukehren. Während in der Aufzählung der ersten Voraussetzung eine fundierende, selbst nicht fundierbare Bedeutung für die beiden anderen zugesprochen wurde, soll nun allererst die Einlösung der dritten Voraussetzung darüber entscheiden, ob für die Entwicklung eines pädagogischen Grundgedankens die Annahme einer ursprünglichen und präreflexiven Notwendigkeit pädagogischen Denkens und Handelns überhaupt fundierend sein kann.

Diese äußerst merkwürdige Umkehrung in der Problemstellung ist freilich keineswegs eine Besonderheit systematischen Nachdenkens über pädagogische Fragen, sondern trifft für alle systematische Reflexion über menschliches Denken und Handeln zu. Daß wir *in intentione recta* weder von einer ursprünglichen und präreflexiven Bestimmung unseres Denkens und Handelns sprechen können, noch von einer geschichtlich vorgegebenen Bestimmtheit unseres Daseins auf eine ursprüngliche Bestimmung schließen dürfen, gilt letztlich für jegliches Nachdenken über die Bestimmung des Menschen, sofern dieses sich seiner eigentümlichen Voraussetzungen bewußt ist. Daß der Frage nach der Bestimmung des Menschen und seiner Stellung in der Welt angesichts der ihr eigentümlichen Fragestruktur eine fundamentale, reflexiv nicht fundierbare Bedeutung zukommt, ist in unserer Tradition eine bis in die Anfänge

systematischen Nachdenkens in der griechischen Philosophie zurückzuverfolgende Einsicht. Daß dieser auch für die systematische Entwicklung
des pädagogischen Grundgedankens eine fundierende Bedeutung zukommt, wurde jedoch allererst in der Neuzeit erkannt, als sich die
Reflexion über pädagogisches Denken und Handeln schrittweise aus ihrer
linearen Abhängigkeit von vorgegebenen gesellschaftlichen Ordnungen
löste und die Pädagogik begann, für sich eine prinzipiell gleichrangige
Bedeutung innerhalb der menschlichen Gesamtpraxis und des Nachdenkens über die Bestimmung des Menschen zu beanspruchen.

Problemgeschichtlich läßt sich dies insbesondere an Rousseaus, Kants,
Humboldts, Schleiermachers und Herbarts systematischen Auslegungen
pädagogicher Reflexion und pädagogischer Praxis aufweisen, in welchen
erstmals ein nicht-hierarchisches und nicht-teleologisches Verhältnis der
pädagogischen Praxis zu den anderen für die Existenz der Menschheit
fundamentalen Formen der Praxis und analog hierzu ein nicht-
hierarchisches und nicht-teleologisches Verhältnis pädagogischer Theorie zu den Theorien der anderen gesellschaftlich notwendigen Tätigkeiten
konzipiert worden ist. Dabei trat die Frage nach der Grundstruktur
pädagogischen Denkens und Handelns nicht einfach zu den schon älteren
Fragestellungen und Theorietraditionen hinzu. Vielmehr mußte der
Raum, den nun die Pädagogik für sich zu beanspruchen begann, allererst
im Kontext einer neuen Differenzierung der menschlichen Gesamtpraxis
gefunden werden, von der alle Bereiche menschlichen Denkens und
Handelns betroffen waren. Dies im einzelnen aufzuzeigen, ist Aufgabe
und Anliegen problemgeschichtlicher Studien zur Entstehungsgeschichte
neuzeitlicher Pädagogik. Eine zeitgemäße Allgemeine Pädagogik ist ohne
„Umweg" über die Problemgeschichte nicht möglich[4]. Sie geht gleichwohl nicht unmittelbar aus dieser hervor, sondern muß den Versuch
wagen, den pädagogischen Grundgedanken im Hinblick auf die gegenwärtige Ausdifferenzierung der menschlichen Gesamtpraxis und die mit
dieser einhergehenden Veränderungen neu zu fassen.

In jede Neufassung des pädagogischen Grundgedankens gehen Rekon-
struktionen geschichtlich älterer Fassungen ein. Zugleich allerdings muß
die Neufassung mehr als eine bloße Rekonstruktion und Neuinterpreta-
tion geschichtlich vorgegebener Bestimmungen pädagogischen Denkens
und Handelns sein. Denn durch die Neufassung des pädagogischen
Grundgedankens soll ja versucht werden, angesichts geschichtlich sich
ändernder Interdependenzen zwischen den verschiedenen Bereichen der
menschlichen Praxis einen zeitgemäßen Begriff für eine nicht-hierarchische Stellung der pädagogischen Praxis zu den anderen gesellschaftlich
notwendigen Tätigkeiten zu finden und auf diese Weise einen Rückfall in
eine teleologische Bestimmung der Pädagogik zu vermeiden. In diesem
Sinne bindet der hier vorgelegte Entwurf zu einer systematisch-problemgeschichtlichen Einführung in die Grundstruktur pädagogischen Denkens und Handelns die Möglichkeit Allgemeiner Pädagogik an ein

praxeologisches Verständnis von pädagogischer Praxis und Erziehungswissenschaft, welches die Vernünftigkeit einer Ordnung der menschlichen Gesamtpraxis in einer nicht-hierarchischen und nicht-teleologischen Verhältnisbestimmung oder Relation der Einzelpraxen zueinander
zu begründen und den Logos der Gesamtpraxis auf einen Begriff
praktischer Vernunft hin zu konzipieren sucht, der ausdrücklich auf eine
metaphysisch unterstellte oder dezisionistisch behauptete Rangordnung
der Einzelpraxen untereinander verzichtet.

Der Begriff „Praxeologie"[5] bezeichnet nichts grundsätzlich Neues,
sondern bezieht sich auf die bis in die Anfänge praktischer Philosophie
zurückreichende Frage nach der Ordnung der menschlichen Gesamtpraxis angesichts ihrer Verbesonderung in die Sphären des Ökonomischen,
Moralisch-Politischen, Ästhetischen und Religiösen. Die menschliche
Praxis selbst freilich ist viel älter als die uns bekannte Ausdifferenzierung
in besondere gesellschaftliche Handlungsfelder. Als Grundphänomene
menschlicher Koexistenz[6] weisen die Formen menschlicher Praxis weit
hinter ihre gesellschaftliche Ausdifferenzierung zurück. Soweit wir
Kenntnis von der Geschichte der Menschheit haben, ist das menschliche
Zusammenleben, die menschliche „Koexistenz", durch sechs Grundphänomene bestimmt. Der Mensch muß durch Arbeit, durch Ausbeutung und Pflege der Natur, seine Lebensgrundlage schaffen und erhalten
(Ökonomie), er muß die Normen und Regeln menschlicher Verständigung problematisieren, weiterentwickeln und anerkennen (Ethik), er
muß seine gesellschaftliche Zukunft entwerfen und gestalten (Politik), er
transzendiert seine Gegenwart in ästhetischen Darstellungen (Kunst) und
ist konfrontiert mit dem Problem der Endlichkeit seiner Mitmenschen
und seines eigenen Todes (Religion). Zu Arbeit, Ethik, Politik, Kunst und
Religion gehört als sechstes Grundphänomen das der Erziehung; der
Mensch steht in einem Generationsverhältnis, er wird von den ihm
vorausgehenden Generationen erzogen und erzieht die ihm nachfolgenden Generationen.

Diese sechs Grundphänomene menschlicher Koexistenz stehen untereinander in historisch und gesellschaftlich äußerst komplexen Wirkungszusammenhängen. Jede Veränderung in einem Bereich menschlicher Praxis
ist für alle anderen Bereiche folgenreich und in ihren Wirkungen über die
jeweils anderen Bereiche menschlicher Koexistenz vermittelt. Die
Abgrenzung der Grundphänomene und Formen menschlicher Praxis
voneinander und ihre Beziehung untereinander lassen sich nicht aus einer
un- oder überhistorisch-ontologischen Bestimmung menschlichen Daseins ableiten; vielmehr gehört es gerade zur Ontologie menschlicher
Koexistenz, daß die sechs Grundphänomene sich gegenseitig beeinflussen, daß keines auf eine autarke Eigenständigkeit Anspruch erheben kann
und daß sie sich nur insofern voneinander abgrenzen lassen, als sie nicht
auseinander abgeleitet oder auf eine geringere Anzahl von Koexistentialien reduziert werden können. Der Mensch stirbt ebensowenig, weil er

20

arbeitet, pädagogisch handelt und Politik betreibt, wie er Kunst und Moralität kennt, weil er sterblich ist. Und aus der Tatsache, daß der Mensch durch Herrschaft über die Natur und durch Pflege der Natur seine Lebensgrundlagen schaffen und erhalten muß, lassen sich ebensowenig unmittelbar ethische, pädagogische, politische, ästhetische und religiöse Tatbestände ableiten, wie aus der je besonderen Verfaßtheit der Ökonomie linear auf bestimmte Verfaßtheiten von Pädagogik, Ethik, Politik, Kunst und Religion geschlossen werden kann. Weder werden von einer sogenannten ökonomischen Basis Überbauphänomene wie Ethik, Pädagogik, Politik, Kunst und Religion normiert, noch können sogenannte Überbauphänomene zur Basis der Ökonomie erhoben werden. Vielmehr bilden Arbeit, Ethik, Pädagogik, Politik, Kunst und Religion als gesellschaftlich notwendige Formen menschlicher Praxis in ihrer vielfältigen Vermitteltheit das Fundament, auf dem die Menschheit ihre eigene Existenz erhält und hervorbringt.

Systematisches Nachdenken über die sechs Grundphänomene menschlicher Existenz gibt es erst, seit der Vermittlungszusammenhang, in dem diese stehen, in seiner Geschichtlichkeit erfahren und in seiner Veränderbarkeit bewußt geworden ist und die Verständigung über Sinn und Aufgaben von Arbeit, Ethik, Pädagogik, Politik, Kunst und Religion nicht mehr in unmittelbarer Anerkennung einer Tradition erfolgt, sondern die Weitergabe von Tradition immer zugleich im Kontext einer verändernden Aneignung steht. Im Zerbrechen des praktischen Zirkels von Tradition und Reproduktion des gesellschaftlichen Daseins, von Sitte und Handlungslegitimation, hat das Bedürfnis nach einer Handlungsorientierung seinen Ursprung, die menschlicher Vernunft und systematischem Nachdenken über die Aufgaben und Möglichkeiten zwischenmenschlicher Verständigung und zwischenmenschlichen Handelns entspringt. Die Unterscheidung der einzelnen Grundphänomene menschlicher Koexistenz ist angesichts dieses Bedürfnisses zwar ein Resultat des Zerbrechens des praktischen Zirkels, nicht jedoch bereits die Lösung der mit ihm verbundenen Fragen. Die Erfahrung, daß Arbeit, Pädagogik, Ethik, Politik, Kunst und Religion die Basis menschlichen Daseins ausmachen, bringt vielmehr die Notwendigkeit einer handlungsorientierenden Theorie für die menschliche Gesamtpraxis, die Notwendigkeit einer Praxeologie hervor, welche die menschliche Vernunft nicht in eine ökonomische, pädagogische, sittliche, politische, ästhetische und religiöse Rationalität auseinanderdividiert, sondern gerade die Einheit menschlicher Vernunft angesichts der besonderen Aufgaben ökonomischen, pädagogischen, sittlichen, politischen, ästhetischen und religiösen Handelns auf den Begriff bringt.

Die Aufgabenstellung einer universellen Praxeologie ist somit immer eine doppelte. Sie muß zum einen einen vernünftigen Begriff menschlicher Gesamtpraxis im Hinblick auf die Einzelpraxen entwerfen, der deren Besonderheit nicht nivelliert; sie muß zum anderen einen vernünftigen

Begriff jeder Einzelpraxis entwickeln, der deren Besonderheit nicht absolut setzt, sondern auf die Universalität der Handlungsproblematik hin bestimmt. In unserer Tradition hat es zwei große Entwürfe zu einer solchen Praxeologie gegeben: die von der griechischen Polis-Philosophie zum Zeitpunkt des Niedergangs der antiken Polis entwickelte Praxis-Philosophie, welche eine hierarchische und teleologische Ordnung der Gesamtpraxis mit der Ökonomie als unterster und der Politik als höchster Stufe entwarf, und die neuzeitliche praktische Philosophie, welche zumindest der Tendenz nach eine nicht-hierarchische Verhältnisbestimmung der Einzelpraxen anstrebte und der pädagogischen Praxis unter ausdrücklichem Verzicht auf eine an ökonomischen, politischen oder theologischen Bestimmungen ausgerichteten Normierung erstmals eine mit den anderen Formen menschlicher Praxis gleichrangige Bedeutsamkeit zuerkannte. Der erste Versuch scheiterte, als sich der Untergang der griechischen Stadtstaaten mit den Mitteln einer auf die Erhaltung der Polis ausgerichteten praktischen Philosophie nicht aufhalten ließ, der zweite Versuch, weil die nicht-hierarchische Verhältnisbestimmung der Einzelpraxen und der Entwurf zu einer nicht-teleologisch verstandenen menschlichen Gesamtpraxis unter den Bedingungen der sich entwickelnden bürgerlichen Gesellschaft der Neuzeit nicht praktisch werden konnte. Dies zeigt sich nirgends deutlicher als an der veränderten Stellung, die heute der Ökonomie zukommt. Während Aristoteles der ökonomischen Praxis den unteren Rang zuwies und vergeblich davor warnte, deren besondere Möglichkeiten zum Selbstzweck und die Steigerung von Reichtum an Stelle der Wohlversorgtheit aller zur Entwicklungsperspektive der Polis zu erheben, beansprucht die Steigerung ökonomischer Produktivität und die fortschreitende Rationalisierung der Arbeit heute eine Vorrangstellung, die ihr weder im Sinne der antiken noch der neuzeitlichen praktischen Philosophie zuerkannt werden kann.

Eine Theorie der menschlichen Gesamtpraxis zu entwerfen und einen vernünftigen Begriff der als Grundphänomene menschlichen Zusammenlebens aufweisbaren Einzelpraxen zu begründen, ist die heute vielleicht vordringliche Aufgabe einer praktischen Philosophie, die an den beiden Grundüberzeugungen festhält, daß der Ökonomie nicht die höchste Rangstufe zuerkannt werden darf und daß jede wie auch immer geartete hierarchische und teleologische Systematisierung der menschlichen Praxis in eine nicht-hierarchische Verhältnisbestimmung der menschlichen Gesamtpraxis zu überführen ist. Eine solche Aufgabenstellung überschreitet bei weitem den Horizont einer Allgemeinen Pädagogik und ist doch zugleich ohne eine Berücksichtigung der von dieser her sich stellenden Fragen nicht zu bewältigen. Denn die Idee eines nicht-hierarchischen Verhältnisses von ökonomischer, ethischer, politischer, ästhetischer und religiöser Praxis führte in der Praxisphilosophie der Neuzeit keineswegs bloß zu einer Aufwertung des pädagogischen Handelns, sie war ihrerseits vielmehr ohne dessen Aufwertung bis zur

22

Gleichrangigkeit mit den anderen Formen menschlicher Praxis gar nicht denkbar. Und hierfür waren nicht nur ökonomische Gründe, die zweifellos die Realgeschichte entscheidend beeinflußt haben, ausschlaggebend. Ideengeschichtlich wurde die Gleichrangigkeit der pädagogischen Praxis gerade damit begründet, daß erst durch die Befreiung des pädagogischen Handelns aus linearen Abhängigkeiten von Ökonomie, Sitte, Politik und Religion eine nicht-hierarchische Ordnung der Gesamtpraxis historisch möglich werde.

Untrennbar mit diesem Programm verbunden war die Idee einer allgemeinen Menschenbildung, die die einzelnen nicht mehr auf einen ihnen geburtsständisch vorbestimmten Beruf und Stand (Sitte), nicht mehr zum bloßen Anhänger einer ebenso vorbestimmten Religion (Konfession), nicht mehr zum Bürger eines in Stände gegliederten absolutistischen Staates, sondern zur mündigen Mitwirkung an allen Formen der menschlichen Praxis befähigen sollte. Die heutige Ausdifferenzierung der pädagogischen Praxis, von der schon die Rede war, kann nur vor dem Hintergrund der in der Praxisphilosophie der Neuzeit ideell konzipierten nicht-hierarchischen Verhältnisbestimmung aller Einzelpraxen und der realgeschichtlich auf eine Steigerung von Reichtum und Macht ausgerichteten Vorrangstellung der ökonomischen Praxis in ihrer problemgeschichtlichen Widersprüchlichkeit gedeutet werden.

Die Ausdifferenzierung pädagogischen Handelns von der Kleinkindererziehung bis hin zur Altenbildung und die Regionalisierung der Pädagogik in Wirtschafts- und Berufspädagogik, Moralerziehung, Politische Bildung, Kunst- und Religionspädagogik zeugen einerseits von der veränderten Stellung, die dem pädagogischen Denken und Handeln als einer prinzipiell und fundamental gleichrangigen Praxis angesichts ihrer besonderen Relationen zu den anderen Bereichen menschlichen Handelns zukommt. Das Fehlen eines die pädagogischen Einzeltätigkeiten und Disziplinen verbindenden Grundgedankens weist andererseits darauf hin, daß die Idee einer nicht-hierarchischen Verhältnisbestimmung der Praxen untereinander innerhalb der Pädagogik ebensowenig wie in den anderen fundamentalen Bereichen menschlichen Handelns anerkannt ist. So kann die fortschreitende Ausdifferenzierung pädagogischer Berufe und erziehungswissenschaftlicher Disziplinen zweifach interpretiert werden, als Ausdruck der besonderen Beachtung, die der Pädagogik in der Neuzeit und Moderne zukommt, und als ein Hinweis darauf, daß von einer gesellschaftlichen Anerkennung einer eigenständigen Fragestellung und Grundstruktur pädagogischen Denkens und Handelns, die der Pädagogik eine nicht-hierarchische Stellung innerhalb der menschlichen Gesamtpraxis sicherte, noch nicht die Rede sein kann.

Wäre es vor diesem Hintergrund nicht konsequenter, künftig auf einen Begriff praktischer Vernunft zu verzichten und, statt nach einer Ordnung der menschlichen Gesamtpraxis zu fragen, einzuräumen, daß die

Interdependenzen der gesellschaftlichen Teilbereiche inzwischen eine Komplexität angenommen haben, die handlungstheoretisch nicht mehr zu fassen, sondern allenfalls systemtheoretisch zu rekonstruieren ist? Die Systemtheorie hält diese Frage für längst entschieden. Gegenüber den beiden großen Entwürfen zu einer Theorie der menschlichen Gesamtpraxis, dem teleologischen Modell der Antike und dem nicht-hierarchischen Modell der Neuzeit, nimmt die Systemtheorie eine mittlere Stellung ein. Mit der praktischen Philosophie verbindet sie der Verzicht auf eine Hierarchisierung der nun als gesellschaftliche Teilsysteme gedachten Grundphänomene menschlicher Koexistenz, mit der Polis-Philosophie der Antike das Festhalten an einer Gesamtteleologie, die nun jedoch nicht mehr kosmologisch, sondern in Anlehnung an die moderne Biologie evolutionstheoretisch gedacht wird.

Der Nachweis, daß ein nicht-hierarchisches Verhältnis der menschlichen Gesamtpraxis evolutions- und systemtheoretisch nicht fundiert werden kann, daß vielmehr der Frage nach einer vernünftigen Ordnung der Gesamtpraxis eine fundierende Bedeutung auch hinsichtlich der Beurteilung der Erklärungskraft, Reichweite und Handlungsrelevanz der Systemtheorie zukommt, kann innerhalb einer Allgemeinen Pädagogik nur für die pädagogische Praxis geführt werden[7]. Sie steht, wie ich zu zeigen versucht habe, unter der Voraussetzung, daß der menschlichen Praxis und der Frage nach ihrer möglichen Vernünftigkeit eine fundierende Bedeutung zukommt, die durch keine wie auch immer argumentierende Ableitung der Rationalitätsproblematik menschlichen Denkens und Handelns ersetzt werden kann. Die Stimmigkeit dieser Grundannahme aber könnte erst in einer universellen Theorie der menschlichen Gesamtpraxis erwiesen werden. Der hier vorgelegte Versuch zu einer systematisch-problemgeschichtlichen Vergewisserung über die Grundstruktur pädagogischen Denkens und Handelns beschränkt sich darauf, die fundierende Bedeutung aufzuzeigen, die innerhalb einer Allgemeinen Pädagogik einem universell gefaßten Praxisbegriff zukommen kann.

24

2. Zur Stellung der pädagogischen Praxis im Rahmen der menschlichen Gesamtpraxis

Die bisherigen Überlegungen gingen von einer Voraussetzung aus, unter der jede Allgemeine Pädagogik steht, die Anspruch auf systematische Erkenntnis erhebt, daß nämlich die pädagogische Praxis eine besondere, mit allen anderen Praxen in Beziehung stehende Praxis ist. Bevor nach der Besonderheit der pädagogischen Praxis, nach dem System der Prinzipien pädagogischen Denkens und Handelns (Kapitel 3.), der systematischen Gliederung der Erziehungswissenschaft in Fragestellungen (Kapitel 4.) und der systematischen Gliederung der pädagogischen Praxis in Dimensionen (Kapitel 5.) gefragt werden kann, gilt es, diese Voraussetzung noch genauer zu bestimmen. Dies soll in drei Schritten erfolgen: Zunächst wird ein allgemeiner Begriff der Praxis entwickelt, dann wird auf eine zweifache Gefährdung der Praxis hingewiesen und eine unter anderem auch im Hinblick auf die Ausdifferenzierung der pädagogischen Praxis in Einzeltätigkeiten wichtige Unterscheidung eingeführt, diejenige nämlich zwischen Praxis und Berufstätigkeit, und schließlich wird ein vorläufiger Begriff der pädagogischen Praxis aufgestellt.

2.1. Begriff der Praxis

Von Praxis im weitesten Sinne sprechen wir heute weder, wenn wir Verhaltensweisen von Pflanzen und Tieren beschreiben, noch wenn wir uns mit Vorstellungen eines Schöpfer-Gottes auseinandersetzen. Von Praxis sprechen wir nur im Hinblick auf Tätigkeiten des Menschen, nicht aber im Hinblick auf die außermenschliche Natur[8].

Wenn wir vom Menschen sagen, daß er schöpferisch tätig sein könne, so sagen wir damit immer auch, daß die menschliche Praxis schöpferisch gerade nicht im Sinne unserer Vorstellungen von einer göttlichen Schöpfung aus dem Nichts, sondern eine Tätigkeit ist, welche die Existenz der Schöpfung immer schon voraussetzt. Und wenn wir vom Tier oder der Pflanze sagen, daß sie als besondere Lebewesen mit besonderen Verhaltensweisen existieren, so sagen wir damit immer auch, daß ihre Existenz nicht eine solche ist, wie sie der Mensch aufgrund seiner

Praxis hat. Praxis bedeutet stets zweierlei: einmal die Möglichkeit, tätig und handelnd, also willentlich etwas hervorzubringen; dann aber auch die „Notwendigkeit", auf welche die Praxis immer schon antwortet, indem sie eine vom Menschen erfahrene Not, Aporie, zu wenden sucht. Dieser zweifachen Bestimmung von Praxis gemäß ist die außermenschliche Natur der Praxis gar nicht fähig, weil sie nichts willentlich hervorbringt, und der Gott der Praxis gar nicht bedürftig, weil er in keiner Not steht, die er wenden müßte. Darum versagen nicht nur alle Vergleiche zwischen Mensch und Tier, sondern ebenso alle zwischen Gott und Mensch. Der Mensch ist nicht nur das einzige Wesen der Schöpfung, das der Praxis bedürftig und fähig ist, er ist dies auch gerade im Unterschied zur Idee des Schöpfer-Gottes.

Die beiden Merkmale der Praxis, aus einer nur dem Menschen eigenen Notwendigkeit entspringende und zugleich willentliche, d.h. über den Motivationshorizont der Handelnden vermittelnde Tätigkeit zu sein, stehen in einem ebenso merkwürdigen wie spannungsvollen Verhältnis zueinander. Einerseits ist der Mensch das einzige Wesen, das im Unterschied zu Pflanze, Tier und Gott, die der Praxis ebensowenig bedürftig wie fähig sind, auf seine Weise nicht „fertig", nicht „perfekt" ist und gerade deshalb vor der Aufgabe und Notwendigkeit, tätig zu werden und zu handeln, steht. Andererseits ist die „Imperfektheit" oder „Unfertigkeit" des Menschen als dessen Bestimmtsein zur Tätigkeit keineswegs schon dessen Bestimmung, denn diese soll und kann der Mensch ja gerade aufgrund seiner „Unfertigkeit" und der mit ihr verbundenen Notwendigkeit durch eigenes Handeln erst suchen und finden[9]. Versuchten wir, ausschließlich vom Merkmal der „Imperfektheit" die menschliche Praxis zu begreifen, so reduzierten wir den Menschen zu einem Mängelwesen, das aufgrund seiner organologischen Defizienz eigentlich gar nicht lebensfähig sein dürfte. Versuchten wir stattdessen, den Begriff der menschlichen Praxis allein auf den menschlichen Willen und Motivationshorizont zu gründen, so abstrahierten wir davon, daß der Mensch die Notwendigkeit, handelnd seine Bestimmung zu finden, ja keineswegs willentlich hervorbringt, sondern in dieser Notwendigkeit existiert.

Jedes der beiden Bestimmungsmerkmale von Praxis, isoliert und für sich genommen, führt zu einem verkürzten Praxisbegriff. Nur gemeinsam sind sie Bestimmungsmerkmale menschlichen Handelns. Weder folgt aus der Imperfektheit im Sinne einer organologisch mangelhaften Grundausstattung, daß der Mensch handelnd seine Bestimmung findet[10], noch wird die Imperfektheit des Menschen durch eine über willentliche Tätigkeit vermittelte Bestimmung, die der Mensch sich selbst gibt, in irgendeine Perfektheit überführt. Denn die beiden Bestimmungsmerkmale menschlicher Praxis lassen sich nicht auseinander ableiten, sondern haben sich gegenseitig zur Voraussetzung. Die Imperfektheit des Menschen kann Bestimmungsmerkmal seiner Praxis nur sein, wenn sie durch die

Bestimmung, die der Mensch sich durch seine Praxis gibt, nicht als aufgehoben ausgegeben wird; und umgekehrt kann die Bestimmung, die der Mensch sich durch seine Praxis gibt, eine über den Willen vermittelte nur sein, sofern sie nicht unmittelbar aus der Imperfektheit folgt. Beide Merkmale zusammengenommen ergeben damit folgenden vorläufigen Begriff von Praxis: Eine Tätigkeit kann dann als Praxis bezeichnet werden, wenn sie erstens in einer Imperfektheit des Menschen ihren Ursprung, ihre Notwendigkeit hat, diese Not wendet, die Imperfektheit aber als solche nicht aufhebt, und wenn sie zweitens den Menschen in einer Weise bestimmt, daß diese Bestimmung durch die Tätigkeit selbst erst hervorgebracht wird, also nicht unmittelbar aus der Imperfektheit resultiert.

Die beiden nicht auseinander ableitbaren, sondern aufeinander verweisenden Merkmale des allgemeinen Praxisbegriffs treffen für alle Grundphänomene menschlicher Koexistenz, für alle fundamentalen, nur dem Menschen eigenen und ihn bestimmenden Tätigkeiten zu. Praxis in diesem Sinne ist zum Beispiel das menschliche Grundphänomen der Arbeit. Bis in die frühesten Zeugnisse menschlicher Existenz haben wir Hinweise darauf, daß der Mensch einerseits in einer ursprünglichen Notwendigkeit existiert, durch Bearbeitung der Natur seine Lebensgrundlage hervorzubringen und zu erhalten, und daß seine jeweilige Bestimmtheit andererseits keineswegs unmittelbar aus der Notwendigkeit der Arbeit folgt, sondern allererst durch die Bearbeitung von Natur hervorgebracht wird.

Praxis in diesem Sinne ist auch das ethisch-sittliche Handeln, welches einerseits die fundamentale Not wendet, daß die menschliche Interaktion durch keine angeborene Sittenordnung geregelt wird, und andererseits die in der Sitte geltenden Normen und Regeln für eine gegenseitige Anerkennung der Menschen hervorbringt und in der Beurteilung von Beweggründen und Motiven auslegt. Praxis in diesem Sinne ist auch das politische Handeln, das in der Notwendigkeit, die gesellschaftliche Zukunft zu planen, seinen Ursprung hat und die Notwendigkeit der Verständigung über die Zukunft in einer Weise wendet, die die Zukunft nicht unmittelbar hervorbringt, sondern grundsätzlich offen für zukünftige Verständigungsprozesse ist. Praxis in diesem Sinne ist schließlich auch das religiöse Handeln als Praxis der Lebenden mit den Toten angesichts fremder Todeserfahrung und eigener Todesgewißheit und die Kunst, welche uns im Medium handlungsentlasteter Darstellungsformen durch handlungsbezogene ästhetische Darstellungen der Wirklichkeit mit dem komplexen Spannungsgefüge konfrontiert, in welchem alle Praxen zueinander stehen. So gelten die beiden Grundmerkmale des allgemeinen Praxisbegriffs für Arbeit, Ethik, Politik, Kunst und Religion in jeweils besonderer Weise: Jedes der Grundphänomene menschlicher Koexistenz hat seine Notwendigkeit in besonderen Aspekten oder Dimensionen menschlicher Imperfektheit, in den Problemen der Sicherung der

Lebensgrundlage, der individuellen und interaktiven Sittlichkeit, der gesellschaftlichen Zukunftsplanung, der handlungsentlasteten und gleichwohl handlungsbezogenen Verständigung sowie der Endlichkeit und des Todes; und jede Praxis hebt die ihr zugrundeliegende Imperfektheit menschlicher Koexistenz nicht auf, sondern gibt dieser eine Wendung, durch die der Mensch allererst seine jeweilige Bestimmung erhält.

Wo immer die beiden Grundmerkmale des allgemeinen Praxisbegriffs mißachtet werden und eine Einzelpraxis den Anspruch erhebt, die ihr zugrundeliegende Imperfektheit aufheben und in eine endgültige Perfektheit überführen zu können, da entsteht die Gefahr, daß sie den Charakter einer humanen Praxis einbüßt und in Inhumanität umschlägt. Gelänge es, durch die Automatisierung aller Produktionsprozesse die Notwendigkeit der Bearbeitung der Natur aufzuheben und den Menschen zum bloßen Konsumenten der Güter einer vollautomatischen Produktion zu reduzieren, so ginge nicht nur eine für die menschliche Koexistenz substantielle Praxissphäre, sondern auch das über die Bearbeitung der Natur vermittelte Selbstverhältnis des Menschen als eines zur Arbeit bestimmten Teils der Natur verloren. Gelänge es einer politischen Antizipation von Zukunft, die Imperfektheit des Menschen, Zukunft entwerfen zu müssen und zu können, in eine perfekte Zukunftsplanung zu überführen, so gingen mit einer solchen Verabschiedung der politischen Praxis zugleich alle Fragen nach einem gerechten Zusammenleben der Menschen verloren. Gelänge es, die jede Ethik fundierende Notwendigkeit, nach der richtigen Art und Weise gegenseitiger Anerkennung fragen zu müssen und zu können, in einer materialen Sittenordnung dauerhaft aufzuheben und Gewissensentscheidungen in ein durch die Sitte normiertes Verhalten zu überführen, so büßten wir die uns als praktische Wesen auszeichnende Möglichkeit ein, unsere Motive und Beweggründe prüfen und beurteilen zu können. Würde schließlich eine Religion beanspruchen, die Ursprungs- und Sinnfrage endgültig gelöst und die Todesproblematik heilsgeschichtlich in die Gewißheit eines postmortalen ewigen Lebens oder einer ewigen Wiedergeburt überführt zu haben, so ginge mit dieser Auflösung der Notwendigkeit religiöser Praxis der humane Anspruch der Religion verloren. Hierum wußte der Stifter der christlichen Religionen. Seine nach Lukas überlieferten letzten Worte am Kreuz „Vater, in Deine Hände befehle ich meinen Geist" können nämlich nur in Zusammenhang mit den nach Matthäus und Markus überlieferten Worten des Gekreuzigten „Mein Gott, mein Gott, warum hast Du mich verlassen?" in ihrer zugleich hoffenden und verzweifelnden Religiösität verstanden werden. So bleibt auch die religiöse Praxis untrennbar an die für sie fundamentale und in der Todeserfahrung und -gewißheit begründete Notwendigkeit zurückgebunden. Religiöse Praxis ist nicht Aufhebung des Problems der Endlichkeit unserer Existenz, sondern jene Weise menschlicher Koexistenz, in der sich Menschen angesichts ihrer eigenen Endlichkeit und Todesgeweihtheit anzuerkennen suchen.

Bevor danach gefragt werden kann, in welchem besonderen Sinne die beiden allgemeinen Merkmale menschlicher Praxis für das pädagogische Denken und Handeln zutreffen, gilt es, den Zusammenhang noch genauer zu bestimmen, in dem die fundamentalen, nicht auseinander ableitbaren Merkmale menschlicher Praxis zueinander stehen. Wie verhält sich die Imperfektheit des Menschen als dessen Bestimmtsein zur Praxis zu den Bestimmungen, die der Mensch allererst über seine Praxis findet und sich gibt, wenn diese Bestimmungen weder unmittelbar aus seiner Imperfektheit folgen, noch diese in eine dauerhafte Perfektheit überführen oder aufheben? Wie also ist die unaufhebbare Imperfektheit des Menschen als dessen Bestimmtsein, sich durch Praxis selbst zu bestimmen, mit den Bestimmungen vermittelt, die die Menschen handelnd entwerfen und finden, und wie sind die Bestimmungen, die durch die Praxis allererst hervorgebracht werden, an die grundsätzlich nicht aufhebbare menschliche Imperfektheit im Sinne der durch die Praxis nur zu wendenden, nicht aber aufzulösenden Notwendigkeit der Praxis zurückgebunden? Daß der Mensch aufgrund seiner ihn vom Tierreich und der Gottheit gleichermaßen unterscheidenden Imperfektheit als ein Wesen existiert, welches durch eigene Praxis seine Bestimmung sucht und findet, läßt sich genauer erst fassen, wenn wir die menschliche Existenz ihrer Möglichkeit nach als freie, geschichtliche und sprachliche Praxis begreifen und die Freiheit, Geschichtlichkeit und Sprachlichkeit unserer Existenz auf die beiden fundamentalen Merkmale menschlicher Praxis hin auslegen. Dies für alle koexistenziellen Formen der Praxis, für Arbeit, Ethik, Politik, Pädagogik, Kunst und Religion zu leisten, wäre Aufgabe einer Allgemeinen praktischen Philosophie. Im folgenden werden die sich hier stellenden Fragen nur so weit verfolgt, wie dies für die Entwicklung eines systematischen Begriffs pädagogischen Denkens und Handelns unerläßlich ist.

Die Imperfektheit als für sich genommen noch unbestimmtes Bestimmtsein des Menschen zur Praxis und die Möglichkeit der Selbstbestimmung durch Praxis lassen sich als fundamentale Bestimmungsmerkmale menschlicher Praxis widerspruchsfrei nur denken, wenn die praktische Selbstbestimmung, die ja nicht unmittelbar aus der Imperfektheit folgt, als eine freie gedacht und hervorgebracht wird. Die Freiheit, die aus der eigenen Imperfektheit resultierende Not handelnd wenden zu können, unterscheidet sich gleichermaßen von den uns geläufigen Freiheitsbegriffen der Willkür einerseits und der bloßen Wahlfreiheit andererseits. Willkürlich kann die Freiheit der Praxis nicht sein, weil sie aus der Notwendigkeit, handeln zu müssen, resultiert und diese Notwendigkeit selbst unserer Willkür keineswegs anheim gestellt ist, sondern menschliche Willkür gerade begrenzt. Als bloße Freiheit der Wahl läßt sich die menschliche Freiheit ebensowenig adäquat bestimmen, weil die Praxis das zu Wählende keineswegs immer unmittelbar vorfindet, sondern oft allererst hervorbringt. Auf Freiheit im Handeln können wir in einem vernünftigen, zwischenmenschlicher Verständigung zugänglichem Sinne nur Anspruch erheben, wenn wir die menschliche Freiheit gleichermaßen von der Beliebigkeit reiner Willkürfreiheit wie von der Beschränktheit bloßer Wahlfreiheit abgrenzen. Während die Vorstellung einer Willkürfreiheit die Möglichkeiten menschlicher Praxis überdehnt und von der existentiellen Notwendigkeit der Praxis abstrahiert, schränkt diejenige bloßer Wahlfreiheit die Möglichkeiten und Aufgaben der Praxis unzulänglich ein. Der Begriff der Willkürfreiheit ist ebensowenig wie derjenige der Wahlfreiheit ein angemessener Begriff menschlicher Freiheit. Beide Verkürzungen von Freiheit schließen sich übrigens keineswegs aus, denn die Inanspruchnahme von Willkürfreiheit kann ja durchaus mit dem Zugeständnis einer Wahlfreiheit einhergehen, das die Wahlfreiheit, die es scheinbar eröffnet, zugleich willkürlich einschränkt. Hierum wissen zuweilen schon Kinder, wenn sie den um ihre richtige Ernährung besorgten Eltern auf die Frage, ob sie lieber Spinat oder Möhren essen wollen, zum Beispiel antworten, dies wollten sie gar nicht entscheiden, weil sie dann ja das, dem sie den Vorzug gäben, auch essen müßten. Vor die Alternative gestellt, zwischen zwei willkürlich angebotenen Wahlmöglichkeiten zu wählen, können wir uns, wie dieses Beispiel andeutet, für eine dritte entscheiden und, statt zwischen den angebotenen Alternativen zu wählen, die Wahl selbst wählen und so über die willkürlich angebotenen Alternativen hinausgehen[11].

Daß die Freiheit der Praxis weder in Willkürfreiheit aufgeht, noch zureichend als bloße Wahlfreiheit begriffen werden kann, verweist auf die Geschichtlichkeit unserer Existenz. Die Freiheit menschlicher Praxis ist nur als geschichtliche Freiheit möglich, als ein Verhältnis des Menschen zu seiner Gegenwart, zu deren Vergangenheit und zu seiner Zukunft. Geschichtlich ist ebenso die jeweilige Imperfektheit des Menschen, handelnd seine Bestimmung suchen zu müssen, wie es die Bestimmungen sind, welche die menschliche Praxis in der Bearbeitung der Natur, der Veränderung der Sitten, der Planung von Zukunft, der Auseinandersetzung mit der eigenen Todesgewißheit und in ästhetischen Darstellungen des Problemzusammenhangs der menschlichen Gesamtpraxis hervorbringt. Darum ist auch der Begriff der Geschichtlichkeit unserer Existenz – wie der Begriff einer produktiven, weder willkürlichen noch bloß wählenden, sondern die Wahl selbst hervorbringenden Freiheit – wiederum auf die beiden fundamentalen Merkmale menschlicher Praxis hin auszulegen. Die Geschichtlichkeit menschlicher Existenz ist zurückgebunden an die den Menschen auszeichnende Imperfektheit, welche durch die Praxis nicht willkürlich aufgehoben werden kann, und vermittelt über die praktische Selbstbestimmung des Menschen, welche ihre Handlungsalternativen und Wahlmöglichkeiten nicht einfach vorfindet, sondern selber hervorbringt. Die Geschichtlichkeit der Praxis, die aus der menschlichen Imperfektheit resultierende Not handelnd wenden zu können, unterscheidet sich gleichermaßen von zwei verbreiteten Verkürzungen, von einem Geschichtsverständnis einerseits, welches den Menschen zum Herrn der Geschichte erklärt, und einem Verständnis der Geschichte andererseits, welches die Geschichte zur Bestimmung des Menschen erhebt. Wo wir die Möglichkeit menschlicher Praxis im Sinne der Willkürfreiheit überdehnen und die koexistentielle Notwendigkeit des Menchen, durch eigene Praxis seine Bestimmung finden zu müssen, vergessen, da hypostasieren wir den Menschen in Verkennung der Grenzen seiner Praxis zum Herrn der Geschichte. Wo wir dagegen die Möglichkeiten menschlicher Praxis im Sinne bloßer Wahlfreiheit verkürzen und die Tatsache ausblenden, daß das zu Wählende allererst durch die Praxis hervorgebracht wird, da reduzieren wir uns in Verkennung der Möglichkeiten unserer Praxis zu Erfüllungsgehilfen einer fatalistischen Geschichte und erklären die in der bisherigen Geschichte hervorgebrachten Möglichkeiten der Wahl zum Ende der Geschichte.

Beide Auffassungen, die Hypostasierung des Menschen zum Herrn der Geschichte und seine Reduktion zum Erfüllungsgehilfen eines fatalistischen Geschichtsablaufs, sind keineswegs – wie es zunächst erscheinen mag – miteinander unvereinbar. Sie schließen sich nicht gegenseitig aus, sondern setzen einander in gewissem Sinne sogar voraus. Zum Herrn der Geschichte kann sich der Mensch nämlich nur hypostasieren, wenn er die Willkür-Herrschaft über die Geschichte, die er sich selbst anmaßt, den mit und nach ihm Handelnden abspricht, indem er deren Freiheit auf diejenige einer bloßen Wahl zwischen den seiner Willkür entsprungenen Wahlmöglichkeiten einschränkt. Gegenüber solchen Verkürzungen ist die Geschichtlichkeit unserer Existenz gerade darin begründet, daß die produktive Freiheit der Praxis weder mit Vorstellungen von einer Herrschaftsgeschichte menschlicher Willkür noch mit fatalistischen Auffassungen von einer geschichtlichen Determination zukünftiger Wahlmöglichkeiten vereinbar ist. Wir existieren in der Wirkungsgeschichte vorausgegangener Entwürfe und Versuche, durch Praxis unsere Bestimmung zu finden, und sind, indem wir in der Tradition menschlicher Handlungsentwürfe stehen, dem Traditionszusammenhang doch insofern enthoben, als unser Handeln nicht unmittelbar aus der Wirkungsgeschichte hervorgeht, sondern die jeweilige Wirkungsgeschichte immer auch durch die Art und Weise bestimmt, in der wir Zukunft antizipieren, durch Praxis die Geschichte vorantreiben und die Wirkungsgeschichte schließlich im Hinblick auf den von uns selbst geschaffenen Traditionszusammenhang um- bzw. neu schreiben.

Daß der Mensch aufgrund der Möglichkeiten und Grenzen seiner produktiven Freiheit als ein geschichtliches Wesen existiert, das ebensowenig die Herrschaft über die Geschichte anzustreben vermag, wie es sich einer gleichsam über es verhängten fatalistischen Herrschaft der Geschichte unterwerfen muß, bestimmt seine Existenz als eine ihrer

Möglichkeit nach sprachliche. Die Sprache vermittelt zwischen der Geschichtlichkeit und der produktiven Freiheit der Praxis. Dank der Sprachlichkeit unserer Existenz gibt es weder ein Kontinuum von vergangener Geschichte und Praxis, noch ein Kontinuum von produktiver Praxis und künftiger Geschichte. Geschichte ist niemals bloß vergangene Tradition, sondern immer tradierte, und das heißt erinnerte Tradition. In die Tradition als erinnerte gehen immer schon Entwürfe zukünftigen Handelns ein, die zwar die vergangene Geschichte nicht in die Zukunft aufheben, indem sie frühere Handlungen der Menschen einfach ungeschehen machen, wohl aber zwischen Vergangenheit, Gegenwart und Zukunft vermitteln. Solche Vermittlung vollzieht sich im Medium der Sprache. Im Miteinander-Sprechen und Aufeinander-Hören sind wir immer zugleich erinnernd und entwerfend tätig. In den Wörtern der Sprache ist die geschichtliche Welterfahrung und zwischenmenschliche Verständigung gleichsam aufbewahrt; in den Worten, die wir im Gespräch miteinander wechseln, entsteht die sowohl welt- als auch kommunikationshaltige Bedeutung der Wörter stets von neuem und verändert sich zugleich durch die Erfahrungen, die wir in unserem eigenen Handeln machen.

So ist auch die Sprache auf die beiden fundamentalen Merkmale menschlicher Praxis bezogen. Im Rückblick auf vorgegebene Traditionszusammenhänge ist die Sprache erinnernd und folgt der durch vergangene Praxis entwickelten Bestimmung des Menschen nach, im Vorblick auf die durch künftige Praxis mögliche Bestimmung ist sie entwerfend, geht sie der Praxis voraus. Ein Verständnis menschlicher Sprache, das deren erinnernde und entwerfende Dimension gleichermaßen berücksichtigt, unterscheidet sich ebenso von einem abbildtheoretischen wie von einem nominalistischen Begriff der Sprache. Die Sprache ist weder eine „wörtliche" Abbildung der Weltinhalte noch ein Produkt willkürlicher Namensgebung, sondern beides und keines von beidem zugleich. Miteinander sprechend können wir Weltinhalte deshalb niemals sprachlich bloß abbilden, weil die weltvermittelnde Dimension der Sprache untrennbar mit ihrer kommunikativen oder verständigungsbezogenen Dimension verbunden ist. Nominalistisch können wir Sprachregelungen nicht herbeiführen, weil Sprache niemals bloß Verständigung unter Sprechenden, sondern immer zugleich Verständigung über Weltinhalte ist.

Die erinnernde und entwerfende Dimension der Sprache und die sprachlichen Vermittlungsleistungen zwischen Welt und Mensch sowie unter den Menschen sind in einer Differenz fundiert, die für jede Sprache und für alles menschliche Sprechen gilt: in der Differenz zwischen dem, was sprachlich ausgesagt wird, und dem, was eine sprachliche Aussage jeweils meint. Die Wörter der Sprache sagen immer etwas Allgemeines aus, die Worte, die wir miteinander sprechend und aufeinander hörend, schreibend und lesend austauschen, meinen dagegen immer etwas

Konkretes. Das Konkrete, das die Sprache in einer Aussage meint, können wir einander nur vermittelt über die allgemeine sprachliche Aussage mitteilen, und die allgemeine Aussage können wir in dem in ihr gemeinten Konkreten nur verstehen, weil wir zwischen dem sprachlich Gesagten und Gemeinten zu unterscheiden vermögen. Die Aussage, ,,Ich bin traurig, weil mein Großvater gestorben ist", bedeutet für den Hörer oder Adressaten dieser Aussage ja nicht ,,Ich bin traurig, weil mein Großvater gestorben ist", sondern ,,Er ist traurig, weil sein Großvater gestorben ist". Die Wörter ,,Ich" und ,,traurig", ,,Großvater" und ,,gestorben" sagen etwas Allgemeines aus und gelten für jedes Ich, jede Traurigkeit, bezeichnen jeden Großvater und jeden Tod. Die konkrete Aussage meint jedoch gerade nicht das, was sie in allgemeinen Wörtern bezeichnet, sondern etwas Konkretes, die individuelle Trauer über den Tod eines Individuums. Aufgrund der ihr eigenen Dialektik, allgemeine Aussage über ein Konkret-Gemeintes zu sein, vermag die menschliche Sprache zwischen Erinnerung und Antizipation sowie Welterfahrung und zwischenmenschlicher Verständigung zu vermitteln. In der Aussage ,,Ich bin traurig, weil mein Großvater gestorben ist" ist die geschichtliche Erfahrung des Wissens um die Endlichkeit ebenso aufbewahrt wie die Antizipation der eigenen Endlichkeit angelegt. Nur weil wir selber sterbliche Wesen sind und darum wissen, können wir eine solche Aussage verstehen, und nur weil wir eine solche Aussage verstehen, können wir um unsere eigene Endlichkeit wissen.

Der Zusammenhang von ausgesagtem Allgemeinen und gemeintem Konkreten gilt sowohl für die erinnernde als auch für die entwerfende Dimension der Sprache. In der erinnernden Dimension stehen wir in der Wirkungsgeschichte vorausgegangener Praxis und sprechen das erinnerte Konkrete allgemein aus; in der entwerfenden Dimension meinen wir die konkrete künftige Praxis und antizipieren deren Erfahrungen in sprachlich-allgemeiner Rede. Aufgrund des sprachlichen Vermittlungszusammenhangs von Allgemein-Ausgesagtem und Konkret-Gemeintem ist weder die Wirkungsgeschichte noch die Praxis Subjekt der Geschichte. Die Wirkungsgeschichte geht weder ihrer Erinnerung unvermittelt voraus, noch folgt sie unmittelbar aus dieser, sondern ist offen für den Entwurf künftigen Handelns. Und die Praxis folgt weder linear aus ihren Entwürfen, noch setzt sie in diesen die Wirkungsgeschichte einfach fort, sondern geht allererst aus den Erfahrungen hervor, die wir nur in der praktischen Umsetzung unserer Entwürfe machen können.

Zusammengenommen kennzeichnen die produktive Freiheit, Geschichtlichkeit und Sprachlichkeit somit den spezifischen Experimentcharakter der menschlichen Praxis. Produktive Freiheit, welche sich gleicherweise von Willkür- und Wahlfreiheit unterscheidet, Geschichtlichkeit, welche weder den Menschen zum Herrn der Geschichte noch die Geschichte zum Fatum der Praxis erklärt, und Sprachlichkeit in ihrer nie bloß abbildenden, sondern erinnernden, und nicht nominalistischen, sondern entwerfenden Vermittlungsleistung sind die drei Grundbestimmungen menschlicher Existenz, aufgrund derer wir in den koexistentialen Praxen der Arbeit, der Ethik, der Pädagogik, der Politik, der Kunst und der Religion die aus unserer Imperfektheit entspringende Not, handeln zu müssen, wenden und um unsere substantielle Bestimmung ringen können.

Den komplexen Zusammenhang der menschlichen Gesamtpraxis und die Aufgabe einer zwischen den Einzelpraxen über die Anerkennung von Freiheit, Geschichtlichkeit und Sprachlichkeit zu leistenden Vermittlung versucht das folgende Schema zu versinnbildlichen. Die Pfeile zwischen den sechs koexistentialen Praxisformen verweisen auf das Problem einer nicht-hierarchischen Verhältnisbestimmung der Praxen innerhalb der menschlichen Gesamtpraxis; die im Zentrum des Schemas eingetragenen Begriffe weisen darauf hin, daß im Sinne einer der Endlichkeit unserer Existenz und Koexistenz bewußten praktischen Vernunft Freiheit weder als Willkür- noch als Wahlfreiheit, Geschichte weder als Herrschaftsgeschichte noch als Fatum, Sprache weder als bloße Abbildung von Welt noch als nominalistische Definition von Weltinhalten zu fassen ist.

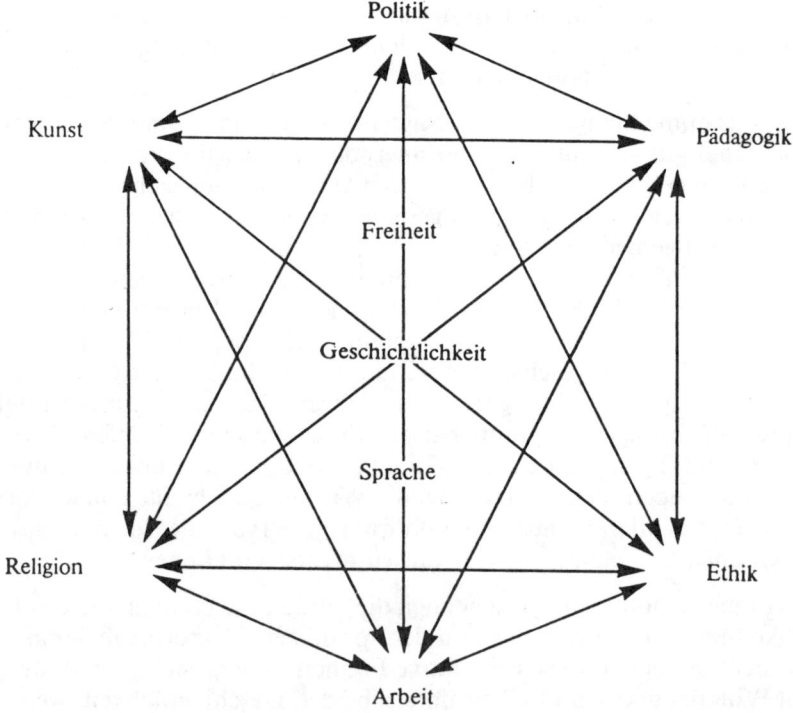

Von der Stellung der pädagogischen Praxis im Rahmen der menschlichen Gesamtpraxis war innerhalb der Skizze zu einem allgemeinen Praxisbegriff bisher noch nicht die Rede. Ein vorläufiger Begriff der pädagogischen Praxis, der dann zur Bestimmung der Prinzipien pädagogischen Denkens und Handelns, den Fragestellungen pädagogischer Handlungstheorie und den Dimensionen pädagogischer Praxis hinführt, kann erst entwickelt werden, wenn wir uns zuvor der Bedeutung vergewissern, die den bisherigen Überlegungen im Hinblick auf die sich uns heute stellenden Fragen nach einer vernünftigen Ordnung der menschlichen Gesamtpraxis zukommt.

2.2. Von der zweifachen Gefährdung der Praxis, von der Gefährdung des Primats der menschlichen Gesamtpraxis und der Gefährdung der Praxis überhaupt

Wenden wir uns von dem bisher entwickelten Praxisbegriff nun der gegenwärtigen Verfaßtheit der menschlichen Gesamtpraxis und ihren gesellschaftlichen Erscheinungsformen zu, so zeigt sich, daß der allgemeine Praxisbegriff für diese keineswegs ohne weiteres zutrifft. Weder befinden sich die ökonomische, pädagogische, ethische, politische, ästhetische und religiöse Praxis in einem nicht-hierarchischen Verhältnis gleichgewichtiger gegenseitiger Anerkennung, noch sind die Beziehungen, die heute zwischen den fundamentalen Bereichen der menschlichen Gesamtpraxis bestehen, durch eine diese übergreifende produktive Freiheit und eine weder auf Herrschaft noch auf Fatalismus basierende Geschichtlichkeit und Sprachlichkeit menschlicher Praxis vermittelt.

In der Menschheitsgeschichte lassen sich zwei Gefährdungen des über Freiheit, Sprache und Geschichtlichkeit vermittelten Experimentcharakters menschlichen Handelns unterscheiden. Die eine Gefährdung ist untrennbar mit der Ausdifferenzierung der sechs Grundphänomene menschlicher Koexistenz in institutionell voneinander abgegrenzte Praxisbereiche verbunden. Einerseits entsteht erst durch diese Ausdifferenzierung die Möglichkeit, religiöses, ästhetisches, politisches, ökonomisches, ethisches und pädagogisches Handeln voneinander zu unterscheiden und nach einem nicht-hierarchischen Ordnungszusammenhang der menschlichen Gesamtpraxis zu fragen. Andererseits kann die gleichgewichtige Anerkennung der Grundphänomene menschlicher Koexistenz in institutionell ausdifferenzierten Bereichen gerade dadurch gefährdet werden, daß ein Praxisbereich oder eine Gruppierung von Einzelpraxen eine Vorrangstellung gegenüber den anderen anstrebt und durchsetzt. Statt sich in eine nicht-hierarchische Ordnung der menschlichen Gesamtpraxis einzufügen, beanspruchen dann zum Beispiel die Ökonomie für eine bestimmte Wirtschaftsform, die Politik für die Interessen eines Standes, einer Gruppe oder einer Klasse und die Religion für eine als allein selig machend gesetzte Glaubensrichtung eine Vorrangstellung und geraten hierdurch in Widerspruch zur Gleichursprünglichkeit aller Grundphänomene menschlicher Koexistenz und zur Idee eines nicht-hierarchischen Verhältnisses der Einzelpraxen untereinander.

Dies verweist nun auf eine wichtige Differenz, die wir zwischen den sechs Grundphänomenen menschlicher Koexistenz und der in Einzelpraxen ausdifferenzierten und institutionalisierten humanen Gesamtpraxis machen müssen. Unter den Grundphänomenen menschlicher Koexistenz kann kein einziges eine Vorrangstellung gegenüber einem anderen beanspruchen. Sie sind nicht auseinander ableitbar, sondern gleich ursprünglich und konstitutiv für die Art und Weise, in der Menschen als imperfekte Wesen zusammen leben und durch freie, geschichtliche und sprachliche Praxis nach ihrer Bestimmung fragen, diese entwerfen und erproben können. Die gesellschaftlichen Formen ausdifferenzierter Humanität, die in die Sphären der Ökonomie, Pädagogik, Ethik, Politik, Kunst und Religion regionalisierten Formen menschlicher Praxis, stehen dagegen in keinerlei prästabilierter ontologischer Harmonie, sondern in einem Wechselverhältnis, welches hierarchische Ordnungsstrukturen keineswegs ausschließt, sondern immer von neuem hervorbringt. Daß die Menschen aufgrund ihrer Imperfektheit in der Notwendigkeit existieren, durch Bearbeitung der Natur ihre Lebensgrundlage zu sichern, Regeln und Konventionen des Zusammenlebens zu entwickeln, Sorge für die Antizipation der Zukunft und die Erziehung der nachwachsenden Generation zu tragen und sich mit ihrer Endlichkeit und Todesgewißheit auseinanderzusetzen, dies alles ist schlechterdings konstitutiv für die menschliche Gesamtpraxis. Die Bestimmung jedoch, welche sich die Menschheit durch eigene Praxis gibt, folgt keineswegs unmittelbar aus der für sie konstitutiven Notwendigkeit, handelnd die eigene Bestimmung hervorzubringen. Die Idee eines nicht-hierarchischen Verhältnisses der fundamentalen Einzelpraxen innerhalb einer Ordnung der menschlichen Gesamtpraxis ist nicht konstitutiv für das Zusammenleben der Menschen, sondern eine regulative Idee, die wir anerkennen oder auch nicht anerkennen können[12].

Wird diese Idee gesellschaftlich anerkannt und eine Ordnung der menschlichen Gesamtpraxis angestrebt, die ihre Logik nicht aus der Vorrangstellung eines Praxisbereichs gegenüber anderen gewinnt, sondern praxeologisch auf eine gleichrangige Bedeutsamkeit aller Praxisbereiche gründet, so verläuft auch die Wechselwirkung zwischen den Praxisbereichen nicht linear, sondern vermittelt über die produktive Freiheit, Geschichtlichkeit und Sprachlichkeit der menschlichen Praxis.

Wird dagegen die Idee eines praxeologischen Ordnungszusammenhangs der menschlichen Gesamtpraxis negiert und einer Praxis oder Gruppe von Praxen ein Vorrang gegenüber den anderen eingeräumt, so kommt es zu einer Gefährdung des Primats der menschlichen Gesamtpraxis durch dessen Verkürzung auf den Primat einer Einzelpraxis.

Davor, die konstitutive Bedeutung der sechs Grundphänomene menschlicher Koexistenz zu leugnen und die menschliche Gesamtpraxis durch die Mißachtung der regulativen Idee eines nicht-hierarchischen Verhältnisses der Praxen untereinander zu gefährden, ist keine einzige der Praxisformen ausdifferenzierter Humanität gefeit. Fehlformen einer solchen Unterordnung der menschlichen Gesamtpraxis unter den angemaßten Primat einer Einzelpraxis sind z.B. theokratische Ordnungssysteme, in welchen eine bestimmte Religion zur alleinigen Urteilsinstanz in allen Fragen menschlichen Handelns erhoben wird, ferner ökonomische Systeme, welche die Dignität vorgegebener Sitten und Konventionen, Glaubensüberzeugungen und pädagogischer Handlungsweisen einzig danach bemessen, ob diese der Steigerung der Produktivität dienen oder nicht, politische Systeme, welche beanspruchen, die menschliche Gesamtpraxis normieren zu können und eine bestimmte Antizipation von Zukunft dezisionistisch zur totalitären Urteilsinstanz in allen Fragen menschlicher Praxis erheben, schließlich Ordnungsvorstellungen, welche die Dignität religiöser, ökonomischer und politischer Urteilskraft ausschließlich pädagogisch durch die Erzeugung eines neuen, von Pädagogen mit einer normierten Handlungskompetenz ausgestatteten Menschen zu begründen suchen.

Gemeinsames Merkmal solcher Verkürzungen, von welcher Einzelpraxis sie auch immer ausgehen mögen, ist, daß durch sie nicht nur die jeweils anderen Praxen gefährdet werden, sondern auch diejenige, die für sich den Primat beansprucht, Schaden erleidet. Eine ökonomische Ordnung zum Beispiel, welche einem Teil der Mitglieder einer Gesellschaft oder einem Teil der Menschheit die Partizipation an der ökonomischen Praxis verwehrt und die Betreuung der Arbeitslosen sogenannten helfenden Berufen wie Freizeitpädagogen, Sozialpädagogen, Weiterbildnern und anderen mehr zuweist und dies womöglich durch eine Grundrente finanzieren läßt, ist im Hinblick auf die Gleichursprünglichkeit der Grundphänomene menschlicher Koexistenz und die Idee eines nicht-hierarchischen Verhältnisses der Einzelpraxen zueinander letztlich ebenso inhuman wie eine theokratische Ordnung, die die Abtreibung gezeugten und empfangenen Nachwuchses verbietet, eine selbstverantwortete Familienplanung aber den potentiellen Eltern von Kindern untersagt.

Die andere Gefährdung der Praxis geht nicht von der Mißachtung des Primats der menschlichen Gesamtpraxis und den Anmaßungen einzelner Praxisformen aus, die diesen Primat unter Hintanstellung der anderen Formen menschlichen Handelns für sich allein beanspruchen, sondern hängt aufs engste mit der seit den Anfängen neuzeitlicher Wissenschaft sich stellenden Frage nach dem Verhältnis von theoretischer und praktischer Vernunft zusammen. Gegenüber historisch älteren Wissensformen, welche vorgängige Naturerfahrung zu ordnen und auf allgemeine Begriffe zu bringen suchten, zeichnet sich neuzeitliche Wissenschaft dadurch aus, daß sie nicht von der Erfahrung zum Wissen aufsteigt, sondern die Erfahrung theoretisch antizipiert und den jeweiligen Erkenntnisgegenstand konstruiert. Über alle Paradigmenwechsel hinweg zielt neuzeitliche Wissenschaft auf eine einheitswissenschaftliche mathematische Erklärung aller Wirklichkeitsbereiche. Jede Weltbegebenheit, Vorgänge in der Natur ebenso wie innerpsychische und gesellschaftliche Vorgänge, als komplexe Ursache-Wirkungs-Zusammenhänge zu dechiffrieren und berechenbar, prognostizierbar und dadurch planbar zu machen, ist seit Bacons programmatischer These ,,Wissen ist Macht" das Anliegen neuzeitlicher Wissenschaft, welches später Comte auf die Formel ,,savoir pour prévoir, prévoir pour pouvoir" gebracht und in unserer Zeit Popper in seiner Logik der Forschung so umrissen hat: ,,Die Theorie ist das Netz, das wir auswerfen, um ,die Welt' einzufangen, – sie zu rationalisieren, zu erklären und zu beherrschen. Wir arbeiten daran, die Maschen des Netzes immer enger zu machen"[13].

Das Programm neuzeitlicher Wissenschaft weist weder kategoriale Bezüge zu einer der fundamentalen Formen menschlicher Praxis noch zur Idee einer nicht-hierarchischen Ordnung der menschlichen Gesamtpraxis auf. Die Grundintention neuzeitlicher Wissenschaft, alles Zufällige in Gesetzmäßiges zu überführen und alles Besondere unter allgemeine Regeln zu bringen, richtet sich auf alle Wirklichkeitsbereiche und zielt darauf, diese nach Grundsätzen unseres konstruierenden Verstandes zu erklären und menschlicher Herrschaft zu unterwerfen. Dies gilt nicht nur für die außermenschliche Natur, sondern ebenso für die menschliche Praxis selbst. Hieraus aber resultiert die zweite Gefährdung der menschlichen Praxis, welche nun jedoch nicht unmittelbar dadurch entsteht, daß einem der Grundphänomene menschlicher Koexistenz ein Primat gegenüber allen anderen zugestanden wird, sondern gerade dadurch zustande kommt, daß die vom menschlichen Verstand konstruierte Erklärung aller Weltbegebenheiten zum einzigen Begriff vernünftigen Handelns erhoben und die Idee eines nicht-hierarchischen Verhältnisses der Grundformen menschlicher Praxis zugunsten einer einzig auf Machtsteigerung ausgerichteten Wissenschaftspraxis aufgegeben wird.

In Poppers Definition neuzeitlicher Wissenschaft als eines Versuchs, das Netzwerk der Erklärung und Beherrschung der Welt immer enger zu machen, sind zwei Seiten neuzeitlicher Wissenschaft miteinander verbunden, von denen die eine dem Experiment- und Entwurfscharakter menschlicher Praxis durchaus nahesteht, die andere jedoch mit der Idee eines nicht-hierarchischen Verhältnisses der Einzelpraxen innerhalb der menschlichen Gesamtpraxis unvereinbar ist. Poppers Umschreibung neuzeitlicher Wissenschaft als eines Netzes, das es enger zu flechten gilt, um in ihm immer mehr Welt einzufangen, verwendet einerseits eine vorwissenschaftliche Metapher, die dem in keinerlei endgültige Perfektheit überführbaren Charakter menschlicher Praxis, Entwurf und Versuch zu sein, durchaus nahesteht. Wissenschaftliche Erkenntnis ist dieser Metapher zufolge Wissen um das, was sich mit dem Netzwerk, das unser konstruierender Verstand entwirft, einfangen und erklären läßt. Dieses Wissen schließt durchaus ein, daß die Welt, je enger wir auch unsere Netze knüpfen mögen, hindurchfallen kann, also niemals in dem aufgeht, was wir von ihr einfangen und wissen können. Daß unser konstruierender Verstand selber durch dieses Netzwerk, welches er hervorbringt, hindurchfällt, haben nach Popper Wissenschaftshistoriker überzeugend nachgewiesen. Sie konnten aufzeigen, daß der Versuch neuzeitlicher Wissenschaft, die Netze menschlicher Welterklärung immer enger zu knüpfen, seine Überzeugungskraft keineswegs unmittelbar aus der durch ihn ermöglichten Steigerung menschlicher Herrschaft über die Welt bezieht, sondern daß seine Überzeugungskraft und Glaubwürdigkeit untrennbar daran zurückgebunden ist, daß die Steigerung menschlicher Macht als erstrebenswert und sinnvoll angesehen wird. Diese zweite, in Poppers Netz-Metapher gleicherweise eingefangene Seite neuzeitlicher Wissenschaft ist zwar mit der hypothetischen, dem Versuchs- und Entwurfscharakter menschlicher Praxis durchaus nahestehenden Grundstruktur neuzeitlicher Wissenschaft verbunden, fügt sich jedoch im Unterschied zu dieser nicht bruchlos in die Idee eines nicht-hierarchischen Verhältnisses der Einzelpraxen untereinander. Wenn nämlich die Rationalitätsstruktur neuzeitlicher Wissenschaft einzig auf Machtsteigerung ausgerichtet ist, dann entsteht zumindest die Gefahr, daß der Versuchscharakter der menschlichen Praxis, dem auch die neuzeitliche Wissenschaft ihre Existenz verdankt, am Ende nurmehr für den Entdeckungs-, Entwicklungs- und Anwendungszusammenhang neuzeitlicher Wissenschaft gilt, nicht aber mehr für die menschliche Praxis selber, die in dem Maße, in welchem die Logik der Machtsteigerung zu ihrer Rationalitätsstruktur wird, aufhört, Praxis im oben entwickelten Sinne zu sein. Das praktische Experiment menschlicher Selbstbestimmung schlüge dann in ein vom Menschen selbst initiiertes technisches Experiment um, das dann nicht mehr von der Idee eines nicht-hierarchischen Verhältnisses der menschlichen Gesamtpraxis, sondern von der Idee fortschreitender Machtsteigerung reguliert wird[14]. Beide Seiten neuzeitlicher Wissenschaft, ihr dem Praxisbegriff durchaus nahestehender Entwurfscharakter und ihre auf Machtsteigerung ausgerichtete Rationalitätsstruktur, gilt es nun, in ihrem Zusammenhang genauer zu betrachten, um Klarheit darüber zu gewinnen, was unter der zweiten Gefährdung menschlicher Praxis zu verstehen ist.

Deutungen, die die neuzeitliche Wissenschaft ausschließlich von ihrer Affinität zum Experimentcharakter der menschlichen Praxis her zu begreifen suchen, unterstellen eine Kontinuität von der Erfindung des Faustkeils bis hin zur Entwicklung der Atom- und Computertechnologie und interpretieren die neuzeitliche Wissenschaft und Technologie als Produkt einer vom menschlichen Verstand konstruierten Verlängerung unserer Organe. Die Stärke dieser Deutungen liegt darin, daß sie an der im Begriff der Praxis verwurzelten Verantwortung des Menschen für sein Handeln festhalten, zwischen einer politischen, moralischen, pädagogischen und religiösen Beurteilung der Ziele unseres Handelns und der Rationalitätsstruktur der durch die Wissenschaftspraxis hervorgebrachten Mittel unterscheiden und die Geltung und Reichweite der Wissenschaftspraxis auf diejenige technischer Rationalität zu begrenzen versuchen. Die Schwäche dieser Deutungen liegt in ihrem ahistorischen Technikbegriff und ihrer Blindheit gegenüber dem Wandel, der mit der Entwicklung neuzeitlicher Wissenschaft und der Verwissenschaftlichung aller Lebens- und Praxisbereiche untrennbar verbunden ist.

Dieser eigentümlichen Schwäche der am Praxisbegriff festhaltenden Interpretationen neuzeitlicher Wissenschaft und Technologie erliegen Deutungen, die die qualitativen Differenzen in der Wissenschafts- und Technikentwicklung herausarbeiten, nicht. Sie betonen gerade die Diskontinuitäten der Wissenschafts- und Technikentwicklung und machen darauf aufmerksam, daß die Atombombe ebensowenig angemessen als Verlängerung der mit Pfeil und Bogen, Schwert und Schild umgehenden menschlichen Hand begriffen, wie die Erzeugung von Atomstrom in die Kontinuität der Erzeugung von Feuer durch das Drehen eines Holzes auf einem Stein eingeordnet werden kann. Die Stärke derjenigen Deutungen, die die Diskontinuität der technisch-wissenschaftlichen Revolutionen hervorheben, liegt in der durch sie ermöglichten Einsicht in das veränderte Verhältnis zwischen den Zielen und den Mitteln menschlichen Handelns. Danach nämlich ist ein über produktive Freiheit, Sprachlichkeit und Geschichtlichkeit vermittelter Umgang mit neuzeitlicher Wissenschaft und Technologie heute gar nicht mehr möglich, weil die Beratung und Entscheidung über die Ziele unseres Handelns in eine Abhängigkeit von den Mitteln geraten sind, derzufolge sich die Rationalität einer zweckbestimmten Entscheidung über die Mittel längst in eine durch die Entwicklung der Mittel schon im vorhinein definierte Stimmigkeit oder Unstimmigkeit möglicher Handlungsziele umgekehrt hat. Folgerichtig sprechen diese Deutungen vom Ende der menschlichen Praxis und deren Transformation in eine Expertokratie von Einzelberufen, unter denen derjenige der Politik nurmehr die Aufgabe hat, die Massen auf die sich ohnedies vollziehende Veränderung der Lebensverhältnisse einzustimmen, Pädagogik und Ethik die abgeleitete Aufgabe übernehmen, Haltungen und Tugenden zu befördern, die eine solche Entwicklung bejahen, der Religion die Rolle zufällt, die einzelnen mit den sogenannten Nebenwirkungen des technisch-wissenschaftlichen Fortschritts zu befreunden und im Sinne eines Placebo-

Effekts die neuen Zufälle und Unvermeidlichkeiten mittel-rationalen Handelns, Kriege und Unfälle, Umweltbelastung und Identitätsverlust, aushaltbar und als Geschick neuerer Art annehmbar zu machen, und der Kunst schließlich die Funktion zugewiesen wird, bei alledem wenigstens für Unterhaltung zu sorgen und nach dem Verlust der menschlichen Praxis den Schein zu erwecken, als seien die Menschen noch Subjekte ihres eigenen Handelns.

Stärken und Schwächen dieser beiden Deutungen der Stellung des Menschen in der wissenschaftlich-technischen Zivilisation lassen sich in keine gutartige Synthese überführen. Weder kann die zuerst genannte Deutung, welche am Primat der menschlichen Gesamtpraxis festhält, eine praktische Finalisierung der Wissenschafts- und Technikentwicklung durchsetzen, noch eröffnet die andere Deutung, welche das Ende der Praxis zum Fortschritt der Geschichte erklärt, eine Lösung der sich uns heute stellenden Probleme. Im Streit beider Deutungen miteinander erweist sich die erste, trotz ihres Festhaltens an der Idee der menschlichen Gesamtpraxis, wegen der von ihr unterstellten kontinuierlichen Entwicklung der Wissenschaft seit den Anfängen der Menschheit als naiv und der zweiten unterlegen, eröffnet die zweite Deutung jedoch keinerlei neue Perspektiven, sondern büßt ihren Einblick in den durch neuzeitliche Wissenschaft und Zivilisation herbeigeführten Wandel gerade dadurch ein, daß sie diesen Wandel zum Fatum der Menschheit und des Kosmos erklärt. Damit aber drohen die beiden Gefährdungen der menschlichen Praxis, zwischen denen bisher unterschieden wurde, diejenige der Aufhebung des Primats der Gesamtpraxis in den Primat einer einzelnen Praxis und diejenige der Verkürzung des praktischen Experiments menschlichen Handelns auf ein wissenschaftlich-technisches Experiment, in einer einzigen zu verschmelzen, in der Gefährdung der menschlichen Praxis durch den Primat wissenschaftlich-technischer Rationalität.

Inzwischen mehren sich die Stimmen, die von der Notwendigkeit einer Wiederherstellung der politischen, ethischen, pädagogischen, ökonomischen, ästhetischen und religiösen Praxis und Reflexion sprechen. Bis in die Formulierung hinein läßt sich die Unmöglichkeit eines solchen Unternehmens zurückverfolgen. Zwar können wir nur etwas wiederherstellen, was zuvor zerstört worden ist; wiederherstellen aber läßt sich etwas nur dann, wenn es zuvor durch eine *poietische* Praxis hervorgebracht und zerstört worden ist. Diese Voraussetzung aber scheint mit der heutigen Gefährdung der Praxis nicht mehr gegeben zu sein. Eine Erneuerung der Praxis kann nicht durch deren Wiederherstellung, sondern nur auf dem Weg einer Neubestimmung der menschlichen Gesamtpraxis gefunden und erreicht werden. Ob dies aber überhaupt noch möglich ist oder ob die von uns selbst erzeugten Systemzwänge und Sachzwänge zum Fatum der Weltgeschichte werden, kann niemand wissen. Eine Neubestimmung der menschlichen Gesamtpraxis aber ist nur möglich, wenn es gelingt, Alternativen zu dem zu entwickeln, was heute allgemein unter Berufstätigkeit verstanden wird.

2.3. Von der Differenz zwischen Praxis und Berufstätigkeit. Vorläufiger Begriff der pädagogischen Praxis angesichts der Ambivalenz pädagogischer Berufe

Aus zwei Gründen wird im folgenden zwischen Praxis und Berufstätigkeit unterschieden. Zum einen läßt sich die Aufgabenteilung der Berufe weder aus der Imperfektheit des Menschen ableiten, noch als eine Bestimmung interpretieren, welche sich die Praxis im Laufe der Menschheit selbst gegeben hat. Die Arbeitsteilung erzieherischer Berufe zum Beispiel ist womöglich Resultat einer Entwicklung, in welcher die Besonderheit der pädagogischen Praxis verkannt, mißachtet oder verdrängt worden ist. Der zweite Grund, weshalb zwischen Praxis und Berufstätigkeit unterschieden wird, ist der, daß die Praxis viel älter und ihr Handlungshorizont viel weiter ist als derjenige der verschiedenen Formen von Berufstätigkeit. Dahinter steht die Auffassung, daß bestimmte Praxen gar nicht ohne weiteres angemessen als Berufstätigkeit ausgeübt werden können und daß es darauf ankommt, die Berufstätigkeiten am Anspruch der Praxis zu messen, zu orientieren und ihm gemäß zu verändern. Der praktische Sinn bestimmter Berufstätigkeit könnte es dann sein, durch Professionalisierung immer zugleich die Entprofessionalisierung des jeweiligen Berufsstandes zu verfolgen und die zum Beruf verengte Tätigkeit immer wieder auch zu einer allgemein-menschlichen zu erheben.

Was nun die Arbeit betrifft, so hat Karl Marx in den ökonomisch-philosophischen Manuskripten (1844) die Verkürzung der ökonomischen Praxis auf Lohnarbeit kritisiert und die Aufgabe einer universellen Theorie der menschlichen Gesamtpraxis formuliert, welche sowohl den Zusammenhang der Einzelpraxen als auch deren jeweilige Besonderheit im Verhältnis zu den andern erörtern sollte. So kündigte er an: ,,Ich werde ... in verschiedenen selbständigen Broschüren die Kritik des Rechts, der Moral, Politik etc. aufeinanderfolgen lassen und schließlich in einer besonderen Arbeit wieder den Zusammenhang des Ganzen, das Verhältnis der einzelnen Teile, ... zu geben versuchen"[15]. Es ist bedauerlich, daß die marxistische Diskussion sich vornehmlich auf die Ökonomie beschränkt und damit die Einlösung dieses Programms, indem sie es auf dasjenige einer ,,Kritik der politischen Ökonomie" einengte, nicht systematisch vorangetrieben hat. Die Leistung der Kritik der ökonomischen Praxis wird hierdurch jedoch nicht geschmälert. Der Sinn der Arbeit geht weder in der Gewinn- und Mehrwertproduktion der Unternehmen noch in der Lohnauszahlung an die Arbeiter auf, sondern ist bezogen auf die Wohlversorgtheit der Menschheit mit lebenswichtigen Gütern, die Erhaltung und Pflege der Natur als unsere und der Natur eigene Lebensgrundlage und die sowohl die Natur als auch die Gesellschaft betreffende Verständigung darüber, was lebenswichtig und lebensnotwendig ist. Daß die Arbeitspraxis viel weiter ist, als es die verschiedenen Formen der Berufstätigkeit sind, und daß sie – zumindest nicht dauerhaft – auf kapitalistische Warenproduktion und Lohnarbeit reduziert werden kann, zeigt sich heute an der von den Industrienationen in West und Ost durch Naturausbeutung und -zerstörung erzeugten Gefahr eines weltweiten Oekozids.

Auch für die anderen Praxen läßt sich leicht zeigen, daß ihre Institutionalisierung in der Form von Berufstätigkeit nicht schon ein Indiz dafür ist, daß ihr Sinn und ihre Notwendigkeit gesellschaftlich anerkannt werden. Was die sittliche Praxis betrifft, so würden wir von einer Gesellschaft, welche einen besonderen Berufsstand institutionalisiert, dessen vornehmste Aufgabe es ist, gute Werke zu tun, ja nicht sagen wollen, daß es in einer solchen Gesellschaft um die Ethik gut bestellt sei und daß in ihr sittlich gedacht und gehandelt werde. Eher träfe das Gegenteil zu, denn der Beruf eines „Sittlichkeits-Täters" entlastete vielmehr die Gesellschaft und ihre Individuen von der Aufgabe sittlicher Praxis, er wäre kein Zeichen für die Anerkennung der sittlichen Praxis, sondern für deren Verkümmerung.

Analoges trifft auch für die anderen Praxen und Berufstätigkeiten zu. So wird in einer Gesellschaft, die die politische Praxis Berufspolitikern zuweist, nicht unbedingt der Anspruch politischer Praxis geachtet; vielmehr kann auch das Gegenteil der Fall und die Existenz von Berufspolitikern ein Indiz dafür sein, daß das Volk selbst nicht politisch denkt und die Bürger nicht politisch tätig sind. Nicht anders verhält es sich mit der Glaubenspraxis. Die Religion darf nicht verkümmern auf eine Praxis eines Berufsstandes von Priestern, Bischöfen, Kardinälen und Päpsten, die die Gläubigen darüber belehren, was und wie sie zu glauben haben. Jedenfalls würden wir niemals sagen können, daß es um die religiöse Praxis dort gut bestellt sei, wo die Kleriker gut vorglauben, denn dies könnte ebenso ja ein Hinweis darauf sein, daß im eigentlichen Sinne überhaupt nicht mehr geglaubt wird und daß die Glaubensproblematik, an einen hierfür vorgesehenen dogmatischen Problemlösungsstand abgetreten, zu einer Berufstätigkeit von Klerikern in den Innenbezirken der Kirchen verkümmert ist.

Was die hier zur Diskussion stehende Problematik betrifft, so befindet sich die pädagogische Praxis also in „bester Gesellschaft". Auch die Existenz von Berufserziehern ist für sich genommen noch kein Indiz dafür, daß es in einer Gesellschaft um die pädagogische Praxis gut bestellt ist und daß in den pädagogischen Berufen tatsächlich pädagogisch gehandelt wird. Professionalisierungstendenzen sind vielmehr immer auch ein Ausdruck dafür, daß eine Gesellschaft die universelle Aufgabe der Praxis einem besonderen Berufsstand zuweist und damit die anderen Gesellschaftsmitglieder von der Aufgabe der jeweiligen Praxis entlastet. Man könnte nun versuchen, die universelle Aufgabe der Praxis dadurch wiederherzustellen, daß man die gesellschaftlichen Tendenzen fortschreitender Professionalisierung durch ein Konzept der Re- oder Entprofessionalisierung bekämpft, und die Devise austeilen, es gelte den Stand von Lohnarbeitern, Berufspolitikern, Berufserziehern und Klerikern einfach abzuschaffen.

Durch eine bloße Abschaffung der Profession des Arbeiters, des Pädagogen, des Politikers, des Künstlers und Klerikers ließe sich indessen die Dignität der Praxis nicht verbessern. Sind die Professionalisierungstendenzen nämlich immer auch Ausdruck dafür, daß der Anspruch der jeweiligen Praxis gesellschaftlich nicht allgemein anerkannt wird, so können Entprofessionalisierungskonzepte für sich genommen deshalb noch keinen Fortschritt herbeiführen, weil eine bloße Abschaffung zum Beispiel der Berufspolitik und Berufserziehung unmittelbar noch nichts dazu beitrüge, daß die Mitglieder einer Gesellschaft wieder politisch und pädagogisch denken und handeln. Die Unterscheidung zwischen Praxis und Berufstätigkeit dient also nur der Formulierung eines Problems, welches durch eine Nivellierung dieses Unterschieds und durch eine Reduktion der Praxis zur Berufstätigkeit gar nicht mehr faßbar wäre; sie leistet jedoch nicht schon einen Beitrag zu seiner Lösung. Die Besonderheit ökonomischen, pädagogischen, ethischen, politischen, ästhetischen und religiösen Denkens und Handelns läßt sich durch eine naive Entprofessionalisierung ebensowenig retten, wie aus der Tatsache, daß es Zuständigkeiten besonderer Berufe gibt, darauf geschlossen werden kann, daß die Ansprüche der Einzelpraxen und der menschlichen Gesamtpraxis gesellschaftlich anerkannt sind. Das eine wäre so falsch wie das andere.

Entprofessionalisierung im Sinne einer Aufhebung der Reduktion von Praxis auf Berufstätigkeit ist nur dort möglich, wo die gesellschaftlichen Ursachen der Professionalisierung ihrerseits dem Anspruch der Praxis unterstellt werden. Aus der Antinomie, daß wir weder Professionalisierungstendenzen einfach negieren und aufheben, noch unsere Hoffnung auf eine Entprofessionalisierung von Arbeit, Pädagogik, Ethik, Politik, Kunst und Religion setzen können, gelangen wir nur hinaus, wenn es gelingt, den Gegensatz zwischen Professionalisierungs- und Entprofessionalisierungskonzepten zu überwinden. Es gibt Berufe und Professionen, deren eigentliche Aufgabe vom Anspruch der in ihnen verkümmernden Praxis es ist, ihre eigene Entprofessionalisierung professionell zu verfolgen. Für diese Berufe muß es eine besondere Berufsausbildung geben, deren leitender Zweck jedoch nicht die Verfestigung eines besonderen Berufsstandes und die Fortschreibung der Reduktion der Praxis zur Berufstätigkeit sein darf, sondern darauf zielt, die Profession, auf welche die Ausbildung vorbereitet, zu entprofessionalisieren und die in ihr verkümmerte Praxis in eine allgemein-menschliche, in eine solche der Gesellschaft, zu überführen. Wir gelangen auf diese Weise womöglich zu einem anderen Berufsverständnis, welches die Entlastung der Gesellschaft vom Anspruch der Praxis nicht mehr mit der Hinnahme der Reduktion der Praxis zur Berufstätigkeit bejaht, sondern die gesellschaftliche Entlastungsfunktion der Berufstätigkeit insoweit verweigert, als es die Berufstätigkeit – über die ihr gesellschaftlich zugewiesenen Grenzen hinaus – unter dem Anspruch der in ihr gesellschaftlich verkümmernden Praxis ausübt.

Auf der Grundlage der bisherigen Überlegungen zum Begriff der Praxis, ihrer Gefährdung und zur Differenz zwischen Praxis und Berufstätigkeit kann nun ein erster, noch vorläufiger Begriff der pädagogischen Praxis skizziert werden.

Daß die Bestimmungsmerkmale des Praxisbegriffs auf das pädagogische Handeln zutreffen, läßt sich leicht zeigen. Dem einen Merkmal zufolge ist nur der Mensch als ein Wesen, das auf seine Weise unfertig, imperfekt ist, der Praxis bedürftig und fähig. Die pädagogische Seite dieser spezifisch menschlichen Imperfektheit ist die Tatsache, daß der Mensch als ein unfertiges Wesen geboren und erst durch die Erziehung zum Menschen wird. Weder Pflanzen, Tiere noch der Gott sind der Erziehung bedürftig und fähig. Der Mensch allein wird erzogen; und nur er kann erziehen. Auch das zweite Merkmal des allgemeinen Praxisbegriffs trifft auf das pädagogische Handeln zu. Daß der Mensch seine substantielle Bestimmung erst durch die Praxis gewinnt, gilt auch für die pädagogische Praxis. Die Bestimmtheit, welche ein werdendes Individuum durch Erziehung gewinnt, wird nicht durch pädagogisches Handeln bloß ,,freigelegt'' wie ein zunächst noch verdeckter Schatz, ,,entwickelt'' wie ein bereits belichteter, aber dem Tageslicht noch nicht auszusetzender Film, ,,entfaltet'', wie sich eine Blüte entfaltet. Zu erziehender und erzogener Mensch verhalten sich nicht zueinander wie Kaulquappe und Frosch oder irgendein anderes uns aus der Natur bekanntes Phänomen; vielmehr wird die Bestimmtheit, die der Mensch im Erziehungsprozeß erlangt, durch die pädagogische Praxis selbst produziert.

Damit trifft auch das Spannungsverhältnis, in welchem die beiden Merkmale des Praxisbegriffs zueinander stehen, auf die pädagogische Praxis zu. Daß ,,Imperfektheit'' als Notwendigkeit der Praxis und ,,substantielle Bestimmung'' aufgrund von Praxis einander voraussetzen und nicht auseinander abgeleitet werden können, gilt auch für das pädagogische Handeln. Die substantielle Bestimmung, welche der werdende Mensch durch die Erziehung erlangt, folgt nicht schon aus seiner Erziehungsbedürftigkeit; und die Erziehungsbedürftigkeit, aus welcher die Notwendigkeit der pädagogischen Praxis resultiert, wird durch die pädagogische Praxis keineswegs überwunden oder aufgehoben, sondern bleibt bestehen. Weder ist eine humane Zukunftsgesellschaft denkbar, welche die Notwendigkeit pädagogischen Handelns nicht mehr kennte, noch ein Maß individueller Vollkommenheit vorstellbar, in welches die mit der Erziehungstatsache zusammenhängende Imperfektheit ohne Rest überführt werden könnte.

Daß auch die zweifache Gefährdung und die mit ihr verbundene Reduktion der Praxis zur Berufstätigkeit für die pädagogische Praxis zutrifft, zeigte sich schon daran, daß wir heute vor dem Problem stehen, ob es für die in eine Vielzahl pädagogischer Berufe gegliederte pädagogische Praxis und die sich immer weiter ausdifferenzierende Erziehungswissenschaft überhaupt noch einen gemeinsamen, die pädagogischen Berufe unter dem Anspruch der Praxis miteinander verbindenden, die Einheit der Erziehungswissenschaft begründenden und zwischen Wissenschaft und Praxis vermittelnden Grundgedanken gibt. Eine professionelle Tätigkeit unter dem Anspruch der Entprofessionalisierung auszuüben, könnte womöglich die Perspektive sein, die das pädagogische Handeln mit allen anderen Praxisformen verbindet und auf eine pädagogische Dimension aller menschlichen Tätigkeiten hinweist.

Mit dieser Bestimmung ist nur ein vorläufiger Begriff der pädagogischen Praxis entwickelt, der über deren Besonderheit als einer Praxis der Erwachsenen mit den Heranwachsenden noch nichts aussagt. Er macht aber deutlich, daß der allgemeine Praxisbegriff auf das pädagogische Handeln als eine besondere Praxisform zutrifft, sofern es Gründe gibt, das pädagogische Handeln als eine besondere Praxis anzuerkennen. Nachdem zwischen Praxis und Berufstätigkeit unterschieden worden ist, können wir die Gründe nicht einfach aus der Vorgegebenheit pädagogischer Berufe, erziehungswissenschaftlicher Teildisziplinen und gesellschaftlicher Bildungseinrichtungen ableiten. Vielmehr müssen die gesuchten Gründe in einer besonderen Notwendigkeit des pädagogischen Handelns selbst fundiert sein. Welches aber ist die Notwendigkeit der pädagogischen Praxis?

Eine eigene Notwendigkeit, die völlig unabhängig von den Notwendigkeiten der Arbeit, der sittlichen, politischen, ästhetischen und religiösen Praxis existierte, besitzt die pädagogische Praxis nicht. Auch die anderen Praxen können keinen Anspruch auf eine Eigenständigkeit im Sinne von Autarkie oder völliger Unabhängigkeit voneinander erheben. Somit kann der pädagogischen Praxis – wie den anderen Praxen auch – nur die Besonderheit einer relativen Eigenständigkeit zukommen. Die Gründe, die pädagogische Praxis als eine besondere, relativ eigenständige Praxisform anzuerkennen, müssen somit Gründe sein, die die Beziehungen der Praxen untereinander nicht ausklammern, sondern ausdrücklich anerkennen.

3. Die Prinzipien pädagogischen Denkens und Handelns. Zum systematischen Zusammenhang konstitutiver und regulativer Prinzipien

Wir suchen im folgenden nicht nach pädagogischen Prinzipien für die verschiedenen pädagogischen Berufstätigkeiten und für ein Verständnis pädagogischer Praxis, welches deren Beziehung zu den anderen Praxen ausblendet, sondern versuchen Prinzipien aufzuweisen, die die verschiedenen pädagogischen Professionen mit dem Anspruch der pädagogischen Praxis konfrontieren und deren Beziehungen zu den anderen Praxen berücksichtigen. Insgesamt werden vier Prinzipien pädagogischen Denkens und Handelns vorgestellt, die, obwohl sie seit langem bekannt sind, in der bisherigen Professionalisierung und Institutionalisierung der Pädagogik immer noch nicht die ihnen zustehende Anerkennung gefunden haben. Es sind dies die Prinzipien der Bildsamkeit, der Aufforderung zur Selbsttätigkeit, der Überführung gesellschaftlicher in pädagogische Determination und der Ausrichtung der menschlichen Gesamtpraxis an der Aufgabe einer nicht-hierarchischen und nicht-teleologischen Verhältnisbestimmung der Einzelpraxen ausdifferenzierter Humanität[16].

Alle vier Prinzipien sind in einem bei ihrer Entwicklung noch genauer zu fassenden innergegeschichtlichen Sinne geschichtlich und übergeschichtlich zugleich. Wir können die Veränderung ihrer Bedeutung rekonstruieren und den historisch-gesellschaftlichen Kontext genauer bestimmen, in dem ihre begriffliche Fixierung jeweils gelang. Insofern handelt es sich um geschichtliche Prinzipien. Die Geltung, die ihnen zukommt und auf die wir dann Anspruch erheben müssen, wenn wir sie als Prinzipien pädagogischen Denkens und Handelns anerkennen, beschränkt sich jedoch nicht auf den historisch-gesellschaftlichen Kontext ihrer Formulierung, sondern weist in die Geschichte zurück und ist zugleich auf unsere Zukunft bezogen. Dies gilt freilich auch für die begriffliche Fassung der Prinzipien selbst. Sie ist untrennbar an das Experiment der menschlichen Gesamtpraxis und das Experiment pädagogischen Handelns zurückgebunden, und niemand darf für sich beanspruchen, die Verständigung über den pädagogischen Grundgedankengang und eine vernünftige Gestaltung der pädagogischen Praxis durch die Formulierung von Prinzipien endgültig abschließen zu können.

Die beiden Prinzipien, von denen zunächst die Rede sein wird, dasjenige der Bildsamkeit des Menschen und dasjenige der Aufforderung zur Selbsttätigkeit, wurden von der bürgerlichen Philosophie und Pädagogik des 18. und zu Beginn des 19. Jahrhunderts begrifflich fixiert. Die Geltung dieser Prinzipien ist nicht auf die pädagogische Praxis der Moderne begrenzt, sondern bezieht sich auf die fundamentale Notwendigkeit pädagogischen Denkens und Handelns, die immer schon mit der Existenz des Menschen als gegeben unterstellt werden muß. Die pädagogische Praxis ist ebensowenig wie die anderen Praxen eine Erfindung des Menschen, sondern konstitutiv für die menschliche Koexistenz. Daß der Mensch Mensch wird durch Erziehung, wurde zwar erst in der Neuzeit von Rousseau, Kant, Fichte, Herbart und Schleiermacher mit der Formulierung der Prinzipien der Bildsamkeit und der Aufforderung zur Selbsttätigkeit auf den Begriff gebracht. Die begriffliche Fassung dieser Prinzipien als konstitutiver Kategorien menschlicher Koexistenz besagt jedoch gerade nicht, daß der Mensch erst seit ihrer Formulierung durch Erziehung Mensch wird, sondern beansprucht die übergeschichtliche Geltung eines historischen Apriois. So stellt schon Kant in der Einleitung zu seiner Vorlesung über Pädagogik fest: ,,Der Mensch kann nur Mensch werden durch Erziehung. Er ist nichts, als was die Erziehung aus ihm macht. Es ist zu bemerken, daß der Mensch nur durch Menschen erzogen wird, durch Menschen, die ebenfalls erzogen sind"[17]. Nur die Einsicht in die fundamentale Notwendigkeit pädagogischen Denkens und Handelns, nicht aber diese Notwendigkeit selbst ist ein geschichtliches Faktum. Die pädagogische Praxis ist so alt wie der Mensch selbst, und eine Zukunft ohne pädagogische Praxis ist nur denkbar als eine Zukunft ohne den Menschen.

Die beiden anderen Prinzipien pädagogischen Denkens und Handelns, dasjenige der Überführung gesellschaftlicher Determination in pädagogische Determination und dasjenige der Ausrichtung der menschlichen Gesamtpraxis an der Aufgabe einer nicht-hierarchischen und nicht-teleologischen Ordnung der menschlichen Gesamtpraxis, sind nicht im gleichen Sinne historische und über-historische Prinzipien wie die beiden konstitutiven Prinzipien pädagogischen Denkens und Handelns. Die Formulierung dieser Prinzipien konnte nämlich erst nach der Formulierung der beiden konstitutiven Prinzipien gelingen und bezieht sich auf Aufgaben, um die nicht nur erst seit der Entdeckung der kategorialen Grundstruktur pädagogischen Denkens und Handelns gewußt wird, sondern die es auch erst seitdem gibt. Eine übergeschichtliche Bedeutung kommt den Prinzipien zur Überführung gesellschaftlicher in pädagogische Determination und eines nicht-hierarchischen Verhältnisses der pädagogischen Praxis zu den anderen Formen menschlicher Praxis nicht im Sinne eines historischen Apriois, sondern im Sinne eines historischen Aposteriois zu. Sie sind nicht konstitutive Prinzipien pädagogischen Denkens und Handelns, sondern regulative Prinzipien, die sich auf die

Stellung der pädagogischen Praxis im Rahmen der ausdifferenzierten menschlichen Gesamtpraxis beziehen.

Zwischen der historisch-apriorischen Geltung der beiden ersten und der historisch-aposteriorischen Geltung der beiden folgenden Prinzipien besteht ein eigentümlicher Zusammenhang. Nach der geschichtlichen Entdeckung der konstitutiven Prinzipien ist nämlich deren Anerkennung zurückgebunden an eine gleichzeitige Anerkennung der regulativen Prinzipien. Dies soll im folgenden in drei Schritten gezeigt werden. In einem ersten Schritt werden die konstitutiven Prinzipien pädagogischen Denkens und Handelns, in einem zweiten Schritt die regulativen Prinzipien der pädagogischen Praxis vorgestellt. In einem dritten Schritt werden dann aus dem Zusammenhang dieser Prinzipien die systematischen Fragestellungen der Erziehungswissenschaft entwickelt.

3.1. Die konstitutiven Prinzipien pädagogischen Denkens und Handelns

3.1.1. Zum historisch-gesellschaftlichen Entdeckungskontext der konstitutiven Prinzipien

Die begriffliche Formulierung der konstitutiven Prinzipien pädagogischen Denkens und Handelns war und ist untrennbar mit der neuzeitlichen Erfahrung verbunden, daß der Mensch durch Erziehung seine Bestimmung findet und gewinnt. Diese Erfahrung stellt keine Entdeckung eines einzelnen dar, sondern ist eine geschichtliche Erfahrung, die erst im Kontext der Entstehung der neuzeitlichen bürgerlichen Gesellschaft und deren Geschichte bis hin zur Gegenwart möglich wurde. Sie hängt aufs engste mit der Freiheits- und Gleichheitsfrage zusammen.

Die vorbürgerliche feudalistische Gesellschaft kannte noch nicht das Problem individueller Gleichheit und Ungleichheit im modernen Sinne. In der feudalistischen Gesellschaftsordnung bestimmte sich die Gleichheit und Ungleichheit der Individuen als eine solche ihres Standes, dem ein jeder von Geburt her angehörte. Erst die bürgerliche Gesellschaft, welche ihrer Idee nach alle Standesschranken negieren und eine Gesellschaftsordnung freier, brüderlicher und gleicher Individuen begründen will, kennt das Problem individueller Gleichheit und Ungleichheit. Indem sie über die individuelle Leistungsfähigkeit und Leistungsförderung die Aufhebung der Standesschranken und eine Gleichheit aller Menschen ohne Ansehen ihrer Geburt und ihres Standes anstrebt, wird ihr das Gleichheitspostulat sowohl zum politischen, ökonomischen, ethischen als auch zum pädagogischen Problem. Die Frage, wie sich die faktische Ungleichheit der Menschen unter dem Gleichheitspostulat legitimieren lasse, führte im Anschluß an die Französische Revolution nicht nur zur Entwicklung der modernen Soziologie, sondern bestimmt spätestens seit Rousseaus „Abhandlung über den Ursprung und die Grundlagen der Ungleichheit unter den Menschen" auch die pädagogische Diskussion.

Aus der aufklärerischen Frage, ob die Menschen von Natur aus gleich oder ungleich sind, wurde in der bürgerlichen Gesellschaft die Frage, ob die Leistungsfähigkeit der Individuen anlagendeterminiert oder umweltdeterminiert sei. Während jedoch behavioristische Psychologie, Soziologie und Biologie diese Frage bis heute durch eine Verrechnung der anlagen- und umweltdeterminierten Anteile menschlicher Gleichheit und Ungleichheit zu klären suchen, gab die klassische Tradition bürgerlicher Pädagogik dieser Frage eine ganz andere Wendung. Statt die anlagenspezifischen und umweltspezifischen Determinanten voneinander zu trennen, aufeinander zu beziehen und miteinander zu verrechnen und von hierher nach einer Erklärung dafür zu suchen, warum sich die Ungleichheit der Menschen in den vorbürgerlichen Gesellschaften nach den bürgerlichen Revolutionen und selbst nach Einführung der Demokratie und eines öffentlichen Schul- und Ausbildungssystems nicht in eine Gleichheit überführen ließ, formulierte die bürgerliche Pädagogik zwei Prinzipien pädagogischen Denkens und Handelns, dasjenige der Bildsamkeit und dasjenige der Aufforderung zur Selbsttätigkeit. Die Klärung der Frage nach der Gleichheit oder Ungleichheit der Menschen machte die prinzipiengeleitete Pädagogik nämlich von einer theoretischen und praktischen Anerkennung dieser Prinzipien abhängig.

Um die Bedeutung der beiden klassischen Prinzipien pädagogischen Denkens und Handelns einholen und ihre theoretische und praktische Überlegenheit gegenüber allen Vorstellungen einer anlagen- oder umweltdeterminierten Gleichheit oder Ungleichheit der Menschen aufzeigen zu können, soll zunächst an der neueren Diskussion und im Rückgriff auf die Argumente der großen Tradition bürgerlicher Pädagogik verdeutlicht werden, warum die Frage nach einer anlagen- und umwelttheoretischen Erklärung menschlicher Gleichheit und Ungleichheit nicht nur unentscheidbar, sondern auch notwendig unfruchtbar und in wissenschaftlicher Hinsicht obsolet ist[18]. Auf die Frage nach der anlagen- oder umweltbedingten Gleichheit und Ungleichheit der Menschen gibt es nämlich zwei, bis heute in Streit miteinander liegende Antworten, die freilich darin übereinstimmen, daß sie die geschichtliche Erfahrung, daß der Mensch durch Erziehung erst seine jeweilige Bestimmtheit erlangt, ausklammern und leugnen oder zumindest nicht genügend ernst nehmen. Die eine Position ist die pädagogisch-naive. Sie geht von einer anlagenbestimmten Gleichheit aller Menschen aus. Auf ihre Annahme, nach Aufhebung der die Menschen trennenden Standesschranken und unterscheidenden Umweltverhältnisse werde sich zeigen, wie gleich die

Menschen wirklich sind, gründet sie die Hoffnung auf eine Gesellschaft gleicher und freier Menschen. Die andere Position ist die politisch-pragmatische. Sie geht von einer anlagenbestimmten Ungleichheit aller Menschen aus und gründet auf diese Annahme ihre Hoffnung, nach Aufhebung der Standesschranken und Hindernisse, die der Entfaltung des Individuums entgegenstehen, werde sich eine gerechte Gesellschaftsordnung herausbilden, in der sich zeige, wie ungleich die Menschen wirklich sind.

Stellt man die Prämissen beider Positionen hinsichtlich der Anlagen- und Umwelteinflüsse, die von diesen Positionen empfohlenen Korrekturmaßnahmen und die von diesen erwarteten Resultate einander gegenüber, so wird man – jedenfalls auf den ersten Blick – keiner der beiden Positionen eine gewisse Plausibilität absprechen können.

	Prämissen hinsichtlich der vorgegebenen		Empfohlene Maßnahmen zur Korrketur der Ungleichheit erzeugenden	Erwartete Resultate
	Anlagen	Umwelt	Umwelteinflüsse	
Pädagogisch-naive Position	gleich	ungleich	Aufhebung der Standesschranken und Herstellung von Chancengleichheit	zeigen, wie gleich die Menschen wirklich sind
Politisch-pragmatische Position	ungleich	ungleich		zeigen, wie ungleich die Menschen wirklich sind

Da beide Positionen hinsichtlich ihrer Prämissen zur Umweltdetermination und der zu empfehlenden Maßnahmen zur Korrektur der ungleichen Umwelteinflüsse völlig übereinstimmen, scheint es so, als ließen sich ihre divergierenden Annahmen hinsichtlich der Gleichheit bzw. Ungleichheit menschlicher Anlagenausstattung daran überprüfen, welche Position durch die tatsächlich eintretenden Resultate bestätigt bzw. nicht bestätigt wird. Diese Hoffnung ist jedoch trügerisch, denn im Streit miteinander muß die pädagogisch-naive Position unterliegen und verdankt die politisch-pragmatische Position ihre Überlegenheit keineswegs sich selbst, sondern der pädagogisch-naiven.

Hermann Lübbe hat, ohne freilich die handlungstheoretische Grundlagenkritik, welche die Pädagogik an beiden Positionen geübt hat, in Rechnung zu stellen, die faktische Überlegenheit der politisch-pragmatischen Position im Streit mit der pädagogisch-naiven deutlich gemacht und behauptet, daß Chancengleichheit eine „Forderung der Gerechtigkeit" sei, welche keineswegs zur Gleichheit, sondern zur Legitimation der Ungleichheit der Menschen führe. Der pädagogisch-naiven Position hielt er entgegen: „Auf allen Ebenen sozialer Interaktion ist Chancengleichheit nichts anderes als ein Prinzip individueller Differenzierung. D.h.: wo wirklich Chancengleichheit hergestellt ist – dort zeigt sich, wie verschieden die Individuen wirklich sind. Chancengleichheit ist, um es krasser zu formulieren, ein sozialer Selektionsmechanismus. Gleichheit setzt, freundlicher gesagt, Unterschiede frei". Als Konsequenz dieses Sachverhalts führt Lübbe aus: „Individuelle Differenzierung durch Chancengleichheit – das bedeutet dann aber auch Wettbewerb, Konkurrenz, Leistungsdifferenzierung, und es bedeutet schließlich die Herausbildung einer sozialen Differenzierung in der Konsequenz unterschiedlicher Prämienzuweisung, die in Angemessenheit an die Unterschiedlichkeit dessen, was Menschen können und leisten, als gerecht angesehen werden. Wer diese Differenzierungsfolgen realisierter Chancengleichheit nicht will, hätte nicht Standesschranken zerbrechen dürfen; hinter diesen lebt es sich, insoweit, tatsächlich bequemer. Chancengleichheit setzt politisch und moralisch die Anerkennung der Differenzierungsfolgen voraus, die mit ihrer Realisierung unvermeidlich verknüpft sind, und nur unter der Bedingung dieser Anerkennung werden diese Differenzierungsfolgen erträglich"[19].

Die faktische Überlegenheit der politisch-pragmatischen Position gegenüber der pädagogisch-naiven ist jedoch eine erborgte. Denn die am Nachweis, wie ungleich die Menschen wirklich sind, interessierte politisch-pragmatische Position bezieht ihre legitimatorische Kraft nicht aus sich selbst, sondern verdankt diese dem Scheitern der pädagogisch-naiven Position und deren Bemühen, einer anlagenmäßigen Gleichheit der Menschen zum Durchbruch zu verhelfen und zu zeigen, wie gleich die Menschen wirklich sind. Der Nachweis „wirklicher" Ungleichheit der Menschen im Sinne der politisch-pragmatischen Position kann nur gelingen, wenn die Gestaltung der Erziehungs- und Bildungsprozesse nicht von den Prämissen einer anlagenmäßigen Ungleichheit der Menschen ausgeht, sondern – im Gegenteil – diese Prämisse versuchsweise negiert. Im Streit zwischen beiden Positionen ist zwar das Scheitern der pädagogisch-naiven zwingend und notwendig. Da aber die politisch-pragmatische Position ihre Überlegenheit keineswegs ihren eigenen Prämissen verdankt, sondern ihre legitimatorische Kraft aus dem Scheitern der pädagogisch-naiven Position bezieht, kann aus der faktischen Überlegenheit der einen Position ebensowenig auf deren Richtigkeit wie auf die Falschheit der anderen Position geschlossen werden. Der Widerspruch beider Positionen erweist sich vielmehr als das, was er ist, als ein Widerspruch ideologischer Prämissen, der sich zwar an den erwarteten Resultaten noch aufzeigen läßt, in den tatsächlichen Resultaten individueller Förderung und vermeintlich realisierter Chancengleichheit im Bildungsprozeß jedoch immer schon verschwunden ist. Statt den Kampf beider Positionen ständig zu wiederholen und neu zu inszenieren, gilt es, die Prämissen beider Positionen zu prüfen und die ihnen zugrunde liegenden Grundbegriffe hinsichtlich ihrer Geltung und Reichweite zu befragen.

Die Frage, ob die Gleichheit oder Ungleichheit der Menschen anlagen- oder umweltdeterminiert sei, beantwortete die kritische Tradition bürgerlicher Pädagogik, indem sie die Möglichkeiten einer Anlagen- oder Umweltdetermination keineswegs grundsätzlich leugnete, wohl aber zeigte, daß sich aus solchen Annahmen keinerlei Kriterien und Orientierungen für die pädagogische Praxis ableiten lassen. Sie zeigte auf, daß Handlungstheorie und Praxis, die mit Grundbegriffen einer Anlage- und Umweltdetermination arbeiten, Prinzipienfehler begehen, indem sie die pädagogische Praxis unter Kategorien einer biologischen und soziologischen Lehre vom Menschen subsumieren und dadurch in ihrer konstitutiven Bedeutung für einen kategorial begründeten Begriff des Menschen verkennen. Wer unter den Kategorien einer Anlagenbedingtheit und Umweltbedingtheit pädagogische Prozesse analysiert, unterstellt damit ja immer schon, die Bestimmtheit, die Menschen erlangen, sei ein Resultat gewisser, teils von den Anlagen, teils von der Umwelt ausgehender Einflüsse und Wirkungen. Auf sich selbst angewandt, d.h. zur Erklärung dessen herangezogen, was Theoretiker eigentlich tun, wenn sie solche Theoreme aufstellen und überprüfen, müßten die Anhänger solcher Theorien eigentlich zugestehen, daß ihre Theorien nicht nur die Verschiedenheit der Menschen als anlagen- und umweltdeterminiert erklären, sondern zugleich dieser Erklärung unterliegen und mithin selber anlage- und umweltbedingt sind. Ob jemand eher einer anlagenbestimmten Gleichheit oder Ungleichheit der Menschen zuneigt und wie jemand die Relevanz umweltbedingter Einwirkungen einschätzt, müßte nach den Basisannahmen behavioristischer Theorien ja selber eine Bestimmtheit sein, die entweder auf Naturanlagen oder auf Umwelteinflüsse oder, wie auch immer gesplittet, auf beide zugleich zurückzuführen ist.

Denkt man aber so die mit den Prämissen einer zureichenden Erklärbarkeit der Verschiedenheit der Menschen durch Anlagen- und Umwelteinflüsse arbeitenden Theoreme zu Ende, so zeigt sich ihr naturalistischer Fehlschluß. Denn diese Theorien gehen von der in der neuzeitlichen bürgerlichen Gesellschaft geschichtlich entstandenen Frage nach einer politischen, pädagogischen und ethischen Verständigung über die Gleichheit und Verschiedenheit der Menschen und dessen, was Menschen leisten können, aus, unterstellen dann, diese Fragen ließen sich wissenschaftlich durch eine Erforschung der Anlagen- und Umwelteinflüsse klären, und reduzieren schließlich den Horizont der politischen, ethischen und pädagogischen Frage nach der Gleichheit und Verschiedenheit der Menschen auf das, was positive Biologie und Soziologie an

Anteilen anlagen- und umweltbedingter Einflüsse und Wirkungen ausmachen zu können behaupten. Der naturalistische Fehlschluß liegt dabei darin, daß in ihm praktische, also politische, pädagogische und ethische Fragen unter Kategorien einer durch Naturanlagen und Umwelteinflüsse bedingten Bestimmtheit der Menschen gebracht werden, in welchen die politischen, ethischen und pädagogischen Fragen gar nicht mehr enthalten sind, und daß dann die Antworten einer biologischen und soziologischen Erforschung der Einflüsse der Naturanlagen und der Umwelt als Antworten auf politische, ethische und pädagogische Fragen ausgegeben werden.

Es ist ein bleibendes Verdienst der großen Tradition bürgerlicher Pädagogik von Rousseau über Kant bis zu Humboldt, Herbart und Schleiermacher, diesen naturalistischen Fehlschluß aufgedeckt und gezeigt zu haben, daß die Grundbegriffe einer Anlagen- und Umweltdetermination nicht Grundbegriffe einer handlungstheoretischen Lehre vom Menschen sein können. Die Anlage- und Umweltkategorien abstrahieren nämlich von der Tatsache, daß die individuelle Bestimmtheit eines Menschen niemals unmittelbares Resultat einer genetischen und/oder umweltbedingten Determination des Menschen ist, sondern durch die individuelle und gesellschaftliche Praxis hervorgebracht wird. Gerade weil die Bestimmung und Bestimmtheit des Menschen durch die menschliche Praxis hervorgebracht wird, darf und kann niemals von einer Bestimmtheit des Menschen – außer in pathologischen Grenzfällen – auf eine Anlagen- und Umweltdetermination zurückgeschlossen werden. Denn wo immer sich Besonderheiten, Bestimmtheiten und Eigentümlichkeiten eines Menschen zeigen, haben auf diesen weder nur „seine" Anlagen und irgendwelche Umwelteinflüsse eingewirkt, sondern haben immer schon Menschen miteinander in Situationen gehandelt, die geschichtlich entstanden und mithin für eine weitere Verständigung der Menschen untereinander durchaus offen sind.

Schleiermacher zog hieraus die Konsequenz, daß die naturalistische Frage nach einer anlagen- und/oder umweltbedingten Gleichheit oder Ungleichheit der Menschen „unentschieden" sei und wohl für immer unentscheidbar bleiben werde, denn wäre in der Praxis anders gehandelt worden, so würden sich auch andere Bestimmtheiten zeigen[20]. Spätestens seit Schleiermacher läßt sich die pädagogische Praxis nicht mehr auf „anthropologische Voraussetzungen" gründen, die auf naturalistische Grundannahmen zurückgehen und von der durch Praxis vermittelten Bestimmtheit des Menschen absehen. Vielmehr ist die menschliche Praxis selbst und mit ihr die pädagogische Praxis ein historisches Apriori aller Bestimmtheiten des Menschen. Darum läßt sich die Pädagogik — ebenso wie Ethik und Politik — nicht in einer Anthropologie fundieren, die hinter den Praxisbegriff zurückfällt. Vielmehr ist die Pädagogik anthropologisch nur in dem Sinne zu begründen, daß sie selbst als ein unverzichtbarer Teil der neuzeitlichen Lehre vom Menschen begriffen wird.

Der nicht abreißende Streit um eine Dominanz der Anlagen- oder Umwelteinflüsse auf die Entwicklung des Menschen ist vor diesem Hintergrund obsolet. So ist die von Jensen vertretene These, die Intelligenz des Menschen sei zu 75 % anlagendeterminiert, zu 24 % umweltdeterminiert und nur zu 1 % interaktionsdeterminiert, wissenschaftlicher und handlungstheoretischer Unsinn[21]. Solche Thesen gehen auf Kategorienfehler zurück und verkürzen die Möglichkeiten und Aufgaben pädagogischen Handelns naturalistisch. Wegen der Geschichtlichkeit und Unwiederholbarkeit pädagogischer Handlungsvollzüge können sie empirisch nicht abgesichert werden. Thesen dieser Art dienen in der Regel rassistischen Ideologien, indem sie − wie bei Jensen − durch die Reduktion des Einflusses der pädagogischen Praxis auf 1 % Interaktionsdetermination Bildungskonzepte favorisieren, die das Faktum individueller und gesellschaftlicher Bevorzugung und Benachteiligung von Einzelindividuen und Gruppen entweder schlicht leugnen oder − wie bei Jensens Burt − nahelegen, die Gesamtintelligenz eines Volkes sei dadurch zu steigern, daß den „dümmeren" Schichten Prämien für Sterilisation und Kastration gewährt werden.

Jensens Aufteilung der Gesamtdetermination menschlicher Intelligenz in 75 % Anlagendetermination, 24 % Umweltdetermination und 1 % Interaktionsdetermination ist keineswegs deshalb wissenschaftlich unhaltbar, weil es darauf ankäme, irgendeine andere Gesamtverteilung zu errechnen und zum Beispiel ein Ergebnis anzustreben, welches, um Jensens Zahlen noch einmal zu verwenden, 24 % Anlagendetermination, 75 % Umweltdetermination und 1 % Interaktionsdetermination als wissenschaftlich abgesicherte Erklärung der Verschiedenheit der Menschen ausgibt. Die Fehlschlüsse soziologischer Umwelttheorien sind auch dann, wenn man für sie mehr Sympathie aufbringen zu können meint, demselben Kategorienfehler verhaftet, weil sie die Einflüsse von Anlagen und Umwelt auf einer Ebene mit den Wirkungen menschlicher Interaktion verrechnen und zusammen auf 100 % addieren. Derselbe Kategorienfehler läge darum auch dann vor, wenn wir z.B. annehmen würden, die Gleichheit und Verschiedenheit der Menschen lasse sich auf 1 % Anlagendetermination, 1 % Umweltdetermination und 98 % Interaktionsdetermination zurückführen. Genauer kann dies erst nach der Analyse der konstitutiven Prinzipien pädagogischen Denkens und Handelns ausgeführt werden, welche in handlungstheoretischer Hinsicht nicht auf einer Ebene mit den biologischen und soziologischen Grundbegriffen einer Anlagen- und Umweltdetermination stehen.

Aus pädagogischer Sicht müssen wir uns davon distanzieren, in Annahmen einer Anlagendetermination etwas Reaktionäres, in Annahmen einer womöglich dominanten und veränderlichen Umweltdetermination dagegen etwas Fortschrittliches zu sehen. Beide Annahmen sind vielmehr parapädagogisch[22]. Der Mensch ist nicht anlagendeterminiert wie Pflanze und Tier; seine Imperfektheit beruht gerade darauf, daß seine Bestimmung nicht anlagendeterminiert ist. Er ist auch nicht umweltdeterminiert wie Pflanze und Tier; denn die ihn umgebende Umwelt ist eine von ihm bearbeitete, gedeutete und interpretierte. Aus der positiven Wendung dieses Sachverhalts aber folgt, daß die Kategorie der Anlagendetermination zur Bestimmung der individuellen Möglichkeiten pädagogischen Handelns ebensowenig taugt, wie die Kategorie der Umweltdetermination zur Bestimmung der gesellschaftlichen Seite der pädagogischen Praxis geeignet ist. An die Stelle des Begriffs der Anlagendetermination tritt vielmehr in pädagogischer Argumentation das Prinzip der Bildsamkeit, an die Stelle des Begriffs der Umweltdetermination das Prinzip der Aufforderung zur Selbsttätigkeit. Nachdem auf den historischen Entstehungskontext der beiden konstitutiven Prinzipien pädagogischen Denkens und Handelns hingewiesen wurde, gilt es nun, diese Prinzipien selbst zu entwickeln und aufzuzeigen, wie sich von ihnen her die mit der Entwicklung der bürgerlichen Gesellschaft der Neuzeit untrennbar verbundene Frage nach der Gleichheit und Ungleichheit der Menschen beantwortet.

3.1.2. Das Prinzip der Bildsamkeit als Bestimmtsein des Menschen zu produktiver Freiheit, Geschichtlichkeit und Sprache

Im § 1 seines Alterswerkes ,,Umriß pädagogischer Vorlesungen" stellt Johann Friedrich Herbart, einer der Begründer der klassischen Pädagogik, fest: ,,Der Grundbegriff der Pädagogik ist die Bildsamkeit des Zöglings". Unter Bildsamkeit verstand Herbart dabei die ,,Bildsamkeit des Willens zur Sittlichkeit". Sittlichkeit aber faßte Herbart nicht als einen Bereich menschlichen Handelns neben anderen, sondern als ,,ganzen Zweck des Menschen und der Erziehung"[23]. Darum können wir uns hier auf Herbart berufen, wenn wir im folgenden seinen Begriff der ,,Bildsamkeit des Willens zur Sittlichkeit" als Bestimmtsein des Menschen zur Mitwirkung an der menschlichen Gesamtpraxis und mithin als Bildsamkeit zur produktiven Freiheit, Geschichtlichkeit und Sprache menschlicher Praxis fassen.

Mit dem Begriff der Bildsamkeit wandte sich schon Herbart gegen die Ideologien einer fatalistischen Umwelt- und genetischen Anlagendetermination der Bestimmung des Menschen: ,,Philosophische Systeme, worin entweder Fatalismus oder transzendentale Freiheit angenommen wird, schließen sich von selbst von der Pädagogik aus. Denn sie können den Begriff der Bildsamkeit, welcher ein Übergehen von der Unbestimmtheit zur Festigkeit anzeigt, nicht ohne Inkonsequenz in sich aufnehmen"[24]. Während der Anlagenbegriff stets eine Bestimmtheit des Menschen durch sogenannte Naturanlagen annimmt – seien es solche

56

zum Guten oder Bösen, seien es kognitive, affektive, pragmatische oder solche im Hinblick auf besondere Einzeltätigkeiten – und damit die pädagogische Praxis als konstitutives Moment der Menschwerdung leugnet, [erkennt das Prinzip der Bildsamkeit die Bestimmbarkeit des Menschen durch die pädagogische Praxis ausdrücklich an, indem es gerade die Unbestimmtheit der menschlichen Anlagen zum Ausgangspunkt pädagogischer Verantwortung erhebt.] Im Unterschied zum Anlagenbegriff meint Bildsamkeit keine vorgegebene Bestimmtheit des Heranwachsenden durch dessen Anlagen, auch keine vorgegebene Bestimmtheit der Heranwachsenden nach Maßgabe von Umwelteinflüssen. Bildsamkeit ist ebensowenig eine Eigenschaft der Zu-Erziehenden im Sinne monologischer Lern- und Entwicklungstheorien wie eine Bestimmtheit der Situation, des Milieus, der Klassenlage. Bildsamkeit ist vielmehr ein Prinzip der pädagogischen Interaktion, ein Relationsprinzip, welches sich auf die pädagogische Praxis als eine intergenerationelle Praxis bezieht und [jede Reduktion pädagogischen Handelns zum Erfüllungsgehilfen der Vorsehung im Sinne anlagenbestimmter oder umweltbedingter Determinanten negiert.]

Damit ist das Prinzip der Bildsamkeit zunächst nur negativ bestimmt. Es besagt, daß wir den der Erziehung Bedürftigen in einer Weise begegnen sollen, daß wir ihnen weder bestimmte Anlagen zu- noch absprechen, noch auf sie einwirken in der Art und Weise, in der Umwelteinflüsse Wachstums- und Reifungsprozesse bei Pflanzen und Tieren determinieren. [Die eigene Bildsamkeit und die eines jeden anderen anerkennen, heißt positiv gewendet, so auf die Erziehungsbedürftigen einzuwirken, daß diese bei der Erlangung ihrer Bestimmtheit mitwirken.] Was es heißt, den Menschen weder als bildsam aufgrund ihn determinierender Anlagen, noch als bildsam aufgrund von Umwelteinflüssen, sondern als bildsam aufgrund solcher pädagogischer Interaktionen anzusehen, die den Zu-Erziehenden als jemanden anerkennen, [der an der Erlangung seiner humanen Bestimmtheit mitwirkt,] hat Rousseau am Beispiel des Weinens der Kinder verdeutlicht. Im ersten Buch des Emile gibt er folgende Beschreibung der Grundstruktur einer parapädagogischen Interaktion, die nicht vom Prinzip der Bildsamkeit ausgeht und die Aufgabe der Mitwirkungen der Zu-Erziehenden auf eine gegenseitige Fremdbestimmung von Kindern und Erwachsenen verkürzt:

„Das Kind schreit schon bei der Geburt. Seine früheste Kindheit vergeht mit Weinen. Mal wiegt man es hin und her, um es zu beruhigen und zu trösten; mal droht man ihm und schlägt es, damit es Ruhe gibt. Entweder handeln wir so, wie es ihm gefällt, oder verlangen, daß es sich gebärdet, wie es uns paßt. Entweder unterwerfen wir uns seinen Launen, oder das Kind den unsrigen. Es gibt keinen Mittelweg – entweder gibt das Kind Befehle oder es empfängt sie. So sind seine ersten Vorstellungen die der Macht und die der Knechtschaft. Bevor es noch sprechen kann, befiehlt es; ehe es noch handeln kann, gehorcht es"[25].

Zwischen den von Rousseau geschilderten Extremen einer fremdbestimmten Unterwerfung des kindlichen Willens unter den Willen der

Erwachsenen und einer Herrschaft des kindlichen Willens über die Erwachsenen gibt es keinen vernünftigen „Mittelweg". Die Bildsamkeit des Menschen anerkennen, heißt ja nicht einen Mittelweg zwischen den beiden Extremen fremdbestimmter Einwirkung zu suchen und einzuhalten, sondern besagt etwas grundsätzlich und prinzipiell anderes, als den Erwachsenen und den Kindern anstelle totaler Herrschaft eine auf Reziprozität zielende Herrschaft übereinander zuzubilligen. Die beiden von Rousseau unterschiedenen Extreme sind letztlich dadurch definiert, daß in ihnen das Kind nicht an seiner Bestimmung und Bildung mitwirkt, sondern entweder durch den Willen der Erwachsenen fremdbestimmt wird oder gemäß einer schon erlangten Bestimmtheit über diese herrscht. In Rousseaus Beispiel wird entweder das Weinen des Kindes unter Androhung oder Ausübung von Gewalt unterdrückt und dem Kind Gehorsam ohne jede tiefere Einsicht abverlangt, oder dem Kind wird sein Weinen zum Mittel, die Zuwendung der erwachsenen Bezugspersonen seinen eigenen Launen zu unterwerfen. In beiden Fällen nutzt die pädagogische Praxis nicht jene Möglichkeiten, die sich allein dann ergeben, wenn die pädagogische Interaktion dem Prinzip der Bildsamkeit folgt und die Heranwachsenden als solche achtet, die an ihrer eigenen Erziehung mitwirken können und müssen: „Wenn dann dieses Kind, Sklave und Tyrann in einem, ... in die Welt hineingeworfen wird, wo es seine Torheit ... und all seine Laster zur Schau stellt, dann klagt man über das Elend und die Verdorbenheit des Menschen – jedoch zu Unrecht, denn dies ist der Mensch, den unsere Launen so geschaffen haben. Der Mensch der Natur ist anders geartet"[26].

Unter dem Menschen der Natur versteht Rousseau den durch seine Natur gerade unbestimmten Menschen, also die Bildsamkeit des Menschen, die weder durch irgendwelche Anlagen vorbestimmt ist, noch ihre rechtmäßige Bestimmung durch sogenannte Umwelteinflüsse erhält. Für Rousseau gibt es weder verborgene menschliche Anlagen, welche die einen zu Herren, die anderen zu Untertanen bestimmen, noch sind sogenannte Umwelteinflüsse dafür verantwortlich, daß die pädagogische Praxis gesellschaftliche Herrschaftsverhältnisse produziert. Die Herrschaft der einen und die Knechtschaft der anderen ist für ihn vielmehr Resultat einer Praxis, welche mit ihren eigenen Möglichkeiten im Widerspruch steht, weil sie diese nicht nutzt. Darum sucht Rousseau auch keinen Ausweg durch eine Versöhnung der beiden skizzierten Handlungsvarianten in einem partnerschaftlichen Erziehungsstil, sondern verlangt von der pädagogischen Praxis, daß sie in pädagogischen Interaktionen die Bildsamkeit der Zu-Erziehenden anerkennt, indem sie deren Mitwirkung an ihrer Erziehung und Bildung provoziert:

„Die ersten Tränen des Kindes sind Bitten; wenn man sich nicht vorsieht, werden es bald Befehle. Anfangs lassen sie sich helfen und zum Schluß bedienen. So bildet sich aus ihrer eigenen Schwäche, aus der zunächst das Gefühl der Abhängigkeit entsteht, schließlich die Vorstellung ihrer Herrschaft und Überlegenheit. Da aber diese Vorstellung weniger durch ihre Bedürfnisse als durch unsere Dienste ausgelöst wird, machen sich nun die moralischen Effekte bemerkbar, deren unmittelbare Ursache nicht in der Natur liegt, und man sieht schon, warum es in diesem zarten Alter so wichtig ist, die verborgene Absicht herauszufinden, die unter dem Schreien oder der Gebärde steckt. Wenn das Kind in stummer Anstrengung die Hand ausstreckt, glaubt es, den Gegenstand greifen zu können, weil es die Entfernung nicht abschätzen kann; es täuscht sich also. Jammert und schreit es aber dabei, täuscht es sich nicht mehr über die Entfernung, es befiehlt dem Gegenstand, zu ihm zu kommen, oder Euch ihn zu ihm zu bringen. Im ersteren Fall bringt es langsam und mit kleinen Schritten zu dem Gegenstand hin; im zweiten tut gar nicht erst, als hörtet ihr es; je mehr es schreit, um so weniger Gehör schenkt ihm. Es ist wichtig, es frühzeitig daran zu gewöhnen, daß es nicht zu befehlen hat: weder den Menschen, denn es ist nicht ihr Herr, noch den Dingen, denn sie hören es nicht. Wenn also ein Kind etwas haben möchte, das es sieht und das man ihm geben will, so ist es besser, es zu diesem Gegenstand (in kleinen Schritten) hinzubringen als ihn ihm herzubringen. Aus diesem Verfahren zieht es einen seinem Alter entsprechenden Schluß, und es gibt keine andere Möglichkeit, es ihm zu suggerieren"[27].

In pädagogischen Interaktionen, welche die Kategorie der Bildsamkeit als ihr Prinzip anerkennen, liegt die einzige Möglichkeit dafür, daß die pädagogische Praxis nicht mit sich selbst in Widerspruch gerät, sondern die Voraussetzungen, denen sie ihren möglichen Erfolg verdankt, nutzt, statt sie zu zerstören. Nur wenn das weinende, noch hilflose Kind durch pädagogische Interaktion in die Lage versetzt wird, „schrittweise" zu lernen, sich selbst zu helfen und zu dem Gegenstand, den es greifen will, hinzukrabbeln, erlernt es nicht die „Hilflosigkeit" eines herrschaftlichen oder knechtischen Bewußtseins, sondern erhält es durch die pädagogische Interaktion eine auf seine Mitwirkungsmöglichkeit am eigenen Bildungsprozeß ausgerichtete Hilfe.

Wie freilich eine weder herrschaftliche noch knechtische Mitwirkung Heranwachsender an der Erlangung ihrer Bestimmtheit gedacht werden kann, geht aus dem bisher entwickelten Begriff der Bildsamkeit noch nicht hervor. Über die Weisung hinaus, die Heranwachsenden als fähig zur Mitwirkung an ihren Lernprozessen anzusehen, ist die Kategorie der Bildsamkeit noch völlig leer. Als eine Relationskategorie pädagogischer Interaktion können wir sie erst genauer fassen, wenn wir sie zu den allgemeinen Bestimmungsmerkmalen menschlicher Praxis in Beziehung setzen und die interaktive Bestimmbarkeit des Menschen zur Selbstbestimmung als dessen Bestimmtsein zu produktiver Freiheit, Geschichtlichkeit und Sprache deuten. Die genauere Analyse der Kategorie der Bildsamkeit möchte ich an einem weiteren Beispiel vornehmen, das aus Jürg Jegges Arbeit „Dummheit ist lernbar" stammt. In dieser Arbeit berichtet Jegge über seine Erfahrungen als Sonderschullehrer. Die Geschichte seines Schülers „Heini", die er dabei erzählt, macht in besonders eindrucksvoller Weise deutlich, daß Dummheit – außer bei bestimmten pathologischen Grenzsituationen – ebensowenig anlagen- wie umweltdeterminiert ist, sondern in einer Weise erlernt wird, daß die für den Lernprozeß selbst noch erforderliche Bildsamkeit in einer dieses Prinzip leugnenden Interaktion nicht anerkannt, sondern reduziert wird.

„Heini ... konnte zum Beispiel nicht wünschen. Kam er zu Besuch und fragte ich ihn beispielsweise: ‚Was möchtest Du trinken, Tee oder Sirup?' antwortete er regelmäßig: ‚Ich weiß nicht' oder ‚Es ist mir gleichgültig'. Das sagte er nicht etwa, weil ihm der Unterschied zwischen Tee und Sirup unbekannt gewesen wäre. Er konnte seine eigenen Bedürfnisse, Wünsche usw. weder erkennen, noch artikulieren. Vom Anfang unserer Bekanntschaft an versuchte ich in solchen Situationen, ihm bei der Artikulation seines Wunsches zu helfen. So sagte ich etwa: ‚Schau, stell' Dir einfach eine Tasse Tee vor, Lindenblütengeschmack, warm, süß usw. und nun ein Glas Sirup, kalt, mit Eis drin. Was möchtest Du lieber trinken?' Dann blickte er mich meist ganz hilflos an und fragte: ‚Wovon haben Sie mehr vorrätig?' Das tat er nicht etwa, weil er Angst hatte, er würde mangelhaft bewirtet. Er versuchte herauszufinden, was ich wünschte, daß er es wünsche. Noch deutlicher zeigte es sich, wenn man ihn zum Einkaufen schickte. Sagte man etwa zu ihm: ‚Holst Du mir bitte rasch eine Schokolade?', so fragte er sofort zurück: ‚Was für eine?'. Wenn ich dann antwortete: ‚Irgendeine', ließ er nicht locker, bis ich ganz genau die gewünschte Schokolade angegeben hatte"[28].

Heini kann nicht wünschen, weil er in Situationen, in denen Jegge ihm die Freiheit zu wünschen zumutet, stets herauszufinden sucht, was Jegge wünscht, daß er es wünsche. Beziehen wir den Begriff der produktiven Freiheit der Praxis, welcher sich gleicherweise von bloßer Willkür- wie bloßer Wahlfreiheit unterscheidet, auf Jegges Bericht über seinen Schüler Heini, der nicht wünschen konnte, so müssen wir feststellen, daß Heini Lernprozesse „hinter sich" hat, welche ihm die produktive Freiheit der Praxis, statt sie ihm zuzumuten, verschlossen haben. Heini kann nur fremder Willkür hörig sein, nur das wollen, was andere für ihn wollen. Darum besitzt er nicht einmal die beschränkte Form der Wahlfreiheit. Wo er vor die Möglichkeit der Wahl gestellt wird, kann er ebensowenig die Wahl selber wählen und auf die Frage, ob er lieber Tee oder Sirup trinke, z.B. „Milch" oder „Kakao" antworten, wie er eine Entscheidung über die ihm vorgegebenen Wahlmöglichkeiten zu treffen in der Lage ist.

Die Ursachen für Heinis Unfähigkeit zur produktiven Freiheit der Praxis liegen nicht in irgendeiner Beschränktheit seiner Anlagenausstattung, sondern sind solche, die durch die vorausgegangene pädagogische Praxis allererst geschaffen wurden. Ein Grund könnte sein, daß Heini niemals als selbständige Person anerkannt, sondern des öfteren immer dann abgewiesen oder bestraft wurde, wenn er erste Spuren von einer den Erwartungen seiner Bezugspersonen abweichenden Spontaneität zeigte, und stets dann angenommen oder gelobt wurde, wenn er sich in seinem Verhalten an die Erwartungen der anderen anpaßte.

Eine pädagogische Interaktion, welche auf solche Weise die Bildsamkeit im Sinne des Bestimmtseins des Erziehungsbedürftigen zur produktiven Freiheit der Praxis verleugnet, zerstört zugleich die Geschichtlichkeit menschlicher Praxis. Heini steht in der Wirkungsgeschichte weitgehender Fremdbestimmung. Die Möglichkeit der Dialektik von Erinnerung und Entwurf als Basis für ein Lernen aus eigener Erfahrung ist ihm verstellt. Aufgrund seiner bisherigen Erziehung braucht er stets jemanden, der ihm das jeweils Zu-Tuende vorschreibt, weil seine bisherige Geschichte ihm zum Fatum geworden ist.

60

Dieser Fatalismus der bisherigen Biographie Heinis ist ebensowenig ein unmittelbares Resultat sogenannter Umwelteinflüsse, wie seine Unfreiheit zu produktiver Praxis als Folge einer beschränkten Anlagenausstattung angesehen werden darf. Beides, seine Unfähigkeit zu produktiver Freiheit der Praxis und seine Fremdbestimmtheit, was seine Lernmöglichkeiten betrifft, sind vielmehr Produkte einer pädagogischen Interaktion, welche im Widerspruch zum Prinzip der Bildsamkeit als Bestimmtsein des Heranwachsenden zu produktiver Freiheit und Geschichtlichkeit der Praxis steht. Dies zeigt sich schließlich auch am dritten und letzten Merkmal des Prinzips der Bildsamkeit, demjenigen der Sprachlichkeit menschlicher Interaktion.

Alle Äußerungen Heinis, von denen Jegge berichtet, weisen darauf hin, daß Heini über keinerlei reflektierte Erfahrung aus eigenem Handeln und keinerlei Konzeption für eigenes Handeln verfügt. Auf die Frage, was er lieber möchte, antwortet er, ,,Ich weiß nicht'' oder ,,Es ist mir gleichgültig'', und vor die Möglichkeit der Wahl gestellt, erkundigt er sich nach irgendeiner objektiven Gegebenheit, welche seine Entscheidung bestimmen könnte, und fragt, ,,Wovon haben Sie mehr vorrätig?''. Jegge beschreibt Heini als jemanden, der in an ihn gerichteten sprachlichen Aussagen die Differenz von Gesagtem und Gemeintem, von allgemeiner Bedeutung und individuell konkretem Sinn, nicht für seine mögliche Meinungsfreiheit und Entscheidung nutzen kann, sondern durch immer genauere Rückfragen versucht, die ihm zugemutete Meinungsfreiheit bis zur völligen eigenen Unselbständigkeit zu negieren. Wo immer ihm, wie zum Beispiel beim Einkaufen von Schokolade, ein unerwarteter Handlungs- und Entscheidungsspielraum zuerkannt wird, ,,ließ er nicht locker, bis . . . ganz genau die gewünschte Schokolade angegeben'' wurde.

Die pädagogische Praxis hat keine andere Möglichkeit, derartige Reduktionen der Bildsamkeit zu vermeiden und soweit wie nur möglich aufzuheben, als diejenige, dem der Erziehung Bedürftigen als jemandem zu begegnen, der zur produktiven Freiheit, Geschichtlichkeit und Sprache menschlicher Praxis bestimmt ist. Und dies gilt auch dann, wenn in vorausgegangenen parapädagogischen Interaktionen gegen das Prinzip der Bildsamkeit verstoßen wurde. In diesem Sinne berichtet Jegge: ,,Vom Anfang unserer Bekanntschaft an versuchte ich'' Heini ,,bei der Artikulation seines Wunsches'' zu helfen. Solche Hilfe muß erstens darauf zielen, die pädagogische Interaktion in Mimik, Gestik und verbaler Kommunikation so zu gestalten, daß der Erziehungsbedürftige im Sinne der Differenz von Gesagtem und Gemeintem zur Artikulation einer eigenen Meinung gelangen kann. Wenn Jegge Heini fragt, ob er Tee oder Sirup trinken wolle, sagt er, daß Tee und Sirup zur Wahl stehen; er meint jedoch gerade nicht, daß Heini nur zwischen Tee und Sirup als vorgegebenen Wahlmöglichkeiten wählen, sondern daß er seine eigene Meinung artikulieren solle. Es geht ihm nicht vorrangig darum, daß sich Heini für das eine oder das andere entscheidet, sondern darum, daß Heini einen eigenen Wunsch artikuliert und die ihm angebotene Wahlmöglichkeit durch die Artikulation des eigenen Wunsches, und sei es desjenigen, gar nichts trinken zu wollen, selber allererst zu einer solchen macht.

Jegge kann dabei Heini sprachlich im Sinne der Differenz von Gesagtem und Gemeintem nur bei der Artikulation eines eigenen Wunsches helfen, indem er zweitens die Bildsamkeit pädagogischer Interaktion im Sinne der Geschichtlichkeit menschlicher Praxis versteht. In dem geschilderten Beispiel tut er dies, wenn er sagt: ,,Schau, stell' Dir einfach eine Tasse Tee vor, Lindenblütengeschmack, warm, süß usw., und nun ein Glas Sirup, Himbeergeschmack, kalt, mit Eis drin. Was möchtest Du lieber trinken?" Dem Gesagten nach bringt Jegge hierbei allgemeine Prädikate wie ,,Lindenblütengeschmack, warm, süß" oder ,,Himbeergeschmack, kalt, mit Eis drin" zur Sprache, dem Gemeinten nach zielt seine Aussage jedoch gerade nicht auf eine allgemeine Beschreibung möglicher Eigenschaften von Tee und Sirup, sondern darauf, daß Heini sich an solche und andere Eigenschaften von Tee und Sirup erinnert und, vermittelt über seine eigene Erinnerung und Erfahrung, bezogen auf seine momentane Situation darüber entscheidet, was er trinken will. Erst wo Heini bezogen auf seine eigenen Erinnerungen und Vorerfahrungen beginnt, einen eigenen Wunsch zu artikulieren, gewinnt er jene Meinungsfreiheit im Sinne der Differenz von Gesagtem und Gemeintem zurück, die ihm durch vorausgegangene parapädagogische Interaktionen vorenthalten wurde.

Die produktive Freiheit der Praxis schließlich gewinnt der Erziehungsbedürftige erst dann, wenn er einen eigenen Handlungsentwurf, in Jegges Beispiel die Artikulation eines Wunsches, auch tatsächlich ausführt und selber handelt. Die pädagogische Interaktion kann dem Prinzip der Bildsamkeit in seiner dritten Bedeutung, derjenigen des Bestimmseins zur produktiven Freiheit der Praxis, nur dann genügen, wenn sie die Handlungsfreiheit nicht einfach gewährt, sondern wenn diese Handlungsfreiheit auch tatsächlich vom Erziehungsbedürftigen ergriffen wird. Damit aber verweist das Prinzip der Bildsamkeit pädagogischer Interaktion auf ein zweites Prinzip pädagogischen Denkens und Handelns, auf dasjenige der Aufforderung zur Selbsttätigkeit.

Im Unterschied zu den Begriffen einer Anlagen- und Umweltdetermination meint der Grundbegriff der Bildsamkeit weder eine Eigenschaft des Zu-Erziehenden, noch eine solche seiner Bezugspersonen und der sozialen Situation. Das Prinzip der Bildsamkeit ist vielmehr eine Verhältnisbestimmung der pädagogischen Interaktion selbst und bezieht sich auf die Möglichkeit der Mitwirkung der Zu-Erziehenden an der pädagogischen Interaktion. Die Bildsamkeit des Menschen im Sinne seines interaktiven Bestimmtseins zur Freiheit, Geschichtlichkeit und Sprache menschlicher Praxis ist zwar nicht unendlich, sondern begrenzt; sie ist jedoch nicht zeitlich begrenzt. Der Mensch ist bildsam bis ins hohe

62

und letzte Alter. Jemandem die Möglichkeit der Bildsamkeit abzuspre-
chen, hieße ihm sein Recht zur Mitwirkung an der menschlichen
Gesamtpraxis, seine Menschlichkeit aberkennen. Immer wieder, bis hin
zur Frage der Annahme des eigenen Todes und des individuellen Endes
produktiver Freiheit, individueller Geschichte und Sprache, gibt es
Situationen, in denen wir durch produktive Freiheit, Dialektik von
Erinnerung und Entwurf sowie auf der Differenz von Gesagtem und
Gemeintem beruhender Sprachlichkeit menschlicher Praxis handeln.
Wäre nun der Grundbegriff der Bildsamkeit das einzige Prinzip
pädagogischen Denkens und Handelns, so dauerte die pädagogische
Praxis von der Geburt bis zum Tod, denn Herbarts Definition der
Bildsamkeit als eines ,,Übergehens von der Unbestimmtheit zur Festig-
keit" gilt keineswegs nur für den Lebensanfang, sondern auch für alle
Bestimmungen, die Menschen interaktiv erlangen. Auch für sie trifft zu,
daß sie in sich die Möglichkeit eines Übergehens von der Unbestimmtheit
zur Bestimmtheit enthalten und niemals in einer Perfektheit aufgehoben
werden können, in welcher die Imperfektheit des Menschen, denkend
und handelnd die eigene Bestimmung hervorzubringen, in der Form einer
endgültigen Selbstverwirklichung als abgeschlossen zu denken wäre. Um
Anfang und Ende der Erziehungspraxis im Hinblick auf die anderen
fundamentalen Praxisformen menschlicher Tätigkeiten bestimmen zu
können, ist darum ein weiteres Prinzip pädagogischen Denkens und
Handelns erforderlich, von dem freilich in der vorausgegangenen
Bestimmung des Prinzips der Bildsamkeit immer schon die Rede war.

3.1.3. Das Prinzip der Aufforderung zur Selbsttätigkeit und die Dialektik von Denken und Handeln

Daß der Heranwachsende seine Bestimmung vermittelt über pädagogische Interaktionen findet und finden soll, die dem Prinzip der Bildsamkeit genügen, ist keineswegs allgemein anerkannt. Einer der Gründe
hierfür ist, daß aus dem Prinzip der Bildsamkeit selbst keineswegs
unmittelbar folgt, wie ein pädagogisches Handeln bestimmt sein muß, das
sich nicht nur auf das Prinzip der Bildsamkeit beruft, sondern auch
tatsächlich Sorge dafür trägt, daß der Heranwachsende seine Bestimmtheit durch eigene Mitwirkung an der pädagogischen Interaktion findet.
Die Kategorie der Bildsamkeit als Grundbegriff pädagogischen Denkens
und Handelns enthält zwar eine erste Bestimmung der Aufgaben
pädagogischer Interaktion, formuliert aber nicht schon einen Begriff der
richtigen Art und Weise pädagogischen Wirkens. Damit der Begriff der
Bildsamkeit auch tatsächlich anerkannt werden kann, muß also noch
geklärt werden, auf welche Art und Weise der Heranwachsende
überhaupt erzogen und gebildet werden kann, ohne daß seine Bildsamkeit dabei verkümmert oder beschädigt wird. Wir suchen daher im

folgenden nach einem zweiten Grundbegriff pädagogischen Denkens und Handelns, der Grundaussagen darüber macht, wie durch pädagogische Interaktionen so gewirkt werden kann, daß der Heranwachsende auch tatsächlich als bildsam anerkannt wird.

Das gesuchte zweite Prinzip hängt mit dem ersten Grundbegriff pädagogischen Denkens und Handelns so eng zusammen, daß wir es bereits bei der Entwicklung des Prinzips der Bildsamkeit implizit angesprochen haben: Der Zu-Erziehende kann im Sinne des Prinzips der Bildsamkeit seine Bestimmung zur produktiven Freiheit, Geschichtlichkeit und Sprache nur finden, wenn er durch die pädagogische Interaktion zur selbsttätigen Mitwirkung an seinem Bildungsprozeß ausdrücklich aufgefordert wird. Und umgekehrt ist eine Aufforderung zur Selbsttätigkeit nur möglich, sofern sie die pädagogische Interaktion von der Kategorie der Bildsamkeit her begreift. Daß der Mensch das einzige Wesen ist, das der pädagogischen Praxis bedürftig und fähig ist, läßt sich auf der Grundlage der beiden konstitutiven Prinzipien pädagogischen Denkens und Handelns nun so fassen: Der Mensch ist das einzige bildsame Wesen, und nur der Mensch kann zur Selbsttätigkeit auffordern. Im § 3 seiner „Grundlage des Naturrechts nach Prinzipien der Wissenschaftslehre" hat Fichte dies 1796 so formuliert:

„Die (pädagogische, D.B.) Einwirkung wurde begriffen als eine Aufforderung des Subjekts zu einer freien Wirksamkeit, und, worauf alles ankommt, konnte gar nicht anders begriffen werden . . . Die Aufforderung ist die Materie des Wirkens, und eine freie Wirksamkeit des Vernunftwesens, an welche sie ergeht, sein Endzweck. Das letztere soll durch die Aufforderung keineswegs bestimmt, nezessitiert werden, wie es im Begriffe der Kausalität das Bewirkte durch die Ursache wird, zu handeln, sondern es soll nur zurfolge derselben sich selbst dazu bestimmen. Aber soll es dies, so muß es die Aufforderung erst verstehen und begreifen, und es ist auf eine vorhergehende Erkenntnis desselben gerechnet. Die gesetzte Ursache der Aufforderung außer dem Subjekte muß demnach wenigstens die Möglichkeit voraussetzen, daß das letztere verstehen und begreifen könne, außerdem hat seine Aufforderung gar keinen Zweck. Die Zweckmäßigkeit derselben ist durch den Verstand und das Freisein des Wesens, an welches sie ergeht, bedingt. Diese Ursache muß daher notwendig den Begriff von Vernunft und Freiheit haben, also selbst ein der Begriffe fähiges Wesen, eine Intelligenz, und da eben erwiesenermaßen dies nicht möglich ist ohne Freiheit, auch ein freies, also überhaupt ein vernünftiges Wesen sein und als solches gesetzt werden"[29].

Mit seinem Nachweis, daß die Grundbegriffe der Bildsamkeit oder „Intelligenz", diejenige des Zu-Erziehenden ebenso wie diejenige des pädagogisch Handelnden, und der vom Erziehenden ausgehenden Aufforderung des Zu-Erziehenden zur Selbsttätigkeit apriorische Prinzipien sind, hat Fichte die transzendentalen Voraussetzungen formuliert, die wir immer schon machen oder setzen müssen, wo wir vernünftig, und das heißt widerspruchsfrei in Übereinstimmung mit den Bedingungen unserer eigenen Rede, über pädagogische Interaktion sprechen. Keines dieser beiden Prinzipien kann aus dem anderen abgeleitet werden. Beide sind gleich ursprünglich und können daher auch nur zugleich anerkannt werden.

Wir können uns auf die Bildsamkeit der Heranwachsenden ebensowenig berufen, wenn wir sie zu einer fremdbestimmten Tätigkeit veranlassen, vermittels welcher sie eine ihnen vermeintlich zukommende Bestimmung erhalten sollen, wie wir eine Aufforderung zur Selbsttätigkeit an Wesen adressieren können, die nicht im Sinne einer Bestimmbarkeit durch eigene Praxis bildsam sind. Die pädagogische Interaktion kann das Prinzip der Bildsamkeit nur anerkennen, indem sie die Erziehungsbedürftigen zur Selbsttätigkeit auffordert; und Aufforderung zur Selbsttätigkeit ist real nur möglich als eine Interaktion bildsamer Wesen. So wie nun der Grundbegriff der Bildsamkeit ein Relationsbegriff der pädagogischen Interaktion ist, sich also im Unterschied zum Begabungsbegriff nicht allein auf den Zu-Erziehenden und im Unterschied zum Umweltbegriff nicht allein auf die Situation bezieht, in der Lernprozesse stattfinden, so ist auch das zweite Prinzip pädagogischen Denkens und Handelns, dasjenige der Fremdaufforderung zur Selbsttätigkeit, als eine Verhältnisbestimmung der pädagogischen Interaktion zu verstehen, welche Aussagen über den Zusammenhang der Einwirkungen der pädagogischen Interaktion als Fremdaufforderungen und ihren Wirkungen im Sinne der Selbsttätigkeit des Zu-Erziehenden macht. Die Dialektik der beiden Prinzipien soll im folgenden genauer bestimmt werden. Denn eine nur oberflächliche Analyse könnte zu dem Ergebnis gelangen, daß die Dialektik von Bildsamkeit und Aufforderung zur Selbsttätigkeit keineswegs die Möglichkeit pädagogischer Interaktion, sondern vielmehr deren Unmöglichkeit erweist. Erst eine genauere Analyse vermag die fundamentale Bedeutung der Grundbegriffe der Bildsamkeit und der Aufforderung zur Selbsttätigkeit als apriorischer Prinzipien pädagogischen Denkens und Handelns aufzuzeigen. Beides läßt sich wiederum an Jegges Beispiel des Sonderschülers Heini, der nicht wünschen konnte, verdeutlichen.

In diesem Beispiel stellt das Prinzip der Bildsamkeit die pädagogische Interaktion vor die Aufgabe, Heini, der nicht wünschen kann, als jemanden anzuerkennen, der das Wünschen lernen kann. Das Prinzip der Aufforderung zur Selbsttätigkeit bestimmt näher, daß Heini das Wünschen nur dadurch erlernen kann, daß er nicht zur Äußerung eines vom Erziehenden vorgegebenen, sondern zur Artikulation eines eigenen Wunsches aufgefordert wird. Würde Jegge nämlich Heini zur Artikulation eines von Jegge selbst bestimmten Wunsches auffordern, so würde Heini, der das Wünschen verlernt oder noch nicht gelernt hat, nichts Neues hinzulernen. Folgte nämlich Heini der Aufforderung, einen bestimmten Wunsch zu äußern, so artikulierte er keinen eigenen Wunsch, sondern wünschte lediglich, was andere wünschen, daß er es wünschen solle. Seine Mitwirkung am eigenen Lernprozeß wäre keine selbständige und selbsttätige Mitwirkung, sondern folgte nur dem Regreß einer sich fortsetzenden Fremdbestimmung. So plausibel es aber nun sein mag, daß Jegge in seinen Versuchen, Heini bei der Artikulation eines bestimmten Wunsches zu helfen, dem Prinzip der Bildsamkeit nur zu genügen vermag, wenn er Heini nicht zur Artikulation eines bestimmten, sondern zur Artikulation eines von Heini selbst zu bestimmenden Wunsches auffordert, die sich hier zeigende Dialektik der beiden ersten Prinzipien pädagogischen Denkens und Handelns wirft mehr Fragen auf, als sie auf den ersten Blick vielleicht zu lösen vermag. Denn es ließe sich ja nun die Behauptung aufstellen, die Dialektik beider Prinzipien stelle keineswegs eine Grundlage pädagogischen Denkens und Handelns dar, sondern entwerfe einen Zusammenhang von Grundsätzen, denen pädagogisches Handeln nur um den Preis seiner eigenen Möglichkeit folgen könne. Verlangt nicht das Prinzip der Bildsamkeit, daß Jegge Heini als jemandem begegnet, der eigene Wünsche artikulieren kann, also als jemanden achtet, der er doch gar nicht ist, und formuliert nicht das Prinzip der Aufforderung zur Selbsttätigkeit die unlösbare Aufgabe, Heini zur Artikulation eines eigenen Wunsches aufzufordern, zu etwas also, das er gar nicht kann? Ergibt sich nicht gerade aus der Dialektik beider Prinzipien eine zirkuläre, in sich selbst höchst widerspruchsvolle Grundstruktur pädagogischen Denkens und Handelns, diejenige nämlich, die Heranwachsenden permanent zu etwas aufzufordern, was sie gar nicht können, und als solche anzuerkennen, die sie gar nicht sind?

Räumten wir nun angesichts der sich hier zeigenden Schwierigkeiten ein, daß die pädagogische Praxis Heini das Wünschen nicht beibringen kann, weil sie ihn entweder zur Artikulation eines bestimmten Wunsches auffordert und damit seine Bestimmtheit, nicht eigene Wünsche artikulieren zu können, verfestigt, oder aber zur Artikulation eines von ihm selbst zu bestimmenden Wunsches auffordert, ihm dabei aber als jemandem begegnet, der er gar nicht ist, und ihn folglich ebenso seiner Bestimmtheit überläßt, nicht wünschen zu können, so erwiesen sich die beiden ersten Prinzipien pädagogischen Denkens und Handelns als etwas ganz anderes. Sie wären keineswegs Grundbegriffe pädagogischer Interaktion, sondern allenfalls Grundbegriffe einer Antipädagogik; sie besagten nichts über die Möglichkeiten pädagogischen Denkens und Handelns, sondern allenfalls etwas über die Unmöglichkeit pädagogischer Praxis. Ihre Dialektik implizierte nämlich, daß jemand entweder etwas schon kann, es also folglich nicht mehr zu lernen braucht, oder etwas nicht kann, es folglich aber auch nie lernen wird[30].

Will man angesichts einer solchen Auslegung der Dialektik der beiden ersten Prinzipien pädagogischen Denkens und Handelns nicht den Bankrott einer jeden Pädagogik erklären, die sich auf diese Prinzipien beruft, und das Feld der Erziehung nicht Aufforderungen überlassen, die menschliches Lernen entweder als Dressur, Indoktrination und Manipulation verstehen oder aber antipädagogisch im Sinne einer bloßen Ausschließung pädagogischer Wirkungen zu arrangieren versuchen, so muß man aufzeigen, daß die Prinzipien der Bildsamkeit und der Aufforderung zur Selbsttätigkeit keineswegs die Unmöglichkeit, sondern die Möglichkeit pädagogischen Denkens und Handelns begründen. Um klären zu können, wie ein Lernen dessen, was noch nicht gelernt ist, möglich ist, ohne daß das Resultat des Lernprozesses fremdbestimmt oder in das Belieben der Lernenden gestellt wird, muß das Prinzip der Aufforderung zur Selbsttätigkeit in seiner Dialektik zur Kategorie der Bildsamkeit noch präziser gefaßt werden. Analog zur Kategorie der Bildsamkeit läßt sich auch diejenige der Aufforderung zur Selbsttätigkeit als ein Relationsprinzip pädagogischer Interaktion fassen. Hierzu muß gezeigt werden, daß die allgemeinen Bestimmungen der Freiheit, Geschichtlichkeit und Sprachlichkeit menschlicher Praxis auch für sie gelten. Um dies zeigen zu können, wird im folgenden zwischen zwei Subjekt-Objekt-Verhältnissen unterschieden, welche jeder Selbsttätigkeit zugrunde liegen und deren Dialektik den scheinbaren Widerspruch der pädagogischen Praxis, den Zu-Erziehenden zu etwas auffordern zu müssen, was er nicht kann, und als jemanden anerkennen zu sollen, der er gar nicht ist, als jene fundamentale Grundparadoxie pädagogischen Denkens und Handelns erweist, auf welcher die eigentliche Möglichkeit der pädagogischen Praxis beruht.

An jeder Tätigkeit lassen sich zwei Subjekt-Objekt-Korrelationen unterscheiden. Subjekt ist in beiden der Handelnde selbst. Während aber in der einen der Handelnde zugleich Objekt seiner Tätigkeit ist, ist in der anderen das Objekt etwas, was durch die Tätigkeit hervorgebracht wird.

Die erste Subjekt-Objekt-Beziehung läßt sich schematisch folgendermaßen darstellen:

$$S \text{------------------} O = S$$

In Jegges Beispiel des Schülers Heini bezeichnet diese Subjekt-Objekt-Korrelation die Beziehung, in der Heini, der keine eigenen Wünsche artikulieren kann, zu sich selbst steht.

Die andere Subjekt-Objekt-Beziehung hat die Form:

$$S \text{------------------} O \neq S$$

und bezeichnet alles das, was Heini nicht wünschen kann, in Jegges Bericht also den Tee, den Sirup oder die Schokolade.

Nun gibt es in jeder Selbsttätigkeit nicht nur zwei Subjekt-Objekt-Beziehungen, wobei in der einen Subjekt und Objekt identisch, in der anderen Subjekt und Objekt gerade nicht identisch sind, sondern das Objekt das durch die Tätigkeit Hervorzubringende beziehungsweise Nichthervorgebrachte ist. Beide Subjekt-Objekt-Korrelationen stehen darüber hinaus zugleich in einer Beziehung zueinander. Diese ist dadurch bestimmt, daß das Subjekt beider Tätigkeiten oder Momente der Selbsttätigkeit der Handelnde selbst und somit der Handelnde als Objekt der ersten Tätigkeit zugleich Subjekt der zweiten Tätigkeit ist. Diese Beziehung ($\leftarrow \rightarrow$) läßt sich schematisch folgendermaßen darstellen:

$$S - (\text{Tätigkeit I}) - O = S$$
$$\updownarrow$$
$$S - (\text{Tätigkeit II})\ 0 \neq S$$

Auf diesen Zusammenhang beider Tätigkeiten oder Subjekt-Objekt-Korrelationen kommt es nun entscheidend an. Je nachdem, ob der Zusammenhang beider Tätigkeiten dem Handelnden bewußt ist oder von ihm gar nicht erfahren wird, lassen sich nämlich idealtypisch zwei Beziehungen zwischen beiden Tätigkeiten unterscheiden. Weiß Heini darum, daß er wünschen will, was andere wollen, und lehnt er es darum ab, zwischen Tee und Sirup einfach selber zu wählen, so befindet er sich in der Situation, daß er keinen eigenen Wunsch artikulieren will, obwohl er durchaus in der Lage wäre, Wünsche zu äußern. Seine Rückfrage, wovon Jegge mehr vorrätig habe, wäre dann nicht Ausdruck seiner Unfähigkeit, eigene Wünsche zu äußern, sondern eine Geste der Höflichkeit, der Rücksichtnahme auf einen noch fremden Lehrer, sie ließe unter Umständen sogar noch offen, ob er sich für das entscheidet, wovon mehr oder weniger vorrätig ist.

In Jegges Erzählung ist die Situation, in der Heini sich befindet, jedoch eine andere. Heini, von dem Jegge berichtet, kann weder einen Wunsch artikulieren, noch wollen, nicht zu wünschen. Er kann keine Wünsche äußern und weiß gar nicht darum, daß er sich sowohl für als auch weder für Tee noch für Sirup entscheiden kann, weil er nur hinnehmen und annehmen kann, was andere für ihn entschieden haben. Während in der zuerst geschilderten Situation die pädagogische Praxis bereits ihr eigenes Ende erreicht hat und insofern völlig überflüssig und der Handlungskompetenz Heinis unangemessen wäre, weil dieser darum weiß, daß er als Subjekt und Objekt der ersten Tätigkeit keinen eigenen Wunsch artikulieren will und daher in der zweiten Tätigkeit nicht zwischen Jegges Angeboten wählt, stellt sich Jegge in der zweiten Situation die Aufgabe, dafür zu sorgen, daß Heini den Zusammenhang beider Tätigkeiten erfahren und vermittels seiner eigenen Erfahrung selbsttätig werden kann. Den Zusammenhang beider Tätigkeiten erfahrbar zu machen aber ist genau das, was unter einer Aufforderung zur Selbsttätigkeit zu verstehen ist.

Bezeichnen wir das erste Moment der Selbsttätigkeit, jene Tätigkeit also, in der der Handelnde Subjekt und Objekt der Tätigkeit ist, als Denktätigkeit und das zweite Moment der Selbsttätigkeit, jene Tätigkeit also, in der der Handelnde ein Objekt hervorbringt, als Aktion oder Tun, so zeigt sich, daß mit Aufforderung zur Selbsttätigkeit stets zweierlei gemeint ist. Sie ist eine Aufforderung, welche eine Wechselwirkung zwischen Denktätigkeit und Aktion sowie eine Wechselwirkung zwischen Tun und Denktätigkeit zu provozieren versucht.

Es ist wichtig, darauf zu achten, daß die Aufforderung zur Selbsttätigkeit sich weder auf die Denktätigkeit noch auf das Tun des Zu-Erziehenden unmittelbar bezieht, sondern auf die Wechselwirkung der beiden jede Selbsttätigkeit bestimmenden Tätigkeiten zielt. Auf das, was Heini wünscht, darf Jegge bei seinen Versuchen, Heini bei der Artikulation eines eigenen Wunsches zu helfen, keinen direkten Einfluß nehmen. Ebenso geht es ihm nicht darum, Heini die normative Erfahrung aufzudrängen, daß Tee besser schmecke als Sirup, oder umgekehrt, daß Sirup Tee vorzuziehen sei. Vielmehr geht es Jegge gerade darum, daß Heini selbst einen Wunsch für sich bestimmt (Tätigkeit I), diesen äußert (Tätigkeit II) und aufgrund der Wechselwirkung beider Tätigkeitsmomente die Erfahrung macht, daß er nicht wünschen muß, was andere wollen, daß er es wolle, sondern selbsttätig eigene Wünsche artikulieren kann. Allein dadurch, daß Heini im Sinne der Kategorie der Bildsamkeit an seinen Lernprozessen mitwirkt und im Sinne des Prinzips der Aufforderung zur Selbsttätigkeit seine Bestimmtheit aufgrund eigener Erfahrungen erlangt, kann der antipädagogische Zirkel, daß jemand entweder schon etwas können muß und es folglich nicht mehr zu lernen braucht oder etwas nicht kann und es dann auch nicht selbsttätig lernen wird, überwunden werden. Nachdem wir die produktive Freiheit, Geschichtlichkeit und Sprache menschlicher Praxis als allgemeine Prinzipien menschlicher Praxis bereits auf die pädagogische Kategorie der Bildsamkeit ausgelegt haben, gilt es jetzt, diese auch für das zweite Prinzip pädagogischen Denkens und Handelns und den Zusammenhang der beiden jede Selbsttätigkeit kennzeichnenden Tätigkeiten zu präzisieren.

Die produktive Freiheit menschlicher Praxis unterscheidet sich gleichermaßen von bloßer Willkür- und bloßer Wahlfreiheit. Zum einen können wir unsere Erfahrungen nicht willkürlich bestimmen. Was wir erfahren, hängt immer davon ab, welche Erfahrungen wir bereits gemacht haben und was die anderen, mit denen wir interagieren, erfahren haben. Zum andern geht die Möglichkeit menschlicher Erfahrung nicht in derjenigen des bloßen Wählens zwischen verschiedenen Erfahrungen auf. Die Erfahrung der Selbstartikulation eines eigenen Wunsches ist nicht vor der Erfahrung schon da, sondern wird in der Erfahrung allererst hervorgebracht. Sie wird hervorgebracht durch die Handlungsentwürfe, welche wir aufgrund vergangener Erfahrungen für neue machen (Zusammenhang: Tätigkeit I → Tätigkeit II) und die Reflexionen, welche wir aufgrund neuer Erfahrungen im Hinblick auf vorausgegangene anstellen (Zusammenhang: Tätigkeit I ← Tätigkeit II).

Die produktive Freiheit menschlicher Praxis, aus Erfahrung zu lernen, haben wir aufgrund der Geschichtlichkeit der menschlichen Praxis, derzufolge wir als die unser Handeln entwerfenden Subjekte (Tätigkeit I → Tätigkeit II) nie dieselben wie die unser Handeln reflektierenden Subjekte (Tätigkeit I ← Tätigkeit II) sind. Diese Ungleichzeitigkeit von Entwurf und Reflexion $(t (x) / t (x+1) / t (x+2) / t (x+3)$ usw.) will das folgende Schema verdeutlichen:

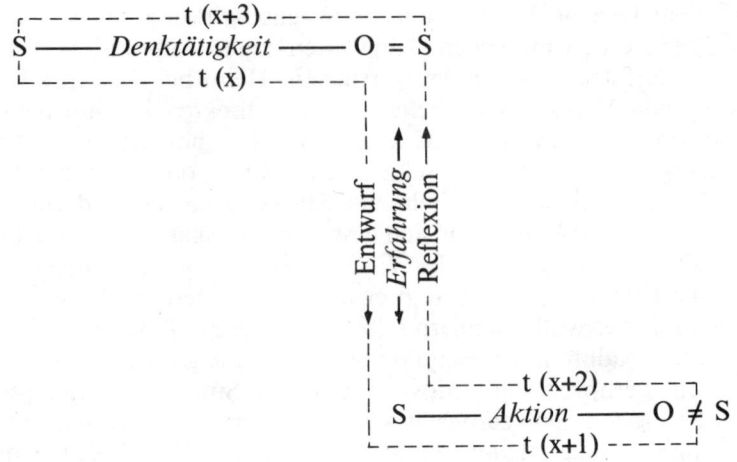

Wo wir als Subjekt und Objekt unserer Denktätigkeit künftiges Tun entwerfen, sind wir bestimmt durch die vorausgegangenen Erfahrungen und offen für künftige Erfahrungen. Wo wir dagegen als Subjekt und Objekt unserer Denktätigkeit unser Tun reflektieren, sind wir bestimmt durch vergangene Aktionen und offen für künftige Entwürfe. So ist unser zukünftiges Tun bestimmt durch vergangene Denktätigkeiten und Aktionen und unser vergangenes Tun veränderbar durch künftiges Denken und Tun. Als Entwerfende und als Reflektierende, als Denkende und als Handelnde sind wir nie bloß dieselben, sondern immer stets schon andere[31]. In diesem Sinne weisen die Pfeile im obigen Schema auf die Gebundenheit und Offenheit menschlicher Praxis hin:

– Unsere Denktätigkeit ist gebunden durch unser vergangenes Tun;
– unser Tun ist gebunden durch unsere vorausgegangene Denktätigkeit;
– und unsere Entwürfe sind gebunden durch unsere vorausgegangenen Reflexionen;
– unsere Reflexionen sind gebunden durch unsere vorausgegangenen Entwürfe.

Zugleich gilt:

– Unser Denken ist offen für zukünftiges Handeln (Entwurf);
– unser Handeln ist offen für zukünftiges Denken (Reflexion);
– und unsere Entwürfe sind offen für künftige Reflexion;
– unsere Reflexion ist offen für künftige Entwürfe.

Die Aufforderung zur Selbsttätigkeit als zweites Prinzip pädagogischen Denkens und Handelns kann im Sinne der produktiven Freiheit und Geschichtlichkeit menschlicher Praxis an diese Gebundenheit und Offenheit von Denktätigkeit und Aktion, Entwurf (Denktätigkeit → Aktion) und Reflexion (Denktätigkeit ← Aktion) nur anknüpfen, wenn sie im Medium der Sprache erfolgt, das heißt dem Zu-Erziehenden im

Hinblick auf seine Entwürfe Handlungs- und im Hinblick auf seine Reflexionen Meinungsfreiheit gewährt. Nur im Medium der Sprache im weitesten Sinne – also einschließlich der mimisch-gestisch-symbolischen Aspekte menschlicher Interaktion – können wir an die Bildsamkeit der Zu-Erziehenden so anknüpfen, daß deren künftige Denktätigkeiten und Aktionen, Entwürfe und Reflexionen, Reflexionen und Entwürfe durch unsere Aufforderungen nicht unmittelbar festgelegt, sondern nur provoziert werden und somit Entwürfe und Reflexionen der Heranwachsenden selbst sind.

Hierdurch erst gewinnen die beiden ersten Kategorien pädagogischen Denkens und Handelns ihre Bedeutung, Prinzipien der Möglichkeit der Erziehungspraxis und nicht ihrer Unmöglichkeit zu sein. Aufgrund der Wechselwirkung zwischen Denktätigkeit und Aktion, in welcher die Freiheit menschlicher Praxis begründet ist, und der Geschichtlichkeit menschlicher Praxis, derzufolge menschliche Identität gerade in der Nichtidentität von Denktätigkeit und Aktion, Entwurf und Reflexion begründet ist, hat pädagogische Praxis die Chance, den Heranwachsenden zu etwas aufzufordern, was er – noch – nicht kann, und ihn als jemanden anzuerkennen, der er – noch – nicht ist. Die Dialektik der beiden ersten Prinzipien führt keineswegs in einen Widerspruch pädagogischen Denkens und Handelns mit sich selbst, sondern bestimmt jene Grundparadoxie der pädagogischen Praxis, der diese ihre spezifischen Wirkungsmöglichkeiten verdankt. Daß pädagogische Praxis, an die Bildsamkeit des Zu-Erziehenden anknüpfend, zur Selbsttätigkeit auffordert, besagt gerade, daß der Zu-Erziehende ohne eine entsprechende Aufforderung noch nicht selbsttätig sein kann, daß er dies auch nicht aufgrund einer solchen Aufforderung wird, sondern nur vermittels seiner eigenen Mitwirkung werden kann. So kann Heini das Wünschen nur lernen, wenn er zur Artikulation eigener Wünsche so aufgefordert wird, daß er nicht schon aufgrund der Aufforderung eigene Wünsche artikuliert, sondern erst vermittels eigener Tätigkeit. Heini, an den Jegges Aufforderung, eigene Wünsche zu artikulieren, ergeht, ist identisch und nicht-identisch mit Heini, der vermittels Jegges Aufforderungen und eigener Mitwirkung beginnt, eigene Wünsche zu artikulieren. Die Identität, welche der Zu-Erziehende durch pädagogische Praxis und eigene Selbsttätigkeit erlangt, beruht gerade auf seiner Nicht-Identität in der Zeit.

Diese in der Dialektik der beiden ersten Prinzipien begründete Grundparadoxie pädagogischen Denkens und Handelns, den Zu-Erziehenden zu etwas aufzufordern, was er noch nicht kann, und ihn als jemanden zu achten, der er noch nicht ist, sondern allererst vermittels eigener Selbsttätigkeit wird, kennzeichnet eine Besonderheit der pädagogischen Praxis, durch die sie sich von allen anderen Praxen unterscheidet. Unter allen Praxen ist nämlich die pädagogische Praxis die einzige, die ihr eigenes Ende zum Ziel hat und für deren Progreß das eigene Ende permanent konstitutiv ist. Während nämlich alle anderen Praxen dort pervertieren, wo sie ihr eigenes Ende intendieren, pervertiert die pädagogische Praxis gerade, wenn sie ihr Ende nicht zur Zielperspektive hat. Wo die ökonomische Praxis aufgrund immer weiter fortschreitender Arbeitsteilung, Industrialisierung und Computerisierung der Arbeitsprozesse ihr eigenes Ende anstrebt, verliert die Arbeit den Charakter, eine menschliche Praxis im Dienste der Wohlversorgtheit der Menschheit mit lebenswichtigen Gütern zu sein, pervertiert sie zu einer den Menschen immer weniger als Subjekt der Arbeit anerkennenden Warenproduktion. Nicht anders verhält es sich mit Ethik, Politik, Kunst und Religion, sofern diese aufhören, sich als koexistentielle Praxen zu verstehen, und einmal gefundene Lösungsmöglichkeiten zum Ende von Sitte, Politik, Kunst und Religion hypostasieren. Die Sitte hört auf, Produkt menschlicher Verständigung über Möglichkeiten und Aufgaben gegenseitiger Anerkennung zu sein, und pervertiert zur bloßen Legalität, die Politik verfolgt, statt der gemeinsamen Beratung über eine gute Zukunft zu dienen, Strategien der Herrschaftssicherung und Manipulation der an der Politik nicht mehr Beteiligten, und Kunst und Religion pervertieren zu Ideologien, statt diese bewußt zu machen, und versöhnen mit der Endlichkeit des Menschen, statt die Todesproblematik als relevanten religiösen Aspekt aller Praxen anzuerkennen.

Die Finalität der pädagogischen Praxis, ihr eigenes Ende zu intendieren, folgt aus der Dialektik der beiden ersten Prinzipien pädagogischen Denkens und Handelns, an die Bildsamkeit der Erziehungsbedürftigen dadurch anzuknüpfen, daß diese zur Selbsttätigkeit aufgefordert werden, und die pädagogische Ausübung von Autorität an die Autorität der Zu-Erziehenden abzutreten. Im Sinne dieser Dialektik der die interaktive Seite der pädagogischen Praxis bestimmenden Prinzipien ist pädagogisches Handeln nur dort erlaubt, wo der Zu-Erziehende der Fremdaufforderung zur Selbsttätigkeit bedarf, muß Erziehung stets dort ihr Ende herbeiführen, wo die Fremdaufforderung zur Selbsttätigkeit in eine Selbstaufforderung übergehen kann. Überall, wo der Zu-Erziehende schon ohne Fremdaufforderung selbsttätig sein kann, hat die Erziehung bereits ihr Ende gefunden; und überall dort, wo wir in den Ernstsituationen des Lebens Fremdaufforderungen bedürfen, um bildsam zu bleiben oder von neuem zu werden, weil wir sich uns stellende Aufgaben aus unserer bisherigen Erfahrung nicht bewältigen können, sind neue Anfangspunkte für die pädagogische Praxis gegeben.

Darum hieße es, die beiden ersten Grundprinzipien pädagogischen Denkens und Handelns gehörig mißverstehen, wenn man meinte, die Aufforderung zur Selbsttätigkeit stehe nur am Anfang, der Übergang zur Selbstaufforderung zur Selbsttätigkeit nur am Ende der pädagogischen Praxis. Das Gegenteil ist vielmehr der Fall. Der Anfang der Erziehung steht nicht nur am Anfang der Erziehung. Bis zum Tod hin kann es Situationen geben, in denen wir der pädagogischen Praxis, im Sinne einer

Fremdaufforderung zur Selbsttätigkeit, bedürfen. Und das Ende der Erziehung steht nicht am Ende der Erziehung, sondern ist konstitutiv für den gesamten Bildungsprozeß. Überall dort, wo wir ohne pädagogische Hilfe selbsttätig sein können, ist bereits das Ende der Erziehung erreicht, wirken wir ohne Fremdaufforderung zur Selbsttätigkeit an der Aneignung unserer Bestimmung mit.

Darum gehört es zu den größten Fehlformen pädagogischen Handelns, einen der Erziehung noch Bedürftigen bereits als der pädagogischen Praxis nicht mehr bedürftig anzusehen oder einen der Erziehung nicht mehr Bedürftigen weiterhin pädagogisch zu betreuen. Jedes Zuwenig und Zuviel an pädagogischer Sorge verstößt gegen die besondere Finalität der Erziehungspraxis. Wenn wir einen der Erziehung noch Bedürftigen in antipädagogischer Einstellung sich selbst überlassen, indem wir auf seine Spontanautonomie vertrauen und davon absehen, daß die Prinzipien der Bildsamkeit und Aufforderung zur Selbsttätigkeit solche der pädagogischen Interaktion und keine Eigenschaften der Zu-Erziehenden sind, mißachten wir die Grundkategorien menschlicher Praxis im Sinne produktiver Freiheit, Geschichtlichkeit und Sprache ebenso, wie wenn wir einen der Erziehung nicht mehr Bedürftigen in parapädagogischer Einstellung von seiner Mitwirkung an der menschlichen Gesamtpraxis ausschließen, indem wir ihm weiterhin „pädagogisch" begegnen, statt mit ihm in den koexistentiellen Praxen der Arbeit, Sitte, Politik, Kunst und Religion tätig zu sein. Von beiden Fehlformen kann sich pädagogische Praxis nur freimachen, wenn sie sich zu ihrer eigenen Paradoxie bekennt und dem Prinzip der Bildsamkeit durch Aufforderungen zur Selbsttätigkeit gerecht wird, indem sie jeweils an ein Noch-nicht-Können anschließt. Nur dann kann es ihr gelingen, den richtigen Zeitpunkt für die Übergabe pädagogischer Autorität in die ökonomische, sittliche, politische, ästhetische und religiöse Selbstautorität der Zu-Erziehenden nicht zu verpassen und den pädagogischer Hilfe Bedürftigen weder in antipädagogischer Einstellung zu über- noch in parapädagogischer Einstellung zu unterfordern.

3.2. Die regulativen Prinzipien pädagogischen Denkens und Handelns

3.2.1. Zum Begründungszusammenhang der regulativen Prinzipien

Die bisherige Entwicklung des pädagogischen Grundgedankengangs führte zu zwei Problemen, zu dem Problem, die richtige Mitte zwischen einer Über- und Unterforderung der Heranwachsenden zu finden, und zu dem Problem, den richtigen Zeitpunkt für die schrittweise Aufhebung pädagogischer Autorität in der Selbstautorität der Heranwachsenden zu treffen. Mit beiden Problemen sind Fragestellungen formuliert, die sich zwar von den Grundbegriffen der Bildsamkeit und der Aufforderung zur Selbsttätigkeit her stellen, die aber auf der Grundlage der konstitutiven Prinzipien pädagogischen Denkens und Handelns nicht schon lösbar sind. Denn die richtige Mitte zwischen Unter- und Überforderung und der richtige Zeitpunkt für das allmähliche Verschwinden pädagogischer Autorität hängen nicht allein vom guten Willen der Zu-Erziehenden und der pädagogisch Handelnden ab, sondern sind immer auch gesellschaftlich durch Anforderungen definiert, die sich von den anderen Bereichen menschlicher Praxis her ergeben und auf die die pädagogische Praxis die Heranwachsenden vorbereiten muß, soll sie ihrer besonderen Finalität, ihr eigenes Ende zum Ziel zu haben, entsprechen. Ob wir in pädagogischen Interaktionen die Bildsamkeit der Lernenden in einer Weise anerkennen können, daß wir diese zur Selbsttätigkeit auffordern, hängt somit nicht allein von einer Beachtung der konstitutiven Prinzipien pädagogischen Denkens und Handelns, sondern entscheidend auch davon ab, ob eine solche Anerkennung der interaktiven Prinzipien pädagogischen Denkens und Handelns von den anderen gesellschaftlich notwendigen Formen menschlicher Praxis unterstützt wird.

Schon bei der Entwicklung des allgemeinen Praxisbegriffs zeigte sich, daß die koexistentiellen Praxen der Arbeit, Pädagogik, Ethik, Politik, Kunst und Religion sich weder auseinander ableiten lassen, noch unabhängig voneinander bestehen. Darum kann auch die pädagogische Praxis die richtige Mitte zwischen einer Unter- und Überforderung der Heranwachsenden und den richtigen Zeitpunkt für die Übergabe pädagogischer Autorität in die Selbstautorität der Lernenden keineswegs autonom bestimmen, denn die menschlichen Praxen stehen in einem Zusammenhang, dessen unreduzierbare Komplexität darin liegt, daß sie nicht unabhängig voneinander ausgeübt werden und auf Autonomie im Sinne von Autarkie keinerlei Anspruch erheben können.

Die Besonderheit und Vermitteltheit aller menschlichen Praxisformen liegt gerade darin, daß eine jede unter spezifischen Aspekten ihren eigenen Handlungsbereich und die Handlungsbereiche der anderen Praxisformen thematisiert und umgekehrt unter den jeweils spezifischen Aspekten der anderen Praxisformen thematisiert werden kann. In diesem Sinne, nicht aber im Sinne einer linearen Deduktion, ist die pädagogische Praxis nur im Hinblick auf die anderen Praxen, auf Arbeit, Ethik, Politik, Kunst und Religion, möglich. Darum soll im folgenden zwischen den konstitutiven Prinzipien und Fragestellungen pädagogischen Denkens und Handelns und den regulativen Prinzipien pädagogischer Interaktion unterschieden werden. Die bisher entwickelten Prinzipien der Bildsamkeit und Aufforderung zur Selbsttätigkeit definieren die Aspekte, unter denen die pädagogische Interaktion ihren eigenen Handlungsbereich faßt. Wir haben sie aus diesem Grunde konstitutive Prinzipien pädagogischen

Denkens und Handelns genannt. Die Grundbegriffe der Bildsamkeit und Aufforderung zur Selbsttätigkeit formulieren die prinzipiellen Voraussetzungen, unter denen die pädagogische Praxis Anforderungen, die an sie von den anderen gesellschaftlichen Praxisformen ergehen, thematisiert. Ob es ihr freilich gelingt, die gesellschaftlichen Anforderungen so zu transformieren, daß sie Gegenstand einer die interaktiven Relationskategorien der Bildsamkeit und Aufforderung zur Selbsttätigkeit beachtenden pädagogischen Praxis werden können, hängt nicht allein davon ab, ob die pädagogische Praxis ihre konstitutiven Basiskategorien anerkennt, sondern wird entscheidend auch dadurch mitbestimmt, ob die gesellschaftlichen Anforderungen an die pädagogische Praxis eine solche Beachtung der Grundbegriffe der Bildsamkeit und der Aufforderung zur Selbsttätigkeit begünstigen, erschweren oder gar verhindern.

Nachdem mit den Prinzipien der Bildsamkeit und der Aufforderung zur Selbsttätigkeit jener Teil des pädagogischen Grundgedankengangs formuliert ist, der sich unmittelbar auf die pädagogische Interaktion bezieht und bestimmt, unter welchen kategorialen Voraussetzungen innerhalb der pädagogischen Praxis Anforderungen der anderen Handlungsfelder zu thematisieren sind, gilt es nun, auch denjenigen Teil des pädagogischen Grundgedankengangs vorzustellen, der über die pädagogische Interaktion im engeren Sinne hinausweist und die Prinzipien umfaßt, die schon bei der Formulierung der gesellschaftlichen Anforderungen an pädagogisches Handeln berücksichtigt werden müssen, damit in der pädagogischen Interaktion deren konstitutive Prinzipien auch tatsächlich beachtet werden können. Die nun zu entwickelnden Prinzipien der gesellschaftlichen Seite des pädagogischen Denkens und Handelns formulieren Grundbegriffe, welche allgemein als Regulative der Gesamtpraxis anerkannt werden müssen, damit die pädagogische Interaktion die Bildsamkeit der Heranwachsenden anerkennen und diese zur Selbsttätigkeit auffordern kann. Diese Prinzipien sind nicht konstitutive, sondern regulative Prinzipien pädagogischen Denkens und Handelns.

Der problemgeschichtliche und handlungstheoretische Zusammenhang der konstitutiven und regulativen Prinzipien, demzufolge die ersteren in der pädagogischen Interaktion nur zureichend anerkannt werden können, wenn die letzteren für das Verhältnis der pädagogischen Interaktion zu den anderen Bereichen menschlicher Praxis und die sich von diesen her stellenden Anforderungen an die pädagogische Praxis Geltung besitzen, verweist auf den geschichtlichen und systematischen Begründungszusammenhang, durch den die regulativen Prinzipien mit den konstitutiven Prinzipien pädagogischen Denkens und Handelns verbunden sind.

Wie schon die konstitutiven Prinzipien der Bildsamkeit und Aufforderung zur Selbsttätigkeit hängen auch die regulativen Prinzipien pädagogischen Denkens und Handelns untrennbar mit der für die bürgerlichen

Gesellschaften der Neuzeit maßgeblichen Gleichheitsfrage zusammen. Die konstitutiven Prinzipien transformieren die Annahmen einer anlagenbedingten oder umweltbedingten Gleichheit oder Ungleichheit der Menschen in die Aufgabe einer Anerkennung der zwar nicht unendlichen, sondern begrenzten, aber nicht zeitlich begrenzten, sondern universellen Bildsamkeit des Menschen und einer solche Bildsamkeit entbindenden Aufforderung zur Selbsttätigkeit. Die regulativen Prinzipien beziehen sich auf die weiterreichende Frage, wie die durch pädagogische Interaktion zu fördernde Selbstbildung der Heranwachsenden zur vielseitigen Mitwirkung an der menschlichen Gesamtpraxis gesellschaftlich so anerkannt werden kann, daß sich die Einzelsubjekte, die sich in ihrer Individualität durchaus unterscheiden, auch tatsächlich gegenseitig als Gleiche anerkennen und in der menschlichen Gesamtpraxis zusammenwirken können.

Abstimmungsprobleme zwischen der pädagogischen Praxis und den Anforderungen der anderen Bereiche menschlichen Handelns gibt es erst, seit die pädagogische Interaktion nicht mehr als ein unmittelbares Moment des intergenerationellen Zusammenlebens der Menschen stattfindet, sondern, ausgegrenzt von den anderen Praxisbereichen, in einer von der Produktionssphäre getrennten familiären Sphäre und in schulischen Institutionen und sozialpädagogischen Einrichtungen ausgeübt wird. Seit der Auflösung der traditionellen Ständegesellschaft gibt es das Problem, wie die durch pädagogische Interaktion zu fördernden Lernprozesse mit den gesellschaftlichen Anforderungen so abgestimmt werden können, daß dabei weder das Lernen in der Familie und in speziellen pädagogischen Einrichtungen fremden Zwecken, Zwängen und Anforderungen geopfert, noch der Gesellschaft in pädagogischen Einrichtungen erzogene und unterrichtete Subjekte zugeführt werden, deren Qualifikation und Handlungskompetenz den sich außerhalb der pädagogischen Einrichtungen stellenden Anforderungen nicht entspricht.

Vergleichbar den schon für den historisch-gesellschaftlichen Entdeckungskontext der konstitutiven Prinzipien pädagogischen Denkens und Handelns unterschiedenen Positionen, stehen sich auch in diesen Fragen bis heute zwei konträre Auffassungen gegenüber, von denen die eine, der pädagogisch-naiven Position durchaus ähnlich, in der Abkopplung des Erziehungs- und Bildungssystems von allen anderen Bereichen menschlicher Praxis, die andere, der politisch-pragmatischen Position folgend, in einer linearen Anbindung des Erziehungs- und Bildungssystems an die von den anderen Bereichen der menschlichen Praxis definierten Anforderungen eine Lösung der sich hier stellenden Probleme und Fragen erhofft [32]. Um die Bedeutung der beiden regulativen Prinzipien pädagogischen Denkens und Handelns einholen und ihre theoretische und praktische Überlegenheit gegenüber allen Vorstellungen einer linearen Abkopplung der pädagogischen Praxis von den anderen gesellschaftlichen Tätigkeiten beziehungsweise einer linearen Anbindung der pädagogischen Interaktion an die Anforderungen der anderen Bereiche menschlichen Handelns nachweisen zu können, sollen zunächst die unlösbaren Aporien aufgezeigt werden, in die sich bis heute sowohl die Position der Abkopplungshypothese als auch die Position der Ableitungshypothese verstricken. Als Fragestellungen, unter denen beide Positionen geprüft und beurteilt werden, bieten sich die Probleme an, die sich in Anerkennung der konstitutiven Prinzipien pädagogischen Denkens und Handelns zwar formulieren, nicht aber schon befriedigend lösen lassen. Es sind dies das Problem, die richtige Mitte zwischen Unter- und Überforderung der Heranwachsenden zu bestimmen, und das Problem, den richtigen Zeitpunkt für das Verschwinden pädagogischer Autorität zu ermitteln.

Die pädagogisch-naive Position, welche in der Bestimmung der interaktiven Seite pädagogischen Handelns von einer ursprünglichen Gleichheit aller Menschen ausgeht und im Kampf mit der politisch-pragmatischen aus den schon genannten Gründen immer wieder unterliegt, versucht die konstitutiven Prinzipien pädagogischen Denkens und Handelns, die Grundbegriffe der Bildsamkeit und der Aufforderung zur Selbsttätigkeit, anzuerkennen und strebt, um Kollisionen mit gesellschaftlichen Anforderungen an die durch die pädagogische Praxis zu erzielenden Leistungen auszuweichen, eine Abkopplung der pädagogischen Interaktion vom Gesellschaftssystem an. Ihre Stärke liegt darin, daß sie um die Gefährdung der Möglichkeiten pädagogischen Handelns durch Kollisionen mit Anforderungen der Gesellschaft weiß, ihre Schwäche hängt damit zusammen, daß sie die Möglichkeit einer Abkopplung der pädagogischen Praxis von den Einflüssen und Anforderungen der anderen gesellschaftlichen Praxisbereiche überdehnt.

Seit der Ausgrenzung der pädagogischen Praxis in besondere Institutionen wird die pädagogische Interaktion mit Aufgaben konfrontiert, die sie nur unter weitgehender oder zumindest teilweiser Mißachtung der beiden ersten Prinzipien pädagogischen Denkens und Handelns erfüllen kann. Der Grund hierfür liegt nicht etwa in einer nur eingegrenzten Gültigkeit dieser Prinzipien, sondern darin, daß ihre Beachtung nicht an eine von den anderen gesellschaftlichen Praxen ausgegrenzte pädagogische Praxis delegiert werden kann, wenn die anderen Praxisbereiche sich mit der Ausgrenzung pädagogischen Denkens und Handelns von der Rücksichtnahme auf die Erziehungstatsache weitgehend zu entlasten suchen. Beispiele hierfür sind heute die in regelmäßigen Abständen von Politikern geäußerten Optionen, in der Gesamtgesellschaft auftretende, aber nicht zu lösende Probleme durch eine Einführung neuer Unterrichtsfächer zu entschärfen. So hat der erste Umweltminister der Bundesrepublik Deutschland unmittelbar nach seinem Amtseintritt die Forderung aufgestellt, Umweltschutz als ein neues Unterrichtsfach in die Lehrpläne aller Schulen einzuführen. Ähnlich verhält es sich mit den teils realisierten, teils noch nicht eingelösten Optionen, Politikunterricht,

Verkehrserziehung, Sexualkundeunterricht, Neue Medien, Computertechnologie und neuerdings auch moralische Erziehung als Fachunterricht einzuführen. Weil es keine politische Öffentlichkeit gibt, an der Heranwachsende partizipieren, gibt es Politikunterricht, weil der Straßenverkehr in vielen Städten auf die Bedürfnisse von Fußgängern und Fahrradfahrern nicht genügend Rücksicht nimmt, gibt es Verkehrserziehung, weil die Jugend nicht diskursiv an der Tradierung und Weiterentwicklung der Konventionen und Sitten beteiligt ist, gibt es demnächst vielleicht in einigen Bundesländern das Unterrichtsfach Moral oder Ethik. Das Schicksal all dieser Unterrichtsfächer ist es, daß in ihnen zwar durchaus wichtige und lebensbedeutsame Fragen versammelt, die Wirkungsmöglichkeiten verschulter Lehrgänge und Kurse aber oft nur auf innerschulisch überprüfbare Lernleistungen begrenzt sind.

Um angesichts einer solchen die Gesamtgesellschaft entlastenden Verschulung und Ausgrenzung pädagogischer Bildungsprozesse in disziplinierende, unterrichtende und aufbewahrende Einrichtungen nicht resignieren zu müssen, erhebt die pädagogisch-naive Position die Forderung, die pädagogische Praxis nicht nur von den vorgegebenen gesellschaftlichen Praxisfeldern abzugrenzen, sondern sie auch von deren Anforderungen abzukoppeln, sie gleichsam aus der Gesellschaft herauszunehmen und von deren Einflüssen zu befreien. Um die konstitutiven Prinzipien pädagogischen Denkens und Handelns anerkennen und die Besonderheit der pädagogischen Praxis retten oder wiederherstellen zu können, beansprucht die pädagogisch-naive Position für die pädagogische Interaktion einen quasi-gesellschaftsfreien Raum, in dem unter voller Anerkennung der Prinzipien der Bildsamkeit und Aufforderung zur Selbsttätigkeit im Zusammenleben von Erziehern und Lehrern, Zöglingen und Schülern der neue, zur produktiven Freiheit, Geschichtlichkeit und Sprache menschlicher Praxis fähige Mensch herangebildet werden soll.

Unter den Klassikern der Pädagogik, die die konstitutiven Prinzipien pädagogischen Denkens und Handelns auf den Begriff gebracht haben, ist die pädagogisch-naive Position, in je unterschiedlicher Art und Weise, von Rousseau und Fichte vertreten worden. Rousseau ging es seit seinem zweiten Diskurs über die Ursachen und die Grundlagen der Ungleichheit unter den Menschen um eine Klärung der Frage, wie die universelle Bildsamkeit des Menschen anerkannt und der „Mensch der Natur", das heißt der durch seine Natur gerade unbestimmte und nicht festgelegte Mensch, durch Aufforderungen zur Selbsttätigkeit sich bilden und gebildet werden könne: „Welche Experimente wären nötig, um zur Kenntnis des Naturmenschen zu gelangen; und welche Mittel gibt es, um diese Versuche im Schoße der Gesellschaft anzustellen?"[33] Diese Stelle aus der Einleitung zum zweiten Diskurs muß hier genügen, um wenigstens anzudeuten, in welch eingeschränktem Sinne Rousseaus Pädagogik der pädagogisch-naiven Position zugerechnet werden kann.

Niemand wußte zu seiner Zeit nämlich genauer um die Abhängigkeit der interaktiven Seite von der gesellschaftlichen Seite der pädagogischen Praxis. Wie aber im Schoße der vorgegebenen Ständegesellschaft des ancien régime der Naturmensch in seiner unbestimmten aber universellen Bildsamkeit erzogen werden könne, dies zu erklären, schien ihm geradezu unmöglich.

Statt das Unmögliche zu zeigen, legte Rousseau gleichzeitig zwei Abhandlungen vor, seine politische Hauptschrift, den „Contrat social", in welchem er die Identität von Herr und Knecht, Oberhaupt und Untertan zum Prinzip eines gerechten Gemeinwesens erhob, und seine Erziehungsgeschichte „Emile", in der er Vorstellungen zu einer neuen, nicht mehr den vorgegebenen gesellschaftlichen Anforderungen und Zwängen verhafteten Erziehung entwickelte und beschrieb. In dem klaren Bewußtsein, daß die neue, den konstitutiven Prinzipien pädagogischen Denkens und Handelns verpflichtete pädagogische Praxisform real allererst unter den gesellschaftlichen Bedingungen eines auf Freiheit und gegenseitiger Anerkennung der Subjekte basierenden Gemeinwesens möglich sein könne, zeichnete Rousseau im Emile das Bild einer Erziehung zur Freiheit, Geschichtlichkeit und Sprachlichkeit menschlicher Praxis und betonte zugleich, daß dieses Bild nur als Anstoß zum Nachdenken, nicht aber als positives Vorbild für eine Veränderung der pädagogischen Praxis tauglich sei.

In Rousseaus Erziehungsgeschichte verläßt der Pädagoge Jean-Jacques mit seinem imaginären Schüler Emile die feudalistische Gesellschaft, um fernab von den gesellschaftliche Ungleichheit, Standesherrschaft und Unfreiheit reproduzierenden Einflüssen einen potentiellen Republikaner erziehen zu können, der fähig ist, in einer im Sinne des Contrat social gerechten Gesellschaft als freier und solidarischer Bürger zu leben. Was Rousseau 1762 am fiktiven Beispiel und in äußerster Skepsis hinsichtlich seiner Realisierbarkeit als Programmatik einer die konstitutiven Prinzipien pädagogischen Denkens und Handelns anerkennenden pädagogischen Praxis beschrieb, erhob Fichte während der Revolutionskriege Anfang des 19. Jahrhunderts zum Programm. In seinen Reden an die Deutsche Nation stellte der Republikaner Fichte die Forderung nach einem Exodus der pädagogischen Praxis aus der Gesellschaft auf und schlug vor, die gesamte jüngere Generation solle sich mit ihren Lehrern von der bestehenden Gesellschaft absondern, um innerhalb einer zu realisierenden pädagogischen Provinz den neuen, mündigen Menschen zu bilden[34].

Wir verdanken Rousseaus ebenso fiktiver wie skeptischer Beschreibung der pädagogischen Provinz und Fichtes pädagogisch-naiver Programmatik und transzendentalen Ableitung der konstitutiven Prinzipien pädagogischen Denkens und Handelns die literarische Erhellung und begriffliche Fassung der beiden ersten Prinzipien des neuzeitlichen pädagogischen

Grundgedankengangs. Diese besagen, daß jeder Mensch eine von Natur aus gerade unbestimmte und insofern universelle Bildsamkeit besitzt, derzufolge er die ihm zukommende Bestimmtheit gerade nicht durch eine lineare Anpassung an und Einfügung in gesellschaftliche Anforderungen, sondern allererst durch eine über Aufforderungen zur Selbsttätigkeit vermittelte pädagogische Interaktion erlangen kann. Wie sich aber schon an Fichtes ohne gesellschaftliche Skepsis vollzogener Berufung auf Rousseau zeigen läßt, verdanken wir einer sich ausschließlich von den konstitutiven Prinzipien her verstehenden pädagogischen Praxis zugleich deren Verkürzung auf den pädagogischen Bezug, auf das erzieherische Verhältnis zwischen Zu-Erziehenden und Erziehern, welches letztlich eine Eigenständigkeit pädagogischen Handelns vortäuscht, die es gesell-schaftlich gar nicht geben kann und auch niemals geben wird. Hierum schon früh gewußt zu haben, ist das unverlierbare Verdienst Rousseaus, auf den sich Reformpädagogen seit der pädagogischen Aufklärung bis heute insofern zu Unrecht berufen. Die Determination der Erziehungs-praxis durch die Gesellschaft läßt sich nämlich nicht ersetzen durch eine Befreiung der Pädagogik von jeglichen gesellschaftlichen Einflüssen. Das Problem, daß Pädagogik nie bloß der Erneuerung, sondern immer auch der Reproduktion der Gesellschaft dient, die Gesellschaft aber immer schon ihre Erzieher sozialisiert hat und die Bedingungen, unter denen wir pädagogisch handeln können, vorgibt, läßt sich durch eine Auslagerung der pädagogischen Praxis in einen außergesellschaftlichen Raum nicht lösen. Weder ist eine Auslagerung der pädagogischen Interaktion aus der Gesellschaft möglich, noch stehen der pädagogischen Praxis außergesell-schaftliche Räume offen.

Hier nun, an der Grenze der an einer Abkopplung der pädagogischen Praxis von jeglichen gesellschaftlichen Einflüssen interessierten pädago-gisch-naiven Position, kommt die Gegenposition, die politisch-pragmati-sche, zum Zuge. Sie weiß darum, daß die interaktive Seite der pädagogischen Praxis nicht von ihrer gesellschaftlichen Seite isolierbar oder abtrennbar ist. In den von der bisher beschriebenen Position erkannten Kollisionen zwischen gesellschaftlich funktionalen und päd-agogisch legitimen Aufgaben pädagogischen Handelns sieht die politisch-pragmatische Position nichts anderes als eine kulturrevolutionäre Störung der prästabilierten Harmonie zwischen Erziehungs- und Gesell-schaftssystem. Diese Störungen führt die politisch-pragmatische Position darauf zurück, daß Pädagogen die Prinzipien der Bildsamkeit und Aufforderung zur Selbsttätigkeit zu Grundbegriffen pädagogischen Han-delns hypostasieren, statt die pädagogische Praxis in den Dienst einer schlichten Bejahung und Affirmation der gesellschaftlichen Anforderun-gen an das Erziehungssystem zu stellen.

Für die politisch-pragmatische Position gibt es, was die Probleme des richtigen Zeitpunkts für das Verschwinden pädagogischer Autorität und die richtige Mitte zwischen Unter- und Überforderung betrifft, längst etablierte Lösungsmuster, von denen pädagogisches Denken und Handeln sich nicht ungestraft distanzieren darf. Die Übergabe pädagogischer Autorität ist dieser Position zufolge von der frühesten Kindheit bis hin zur Volljährigkeit durch die Reihenfolge der für die pädagogische Praxis zuständigen Institutionen geregelt, in denen die Eltern ihre Autorität schrittweise mit anderen Instanzen teilen müssen, zunächst mit den Erziehern im Kindergarten, dann mit den Lehrern in öffentlichen Schulen und hernach mit den Ausbildern für bestimmte Berufe, bis schließlich die Heranwachsenden volljährig geworden sind. Und die richtige Mitte zwischen Unter- und Überforderung der Heranwachsenden sieht diese Position in der Existenz eines in niedere und höhere Schularten gegliederten oder in unterschiedliche Leistungsgruppen differenzierten einheitlichen Schulsystems gesichert, in welchem Schüler, die durch die Anforderungen unterfordert werden, in höhere Schularten oder schwierigere Kurse aufsteigen, derweil Schüler, die durch die Anforderungen auf Dauer überfordert werden, niedrigere Schularten oder leichtere Kurse besuchen, so daß am Ende der Schulzeit alle eine ihrer Leistungsfähigkeit entsprechende Berechtigung erhalten, sich für eine berufliche Tätigkeit durch Lehre, Weiterbildung und Studium zu qualifizieren.

Vergleicht man beide Positionen, die pädagogisch-naive und die politisch-pragmatische, miteinander, so zeigt sich, daß keine von ihnen in der Lage ist, den Zusammenhang zwischen den Prinzipien der interaktiven Seite der pädagogischen Praxis und ihrer gesellschaftlichen Seite angemessen zu bestimmen. Die pädagogisch-naive Position versucht zwar, an den konstitutiven Prinzipien pädagogischen Denkens und Handelns festzuhalten, siedelt aber die pädagogische Praxis, um die Beachtung dieser Prinzipien fiktiv zu beschreiben oder versuchsweise zu verwirklichen, in außergesellschaftlichen Räumen an. Im Unterschied hierzu bekennt sich die politisch-pragmatische Position zur Unmöglichkeit, pädagogisches Handeln in gesellschaftsfreie Räume zu verlegen. Die sie auszeichnende Anerkennung der gesellschaftlichen Einflüsse auf pädagogisches Handeln hat freilich einen Preis, denjenigen nämlich, daß nun die Grundbegriffe der zwar nicht unbegrenzten, wohl aber vielseitigen Bildsamkeit der einzelnen und des über Aufforderungen zur Selbsttätigkeit vermittelten pädagogischen Wirkens suspendiert und die relative Autonomie und Besonderheit pädagogischen Handelns einer als gesellschaftlich vorgegeben unterstellten prästabilierten Harmonie von Begabungen und Berechtigungen geopfert werden.

Damit aber zeigt sich die geschichtliche Antinomik neuzeitlicher Pädagogik: Wo die pädagogische Praxis den beiden konstitutiven Prinzipien pädagogischen Denkens und Handelns, den Grundbegriffen der Bildsamkeit und Aufforderung zur Selbsttätigkeit, zu entsprechen sucht und gesellschaftlich nicht im Sinne dieser Prinzipien anerkannt wird, ist sie real gar nicht möglich; wo sie dagegen real möglich ist, kann

81

sie ihre eigenen konstitutiven Prinzipien nicht anerkennen, weil sie, in Widerspruch zu diesen, ihre Leistungen und die Leistungen der Heranwachsenden nach Maßgabe einer als prästabiliert unterstellten Harmonie von individuellen Begabungen und gesellschaftlich notwendigen Qualifikationen und Berechtigungen beurteilen muß. Diese Antinomie gewinnt ihre volle Schärfe und Problematik dadurch, daß sie zwar von den beiden konstitutiven Prinzipien pädagogischen Denkens und Handelns her formulierbar, auf deren Grundlage allein aber nicht lösbar ist. Dies aber wiederum verweist darauf, daß zusätzliche Prinzipien pädagogischen Denkens und Handelns erforderlich sind, welche sich auf das Verhältnis zwischen der individuell-interaktiven und der gesellschaftlichen Seite der Erziehungspraxis beziehen, auf deren Verhältnis also zu den anderen Bereichen menschlichen Handelns. Von der Anerkennung der noch zu entwickelnden Prinzipien der gesellschaftlichen Seite pädagogischer Interaktion hängt somit entscheidend ab, ob die konstitutiven Prinzipien pädagogischen Denkens und Handelns für die pädagogische Praxis Geltung erlangen können oder im Dauerstreit zwischen der pädagogisch-naiven Abkopplung der pädagogischen Praxis vom Gesellschaftssystem und der politisch-pragmatischen Ankopplung der pädagogischen Interaktion an die gesellschaftlich vordefinierten Qualifikationserwartungen und Berechtigungen stets von neuem mißachtet werden.

Die regulativen Prinzipien pädagogischen Denkens und Handelns, die im folgenden vorgestellt werden, konnten erst formuliert werden, nachdem sich die neuzeitliche Antinomik einer den konstitutiven Prinzipien der Bildsamkeit und der Aufforderung zur Selbsttätigkeit verpflichteten pädagogichen Praxis geschichtlich gezeigt hatte. Dies verweist auf die historisch-aposteriorische Geltung der regulativen Prinzipien. Während die konstitutiven Prinzipien nämlich nicht erst seit ihrer Entdeckung gelten, sondern für die pädagogische Interaktion immer schon konstitutiv waren, ist die Geltung der regulativen Prinzipien untrennbar an die Erfahrung der neuzeitlichen Antinomik pädagogischer Interaktion zurückgebunden. Die Art und Weise, in der die konstitutiven Prinzipien nach ihrer Entdeckung Geltung beanspruchen, veränderte sich freilich mit ihrer Entdeckung grundlegend. Konnten sie vorher unmittelbar gelten, ohne als solche erkannt und anerkannt zu sein, so können sie seit ihrer Entdeckung real nur unter gleichzeitiger Beachtung der regulativen Prinzipien anerkannt werden. Die tatsächliche Geltung der immer schon konstitutiven Prinzipien pädagogischen Denkens und Handelns hängt seit ihrer Entdeckung von der gleichzeitig zu fordernden Anerkennung der regulativen Prinzipien pädagogischen Denkens und Handelns ab. Auch dies läßt sich an den veränderten Problemstellungen aufzeigen, mit denen seit Bewußtwerden der neuzeitlichen Antinomik pädagogischen Denkens und Handelns die Klärung der Frage nach der richtige Mitte zwischen Unter- und Überforderung und nach dem richtigen Zeitpunkt für die Übergabe pädagogischer Autorität verbunden ist.

Solange das pädagogische Handeln ein integrierter Teil der anderen gesellschaftlichen Tätigkeiten war, stellte sich die jeweils richtige Mitte zwischen Unter- und Überforderung der Heranwachsenden unmittelbar im standesspezifisch geordneten Zusammenleben der Generationen ein und bemaß sich der richtige Zeitpunkt für die Übergabe pädagogischer Autorität weniger danach, ob die Heranwachsenden keiner besonderen Autorität mehr bedurften, als vielmehr danach, inwieweit sie die ihnen von Geburt her vorbestimmten Tätigkeiten im Sinne der vorgegebenen Ordnung hierarchisch gegliederter Kompetenzen ausführen konnten oder nicht. Sowohl die jeweils richtige Mitte zwischen Unter- und Überforderung als auch der jeweils richtige Zeitpunkt für die Übergabe pädagogischer Autorität waren standesspezifisch und berufsbezogen auf die Ausübung einer besonderen gesellschaftlichen Tätigkeit hin definiert. Hatte beispielsweise die ehelich oder unehelich mit einem Knecht oder dem zuständigen Gutsherrn gezeugte Tochter einer Magd im Zusammenleben der Generationen und Stände erlernt, selber eine gute Magd zu sein, so konnte sie am Ort ihrer Herkunft oder an einer vergleichbaren Institution Magd werden und erhielt womöglich die Berechtigung, nicht nur Magd eines feudalen Herrn, sondern zugleich Frau eines Knechts zu werden. In den traditionellen, vor der Entdeckung der konstitutiven Prinzipien pädagogischen Denkens und Handelns existierenden Gesellschaften war die richtige Mitte zwischen Unter- und Überforderung und der richtige Zeitpunkt für die Übergabe pädagogischer Autorität im unmittelbaren Zusammenleben der Generationen – und Stände – geregelt. Die richtige Mitte zwischen Unter- und Überforderung ergab sich aus Maßstäben standesspezifischer Tätigkeiten, und der richtige Zeitpunkt zur Übergabe pädagogischer Autorität war untrennbar gekoppelt mit einer Annahme der eigenen Stellung innerhalb eines hierarchisch-geordneten Systems gesellschaftlicher Tätigkeiten, das einem jeden seine künftige Bestimmung mehr oder weniger schon von Geburt her zuwies.

Die Entdeckung der konstitutiven Prinzipien pädagogischen Denkens und Handelns ist untrennbar mit dem Untergang dieser hierarchischen und teleologischen Ordnung der gesellschaftlichen Tätigkeiten verbunden. Die geschichtliche Erfahrung, daß ein jeder für alle Tätigkeiten grundsätzlich bildsam sei, wenn er nur zur freien Selbsttätigkeit aufgefordert und nicht auf die Bestimmung seines jeweiligen Herkunftsstandes hin sozialisiert werde, konnte erst gemacht werden, als unter dem Einfluß bürgerlicher Produktion und neuzeitlicher Wissenschaft die traditionelle Gesellschaftsordnung zerbrach. War nämlich bis zur Durchsetzung der bürgerlich-industriellen Organisation menschlicher Arbeit und der mathematisch-naturwissenschaftlichen Erklärung der Welt die Bestimmung der Einzelnen standesspezifisch im Hinblick auf eine vorgegebene Ordnung der gesellschaftlichen Tätigkeiten definiert, so zerfiel mit der neuzeitlichen Erklärung aller Weltbegebenheiten nach

Kriterien der mathematisch rechnenden Naturwissenschaft nicht nur die alte teleologische Ordnung der menschlichen Gesamtpraxis, sondern büßte zugleich die standes- und berufsspezifische Kompetenz der einzelnen ihre bisherige Bedeutung ein. Die Industrialisierung der Landwirtschaft und der handwerklichen Produktion half nicht nur, Standesschranken zu überwinden und zerstörte nicht nur die überkommene hierarchische Ordnung der Stände, sondern sie setzte zugleich an die Stelle der Einheit von pädagogischer Interaktion und anderen gesellschaftlich notwendigen Tätigkeiten eine Indienstnahme der pädagogischen Praxis für die Beförderung des industriell-ökonomischen Fortschritts.

Bemaß sich vor der Industrialisierung und Bürokratisierung aller Lebensbereiche die Bestimmung der Einzelnen nach den Aufgaben der Stände und deren hierarchischer Ordnung, so bemessen sich seit der Abkopplung der pädagogischen Praxis vom standesspezifischen Zusammenleben der Menschen die Leistungen pädagogischer Interaktion nach Kriterien, die von Optionen eines keineswegs auf die menschliche Gesamtpraxis, sondern auf das Wirtschaftssystem bezogenen gesellschaftlichen Fortschritts her definiert werden. Die pädagogische Praxis bezahlte gleichsam ihre Abkopplung von standesspezifischen Definitionen der gegenwärtigen und künftigen Bestimmung der Menschen mit einer Instrumentalisierung aller Erziehungs- und Bildungsprozesse für einen gesellschaftlichen Fortschritt, der nun nicht mehr einer vorgegebenen gesellschaftlichen Ordnung, sondern der im ökonomischen System zu erzielenden und durch Politik abzusichernden Steigerung menschlicher Macht in der Beherrschung der Natur den Primat zuerkannte. Aus der pädagogischen Praxis als einer ehemals integrierten gesellschaftlichen Tätigkeit wurde eine vom standesspezifischen Zusammenleben der Generationen abgekoppelte und auf die Entwicklung des industriellen Wirtschaftssystems hin finalisierte Tätigkeit, welche ihre Emanzipation von standesspezifisch definierten Kenntnissen, Fertigkeiten und Moralen mit dem Verlust ihres gerade erkannten Eigensinns bezahlte[35].

Die Entdeckung der zwar begrenzten, aber gleichwohl vielseitigen Bildsamkeit jedes Einzelnen und deren Förderung durch Akte einer Aufforderung zur Selbsttätigkeit geriet gleichsam in dem Moment, in dem sie gemacht wurde, auch schon wieder in Vergessenheit. Seit der Entdeckung der Kindheit im 18. Jahrhundert ist bisher jedes Jahrhundert als ein Jahrhundert des Kindes bezeichnet worden und war doch jedes Jahrhundert zugleich ein Jahrhundert der Ökonomie. Die universelle Bildsamkeit der einzelnen und die Deutung pädagogischer Wirkungen nach dem Grundsatz der Aufforderung zur Selbsttätigkeit, welche erst mit dem Fraglichwerden der Ständegesellschaft im absolutistischen Staat entdeckt wurden, hätten als konstitutive Prinzipien pädagogischen Denkens und Handelns nur anerkannt werden können, wenn die Emanzipation der pädagogischen Praxis aus den engen Handlungsschranken standesspezifischer Unterweisung und Sozialisation nicht mit der Indienstnahme pädagogischen Handelns für einen ökonomisch-politischen Fortschritt bezahlt worden wäre, dessen Grenzen erst in unserem Jahrhundert allmählich bewußt werden.

Darum kommen wir heute nicht mehr nur mit den zwischen 1762 (Rousseaus „Emile") und 1841 (Herbarts „Umriß pädagogischer Vorlesungen") formulierten konstitutiven Prinzipien pädagogischen Denkens und Handelns aus; wir müssen vielmehr zugleich nach den regulativen Prinzipien pädagogischen Denkens und Handelns fragen, von deren gesamtgesellschaftlicher Anerkennung die Beachtung der konstitutiven Prinzipien pädagogischer Interaktion entscheidend abhängt. Daß das konstitutive Prinzip einer universellen Bildsamkeit aller einzelnen gesellschaftlich nur anerkannt werden kann, wenn keinem der Bereiche der menschlichen Praxis ein Primat gegenüber den anderen eingeräumt wird, läßt sich durch das regulative Prinzip eines nicht-hierarchischen Ordnungszusammenhangs der menschlichen Gesamtpraxis auf den Begriff bringen. Daß pädagogische Wirkungen dem konstitutiven Prinzip der Aufforderung zur Selbsttätigkeit nur entsprechen können, wenn auch die gesellschaftlichen Wirkungen die Heranwachsenden zur Selbsttätigkeit auffordern, bringt das regulative Prinzip der Überführung gesellschaftlicher Determination in pädagogische Determination auf den Begriff. Für beide regulative Prinzipien ist bezeichnend, daß sie weder auf der Grundlage der pädagogisch-naiven noch der pädagogisch-politischen Position, weder also unter den Annahmen einer Abkopplung der pädagogischen Praxis vom Gesellschaftssystem, noch unter den Annahmen einer unmittelbaren Ankopplung pädagogischen Handelns an gesellschaftliche Anforderungen, formulierbar sind.

3.2.2. Das Prinzip der Überführung gesellschaftlicher Determination in pädagogische Determination

Erst mit der Entwicklung der regulativen Prinzipien pädagogischen Denkens und Handelns läßt sich auch jener Teil des pädagogischen Grundgedankens der Neuzeit formulieren, der sich auf das Verhältnis der interaktiven Seite pädagogischer Praxis zu deren gesellschaftlicher Seite bezieht. Die Entwicklung der den konstitutiven Prinzipien zuzuordnenden regulativen Prinzipien erfolgt in umgekehrter Reihenfolge wie die Entwicklung der konstitutiven Prinzipien. Zunächst soll das regulative Prinzip der Überführung gesellschaftlicher in pädagogische Determination vorgestellt werden. Hierfür ist wiederum unverzichtbar, daß gesellschaftliche Einflüsse auf die pädagogische Praxis nicht als Umwelteinflüsse gedeutet, sondern als Einflüsse der anderen Bereiche menschlichen Handelns und der komplexen Beziehung, die zwischen diesen bestehen, begriffen werden.

Die Frage, wie gesellschaftliche Einflüsse auf pädagogisches Handeln zu beurteilen und ob sie anzuerkennen oder zu modifizieren sind, können wir nur stellen, wenn wir Umwelteinflüsse und gesellschaftliche Einflüsse nicht einfach gleichsetzen. Im Unterschied zu bloßen Umwelteinflüssen eines vom Menschen selbst nicht beeinflußten Klimas, der Jahreszeiten u.a.m. sind gesellschaftliche Einflüsse immer schon über menschliches Handeln vermittelte Einflüsse. Erst wenn man die Kultur- und Zivilisationsgeschichte der Menschheit als eine Entwicklung begreift, in der Umwelteinflüsse zunehmend in gesellschaftliche Einflüsse oder über gesellschaftliche Zusammenhänge vermittelte Einflüsse transformiert worden sind, stellt sich die Frage nach der Überführung gesellschaftlicher Determination in pädagogische Determination.

Zur Eigenart dieser Frage gehört, daß wir sie ohne Unterscheidung zwischen einer ersten und zweiten Natur des Menschen gar nicht stellen, sie aber mit Hilfe einer bloßen Unterscheidung zwischen erster und zweiter Natur nicht beantworten können. Zur ersten Natur des Menschen gehört, daß wir als Säuglinge unterschiedlichen Geschlechts geboren werden und mit Erlangung der Geschlechtsreife, den Tieren und Pflanzen durchaus vergleichbar, an der Fortpflanzung und Erhaltung unserer Art mitwirken können. Zur ersten Natur des Menschen gehört zugleich, und dies unterscheidet uns von der übrigen Natur, daß unsere künftige Bestimmung weder in der ersten Natur schon angelegt, noch durch deren Zusammenwirken mit Umwelteinflüssen unmittelbar herbeigeführt wird, sondern immer auch gesellschaftlich determiniert ist. In den traditionellen Standesgesellschaften definierte sich die künftige Bestimmung der einzelnen weitgehend nach dem Stand ihrer Herkunft, wurde gleichsam die zweite, gesellschaftlich vermittelte Natur der Menschen in einem noch gar nicht eigens reflektierten Sinne für deren erste Natur gehalten. Allererst die Entdeckung der für menschliches Lernen konstitutiven Prinzipien der Bildsamkeit und Aufforderung zur Selbsttätigkeit eröffnete die Einsicht, daß wir zwischen einer ersten, durchaus offenen, noch unbestimmten und universell bildsamen Natur des Menschen und dessen zweiter, gesellschaftlich determinierten Natur unterscheiden müssen und die zweite Natur des Menschen nicht zum Begriff seiner Bestimmung erheben dürfen.

Die Einsicht, daß wir unsere Bestimmung unter vorgegebenen gesellschaftlichen Einflüssen erlernen, ist nämlich nur die halbe Wahrheit. Denn diese Einsicht gewinnt die ihr eigene Stimmigkeit erst dann, wenn wir zugleich einräumen, daß wir unter anderen vorgegebenen gesellschaftlichen Einflüssen auch eine andere Bestimmung hätten erlangen oder finden können, daß sich folglich durch eine Veränderung der vorgegebenen gesellschaftlichen Einwirkungen auf menschliche Bildungsprozesse auch die Möglichkeiten und Horizonte menschlicher Erziehung und Bildung verändern lassen. Hierum zu wissen, bedeutet aber, die Frage nach der Überführung gesellschaftlicher Determination in pädagogische Determination zu stellen.

Wissenschaftliche Theorien, die anlagenbedingte, umweltbedingte und gesellschaftliche Einflüsse auf insgesamt 100 % addieren oder verteilen, schließen sich von dieser Frage ebenso aus wie Auffassungen, die der pädagogisch-naiven oder der politisch-pragmatischen Position folgen. Während nämlich die jegliches Lernen auf Anlage-, Umwelt- und gesellschaftliche Einflüsse zurückführenden Theorien nicht um die gerade gesellschaftlich unbestimmte und unbestimmbare Bildsamkeit des Menschen und die über Selbsttätigkeit und zur Selbsttätigkeit auffordernde Akte vermittelte Mitwirkung des Menschen an seinem Bildungsprozeß wissen, hofft die pädagogisch-naive Position, den gesellschaftlichen Einwirkungen auf das pädagogische Handeln entfliehen zu können, und glaubt die politisch-pragmatische Position, gesellschaftliche Einwirkungen schlicht bejahen zu dürfen. Während in der ausschließlichen Anerkennung der konstitutiven Prinzipien pädagogischen Denkens und Handelns die gesellschaftlichen Einflüsse geleugnet werden oder aber nach einem Ort pädagogischen Handelns gesucht wird, der, frei von diesen, die Möglichkeit pädagogischer Interaktion begründet, werden in der bloßen Affirmation gesellschaftlicher Einwirkungen erste und zweite Natur des Menschen aus ordnungspolitischen Gründen gleichgesetzt. Im Unterschied zur pädagogisch-naiven Position erkennt das regulative Prinzip der Überführung gesellschaftlicher in pädagogische Determination die auf die pädagogische Praxis wirkenden gesellschaftlichen Einflüsse durchaus als nicht-ausgrenzbare an, im Unterschied zur politisch-pragmatischen Position verlangt das pädagogische Determinationsprinzip jedoch, die Anerkennung der gesellschaftlichen Einflüsse nicht in der Form ihrer bloßen Bejahung, sondern in der Form ihrer Transformation in pädagogisch regulierte Einflüsse zu vollziehen. Was hierunter zu verstehen ist, soll im folgenden an einigen Beispielen verdeutlich werden, die der öffentlichen Diskussion der letzten Jahrzehnte entnommen sind und an denen sich der Anspruch des pädagogischen Determinations-Prinzips exemplarisch aufzeigen läßt.

Das erste Beispiel ist der Verkehrserziehung entnommen, die in den Lehrplänen der Grundschulen heute verankert ist und unter anderem vorsieht, daß die Kinder in die Regeln des Straßenverkehrs eingeführt werden, damit sie sich als Fußgänger und Fahrradfahrer verkehrsgerecht verhalten lernen. Grund für die Aufnahme von Lektionen zur Verkehrserziehung in die Curricula der Grundschulen war nicht, daß Kinder etwa, vergleichbar der Aneignung toter Sprachen wie des Lateinischen oder Griechischen, nur in der Schule das Fahrradfahren erlernen könnten, sondern daß unter den vorgegebenen gesellschaftlichen Bedingungen einer stetigen Zunahme des Autoverkehrs immer mehr Kinder als Fußgänger und Fahrradfahrer in Unfälle verwickelt wurden und dort zunehmend selber gefährdet waren oder andere Verkehrsteilnehmer in

Gefahr brachten. Niemand zweifelt heute daran, daß es sinnvoll und notwendig ist, Grundschülern Unterricht in Verkehrserziehung zu erteilen. Je nachdem aber, ob wir den Verkehrsunterricht unter pädagogisch-naiven, politisch-pragmatischen oder unter Gesichtspunkten und Grundsätzen erörtern, die dem dritten Prinzip pädagogischer Interaktion, demjenigen der Überführung gesellschaftlicher Determination in pädagogische Determination verpflichtet sind, verändert sich der Horizont dessen, was unter Verkehrserziehung verstanden wird, beträchtlich.

Halten wir pädagogisch-naiv daran fest, daß Kinder aufgrund der ihnen eigenen Bildsamkeit und vermittelt über Akte zur Aufforderung zur Selbsttätigkeit auch heute, wie Generationen von Kindern zuvor, erlernen können, sich zu Fuß oder mit dem Fahrrad in unseren Städten fortzubewegen, so müßten wir die Kinder entweder blindlings den Gefahren des Straßenverkehrs aussetzen oder aber beanspruchen, daß der gesamte Straßenverkehr kindgerecht gestaltet wird, indem er aus einer pädagogischen Provinz, in welcher Kinder sich zu Fuß und mit dem Fahrrad frei bewegen können, ausgegrenzt wird. Folgen wir dagegen der politisch-pragmatischen Position, so werden wir die zunehmende Verdichtung des Straßenverkehrs zu jenen Üblichkeiten rechnen, in die Kinder sich, notfalls mit Hilfe eines im Curriculum der Grundschulen verankerten Verkehrsunterrichts, einfügen müssen, um selber keinen Schaden zu erleiden und anderen keinen Schaden zuzufügen. Erleidet oder verursacht ein Kind aber dennoch einen Unfall im Straßenverkehr, so sind die Schuldigen jeweils andere. Die pädagogisch-naive Position sucht die Schuldigen bei den erwachsenen Verkehrsteilnehmern, welche gleichsam in die pädagogische Provinz eingebrochen sind und das frei und selbsttätig lernende Kind in Gefahr gebracht haben; die politisch-pragmatische Position weist die Schuld denjenigen zu, die sich nicht an die Verkehrsregeln oder die Üblichkeiten schulischer Verkehrserziehung gehalten haben und verortet die Ursache des Verkehrsunfalls bei einem oder mehreren Verkehrsteilnehmern sowie in Versäumnissen einer verkehrsgerechten Verkehrserziehung und Unterweisung der Kinder.

Ganz anders werden wir urteilen, wenn wir an den Grundsätzen der Bildsamkeit und Aufforderung zur Selbsttätigkeit – hierin in Übereinstimmung mit der pädagogisch-naiven Position – und an den nichtausgrenzbaren gesellschaftlichen Determinanten menschlichen Lernens – hierin in Übereinstimmung mit der politisch-pragmatisch Position – festhalten. Dann nämlich können wir uns mit keiner dieser Positionen zufrieden geben, sondern müssen eine dritte anstreben, die weder einer affirmativen Abkopplung der pädagogischen Praxis von gesellschaftlichen Determinanten noch einer affirmativen Bejahung vorgegebener gesellschaftlicher Determinanten, sondern dem regulativen Prinzip der Überführung gesellschaftlicher Determination in pädagogische Determination verpflichtet ist. Diese dritte Position unterscheidet sich von den bereits genannten dadurch, daß sie die pädagogische Praxis weder von der

Beachtung gesellschaftlicher Anforderungen an Lernprozesse der Heranwachsenden durch eine Flucht in sogenannte Freiräume entbindet, noch auf die bloße Durchsetzung vorgegebener gesellschaftlicher Anforderungen verpflichtet, sondern die gesellschaftlichen Anforderungen ihrerseits, einschließlich der komplexen Bedingungen ihres Zustandekommens und der konkreten Erschwernisse ihrer Beachtung, einer grundsätzlichen Überprüfung unterzieht. Diese Überprüfung muß über die für die individuelle und interaktive Seite der pädagogischen Praxis geltenden Prinzipien der Bildsamkeit und Aufforderung zur Selbsttätigkeit hinaus auch das dritte Prinzip pädagogischen Handelns berücksichtigen und danach fragen, wie sich die den Erfolg der pädagogischen Praxis erschwerenden gesellschaftlichen Vorgegebenheiten so in pädagogisch legitime gesellschaftliche Anforderungen überführen lassen, daß die pädagogische Interaktion im Sinne der für sie konstitutiven Prinzipien pädagogischen Denkens und Handelns real möglich wird. Der Gegenstand einer solchen Überprüfung ist immer ein zweifacher. Die Überprüfung kann sich auf die Anforderungen selbst oder aber auch auf die Bedingungen ihrer Anerkennung richten. Beides läßt sich am Beispiel der Verkehrserziehung verdeutlichen.

In einer Gesellschaft, in der auf öffentlichen Straßen die Fortbewegung zu Fuß und mit dem Fahrrad zu einer altersspezifischen Bewegungsform geworden ist, weil die Erwachsenen öffentliche Verkehrsmittel oder private PKW's benutzen, in denen das passive Mitfahren nicht unmittelbar zur Kenntnis und zur Einübung in die Verkehrsregeln führt, müssen die Verkehrsregeln immer wieder an die Bedürfnisse der Teilnehmer am Straßenverkehr angepaßt werden. Beispiele hierfür sind der sogenannte Zebra-Streifen, Fahrradwege zwischen Bürgersteig und Straße sowie die seit einigen Jahren erfolgte Freigabe der Bürgersteige für jüngere fahrradfahrende Kinder. Solche und andere Maßnahmen beziehen sich freilich, für sich genommen, nur auf die eine Seite der Überführung gesellschaftlicher in pädagogisch verantwortbare gesellschaftliche Determinanten der pädagogischen Praxis. Sie verlegen die Freiräume, die die pädagogisch-naive Position außerhalb der Gesellschaft in pädagogischen Provinzen zu errichten sucht, gleichsam in die Gesellschaft und versuchen auf diese Weise die Bedingungen dafür zu schaffen, daß allgemeingeltende Regelungen auch schon von Kindern und Jugendlichen anerkannt werden können.

Das regulative Prinzip der Überführung gesellschaftlicher in pädagogische Determination stellt nicht nur ein Prüfkriterium zur Analyse der Bedingungen bereit, die gesichert sein müssen, damit gesellschaftliche Anforderungen von der pädagogischen Praxis unter Berücksichtigung der konstitutiven Prinzipien pädagogischen Handelns tradiert werden können; als Prüfkriterium beansprucht das pädagogische Determinationsprinzip nicht nur regulative Gültigkeit hinsichtlich der Bedingungen für die Anerkennung gesellschaftlicher Anforderungen, sondern zugleich auch hinsichtlich der Überprüfung der gesellschaftlichen Anforderungen selbst. Denn die Aufgabe, Kinder zum Beispiel durch Verkehrsunterricht verkehrsgerecht zu erziehen, läßt sich zwar durch Maßnahmen, die den Straßenverkehr mit Hilfe von Ampeln regeln und Fahrstreifen für Kraftfahrzeuge und Fahrräder voneinander trennen und für Fußgänger Bürgersteige vorsehen u.a.m. erleichtern; der Sinn all dieser Ordnungsmaßnahmen wäre jedoch verfehlt, wenn sie nur einer Entmischung des Straßenverkehrs dienten und die miteinander zusammenlebenden Generationen letztendlich nur davon entlasteten, die Kulturtechnik des Fahrradfahrens auch gemeinsam einzuüben und zu pflegen. Der Sinn der Verkehrserziehung kann ja nicht darin liegen, die Eltern davon zu entlasten, gemeinsam mit ihren Kindern Fahrrad zu fahren. Verkehrsunterricht ist letztlich nur sinnvoll, wenn im Straßenverkehr generationsübergreifende Formen der Fortbewegung auch tatsächlich ihren Ort haben und zum Beispiel Erwachsene, Kinder und Jugendliche Tätigkeiten wie das Fahrradfahren auch gemeinsam ausüben.

Das Prinzip der Überführung gesellschaftlicher in pädagogische Determination stellt in seiner zweifachen Auslegung, Prüfkriterium der gesellschaftlichen Anforderungen und Prüfkriterium der Bedingungen für ihre Anerkennung zu sein, ein Regulativ dar, das von der gesellschaftlichen Seite der pädagogischen Praxis anerkannt werden muß, damit die interaktive Seite pädagogischen Handelns im Sinne der Prinzipien der Bildsamkeit und der Aufforderung zur Selbsttätigkeit gestaltet werden kann. Zebrastreifen, Bürgersteige und Fahrradwege einerseits und gemeinsames Fahrradfahren andererseits, beides zusammengenommen stellen erst sicher, daß Verkehrserziehung in einem pädagogisch legitimen Sinne möglich wird. Wird nämlich das regulative Prinzip der Überführung gesellschaftlicher Determination in pädagogische Determination beachtet, so ist Verkehrserziehung mehr als eine bloße Anpassung der Heranwachsenden an vorgegebene gesellschaftliche Regelungen, mehr auch als eine bloße Verlagerung pädagogisch zu fördernder Lernprozesse in pädagogische Provinzen, sondern Aufforderung zur selbsttätigen Mitwirkung der Heranwachsenden an einer und in einer intergenerationellen Praxis, die in der Beachtung der Gesetze und Regeln des Straßenverkehrs keineswegs aufgeht. Wird dagegen die Frage, wie gesellschaftliche Anforderungen an die pädagogische Praxis in pädagogisch legitime Anforderungen transformiert werden können, nicht gestellt, wird stattdessen Verkehrserziehung als ein Bündel von Maßnahmen verstanden, die die Gesellschaft letztlich davon entlasten, Rücksicht auf die Mitwirkungsmöglichkeiten der Heranwachsenden zu nehmen, so verkümmert auch die pädagogische Praxis, weil sie dann weder an die Bildsamkeit der Heranwachsenden anknüpfen, noch diese zur Selbsttätigkeit auffordern kann.

Das Beispiel der Verkehrserziehung zeigt, daß der Horizont der pädagogischen Praxis über die Perspektiven individueller pädagogischer

Interaktion hinaus bis in Fragen der Verkehrsplanung und Straßenführung hineinreicht. Nur wenn die im engeren Sinne nicht-pädagogischen Praxisformen und Handlungsbereiche pädagogische Aspekte berücksichtigen, ist pädagogisches Handeln im Sinne der für es konstitutiven Prinzipien real möglich. Darauf weist auch das nächste Beispiel hin.

Eine einheitliche Orthographie wurde in Deutschland erst nach der Reichsgründung im Jahre 1871 eingeführt. Die Vermittlung der richtigen, einer einzig richtigen Schreibweise ist seitdem Aufgabe des Schulunterrichts. Der Elementarunterricht im Lesen und Schreiben wurde anfangs als eine Maßnahme zur Alphabetisierung konzipiert. Die gesellschaftliche Notwendigkeit, in Schulen Lesen und Schreiben zu lehren und zu lernen, löste sich jedoch nicht auf, als das Alphabetisierungsprogramm abgeschlossen war und alle oder nahezu alle Erwachsenen die Muttersprache auch in Schriftform erlernt hatten. Grund hierfür ist, daß sich das Lesen und Schreiben nicht als eine intergenerationelle Praxisform durchsetzte. In der heutigen Fernseh- und Telefongesellschaft wird kaum noch schriftlich kommuniziert. Viele Erwachsene verwenden die Schriftsprache, sofern sie nicht beruflich mit ihr zu tun haben, allenfalls im Umgang mit Behörden, beim Lesen des Fernsehprogramms und beim Lösen von Kreuzworträtseln. Ein Teil der Schwierigkeiten, die Kinder heute beim Erlernen der Schriftsprache haben, hängt sicherlich damit zusammen, daß das Schreiben aus der Mode gekommen ist. Ein anderer Teil, man denke nur an die Regeln für die Groß- und Kleinschreibung, liegt in den objektiven Schwierigkeitsgraden, durch die sich die deutsche Schriftsprache von anderen Sprachen unterscheidet und in denen sie viele Sprachen „übertrifft".

Auch in Fragen eines vernünftigen Elementarunterrichts im Lesen und Schreiben stehen sich die Auffassungen einer pädagogisch-naiven und politisch-pragmatischen Position unversöhnbar gegenüber. Der pädagogisch-naiven Position begegnen wir dort, wo Erwachsene, die die Regeln der Groß- und Kleinschreibung weitgehend beherrschen, eine pädagogische Provinz zu errichten suchen, indem sie plötzlich anfangen, alle Wörter, mit Ausnahme von Eigennamen und Wörtern am Satzanfang, kleinzuschreiben, um auf diese Weise die deutsche Sprache kindgerecht zu machen. Die politisch-pragmatische Position treffen wir insbesondere in den Lehrplänen für die Sekundarstufe I an, wo sie sich um eine Fixierung und Verfeinerung der Regeln für die Groß- und Kleinschreibung einsetzt und diese Regeln dann nutzt, um die Auslesefunktion des Schulwesens curricular zu verstärken. So lernen zum Beispiel Kinder heute im 6. Schuljahr, daß man einen „Wasser anbietenden Sizilianer" in zwei Wörtern mit großgeschriebenem „Wasser", dagegen Industriezweige, in denen Metall verarbeitet wird, als „metallverarbeitende" Industrie (klein- und zusammengeschrieben) zu schreiben hat, „weil" in diesem Wort von einer dauerhaften Funktion oder Tätigkeit die Rede sei[36]. Danach müßten wir also eine „ihr Kind stillende" Mutter wegen der kurzen Zeit, die heute Mütter ihre Kinder stillen, und der anderen Tätigkeiten, die sie neben dem Stillen ausüben, getrennt und mit großgeschriebenem „Kind" schreiben, so daß folgerichtig eine Amme des 18. Jahrhunderts, die fremde Kinder stillt, als eine „kinderstillende" (kleingeschrieben in einem Wort) Amme, der Dauertätigkeit des Stillens wegen, geschrieben werden müßte.

So konträr auch die Anschauungen der pädagogisch-naiven und der politisch-pragmatischen Position sein mögen, in einem stimmen sie überein, denn beide machen die Kinder untüchtig zu einem selbständigen Umgang mit der Schriftsprache; die pädagogisch-naive Position, indem sie die Kleinschreibung favorisiert und die gesellschaftlichen Anforderungen ausgrenzt, die politisch-pragmatische Position, indem sie durch eine oft sinnlose Verschärfung der Regeln daran mitwirkt, sogenannte Rechtschreibschwächen zu erzeugen.

Ganz anders werden wir wiederum urteilen, wenn wir das Prinzip der Überführung gesellschaftlicher in pädagogische Determination zu Rate ziehen. Alsdann werden wir nämlich die Regeln der Rechtschreibung daraufhin überprüfen müssen, inwieweit sie der Förderung schriftlicher Kommunikation dienlich oder hinderlich sind, und eine Verminderung der Anzahl der Regeln anstreben, um jene Freiheiten wieder zu gewähren, in deren Besitz vor Einführung einer zum Teil sinnentleerten Normierung der Schriftsprache die Klassiker deutscher Literatur durchaus gewesen sind.

Durch eine Verminderung der Regeln der Orthographie könnte freilich nur der eine Aspekt des pädagogischen Determinations-Prinzips Beachtung finden, welcher sich auf die Überprüfung der Bedingungen für die Anerkennung gesellschaftlicher Anforderungen bezieht. Dessen anderer Aspekt, die Frage nach dem Sinn dieser Anforderungen, ist jedoch, auch was das Beispiel des Lesen- und Schreiben-Lernens betrifft, nicht minder bedeutsam. Das Erlernen der Schriftsprache ist, wenn wir die Prinzipien der Bildsamkeit und der Aufforderung der Selbsttätigkeit anerkennen, für Kinder ja keineswegs schon allein deshalb sinnvoll, weil sie in der Schule und für die Schule schriftliche Arbeiten anfertigen müssen; der Sinn des Gebrauchs der Schriftsprache muß sich vielmehr auch in außerschulischen Handlungszusammenhängen erweisen und darf sich dort keineswegs allein auf das Lesen beschränken. Hier stellt uns das Prinzip der Überführung gesellschaftlicher in pädagogische Determination vor die Aufgabe, im Zusammenleben der Generationen Anlässe, Inhalte und Aufgaben für eine intergenerationelle schriftliche Kommunikation zu sichern, von denen her und auf die hin der schriftliche Gebrauch der Sprache sinnvoll ist. In einer Gesellschaft, in der Kinder kein Tagebuch führen, von der Unterschrift unter Urlaubsgrüße abgesehen selten Briefe schreiben und Anlässe für Leserbriefe an Tageszeitungen nicht gegeben sind, weil deren Nachrichten und Unterhaltungsangebote sich ausschließlich an Erwachsene richten, mangelt es an jener Schriftkultur, die für einen sinnbestimmten Lese- und Schreibunterricht unverzichtbar ist. Ohne eine solche Kultur aber verliert der Lese- und Schreibunterricht seine pädagogische Legitimität, weil er, statt in die intergenerationelle Praxis einzuführen, die Gesellschaft gerade von der Beachtung derjenigen Aufgaben entlastet, mit denen er Kinder und Jugendliche konfrontiert.

Das dritte Beispiel verweist auf einige Probleme, die sich nicht primär auf die Formen des geselligen Verkehrs der Menschen miteinander und den sinnvollen Gebrauch der Kulturtechniken, sondern auf das Verhältnis von pädagogischer Praxis und ökonomischem System beziehen. Um Väter und Mütter von pädagogischen Aufgaben weitgehend freizustellen, wird immer wieder die Forderung nach der Einrichtung von Institutionen erhoben, in denen Kinder vom Kindergartenalter an und über die Grundschulzeit hinaus ganztägig von professionellen Pädagogen erzogen, unterrichtet und betreut werden. Und um die Hauptschule als Schulform attraktiver zu machen und Jugendliche nicht zu früh in die Arbeitslosigkeit entlassen zu müssen, ist in den letzten Jahren die Hauptschulzeit um ein 10. Schuljahr verlängert und dieses wiederum in zwei Kurse aufgeteilt worden, in einen Kurs, der zum qualifizierten Hauptschulabschluß führt, und in einen anderen Kurs, der die „Gescheiterten" ein Jahr später in die Arbeitslosigkeit entläßt. Die Optionen beider Maßnahmen, die Einrichtung ganztägiger Erziehungs- und Bildungsinstitutionen und die Verlängerung der Hauptschulzeit, stimmen darin überein, daß sie die Erfüllung gesellschaftlicher Anforderungen an pädagogisches Handeln auf dem Wege einer zusätzlichen und weitergehenden Ausgrenzung der pädagogischen Interaktion aus den anderen Bereichen menschlichen Handelns zu regeln suchen.

In der Einschätzung dieser Entwicklung unterscheiden sich wiederum die Urteile einer pädagogisch-naiven, einer politisch-pragmatischen und einer das pädagogische Determinations-Prinzip anerkennenden Position deutlich voneinander. Die pädagogisch-naive Einstellung sieht in der Ausweitung institutionalisierter pädagogischer Praxis eine Chance dafür, Freiräume für die von professionellen Pädagogen zu gestaltende pädagogische Praxis zu gewinnen, in welchen sie die Bildsamkeit der Heranwachsenden anerkennen und diese zur Selbsttätigkeit auffordern kann. Daß solche Hoffnungen trügerisch sind, zeigt sich hernach regelmäßig an der fehlenden personellen Ausstattung ganztägiger pädagogischer Einrichtungen und an der Überforderung der dort tätigen professionellen Pädagogen, die die Entlastung der Gesellschaft von pädagogischer Verantwortung durch eigenes Engagement nicht ausgleichen können. Die Aufteilung des 10. Hauptschuljahrs in einen Kurs für den qualifizierten Hauptschulabschluß und einen Kurs für „Versager" belegt eindrucksvoll, daß die Errichtung pädagogischer Provinzen für alle nicht möglich ist, sondern Opfer produziert, zu denen am Ende auch diejenigen professionellen Pädagogen gehören, die zur Betreuung der „Gescheiterten" abgeordnet werden. So unterliegt auch hier die pädagogisch-naive Position der politisch-pragmatischen, indem sie zu einem Werkzeug für die Durchsetzung gesellschaftlicher Anforderungen wird, denen die politisch-pragmatische Position, die die Ankopplung des Erziehungs- und Bildungssystems an die Erfordernisse des Beschäftigungssystems gutheißt, ihre Kriterien entnimmt.

Ganz anders wiederum fällt das Urteil aus, wenn die gesellschaftlichen Anforderungen einer Prüfung auf ihre pädagogische Legitimität hin unterzogen und mit der im regulativen Prinzip der Überführung gesellschaftlicher Determination in pädagogische Determination begründeten Forderung konfrontiert werden, die Beachtung pädagogisch relevanter Zusammenhänge nicht einseitig an das Erziehungssystem abzutreten, sondern auch in allen anderen Bereichen menschlichen Handelns zu gewährleisten. Die Bildungsreform der 60er und 70er Jahre nahm ihren Ausgang von einer befürchteten Bildungskatastrophe mangelhafter Angepaßtheit der in schulischen Institutionen zu erbringenden Leistungen an die Erfordernisse des Beschäftigungssystems und endete, wie zum Beispiel die Verlängerung der Hauptschulzeit um ein in zwei Kurse aufgeteiltes 10. Schuljahr zeigt, in einer Bildungskatastrophe, deren Ursache nun aber nicht im pädagogischen System, sondern gerade in der fehlenden Angepaßtheit des ökonomischen Systems an Erfordernisse einer Gerechtigkeit liegt, für alle Heranwachsenden – und Erwachsenen – eine ihren Fähigkeiten und Leistungen angemessene Arbeit zu ermöglichen[37]. So weist gerade das regulative Prinzip der Überführung gesellschaftlicher in pädagogische Determination darauf hin, daß Bildungsreform und Bildungspolitik in einem ökonomischen System grenzenlos überfordert sind, welches just zu dem Zeitpunkt, in dem geburtenstarke Jahrgänge pädagogische Institutionen verlassen und ins Leben übergehen, auf eine sinnvolle Beschäftigung der nachwachsenden Generation nicht vorbereitet ist.

Die regulative Gültigkeit des pädagogischen Determinationsprinzips bezieht sich auf das Verhältnis der pädagogischen Interaktion zu allen anderen Bereichen menschlichen Handelns. Dieses Prinzip stellt uns vor die Aufgabe, die Bedingungen für die Möglichkeit einer die konstitutiven Prinzipien der Bildsamkeit und Aufforderung zur Selbsttätigkeit anerkennenden pädagogischen Interaktion nicht nur in dieser selbst zu suchen und sicherzustellen, sondern auch die gesellschaftlichen Anforderungen an die pädagogische Praxis daraufhin zu überprüfen, inwieweit sie eine Anerkennung der konstitutiven Prinzipien begünstigen oder verhindern.

Eine solche Überprüfung aber kann nur zum geringsten Teil von der pädagogischen Praxis selbst vorgenommen werden, die ihren beschränkten Beitrag hierzu nur dann zu leisten vermag, wenn sie sich gleichermaßen von den irrigen Auffassungen einer linearen Ankoppelung des Erziehungssystems an vorgegebene gesellschaftliche Anforderungen wie

94

von einer linearen Abkopplung pädagogischen Handelns von den Anforderungen der Gesellschaft distanziert. Die Chancen, mit den Heranwachsenden gesellschaftlich vorgegebene Anforderungen an pädagogische Interaktion in einer diese weder leugnenden noch blind anerkennenden Weise zu thematisieren, hängen wesentlich davon ab, ob pädagogische Probleme und Sachverhalte auch in den anderen Bereichen menschlichen Handelns Anerkennung und Berücksichtigung finden. Als Maßstab für eine solche Rücksichtnahme aufeinander reicht freilich das Prinzip der Überführung gesellschaftlicher in pädagogische Determination noch nicht aus. Hierzu ist vielmehr ein weiteres Prinzip pädagogischen Denkens und Handelns erforderlich, welches sich nicht lediglich auf die Regulation gesellschaftlicher Einflüsse nach den Erfordernissen der pädagogischen Praxis bezieht, sondern eine auf alle Bereiche menschlichen Handelns bezogene Verhältnisbestimmung der menschlichen Gesamtpraxis formuliert.

3.2.3. Das Prinzip einer nicht-hierarchischen Ordnung der menschlichen Gesamtpraxis

Das regulative Prinzip der Überführung gesellschaftlicher Determination in pädagogische Determination stellt ein Kriterium bereit, von dem her die gesellschaftlichen Anforderungen an pädagogisches Handeln daraufhin überprüft werden können, inwieweit sie eine interaktive Anerkennung der naturhaft wie gesellschaftlich unbestimmten Bildsamkeit der Heranwachsenden und eine interaktive Aufforderung derselben, selbsttätig am eigenen Bildungsprozeß mitzuwirken, ermöglichen, begünstigen, erschweren oder gar verhindern. Das pädagogische Determinationsprinzip ist das erste Prinzip der gesellschaftlichen Seite der pädagogischen Praxis, welches sich auf die reale Möglichkeit einer den für die individuelle oder interaktive Seite konstitutiven Prinzipien folgenden pädagogischen Praxis bezieht. Wie gesellschaftliche Determinanten in pädagogisch legitime gesellschaftliche Determinanten zu überführen sind, läßt sich aus dem dritten Prinzip pädagogischen Denkens und Handelns nicht unmittelbar ableiten. Versuchten wir dies und maßten wir uns an, der Gesellschaft unmittelbar vorzuschreiben, wie sie auf die pädagogische Interaktion einzuwirken habe, so verlören wir uns in noch viel weiterreichende Naivitäten, als sie für die pädagogisch-naive Position maßgeblich sind, die die irrige Auffassung vertritt, in pädagogischen Provinzen die Einwirkungen der Gesellschaft aus eigener Kraft regulieren zu können.

Das regulative Prinzip der Überführung gesellschaftlicher Determination in pädagogisch legitimierte gesellschaftliche Einflüsse strebt keineswegs eine Pädagogisierung aller Bereiche menschlichen Handelns an, sondern zielt auf eine Erweiterung des Begriffs pädagogischen Handelns, welche dessen Verkürzung auf den pädagogischen Bezug individueller Interaktion zu vermeiden und auch die gesellschaftliche Seite der pädagogischen Praxis in den Blick zu bringen versucht. Aus zwei Gründen kann das pädagogische Determinationsprinzip nicht das einzige regulative Prinzip pädagogischen Denkens und Handelns sein. Die Überführung gesellschaftlicher Einflüsse in pädagogisch legitime gesellschaftliche Einflüsse stellt nämlich erstens nur eine der möglichen und notwendigen Rückfragen an die gesellschaftliche Determination menschlichen Handelns dar, und sie kann zweitens den spezifischen Horizont pädagogischer Rückfragen nur kennzeichnen und ausweisen, wenn sie auch andere Rückfragen an die gesellschaftliche Determination menschlicher Praxis als ebenso notwendig und sinnvoll anerkennt und für die pädagogische Praxis keinerlei Primat gegenüber den anderen Praxisformen beansprucht. Beide Gründe zusammengenommen leiten zum vierten Prinzip pädagogischen Denkens und Handelns über, dem zweiten regulativen Prinzip zur Beurteilung der gesellschaftlichen Seite pädagogischer Interaktion, welches sich freilich nicht allein auf die pädagogische Praxis bezieht, sondern ein regulatives Prinzip der menschlichen Gesamtpraxis formuliert.

Die Frage, wie gesellschaftliche Einflüsse auf pädagogisches Handeln pädagogisch legitimiert werden können, ist keine Spezialfrage der Pädagogik, sondern stellt sich analog ebenso für die ökonomische, politische, sittliche, ästhetische und religiöse Praxis. Sie alle sind gesellschaftlichen Einwirkungen ausgesetzt, die in praktisch legitimierte Einwirkungen transformiert werden müssen, sollen Freiheit, Sprachlichkeit und Geschichtlichkeit als Grundkategorien menschlichen Handelns Anerkennung finden können. Deren Anerkennung aber ist nur möglich, wenn kein Bereich menschlichen Handelns einen Primat gegenüber den anderen beansprucht, sondern alle Bereiche menschlichen Handelns die sich in ihnen stellenden Aufgaben, gesellschaftliche Einflüsse in praktisch legitimierte zu überführen, untereinander anerkennen. Dies aber verweist auf das vierte Prinzip pädagogischen Denkens und Handelns, welche die pädagogische Praxis mit allen anderen Praxisformen verbindet, auf das regulative Prinzip eines nicht-hierarchischen Ordnungszusammenhangs der Einzelpraxen innerhalb der menschlichen Gesamtpraxis.

Die Frage nach der Überführung gesellschaftlicher Einflüsse auf pädagogisches Handeln in pädagogisch legitime und mit den konstitutiven Prinzipien pädagogischen Denkens und Handelns vereinbare Einflüsse ist nur eine der handlungstheoretischen und praxisphilosophischen Rückfragen an die gesellschaftliche Determination menschlicher Praxis. Zu diesen Rückfragen zählt diejenige nach der Transformation der gesellschaftlichen Determination der Ökonomie in eine am Begriff menschlicher Arbeit festhaltende ökonomische Praxis ebenso wie die Frage nach der Überführung der gesellschaftlichen Determination der Politik in politische Praxis, der gesellschaftlichen Determination der Sitten und

Konventionen in sittliche Praxis, der gesellschaftlichen Determination der Ästhetik in ästhetische Praxis und der gesellschaftlichen Determination der Religion in religiöse Praxis. In einem Wirtschaftssystem, das die Organisation, Teilung und Verteilung menschlicher Arbeit einzig nach Kriterien der Maximierung der Produktivität bei gleichzeitiger Minimierung des für die Waren- und Güterproduktion erforderlichen Aufwandes menschlicher Arbeit bemißt, geht der humane Sinn menschlicher Arbeit ebenso verloren, wie Politik, Sitte, Kunst und Religion ihre humane Qualität einbüßen, wenn sie lediglich mit zu Sachgesetzlichkeiten verniedlichten Zwängen eines gesellschaftlichen Systems befreunden, welches seine Grundlage nicht mehr in den menschlichen Tätigkeiten, sondern nurmehr im Schein menschlicher Praxis hat. Politik regrediert dann zu einer quasi-politischen Anpassung der öffentlichen Meinung an die Erfordernisse des Gesellschaftssystems, Moral zu einer quasi-moralischen Übernahme aller Folgelasten, Kunst zu einer quasi-ästhetischen Verschleierung der komplexen Wirkungszusammenhänge und Religion zu einem quasi-religiösen Opium für das Volk.

Würde eine solche Auflösung menschlichen Handelns in den bloßen Schein menschlicher Tätigkeit unser aller Schicksal sein, so käme am Ende der menschlichen Gesamtpraxis nurmehr ein Handlungssinn im Sinne eines Placebo-Effektes zu. Das Prinzip der Überführung gesellschaftlicher in praktische Determination formuliert die regulative Idee, unter den gesellschaftlichen Bedingungen einer in Auflösung begriffenen menschlichen Gesamtpraxis an der Freiheit, Sprachlichkeit und Geschichtlichkeit menschlichen Denkens und Handelns festzuhalten und die Aufgaben der menschlichen Praxis weder an die Systemzwänge unseres Gesellschaftssystems auszuliefern, noch diese zu Sachzwängen zu verniedlichen.

Wenn aber die gesellschaftlichen Einflüsse auf pädagogisches Handeln in pädagogisch legitime Einflüsse nur überführt werden können, sofern das regulative Prinzip der Überführung gesellschaftlicher in praktische Determination in allen Bereichen menschlichen Handelns anerkannt wird, dann stellt sich die Frage, wie die Transformationen der gesellschaftlichen Determination in eine ökonomisch, ethisch, pädagogisch, politisch, ästhetisch und religiös legitimierte Determination zwischen den Einzelpraxien abgestimmt werden kann. Die Aufgabe, von der hier die Rede ist, wird neuerdings mit den Begriffen einer Wiederherstellung von Arbeit, Sittlichkeit, Pädagogik, Politik, Kunst und Religion umschrieben. Diese Redeweise täuscht jedoch letztlich über die Schwierigkeit der Aufgabe, die hier zur Beratung ansteht. Denn es geht letztlich gar nicht um eine Wiederherstellung der menschlichen Praxis im Sinne einer Rückkehr zu einer historisch früheren Formation menschlichen Handelns, sondern es geht um den Entwurf eines Ordnungszusammenhangs der menschlichen Gesamtpraxis, den es historisch noch nie gegeben und den zu verwirklichen auch noch keine Epoche der Menschheitsgeschichte als Aufgabe menschlichen Handelns ausgewiesen hat. Der aufgegebene und anzustrebende Ordnungszusammenhang der menschlichen Praxis wird im folgenden mit dem Begriff eines nicht-hierarchischen Verhältnisses der Einzelpraxen ausdifferenzierter Humanität umschrieben. Die Idee eines nicht-hierarchischen Ordnungszusammenhangs ist das zweite regulative Prinzip der gesellschaftlichen Seite pädagogischen Handelns. Als viertes Prinzip pädagogischen Denkens und Handelns verbindet es die pädagogische Praxis mit der menschlichen Gesamtpraxis.

Welche Fragestellung sich mit dem regulativen Prinzip eines nicht-hierarchischen Ordnungszusammenhangs der menschlichen Gesamtpraxis verbirgt, läßt sich zeigen, wenn man dieses Ordnungsmodell von zwei hierarchischen Gesamtkonzeptionen unterscheidet, der hierarchisch-teleologischen der griechischen Antike und der hierarchisch-instrumentellen der neuzeitlichen Aufklärung.

Die griechische Philosophie des Platon und Aristoteles entwarf zum Zeitpunkt des Niedergangs der griechischen Polis ein Ordnungsmodell der menschlichen Gesamtpraxis, welches der Arbeit die unterste Stufe und der Politik die höchste Stufe zuwies, die ihrerseits nurmehr überboten wurde durch das philosophische Wissen um die Zweckbestimmung oder Teleologie dieses Ordnungszusammenhangs. Die teleologische Ordnung aller Tätigkeiten im Staate wurde als eine Hierarchie der Zwecke gedacht, welche die Einzeltätigkeiten verfolgen. Diese Hierarchie bezog ihre innere, jeglicher Willkür entzogene Ordnung daraus, daß die jeweils niederen Tätigkeiten Güter hervorbringen, die von den jeweils höheren Tätigkeiten als Mittel für ranghöhere Zwecke gebraucht werden. Dieser Ordnungszusammenhang läßt sich mit Platon an der Rangfolge der Tätigkeiten des Pferdezüchters, des Sattlers, des Reiters, des Feldherrn, des Politikers und des Philosophen beschreiben. Zugleich lassen sich dabei die Gefahren ausmachen, denen dieses teleologische Ordnungsmodell ausgesetzt ist, wenn die Idee einer guten hierarchischen Ordnung der Gesamtpraxis verletzt wird, weil eine der gesellschaftlich notwendigen Tätigkeiten, statt ihre Aufgaben in der vorgesehenen Ordnung zu erfüllen, aus dieser Ordnung ausschert.

Innerhalb einer von jeglicher Willkür freien hierarchischen Ordnung züchten zum Beispiel die Pferdezüchter schnelle und ausdauernde Pferde und machen die Sattler gute Sättel, um beides, Pferd und Sattel, mit denen sie selber weiter nichts anfangen können, den Reitern zu übergeben, die geschickt sind, ein Pferd im Kampf zu lenken, aber den Kampf nicht führen können und sich folglich dem Feldherrn übergeben, der seinerseits geschickt ist, die Polis zu verteidigen und den Sieg über den Feind zu erringen, mit dem Sieg aber nichts anzufangen weiß und diesen darum der Politik übergibt, die den Frieden gerecht gestaltet und Sorge dafür trägt, daß die Sklaven und Handwerker gut arbeiten, die Wächter den Staat angemessen schützen und die freien Bürger die öffentlichen

Angelegenheiten im Sinne der teleologischen Ordnung der Tätigkeiten, der von diesen hervorgebrachten Güter und der Hierarchie der Zwecke regeln. Um diese Ordnung zu wissen, sie zu erforschen und das Wissen um sie zu verbreiten, ist Aufgabe der philosophischen Theorie, welcher der höchste Rang keineswegs im Sinne einer obersten Herrschaftsinstanz, sondern aufgrund ihres die Praxis regulierenden theoretischen Wissens um die Idee des Guten zukommt.

Dieses Wissen schloß dasjenige um die Gefährdung der teleologischen Gesamtordnung der menschlichen Praxis ein. Davon zeugt die folgende, durchaus ironische Überleitung von der Kriegskunst zur Politik im Euthydemos[38], in welcher Platon feststellt: Wie die anderen in der Polis Tätigen übergeben ,,die Heerführer, wenn sie eine Stadt erjagt haben oder ein Heer, ... es ja ... den Staatsmännern. Denn sie wissen das nicht zu gebrauchen, was sie erjagt haben, eben wie die Wachtelfänger, meine ich, den Wachtelmästern ihren Fang übergeben. Wenn wir also ... eine solche Kunst gebrauchen, welche, was sie, es sei nun hervorbringend oder auffindend, erworben hat, auch selbst zu gebrauchen weiß ...: so müssen wir ... eine andere suchen als die Kriegskunst".

Die Kunst, das, was von der menschlichen Praxis hervorgebracht wird, auch richtig zu gebrauchen, geht weder in der Geschicklichkeit des Pferdezüchters, noch des Sattlers, noch des Reiters oder Feldherrn auf, sie zeichnet auch nicht ohne weiteres die politische Praxis der Staatsmänner und freien Bürger aus, sondern sie liegt in der teleologisch richtigen Ordnung der menschlichen Gesamtpraxis, in welcher jede höherrangige Tätigkeit die von den niederrangigen Tätigkeiten hervorgebrachten Güter zweckbestimmt, also gerade nicht willkürlich gebraucht. Als zweckwidrig, und das verleiht dem antiken teleologischen Ordnungsmodell der menschlichen Gesamtpraxis bis heute den ihm eigenen Reiz, galten alle Maßnahmen, die auf eine Steigerung von Herrschaft und die Erzeugung zweckwidriger Abhängigkeiten ausgerichtet sind, seien es solche der Ausbeutung von Sklaven, der Anhäufung von Reichtümern, der Ausdehnung staatlicher Macht durch Angriffskriege oder des Strebens nach Vorherrschaft. Darauf weist das Zitat aus Platons Euthydemos hin, welches ja gerade deutlich machen will, daß die im Sinne der Idee des Guten vernünftige Ordnung der menschlichen Gesamtpraxis nicht darauf gegründet sein kann, daß die einen die Wachteln fangen, derweil die anderen sie mästen, auf daß wiederum Dritte, etwa die gerade herrschende politische Partei, sie verzehren.

Was nun die pädagogische Praxis betrifft, so wurde diese keineswegs, wie heute üblich, als eine von den gesellschaftlich notwendigen Tätigkeiten abgetrennte, sondern als integriertes Moment der hierarchisch geordneten Einzeltätigkeiten konzipiert. Die für die herstellenden Tätigkeiten erforderlichen Kenntnisse und Fertigkeiten wurden bei der Herstellung der zu produzierenden Güter erlernt und tradiert, die Einübung in die vorgegebene Sitte erfolgte durch Gewöhnung an die vorgegebenen Regeln des Zusammenlebens, und das Wissen um die Gesamtordnung der menschlichen Praxis wurde dialektisch, in der Form eines unterrichtlichen Gesprächs tradiert, welches die Lehrer mit den heranwachsenden freien Bürgern, freigestellt von jeder herstellenden Tätigkeit, im Horizont der Muße, der „scholé", in Ausübung ihrer philosophischen Wissenschaft führten[39]. Insgesamt galt die pädagogische Praxis als ein angewandter Teil der Politik, als eine regierende Tätigkeit, welche die nachwachsende Generation in die schon vorhandene und zweckbestimmte Gesamtordnung der Polis einführt. Die Sorge für eine gute Regierung der Polis schloß so diejenige für eine angemessene Erziehung der nachwachsenden Generation ein, die Sorge dafür nämlich, daß, wie Aristoteles sagt, diejenigen, die zuvor gut regiert worden sind, hernach auch gut regieren können.

Das neuzeitliche Modell der menschlichen Gesamtpraxis teilt mit dem antiken Modell, daß es ein hierarchisches ist, unterscheidet sich jedoch von diesem dadurch, daß es keinerlei teleologische, auf eine vorgegebene Ordnung der Zwecke menschlichen Handelns ausgerichtete Hierarchie menschlicher Tätigkeiten mehr anerkennt, sondern die anzustrebende Ordnung der menschlichen Gesamtpraxis auf vom Menschen selbst konstruierte Ordnungszuammenhänge gründet und alle menschlichen Tätigkeiten instrumentell in den Dienst eines vom menschlichen Verstand konstruierten Fortschritts zu nehmen sucht. Theorie und Wissenschaft beanspruchen nun einen Primat nicht mehr aufgrund ihrer Einsicht in einen vorgegebenen Ordnungszusammenhang teleologisch aufeinander abgestimmter Einzeltätigkeiten, sondern aufgrund der Überlegenheit des konstruierenden Menschenverstandes gegenüber jedweder teleologischen Ordnung des Kosmos und der menschlichen Praxis[40].

Von der antiken Wissenschaft unterscheidet sich die neuzeitliche Wissenschaft gerade dadurch, daß sie ein Modell zur Machtsteigerung hinsichtlich der Verfügung über die Natur, die Gesellschaft und die Geschichte entwickelt, das keinerlei menschlicher Willkür entzogene Zwecke mehr anerkennt und als Zwecke setzende Instanz einzig den menschlichen Willen und Verstand zuläßt. Bereits Bacons „Novum organum scientiarum" von 1620 legt das theoretisch-technische Experiment der Naturwissenschaften auf die gesamte Wirklichkeit, auf die außermenschliche Natur ebenso wie auf die menschliche Natur, aus und strebt eine Einheitswissenschaft an, die „Alles ohne Ausnahme", und zwar Fragen der Physik ebenso wie Fragen der Logik, der Psychologie, der Moral und Politik, erklärt und verfügbar macht. Der Zusammenhang von theoretischer Erklärung und technischer Verfügung über das Erklärte wurde schon von Bacon klar erkannt: „Menschliches Wissen und Können fallen in Eins zusammen . . . (W)as der Betrachtung als Ursache erscheint, das dient in der Ausübung zur Regel"[41]. In der Wissenschaftsentwicklung und wissenschaftstheoretischen Diskussion der letzten

dreihundert Jahre ist das Modell neuzeitlicher Wissenschaft methodisch immer mehr verfeinert worden. Seine beiden Grundsäulen, diejenige der Überführung jedweder teleologischen Ordnung in eine vom Menschen konstruierte Ordnung und diejenige einer kausalen Erklärung der Wirklichkeit, die zu einem Wissen führt, das Macht ermöglicht, gelten bis heute nahezu unverändert.

Im Vergleich mit dem teleologischen Ordnungsmodell der Antike zeigt sich, daß auch im neuzeitlichen Modell der Wissenschaft die oberste, der Arbeit die unterste Rangstufe zukommt, daß die Gesamtlogik des neuzeitlichen Modells jedoch nicht mehr in einer dem Menschen unverfügbaren teleologischen Ordnungsstruktur begründet, sondern eine vom menschlichen Verstand konstruierte ist. Wissende sind nun nicht mehr die in einem philosophisch ausgewiesenen Sinne um die Gesamtordnung Wissenden, sondern diejenigen, die die Gesetze für die rationale Erklärung der Weltbegebenheiten konstruieren, experimentell überprüfen und in der Veränderung aller Praxisstrukturen handhabbar und durchsetzbar machen. Und die Bearbeitung der Natur verliert durch die Verwissenschaftlichung aller Arbeitsprozesse zunehmend den Charakter einer vom Arbeitenden selber vollzogenen Werktätigkeit und nimmt stattdessen immer mehr den Charakter einer der rationalen Konstruktion nachfolgenden Tätigkeit an, welche zwar die Produktivität der Arbeit in ungeahnte Dimensionen steigert, nun aber keinerlei menschlicher Willkür und Machtausübung entzogene, in sich selber zweckmäßige Ordnung anerkennt und darum schließlich nurmehr das als vernünftig ausgibt, was im Sinne des konstruierenden menschlichen Verstandes machbar und beherrschbar ist.

Gemeinsamkeiten und Differenzen der beiden bisher skizzierten Ordnungsmodelle der menschlichen Gesamtpraxis zeigen sich nirgends deutlicher als an dem Verhältnis zwischen Grund und Begründetem. Das griechische Wort für „Grund" heißt „arché". Es bedeutet nicht nur „Grund", sondern zugleich „Ursprung" und verweist auf ein Wissen um eine Ordnung des Kosmos und der menschlichen Praxis, welche gerade nicht im menschlichen Verstand ihren Ursprung hat, sondern „archĕthen", das heißt, „von alters her" gilt. Der neuzeitliche Begriff des Grundes ist der der Ursache, welcher gerade nicht auf eine Ur-Sache, sondern auf die vom menschlichen Verstand konstruierte Welterklärung und Weltbeherrschung bezogen ist. Die Ursachen im neuzeitlichen Verstand gelten gerade nicht ur-sächlich, teleologisch, sondern sind vom Menschen selber verursachte Gründe, Konstrukte. Darum kann man das neuzeitliche Modell der menschlichen Gesamtpraxis in Abhebung vom hierarchisch-teleologischen der Antike als ein hierarchisch-instrumentelles Modell bezeichnen. Hierarchisch ist dieses Modell, weil es der mathematischen Erklärung aller Weltbegegenheiten durch die rechnenden Naturwissenschaften, neuerdings auch durch die rechnenden Sozialwissenschaften, die höchsten und den ausführenden Tätigkeiten die untersten Ränge zuweist. Instrumentell ist dieses Modell, weil es den Ordnungszusammenhang der menschlichen Gesamtpraxis instrumentell auf die Durchsetzung eines wissenschaftlich-technischen Fortschritts hin auslegt, der als solcher willkürlich gesetzt ist, aufgrund seiner machtförmigen Struktur aber als eine Sachgesetzlichkeit neuzeitlicher Gesellschaften auftritt, die durch keinerlei teleologische Rücksichtnahmen mehr korrigiert, kontrolliert oder legitimiert werden kann.

Der Versuch, neuzeitliche Wissenschaft und menschliche Praxis in ein Verhältnis gegenseitiger Anerkennung zu bringen, läßt sich vereinfachend als ein Versuch umschreiben, unter Absehung von den fundamentalen Differenzen zwischen antiker und neuzeitlicher Wissenschaft noch einmal der Politik einen Primat zuzuerkennen und ihr eine Zuständigkeit für ein Reich der Zwecke, den positiven Wissenschaften dagegen eine Zuständigkeit für ein Reich der Mittel zuzuweisen. Dieser Versuch muß heute aus zwei Gründen als gescheitert angesehen werden. Im Unterschied zur Politik in der antiken Demokratie gibt es heute keinerlei hierarchische Ordnung der Zwecke mehr, die durch eine Rangordnung der Zwecke einerseits und ihr zugeordnete güterproduzierende menschliche Tätigkeiten andererseits gestützt werden könnte. Und auf eine bloße Zuständigkeit für die Rationalität der Mittel läßt Wissenschaft sich heute schon allein angesichts der enormen Kosten, die wissenschaftliche Forschung bereitet, nicht mehr begrenzen. Sowohl bei der Bereitstellung der Mittel für wissenschaftliche Forschung als auch bei der Verwendung ihrer Ergebnisse beruft sich die Politik immer häufiger darauf, sie könne gar nicht anders handeln, sondern müsse den Bewegungsgesetzen des wissenschaftlich technischen Fortschritts folgen, um den Fortbestand der Gesellschaft zu sichern[42].

Eine Rückkehr zum hierarchisch-teleologischen Ordnungsmodell der Antike ist heute ebensowenig möglich, wie ein bloßes Festhalten am hierarchisch-instrumentellen Modell der Neuzeit aussichtsreich sein könnte. Theoretiker der Moderne von Rousseau bis zur Kritischen Theorie haben immer wieder in expliziten oder impliziten Auseinandersetzungen mit der Polis-Philosophie der Antike auf die metaphysischen und handlungstheoretischen Grenzen des hierarchisch-instrumentellen Modells und die ihm eigene Dialektik der Aufklärung hingewiesen[43]. Aus dieser Tradition stammen jene Überlegungen, die bereits im zweiten Kapitel bei der Bestimmung der pädagogischen Praxis im Rahmen der menschlichen Gesamtpraxis und der Skizzierung eines systematischen Begriffs der menschlichen Praxis vorgestellt worden sind. Diese Überlegungen verweisen auf ein drittes Modell der menschlichen Gesamtpraxis, welches ich in Abgrenzung zu den Ordnungsvorstellungen der Antike und der Neuzeit mit dem Begriff der regulativen Idee eines nichthierarchischen Ordnungszusammenhangs der Einzelpraxen näher kennzeichnen möchte.

Die Idee eines nicht-hierarchischen Ordnungszusammenhangs der menschlichen Gesamtpraxis distanziert sich von jeder Praxisordnung, welche Arbeit, Pädagogik, Ethik, Politik, Kunst und Religion in ein hierarchisches Verhältnis zueinander setzt und einer dieser Praxisformen oder einer Gruppe von ihnen den Primat gegenüber den anderen zuerkennt. Sie untersagt zugleich, der neuzeitlichen Wissenschaft die höchste Rationalitätsstufe zuzuerkennen und der menschlichen Praxis, womöglich mit der Politik als höchster Spitze, die Aufgabe zuzuweisen, für den wissenschaftlich-zivilisatorischen Fortschritt die letzte Verantwortung zu übernehmen. Wie aussichtslos ein solches Vorhaben heute ist, zeigt sich daran, daß die Restrisiken der zivilen und militärischen Atomindustrie mit Halbwertszeiten, die zum Teil der Dauer der historischen Existenz des Menschen auf unserer Erde vergleichbar sind, ethisch nicht verantwortet werden können. Für solche Verantwortung gibt es keine Subjekte mehr. Und sollte der Fall tatsächlich einmal eintreten, daß jemand zur Verantwortung herangezogen werden müßte, so ist nach den Krisenszenarien, die heute selbst Naturwissenschaftler von den möglichen Leistungen ihrer Disziplinen zeichnen, nicht einmal auszuschließen, daß es nach der Zerstörung des natürlichen und zivilisierten Lebens gar keinen Gegenstand für verantwortliches Handeln mehr gibt.

Wie die sich uns heute stellenden und vom Menschen in der Geschichte selbst erzeugten Probleme lösbar sein könnten, läßt sich aus dem regulativen Prinzip der Idee eines nicht-hierarchischen Ordnungszusammenhangs der menschlichen Gesamtpraxis nicht ableiten. Diese Idee zielt auf eine Begrenzung der Reichweite und Gültigkeit neuzeitlicher Wissenschaft und instrumenteller Vernunft. Sie weist darauf hin, daß die Einlösung einer solchen Begrenzung ebensowenig in einer neuen teleologischen Naturmetaphysik wie im Primat einer sogenannten ökologischen Praxis gesucht, sondern nur in einer gleichgewichtigen und gleichbedeutenden Anerkennung aller Teilpraxen der menschlichen Gesamtpraxis angestrebt werden kann. Die Bedeutung der regulativen Idee eines nicht-hierarchischen Ordnungszusammenhangs der menschlichen Gesamtpraxis für die Verhältnisbestimmung der Einzelpraxen untereinander und den Zusammenhang von Wissenschaft und Praxis aufzuzeigen, wäre Aufgabe einer zeitgemäßen universellen praktischen Philosophie. Diese Aufgabe überschreitet den Horizont einer Allgemeinen Pädagogik bei weitem. Darum wird auf diese Fragen an späterer Stelle nur insoweit eingegangen, wie dies unter pädagogischen Gesichtspunkten, zum Beispiel unter der Fragestellung einer bildungstheoretisch legitimierten Vermittlung neuzeitlicher Wissenschaften im Unterricht, möglich ist.

3.3. Vom Zusammenhang der konstitutiven und regulativen Prinzipien pädagogischen Denkens und Handelns

In den vorausgegangenen Abschnitten wurden vier Prinzipien pädagogischen Denkens und Handelns, zwei konstitutive und zwei regulative Prinzipien, vorgestellt. Auf diese Prinzipien läßt sich nun eine Systematik pädagogischer Fragestellungen begründen, die die Ausdifferenzierung pädagogischer Berufe und erziehungswissenschaftlicher Disziplinen an gemeinsame Problemstellungen der Theorie der Erziehung, der Theorie der Bildung und der Theorie pädagogischer Institutionen zurückbindet.

Die beiden konstitutiven Prinzipien pädagogischen Denkens und Handelns formulieren Grundaussagen zur Eigenstruktur einer pädagogischen Interaktion, die darum weiß, daß die pädagogische Praxis konstitutiv für die Menschwerdung des Menschen ist. Beide Prinzipien stellen Relationskategorien dar, beziehen sich also weder nur auf die Heranwachsenden, noch nur auf die schon erwachsenen Teilnehmer an der pädagogischen Interaktion. Der Grundbegriff der Bildsamkeit formuliert weder Aussagen über biologische Anlagen des Menschen noch Aussagen über eine dem Menschen von irgendeiner Umwelt her zukommende Bestimmung. Er untersagt vielmehr, die Bestimmung des Menschen auf Anlagen- und Umwelteinflüsse zurückzuführen, und formuliert die Aufgabe, den Menschen als ein Wesen zu begreifen und anzuerkennen, das an seiner Menschwerdung selbsttätig mitwirkt. In unserer weder naturhaft, noch gesellschaftlich determinierten Bildsamkeit können wir uns gegenseitig nur anerkennen, wenn wir uns gegenseitig als bildsame, und das heißt an der Erlangung unserer Bestimmung mitwirkende Wesen anerkennen.

Auch das Prinzip der Aufforderung zur Selbsttätigkeit stellt eine Relationskategorie dar, die sich nun jedoch im Unterschied zu derjenigen der Bildsamkeit nicht auf die Frage nach der in pädagogischer Interaktion zu fördernden Bestimmung des Menschen bezieht, sondern Grundaussagen über die Art und Weise pädagogischen Wirkens formuliert und auf eine Beantwortung der Frage zielt, wie wir denn so auf Heranwachsende einwirken können, daß wir diese dabei als an der Erlangung ihrer Bestimmung selbsttätig mitwirkende Subjekte auch tatsächlich anerkennen. In pädagogischer Hinsicht ist das Prinzip der Aufforderung zur Selbsttätigkeit kein Prinzip der Selbstaufforderung zur Selbsttätigkeit, sondern ein Prinzip der Fremdaufforderung zur Selbsttätigkeit. Es bringt die Grundparadoxie pädagogischer Interaktion auf den Begriff, daß wir ohne pädagogische Einwirkungen die auf Selbsttätigkeit basierende Bildsamkeit der Heranwachsenden nicht anerkennen können und durch pädagogische Einwirkungen die Bestimmung der Heranwachsenden nicht festlegen dürfen.

Die beiden regulativen Prinzipien pädagogischen Denkens und Handelns formulieren Grundaussagen über die gesellschaftliche Möglichkeit einer ihre konstitutiven Prinzipien beachtenden pädagogischen Interaktion. Sie erkennen ausdrücklich an, daß das pädagogische Handeln real niemals nur als eine besondere Form individueller Interaktion möglich ist, sondern eine gesellschaftliche Praxisform darstellt, die in mannigfaltiger Wechselwirkung mit den anderen Bereichen menschlicher Praxis steht. Das regulative Prinzip der Überführung gesellschaftlicher Anforderungen an pädagogisches Handeln in pädagogisch legitimierte Anforderungen leugnet die von der Gesellschaft an die pädagogische Praxis gestellten Anforderungen keineswegs. Es formuliert jedoch die Aufgabe, diese Anforderungen einer dem Prinzip der Aufforderung zur Selbsttätigkeit verpflichteten Prüfung und Gesellschaftskritik zu unterziehen und sicherzustellen, daß die pädagogische Praxis nicht zu einem Erfüllungsgehilfen gesellschaftlicher Erwartungen an die im Erziehungs- und Bildungssystem zu erbringenden Leistungen verkümmert.

Die Perspektive, daß gesellschaftliche Kritik an den Leistungen pädagogischer Interaktion in eine pädagogische Kritik der gesellschaftlichen Anforderungen transformiert werden kann, verbindet die pädagogische Praxis mit allen anderen Formen und Bereichen menschlichen Handelns. Wie die pädagogische Praxis müssen sich auch die religiöse, politische, sittliche, ästhetische und ökonomische Praxis davor schützen, zu bloßen Erfüllungsgehilfen gesellschaftlicher Anforderungen zu pervertieren, und die Aufgaben, mit denen sie konfrontiert werden, einer religiösen, politischen, sittlichen, ästhetischen und dem Begriff menschlicher Arbeit verpflichteten Gesellschaftskritik unterwerfen. Eine Allgemeine Pädagogik muß sich darauf beschränken, bis zu einer Bestimmung der spezifischen Fragestellungen pädagogischer Theorie und der Dimensionen pädagogischen Handelns vorzudringen, in welchen die doppelte Aufgabe, gesellschaftliche Anforderungen an das Erziehungs- und Bildungssystem zu erfüllen und diese zugleich einer pädagogischen Gesellschaftskritik zu unterziehen, gleichermaßen anerkannt ist.

Das regulative Prinzip eines nicht-hierarchischen Verhältnisses der Einzelpraxen der menschlichen Gesamtpraxis formuliert im Hinblick auf diese Aufgabe den Grundsatz, daß keine der menschlichen Praxen gegenüber den anderen einen Primat beanspruchen kann und daß alle sich als gleichbedeutend und als gleichgewichtig gegenseitig anerkennen müssen. Nur unter der Voraussetzung einer Anerkennung dieses Prinzips ist die Transformation gesellschaftlicher Anforderungen an menschliches Handeln in pädagogisch legitimierte Anforderungen möglich, kann pädagogische Interaktion ihren konstitutiven Prinzipien der Aufforderung zur Selbsttätigkeit folgen und die Bildsamkeit des Menschen als

Bildsamkeit zur Mitwirkung an der menschlichen Gesamtpraxis anerkennen.

Die folgende Prinzipientafel ordnet den vier Prinzipien pädagogischen
Denkens und Handelns die Theorie der Erziehung, die Theorie der
Bildung und die Theorie pädagogischer Institutionen als Theoriebereiche
wissenschaftlicher Pädagogik so zu, daß sich diese sowohl auf die
individuell-interaktive als auch auf die gesellschaftliche, auf den Zusammenhang der menschlichen Gesamtpraxis ausgerichtete Seite des pädagogischen Handelns beziehen.

	Die Prinzipien pädagogischen Denkens und Handelns	
	Konstitutive Prinzipien der individuellen Seite	Regulative Prinzipien der gesellschaftlichen Seite
A *Theorie der Erziehung* (2) : (3)	(2) Aufforderung zur Selbsttätigkeit	(3) Überführung gesellschaftlicher Determination in pädagogische Determination
B *Theorie der Bildung* (1) : (4)	(1) Bildsamkeit als Bestimmtsein des Menschen zu Frei- heit, Sprache und Geschichtlichkeit	(4) Nicht-hierarchischer Ordnungszusammenhang der menschlichen Gesamtpraxis
	C *Theorie pädagogischer Institutionen und ihrer Reform* (1) / (2) : (3) / (4)	

4. Die systematische Gliederung der Erziehungswissenschaft nach Fragestellungen

Eine Geschichte der Pädagogik, welche die Entwicklung erziehungswissenschaftlicher Fragestellungen analysiert, muß von den Fragestellungen selbst ausgehen und versuchen, die systematischen Prinzipien pädagogischen Denkens und Handelns historisch zu rekonstruieren. Denn die pädagogischen Fragen sind älter als die geschichtliche Reflexion über Prinzipien, die für ihre Erörterung klärend und tauglich sein könnten. In einer Allgemeinen Pädagogik dagegen kann die Analyse der Prinzipien pädagogischen Denkens und Handelns der Erörterung der systematischen Fragestellungen der Erziehungswissenschaft vorausgehen, sofern die Prinzipien problemgeschichtlich entwickelt werden und jeder Anschein vermieden wird, als ließen sich aus ihnen im Sinne überzeitlicher und ungeschichtlicher Axiome die Fragestellungen systematischer Pädagogik deduzieren. Die Prinzipien pädagogischen Denkens und Handelns gehören derselben Problemgeschichte wie die systematischen Fragestellungen an und besitzen außerhalb derselben keinerlei Gültigkeit. Darum werden im folgenden die systematischen Fragestellungen der Pädagogik nicht aus den bisher entwickelten Prinzipien abgeleitet, sondern diesen zugeordnet. Aus der Zuordnung selbst, welche auf ein wechselseitiges Voraussetzungsverhältnis von Prinzipien und Fragestellungen gegründet ist, kann sich erst die Fruchtbarkeit der im Kapitel 3. entwickelten Prinzipien erweisen.

Dem konstitutiven Prinzip der Aufforderung zur Selbsttätigkeit und dem regulativen Prinzip der Überführung gesellschaftlicher Determination in pädagogische Determination, welche beide Grundaussagen zur Eigenart pädagogischen Wirkens formulieren, wird im folgenden die bis auf Rousseaus Abhandlung über die Erziehung „Emile ou de l'éducation" und Schleiermachers Vorlesungen zur Theorie der Erziehung zurückzuverfolgende Frage nach der richtigen Art und Weise pädagogischer Interaktion zugeordnet. Dem konstitutiven Prinzip der Bildsamkeit und der regulativen Idee eines nicht-hierarchischen Ordnungszusammenhangs der menschlichen Gesamtpraxis, welche Grundaussagen zur Aufgabe pädagogischen Handelns formulieren, wird dann die klassische Fragestellung der Theorie der Bildung zugeordnet, welche sich ebenfalls bis auf Rousseau und Schleiermacher zurückverfolgen läßt und ihre entscheidenden Impulse Herbart, Humboldt, Hegel und dem jungen Marx verdankt.

Durch eine solche Zuordnung und Unterscheidung der beiden klassischen Fragestellungen neuzeitlicher Pädagogik wird es möglich, den unfruchtbaren Streit um den Vorrang der Erziehung gegenüber der Bildung oder umgekehrt und die ebenso unfruchtbare Auseinandersetzung um eine Vorrangstellung der individuellen oder gesellschaftlichen Seite pädagogischen Handelns ad acta zu legen und erziehungs- und bildungstheoretische Fragen als zwar unterschiedliche, auf die Art und Weise pädagogischer Interaktion beziehungsweise die Aufgaben der pädagogischen Praxis gerichtete, ansonsten aber gleichwertige und gleichgewichtige Fragestellungen anzuerkennen.

Indem beide klassischen Fragestellungen pädagogischer Handlungstheorie jeweils auf ein Prinzip der individuellen und ein Prinzip der gesellschaftlichen Seite pädagogischen Denkens und Handelns gegründet werden, ergibt sich als dritte handlungstheoretische Problemstellung diejenige, wie die Orte pädagogischen Handelns so zu bestimmen sind, daß sie weder einer bloß individuellen noch einer bloß gesellschaftlichen Seite pädagogischer Praxis zugeordnet werden, sondern zwischen beiden Seiten vermitteln können. Dies ist die Fragestellung einer Theorie pädagogischer Institutionen und ihrer Reform, welche sich von dem unfruchtbaren Wechsel zwischen einer nur inneren oder einer nur äußeren Reform pädagogischer Institutionen distanziert und die pädagogische Praxis weder auf den pädagogischen Bezug verkürzt, noch gesellschaftlichen Optionen und Abnehmererwartungen ausliefert.

4.1. Theorie der Erziehung

Unter Theorie der Erziehung wird im folgenden im Einklang mit der Tradition der Pädagogik eine Analyse und Anleitung pädagogischen Wirkens verstanden, welche die von der individuellen Seite der pädagogischen Praxis ausgehenden Wirkungen nicht losgelöst von denjenigen der gesellschaftlichen Seite, sondern beide in Beziehung zueinander erörtert. Die Heranwachsenden sind zahllosen Einwirkungen ausgesetzt. Von der Welt, in die sie geboren werden, ihrer Familie, den Sitten und Konventionen, der Arbeitsordnung und in den letzten Jahrzehnten zunehmend auch von den Medien und von vielem anderen mehr gehen Einwirkungen auf menschliches Lernen aus, in die die pädagogische Praxis eingebunden ist und auf die sie nicht einmal verzichten könnte. Die Fragestellung einer Theorie pädagogischen Wirkens wird im folgenden in drei Schritten skizziert. Zunächst werden die erziehungstheoretischen Problemverkürzungen zweier immer wieder vertretenen affirmativen Konzepte pädagogischen Wirkens herausgearbeitet, dann wird der Fragehorizont einer nicht-affirmativen Theorie pädagogischen

Wirkens entwickelt und schließlich wird die methodische Grundstruktur nicht-affirmativer Erziehung vorgestellt.

4.1.1. Die Problemverkürzungen intentionaler und funktionaler Erziehungstheorien

Schon bevor die konstitutiven und regulativen Prinzipien pädagogischen Denkens und Handelns, von denen die klassische Tradition der Pädagogik ein deutlicheres Bewußtsein hatte, in Vergessenheit gerieten, wurden pädagogische Einwirkungen immer wieder in intentionale und funktionale unterschieden und entsprechend von einer intentionalen und einer funktionalen Erziehung gesprochen. Dies hat insofern einen guten Sinn, als die pädagogisch Handelnden stets mehr oder weniger bewußt Intentionen verfolgen, wenn sie Wirkungen zu erzielen suchen, und als die Heranwachsenden über die von den Intentionen einzelner ausgehenden Wirkungen hinaus immer auch Einflüssen ausgesetzt sind, die unabhängig von Intentionen, gleichsam hinter deren Rücken, wirken. Eine Aufklärung über die zum Teil äußerst komplexen Interdependenzen zwischen intentionalen und funktionalen Einflüssen auf die Lernprozesse Heranwachsender verdanken wir der Sozialisationsforschung, die die interaktiven und gesellschaftlichen Bedingungen für die Reproduktion und Veränderung menschlicher Einstellungen und Verhaltensweisen rekonstruiert. Werden nun die Befunde der Sozialisationsforschung nicht unter kategorial ausgewiesenen Fragestellungen einer Theorie der Erziehung interpretiert, sondern unmittelbar als erziehungstheoretische Einsichten ausgegeben, so kommt es zu einer Verdoppelung der handlungstheoretischen Defizite eines intentionalen oder funktionalen Erziehungsverständnisses, dessen Bedingungszusammenhänge die Sozialisationsforschung aufdeckt, und büßt die Sozialisationsforschung die ihr unter pädagogischen Kategorien zukommende mögliche Aufklärungsleistung ein.

Als Beispiel hierfür möchte ich das berühmte Mädchen aus einer katholischen Mehrkinderfamilie vom Lande heranziehen, dessen intentional und funktional bedingte gesellschaftliche Benachteiligung zu Beginn der Bildungsreform der 60er und 70er Jahre von der Sozialisationsforschung überzeugend nachgewiesen worden ist. Im Vergleich der Schul-, Ausbildungs- und Hochschulabsolventen ließ sich nämlich statistisch zeigen, daß die vom Elternhaus ausgehende Aspiration hinsichtlich der Entwicklung der Kinder bei Protestanten im Durchschnitt höher war als bei Katholiken, in den Städten stärker war als auf dem Lande, in Familien mit ein oder zwei Kindern höher war als in Familien mit mehreren Kindern und sich generell nochmals geschlechtsspezifisch dahingehend unterschied, daß Eltern gegenüber männlichen Heranwachsenden höhere Bildungsaspirationen hatten als gegenüber weiblichen Heranwachsenden. Für all dies gab und gibt es plausible Erklärungen, so diejenige, daß die Entstehung eines Handel treibenden und industriell produzierenden Bürgertums durch die Reformation begünstigt worden ist, daß die Mobilität beruflicher Wahlentscheidungen in den Städten höher als auf dem Lande war, daß Eltern, die nur ein oder zwei Kinder in die Welt setzten, sich für deren Ausbildung stärker engagieren konnten als Eltern mit einer größeren Anzahl von Kindern und daß die künftige Bestimmung weiblicher Heranwachsender eher in der Familie und einer familiär bestimmten Mutterrolle und im Unterschied zur Bestimmung männlicher Heranwachsender weniger in der Ausübung einer bezahlten Berufstätigkeit gesehen wurde.

Daran, daß die Sozialisationsforschung auf intentionale, durch die beteiligten Akteure bedingte, und funktionale, durch bestehende Konventionen und Regeln des Zusammenlebens verursachte Benachteiligungen aufmerksam gemacht hat, kann heute niemand mehr mit argumentationsfähigen Gründen zweifeln. Dies auch dann nicht, wenn jemand nach Gründen sucht, um sich und die Seinen vor dem durch die Bildungsreform verschärften Kampf um die besseren Lebenschancen zu schützen, und deshalb für eine Rückkehr zu früheren Verhältnissen votiert. Entsprechende Optionen werden heute, unsolidarisch mit dem Schicksal von Kindern anderer Familien, zuweilen von denen geäußert, die die Erfahrung machen, daß die eigenen Kinder es nicht mehr so weit bringen, wie es ihnen die Eltern noch vorzumachen vermocht haben. In empirischer Hinsicht stellt solcher Streit zweifellos neuerlich ein interessantes Forschungsfeld der Sozialisationsforschung dar. In systematischer und handlungstheoretischer Hinsicht gilt es dagegen zu fragen, welche erziehungstheoretische Relevanz den vorhandenen und künftigen Ergebnissen der Sozialisationsforschung zukommen kann, damit diese aufklärend wirken und nicht zur vermeintlichen Absicherung unhinterfragter ideologischer Optionen gebraucht werden kann. Auch in diesen Fragen lassen sich wiederum eine pädagogisch-naive, eine politisch-pragmatische und eine den Prinzipien pädagogischen Denkens und Handelns verpflichtete Position unterscheiden.

Die pädagogisch-naive Position setzt darauf, den kausal-analytischen Erklärungen der empirischen Wissenschaften unmittelbar entlehnen zu können, ob die Gesetzmäßigkeiten intentional und funktional vermittelter Sozialisation variant oder invariant sind, um dann für eine Veränderung der varianten Gesetzmäßigkeiten nach Maßgabe einer als fortschrittlich auszuweisenden Option zu votieren. Darin, daß variante Gesetzmäßigkeiten außer Anwendung gesetzt werden können, erblickt sie die empirisch abgesicherte Möglichkeit dafür, durch Sozialisationsprozesse bedingte Benachteiligungen mildern oder gar überwinden und emanzipative Lernprozesse fördern zu können, durch die die sozialisationsbedingte Ungleichheit der Bildungschancen ausgeglichen oder zumindest eine höhere Chancengerechtigkeit erreicht werden kann. Wie jedoch variante von invarianten Gesetzmäßigkeiten abzugrenzen sind und worin die Neubestimmung intentional und gesellschaftlich vermittelter Lernprozesse angesichts vorgegebener varianter Gesetzmäßigkeiten liegen könne, dies läßt sich mit den methodischen Mitteln der Sozialisationsforschung nicht ohne weiteres entscheiden[44]. Hierauf weist der Streit hin, der zwischen Anhängern einer sogenannten Defizit- und einer sogenannten Differenzhypothese geführt worden ist.

Die Anhänger der Defizithypothese erklärten die Sozialisationsprozesse benachteiligter Heranwachsender für defizitär, erhoben die Sozialisationsprozesse der nicht-benachteiligten Heranwachsenden zum Ideal einer erstrebenswerten Normalität und empfahlen als Reformmaßnahmen, die zu erwartenden Sozialisationsresultate benachteiligter Gruppen mit den Mitteln einer ausgleichenden, kompensatorischen Erziehung außer Anwendung zu setzen. Dagegen vertraten die Anhänger der Differenzhypothese die Auffassung, es gelte gerade nicht, die Sozialisationsresultate nicht-benachteiligter Gruppen zum Ideal für alle zu erheben, sondern auf Differenzen im Prozeß und Resultat intentional und gesellschaftlich vermittelter Sozialisation aufmerksam zu machen. Sofern der Differenzhypothese verpflichtete Untersuchungen nicht in eine umgekehrte Defizithypothese umschlagen und zum Beispiel den Sozialisationsbedingungen und -resultaten der Unterschicht eine höhere Wertigkeit als denjenigen anderer Schichten zuerkennen, ist der Differenzhypothese unter pädagogischen Gesichtspunkten ein Vorzug gegenüber der Defizithypothese einzuräumen. Dieser Vorzug ist darin begründet, daß Sozialisationstheorien, die der Differenzhypothese verpflichtet sind, zumindest mittelbar auf eine kategorial ausgewiesene Deutung ihrer Ergebnisse angewiesen sind, derweil Theorien, die einen bestimmten, empirisch vorgegebenen Sozialisationstyp bejahen, mit dieser Affirmation stets auch den Wirkungen intentionaler und funktionaler Erziehung zustimmen, ohne diese zuvor einer kategorial-prinzipiell und handlungstheoretisch begründeten pädagogischen Analyse zu unterziehen.

Versuche, variante Gesetzmäßigkeiten intentionaler und funktionaler Erziehung „niedriger" Wertigkeit mit den Mitteln einer sozialisationstheoretisch fundierten ausgleichenden Erziehung in solche „höherer" Wertigkeit zu transformieren, sind aus mehreren Gründen zum Scheitern verurteilt. Von der Bedingungsanalyse führt nämlich kein handlungstheoretisch legitimierbarer direkter Weg zur Begründung von Reformkonzepten. Sofern Anhänger der Defizithypothese einen solchen Weg aufzuzeigen und Maßnahmen einer ausgleichenden, kompensatorischen Erziehung zur Herstellung oder Erhöhung von Chancengerechtigkeit in die Tat umzusetzen suchten, fanden sie öffentliche und allgemeine Anerkennung nur solange, wie die Bedingungen, Formen und Resultate der als nicht-defizitär eingeschätzten Sozialisation unhinterfragt anerkannt und auch den Angehörigen defizitärer Sozialisation als anzustrebende Normalität empfohlen werden konnten. Als sich aber zeigte, daß

111

die Hoffnung der naiv-pädagogischen Anhänger der Defizithypothese, allen Heranwachsenden durch eine Außeranwendungsetzung der Gesetze ihrer defizitären Sozialisation einen Aufstieg zu ermöglichen, in mehrfachem Sinne trügerisch war, weil die Evaluation der technisch-kompensatorischen Programme deren weitgehende Unwirksamkeit nachwies, der Staat die Kosten einer solch ausgleichenden Erziehung gar nicht tragen konnte und wollte und auch das Beschäftigungssystem einen Aufstieg für alle gar nicht zuließ, verlor die Defizithypothese ihre bildungspolitische Überzeugungskraft.

Eindrucksvoll läßt sich dies an der politisch-pragmatischen Position und dem Wandel ihrer Optionen ablesen. Zu Beginn der Bildungsreform der 60er und 70er Jahre sprachen sich alle politischen Parteien für eine ausgleichende, kompensatorische Erziehung aus, um das Schreckgespenst einer auf das Beschäftigungssystem übergreifenden Bildungskatastrophe abzuwenden, Wirtschafts- und Verwaltungssystem höherqualifizierte Absolventen des Schulsystems in ausreichendem Maße zuzuführen und Bildung als Produktivkraft einer auf Wachstumssteigerung ausgerichteten gesellschaftlichen Gesamtkonzeption zu nutzen. Die Intention, Bildung zum Bürgerrecht zu erheben, erlahmte, als deutlich wurde, daß ein Aufstieg für alle weder finanzierbar, noch im Beschäftigungssystem und der in ihm geltenden Arbeitsteilung absicherbar war[45]. Und nun entdeckte die politisch-pragmatische Position, welche zuvor auf die emanzipativen Leistungen einer mit Hilfe der defizit-hypothetischen Sozialisationstheorie zu befördernden Bildungsreform gesetzt hatte, deren Schwächen.

Das Beispiel, welches hierfür von H. Lübbe, einem Anhänger der politisch-pragmatischen Position, konstruiert wurde, ist das schon genannte Mädchen aus einer katholischen Mehrkinderfamilie vom Lande[46]. An den statistischen Gesetzmäßigkeiten, die für seine Sozialisation gelten, ist ja ausschließlich diejenige des biologischen Geschlechts eine nicht veränderbare, invariante Größe. Um die Naivität einer emanzipatorischen Erziehungstheorie bloßzustellen, folgerte Lübbe aus den Resultaten der empirischen Sozialisationsforschung, man brauche dem katholischen Mädchen aus einer Vielkinderfamilie vom Lande nur sein Geschlecht belassen, seine Religion nehmen, es von seinen Eltern und Geschwistern entfernen und einer emanzipativen Erziehung in der Stadt zuführen, und schon werde die emanzipatorische Pädagogik vorzeigen können, welch neue Menschen zu schaffen sie in der Lage sei. Gerade wegen seiner Überspitzung und verblüffenden Einfachheit, die selbst die naivsten, auf die Außeranwendungsetzung varianter Gesetzmäßigkeiten geschlechts- und schichtspezifischer Sozialisation vertrauenden Reformvorstellungen übertrifft, vermochte Lübbes „Mädchen vom Lande" die ideologischen Schwächen einer unmittelbar konstruktiven Wendung der empirischen Sozialisationsforschung plausibel und sichtbar zu machen.

112

Die Konsequenzen freilich, die die politisch-pragmatische Position aus ihrer Kritik kulturrevolutionärer Tendenzen emanzipatorischer Pädagogik zog, übertreffen die naiv-pädagogischen Strategien noch an Einfachheit. Konzepten, die die Heranwachsenden über die intentionalen und funktionalen Bedingungen ihrer Sozialisation aufklären, stellten Lübbe und andere die 4. These des Bonner Forums „Mut zur Erziehung" entgegen, welche lautet: „Wir wenden uns gegen den Irrtum, die Schule könne Kinder ‚kritikfähig' machen, indem sie sie dazu erzieht, keine Vorgegebenheiten unbefragt gelten zu lassen. – In Wahrheit treibt die Schule damit die Kinder in die Arme derer, die als ideologische Besserwisser absolute Ansprüche erheben. Denn zum kritischen Widerstand und zur Skepsis gegenüber solchen Verführern ist nur fähig, wer sich durch seine Erziehung mit Vorgegebenheiten in Übereinstimmung befindet". Was hierunter im Hinblick auf Lübbes „Mädchen vom Lande" zu verstehen ist, bringt der letzte Absatz eines Diskussionsbeitrags zum Bonner Forum, mit welchem der Band, der über dieses Forum berichtet, schließt, treffend zum Ausdruck: „Es kommt darauf an, den Frauen, den Müttern, wieder das gute Gewissen zum Mut zur Erziehung zu geben, also die Rolle der Mutter der publizistischen und intellektuellen Negativwertung zu entziehen."[47]

Die 4. These des Bonner Forums und die aus ihr folgende Konsequenz, dem Menschen wieder im Hinblick auf wünschenswerte Üblichkeiten ein „gutes Gewissen" zu vermitteln, „zu geben" oder auch zu machen, verweist auf eine heimliche Gemeinsamkeit zwischen den Optionen der pädagogisch-naiven und politisch-pragmatischen Position. Beide stimmen nämlich darin überein, daß Erziehung affirmativ oder positiv sein solle oder müsse. Die ideologischen Fallstricke einer affirmativen Erziehung aber bleiben der pädagogisch-naiven Position ebenso verborgen wie der politisch-pragmatischen. Im Streit miteinander etikettiert die pädagogisch-naive Position die von der politisch-pragmatischen Position vertretenen Üblichkeiten als reaktionär und diffamiert die politisch-pragmatische Position die pädagogisch-naive als kulturrevolutionär, wohl wissend darum, daß sich im Kultursystem heute kaum noch revolutionäre Intentionen durchsetzen lassen. Dieser Streit aber, der zwischen Positionen geführt wird, die variante Gesetzmäßigkeiten der Sozialisation für unterschiedliche politische Optionen zu nutzen suchen, ist letztlich obsolet.

Die Einsicht darin, daß dieser Streit nur von den Aufgaben einer pädagogischen Beratung über individuelle und gesellschaftliche Wirkungen pädagogischer beziehungsweise pädagogisch-relevanter Prozesse entlastet, ist freilich nur möglich, wenn an dem konstitutiven und dem regulativen Prinzip einer kritischen Theorie der Erziehung festgehalten wird und in Distanzierung von jeglichen politischen Optionen für eine wie auch immer geartete Inanspruchnahme varianter Gesetzmäßigkeiten der Sozialisation die intentionalen Einwirkungen pädagogischer Prozesse unter dem konstitutiven Prinzip der Aufforderung zur Selbsttätigkeit und die funktionalen Einwirkungen unter dem regulativen Prinzip der Überführung gesellschaftlicher Determination in pädagogische Determination überprüft werden. Wird den Ergebnissen der empirischen Sozialisationsforschung unter politischen Optionen unmittelbar eine handlungsanleitende Relevanz zugesprochen, so kommt es zu einer Verdoppelung der Irrtümer intentionaler und funktionaler Erziehung. Aufklärende Bedeutung dagegen gewinnt die Sozialisationsforschung allererst vermittelt über eine kategorial und prinzipiell ausgewiesene pädagogische Interpretation ihre Ergebnisse (siehe Abschnitt 4.1.2.). Eine solche Interpretation aber ist auf der Grundlage der pädagogisch-naiven beziehungsweise der politisch-pragmatischen Position gar nicht möglich. Darum gilt es, diese Positionen mit Hilfe einer Unterscheidung zu überwinden, die gleicherweise dem konstitutiven wie dem regulativen Prinzip einer pädagogischen Theorie der Erziehung verpflichtet ist.

Über alle Streitigkeiten hinweg ist sich die pädagogisch-naive mit der politisch-pragmatischen Position darin einig, daß es intentional und funktional definierbare Bedingungen für gelingende Sozialisationsprozesse gibt, die von der pädagogischen Praxis beachtet werden müssen, wenn sie erfolgreich sein soll. Zu diesen Bedingungen zählen Anhänger der Defizithypothese, je nach ihrem politischen Standort, die Üblichkeiten einer gelingenden Mittelschicht-Sozialisation oder die Üblichkeiten für wertvoll erachteter Momente proletarischer Sozialisation, derweil Vertreter der politisch-pragmatischen Position dafür eintreten, die sich im Erziehungs- und Bildungsprozeß ergebenden Leistungsunterschiede der Heranwachsenden müßten von diesen selbst anerkannt werden, da nur so die Entstehung unglücklichen Bewußtseins zu vermeiden sei und die Erteilung unterschiedlicher Berechtigungen als gerecht empfunden werden könne. Folgerichtig wirft die politisch-pragmatische Position der pädagogisch-naiven eine verantwortungslose Erzeugung von unglücklichem Bewußtsein und kulturrevolutionären Scheinaktivitäten und die pädagogisch-naive Position der politisch-pragmatischen reaktionäre Tendenzen zur Scheinlegitimation intentional und gesellschaftlich verursachter Ungleichheit vor.

Das in systematischer Hinsicht Interessante an diesem Streit ist nun, daß seine Kontrahenten durchaus beide Recht haben, ohne daß sich jedoch die Berechtigung ihrer gegenseitigen Kritik in eine höhere und gemeinsame Stimmigkeit überführen ließe. Vielmehr hat die Wahrheit der einen Position die Falschheit der anderen geradezu zu ihrer Voraussetzung, und dies gilt für beide Seiten. Nur wenn es der pädagogisch-naiven Position gelingt, sich erfolgreich für eine Außeranwendungsetzung varianter Gesetzmäßigkeiten der Sozialisation einzusetzen, kann hernach die politisch-pragmatische Position die Anerkennung der sich zeigenden Verschiedenheit der Menschen als eine Forderung der Gerechtigkeit einklagen; und nur wenn die Anerkennung sich zeigender Ungleichheit der Menschen von der politisch-pragmatischen Position überzeugend als eine Forderung der Gerechtigkeit eingeklagt wird, kann die pädagogisch-naive Position hernach wiederum für die Außeranwendungsetzung varianter Gesetzmäßigkeiten intentionaler und funktionaler Sozialisation eintreten. Durch die stetige Erneuerung dieses Streits ist inzwischen der Anschein entstanden, als trete die politisch-pragmatische Position für eine affirmative, die pädagogisch-naive Position dagegen für eine nicht-affirmative Erziehung ein. Dieser Schein aber muß durchschaut werden, soll der Erziehungstheorie künftig überhaupt noch irgendeine Bedeutung zukommen.

4.1.2. *Der Fragehorizont einer nicht-affirmativen Theorie der Erziehung*

An der Frage, ob pädagogische Interaktion affirmativ sein solle oder nicht, scheiden sich immer wieder die Geister. Offenbar gibt es gewichtige Gründe, die teils für, teils gegen eine affirmative Erziehung sprechen. Der gewichtigste Grund für eine affirmative Erziehung ist nach Auffassung ihrer Befürworter der, daß jede nachwachsende Generation in einer historisch vorgegebenen gesellschaftlichen Wirklichkeit erzogen wird, die zunächst einmal Anerkennung beansprucht und anerkannt werden muß, bevor sie auf Veränderungsmöglichkeiten hin untersucht und mit Argumenten in Frage gestellt werden kann. Wer beispielsweise über geschlechtsspezifische Sozialisation streitet, wurde zuvor als Mann oder Frau erzogen. Und über die Vereinfachung der Groß- und Kleinschreibung kann nur mitreden, wer zuvor die deutsche Schreibweise kennengelernt hat. Wer Normen und Konventionen hinterfragt, muß zunächst einmal auf Normen und traditionelle Werte hin erzogen worden sein. Jedenfalls scheint dies alle Erfahrung zu belegen; und es wäre in der Tat völlig abwegig, etwas problematisieren und in Frage stellen zu wollen, was niemand kennt.

Daß in der Erziehung Affirmation und Anerkennung vorgegebener Positivitäten jeder Negation und Kritik vorausgeht, ist freilich nicht nur ein gewichtiger Grund für den Vorrang affirmativer Erziehung. Deren Kritiker wenden denselben Sachverhalt, auf den der Grundsatz einer bejahenden Erziehung seine Legitimation stützt, gegen die Vorrangstellung affirmativer Erziehung. Dieser halten sie vor, sie verewige die Probleme und Mißstände, für deren Lösung sie sich ausgebe. Sie spiegele der nachwachsenden Generation das Trugbild einer heilen Welt vor, bewahre diese vor Kritik und Veränderung und vertage so die Aufklärung und Beratung über die bessere Zukunft auf ein ungewisses, sogenanntes Erwachsenenalter, das dann immer schon den alten Irrtümern verhaftet sei, die zuvor durch affirmative Erziehung tradiert wurden.

115

Dieser Streit zwischen Befürwortern einer affirmativen Erziehung und Vertretern einer der Kritik und Negation vorgegebener Positivitäten verpflichteten Erziehung täuscht darüber hinweg, daß in ihm gar nicht eine affirmative und eine nicht-affirmative Konzeption einander gegenüberstehen, sondern sich zwei unterschiedliche Positionen affirmativer Erziehung gegenseitig bekämpfen. Beide Positionen entnehmen die Ziele und Aufgaben pädagogischen Handelns vorgegebenen positiven Zweckbestimmungen, nur daß die eine von einer real existierenden, die andere von einer stellvertretend antizipierten Positivität ausgeht, die jeweils zur normativen Richtschnur pädagogischen Handelns dienen soll. Beide Positionen gehen von einem instrumentellen Begriff der pädagogischen Praxis aus und sehen in dieser ein wichtiges Mittel zur Tradierung oder zur Veränderung vorgegebener Positivitäten. Beide begreifen die pädagogisch Interagierenden nicht als Produzenten der jeweiligen Positivität, sondern als faktische oder potentielle Träger wünschenswerter Eigenschaften. Beide verstehen das Geschäft der pädagogischen Interaktion als ein solches der Indoktrination, der Übertragung vorentworfener Doktrinen. Nur die Doktrinen, auf die hin erzogen werden soll, sind verschieden. Beide kennen das „Erzieherische", wie Heydorn formuliert hat, nur als „Exekutive" außerpädagogischer Anforderungen an die pädagogische Praxis.

Ein solch normatives Verständnis pädagogischer Interaktion läßt sich nicht schon dadurch überwinden, daß über die zu bejahenden Positivitäten gestritten und vermeintlich falsche gegen vermeintlich richtige ausgetauscht werden. Unter einer nicht-affirmativen Erziehung kann nicht die Suspendierung einer bestimmten Affirmation bei gleichzeitiger Inthronisation einer anderen verstanden werden, sondern nur die Suspendierung jeglicher affirmativen Erziehung, der grundsätzliche Verzicht nämlich, Erziehung als bejahende Instanz unmittelbar in den Dienst außerpädagogischer Positivitäten zu stellen. In erziehungstheoretischer Hinsicht, im Hinblick auf den Prozeßcharakter der pädagogischen Praxis und die für ihn geltenden Prinzipien, ist die Position affirmativer Erziehung deshalb unhaltbar, weil das, was einsichtig erlernt werden soll, niemals durch einen bloßen Akt der Bejahung erlernt werden kann. Nicht durch Affirmation wird eine vom lernenden Subjekt zu lernende Positivität erkannt, sondern durch Aneignung eines dem lernenden Subjekt zunächst Fremden, Unbekannten. Bejaht werden kann dagegen nur das, was schon er-, zumindest aber schon bekannt ist. Insofern ist auf dem Boden affirmativer Erziehung gar kein Lernbegriff möglich, der den Aneignungsleistungen des lernenden Subjekts gerecht werden könnte. Dies gilt sowohl für den Fall, daß das zu Affirmierende real existierend vorgegeben ist, als auch für den entgegengesetzen Fall, daß die intendierte Positivität stellvertretend für die Zu-Erziehenden von den pädagogisch handelnden Akteuren antizipiert wird. Auch in dem Fall, daß eine antizipierte Positivität dadurch erlernt werden soll, daß eine real vorgegebene verneint wird, ist die bestimmte Negation nicht durch eine einfache Verneinung der real vorgegebenen oder eine einfache Bejahung der stellvertretend antizipierten Positivität erlernbar.

Beziehen wir diese für die Grundstruktur einer erziehungstheoretisch legitimierten pädagogischen Interaktion maßgeblichen Problemstellungen auf Lübbes Beispiel vom katholischen Mädchen aus einer Mehrkinderfamilie vom Lande, so scheiden nun die beiden affirmativen Optionen, sowohl diejenige, welche in pädagogisch-naiver Einstellung unmittelbar aus varianten Resultaten der Sozialisationsforschung auf eine mögliche Aufklärung der Betroffenen über die Gründe ihrer Benachteiligung schließt, als auch die politisch-pragmatische, welche mit den Ergebnissen vollzogener Sozialisation als einem Resultat größtmöglicher Gerechtigkeit zu befreunden sucht, gleichermaßen als Alternativen aus. Der Grund für die Falschheit beider Optionen ist nun jedoch nicht mehr allein die ideologiekritisch zu entlarvende wechselseitige Verwiesenheit ihrer Wahrheiten und Unwahrheiten, sondern beider Befangenheit in Vorstellungen einer normativen Erziehung, welche das konstitutive Prinzip der Aufforderung zur Selbsttätigkeit ebensowenig zu beachten vermag wie das regulative Prinzip einer Überführung gesellschaftlicher Determination in pädagogische Determination.

Nicht-affirmative Erziehung unterscheidet sich von affirmativer Erziehung dadurch, daß sie weder einfach den Mechanismen einer intentionalen noch denjenigen einer funktionalen Erziehung folgt. Sie konfrontiert die Intentionalität pädagogischer Interaktion mit der sich vom Prinzip der Aufforderung zur Selbsttätigkeit her stellenden Anforderung, erziehend gerade keine normativen Intentionen zu verfolgen, und legt die Bezüge zwischen pädagogischer Interaktion und den anderen Formen gesellschaftlicher Praxis nicht funktional oder disfunktional aus, sondern versucht diese unter dem regulativen Prinzip einer Transformation der bloß gesellschaftlichen Determination pädagogischer Interaktion in eine praktische Determination zu gestalten. Eine nicht-affirmative Theorie der Erziehung interpretiert darum die Ergebnisse der Sozialisationsforschung in erster Linie als solche einer Selbstaufklärung der Gesellschaft über die in ihr wirksamen intentionalen und funktionalen Mechanismen, nicht aber als eine handlungstheoretische Antwort auf die Frage, wie in pädagogischen Situationen zu handeln sei.

Darum steht auch gar nicht die empirisch vorgegebene Varianz oder Invarianz sozialisationstheoretisch konstruierter Gesetzmäßigkeiten im Vordergrund einer pädagogischen Analyse der Befunde der Sozialisationsforschung. Eine in pädagogischer Hinsicht aufklärende Bedeutung kommt diesen Befunden gerade nicht linear durch die Ermittlung möglicher Varianzen oder Invarianzen von Ursache-Wirkungs-Zusammenhängen intentional und funktional vermittelter Sozialisation zu, sondern allererst vermittelt über eine pädagogische Analyse der gesellschaftlichen Sachverhalte, die die Sozialisationsforschung auf einen szientifischen Begriff bringt. Damit soziologische Aufklärung in pädagogische Aufklärung überführt werden kann, müssen die im Sozialisationsprozeß wirksamen Intentionen unter der für pädagogisches Handeln konstitutiven Kategorie der Aufforderung zur Selbsttätigkeit analysiert und im Handeln der Menschen in indirekte Intentionen einer nicht-affirmativen pädagogischen Praxis transformiert und entsprechend die den Sozialisationsprozeß betreffenden funktionalen gesellschaftlichen Zusammenhänge unter der für pädagogisches Wirken geltenden regulativen Idee der Überführung gesellschaftlicher in pädagogische Determination geprüft und beurteilt werden. Solche Prüfung und Beurteilung aber kann mit den Mitteln der Sozialisationsforschung unmittelbar gar nicht geleistet werden, da deren Aussagen, soweit sie sich um eine Klärung der intentionalen und funktionalen Determination bemühen, selber noch dem Paradigma einer affirmativen Erziehung verhaftet sind.

Statt die ideologiekritische Aufklärung der Betroffenen über die Mechanismen ihrer Benachteiligung zur Methode zu erheben und im Sinne von Lübbes Karikatur dem katholischen Mädchen vom Lande seine Eltern, seine Geschwister, seine Heimat und seine Religion zu nehmen, stellt sich ein nicht-affirmatives Verständnis pädagogischer Interaktion der Frage, wie wir Heranwachsende, ohne daß wir ihnen die Verantwortung für die Folgewirkungen ihrer Sozialisation einfach auflasten, so zur Selbsttätigkeit auffordern können, daß ihre künftige Bestimmung sich nicht als unmittelbares Resultat ihrer Sozialisation einstellt, sondern als Produkt eigener Selbsttätigkeit ergibt. Und statt die Aufklärung über die gesellschaftliche Determination und ihre Mechanismen zum vorrangigen Inhalt der pädagogischen Interaktion zu hypostasieren, stellt uns ein nicht-affirmatives Verständnis pädagogischer Praxis vor die viel weiterreichende Aufgabe, gesellschaftliche Determination in praktische Determination zu transformieren, also z.B. verdummenden Mechanismen religiöser Sozialisation durch eine Verbesserung der religiösen Glaubenspraxis, benachteiligenden Mechanismen familiärer Sozialisation durch eine Verbesserung familiärer Interaktion und zur Unmündigkeit beitragenden Wirkungen beruflicher Tätigkeiten der Eltern durch eine Verbesserung der beruflichen Tätigkeiten selbst entgegenzuwirken.

Die Grundfrage einer nicht-affirmativen Theorie der Erziehung hat Schleiermacher in seinen Vorlesungen zur Theorie der Erziehung aus dem Jahre 1826 auf den Begriff gebracht. Sie lautet: ,,Ein großer Teil der Tätigkeit der älteren Generation erstreckt sich auf die jüngere, und sie ist um so unvollkommener, je weniger gewußt wird was man tut, und warum man es tut. Es muß also eine Theorie geben, die von dem Verhältnisse der älteren Generation zur jüngeren ausgehend sich die Frage stellt, Was will denn eigentlich die ältere Generation mit der jüngeren? Wie wird die Tätigkeit dem Zweck, wie das Resultat der Tätigkeit entsprechen? Auf diese Grundlage des Verhältnisses der älteren zur jüngeren Generation, was der einen in Beziehung auf die andere obliegt, bauen wir alles was in das Gebiet dieser Theorie fällt."[48]

Schleiermachers Grundfrage ist immer wieder so verstanden worden, als stelle sie die erwachsene Generation vor die Aufgabe, für sich die Frage nach dem richtigen Verhältnis der Generationen zueinander zu beantworten, um dann die Antwort auf diese Frage zu tradieren. Eine solche Deutung ist letztlich nichts anderes als ein Mißverständnis affirmativer Erziehung, welche nichts Nicht-Affirmatives zu erkennen und wahrzunehmen vermag, weil sie in den Vorstellungen einer bejahenden und normativen Erziehung blind befangen ist. Schleiermacher ging es mit der oben zitierten Grundfrage um etwas ganz anderes. Er wollte, indem er das Generationsverhältnis nicht mehr nur als ein sittliches, politisches, ökonomisches, religiöses auffaßte, sondern zugleich auch als ein pädagogisches deutete, die aristotelische Fassung des Generationsverhältnisses als eines solchen von Regierenden und Regierten[49] in ein nicht-affirmatives Verständnis pädagogischer Interaktion überführen. Auf die Frage nämlich, was die ältere mit der jüngeren Generation wolle, kann es, soll diese Frage wirklich zur Grundlage einer Theorie der Erziehung erhoben werden, gar keine affirmative Antwort mehr geben, denn als Grundlage einer kritischen Theorie der Erziehung zielt diese Grundfrage ja gerade darauf, daß nicht eine positive Antwort, sondern die Frage selbst als eine neue Positivität im Verhältnis der Generationen tradiert wird. Schleiermachers Grundfrage besagt gerade nicht, daß die ältere Generation mit der jüngeren in dem Sinne etwas Bestimmtes wollen solle, daß der Wille der älteren Generation die künftige Bestimmung der Heranwachsenden antizipiere und festlege, sondern daß jede Intentionalität im pädagogischen Handeln sowohl in ihrem Wollen als auch in ihren Wirkungen in eine intergenerationelle Fragedimension zu überführen sei, von der künftig alle Legitimität pädagogischer Interaktion und pädagogischen Wirkens abhänge. Schleiermachers Grundfrage nicht-affirmativer Erziehung richtet sich darum auch keineswegs nur auf die individuelle oder interaktive Seite pädagogischen Handelns und pädagogischer Wirkungen, sondern bezieht sich zugleich auf die gesellschaftliche Seite der pädagogischen Praxis und die Wirkungen, die die anderen Bereiche menschlichen Handelns auf pädagogisches Handeln ausüben.

Eine dem konstitutiven Prinzip der Aufforderung zur Selbsttätigkeit und dem regulativen Prinzip der Überführung gesellschaftlicher in pädagogische Determination verpflichtete Theorie der Erziehung leugnet keineswegs die Realität intentionaler und funktionaler Wirkungen. Statt solche Wirkungen jedoch lediglich abzubilden und zu verdoppeln, fordert sie die pädagogische Praxis dazu heraus, intentional vermittelte Wirkungen in solche einer Fremdaufforderung zur Selbsttätigkeit und funktional bedingte Wirkungen in solche einer Überführung gesellschaftlicher Determination in praktische Determination zu transformieren. Die zuerst genannte Aufforderung richtet sich an die individuelle Seite pädagogischer Interaktion, die zuletzt genannte an deren gesellschaftliche Seite. Beide Aufforderungen zusammengenommen formulieren das Grundpostulat der methodischen Offenheit einer nicht-affirmativen pädagogischen Praxis, welche die Wahrnehmungs- und Bewußtseinshorizonte der Heranwachsenden durch deren Aufforderung zur Selbsttätigkeit für eine Mitwirkung an der menschlichen Gesamtpraxis und gleichzeitig die menschliche Gesamtpraxis durch Überführung gesellschaftlicher Determination in praktische Determination für die schrittweise Mitwirkung der Heranwachsenden zu öffnen sucht. Denn die Heranwachsenden können durch individuelle Einwirkungen zur Selbsttätigkeit nur aufgefordert werden, wenn sich die anderen Bereiche menschlichen Handelns durch ihre Einwirkungen auf die pädagogische Praxis nicht lediglich von pädagogischen Aufgaben entlasten, sondern stattdessen einräumen, daß die diskursive Verständigung zwischen den Generationen sich immer auch auf die Art und Weise der gesellschaftlichen Einwirkungen auf die pädagogische Praxis bezieht.

4.1.3. Zur methodischen Grundstruktur einer nicht-affirmativen pädagogischen Praxis

Die methodische Grundstruktur einer nicht-affirmativen pädagogischen Praxis, die die Heranwachsenden für eine Mitwirkung an der menschlichen Gesamtpraxis aufschließt und die Bereiche gesellschaftlichen Handelns für eine Mitwirkung der Heranwachsenden öffnet, ist diejenige einer pädagogischen Interpretation von Kinderfragen und eines pädagogischen Fragens, welches einerseits für die Heranwachsenden etwas diesen schon Bekanntes in deren Fragehorizont hebt (Aufforderung zur Selbsttätigkeit) und andererseits vor den Heranwachsenden gesellschaftlich Vorgegebenes in die Frage stellt (Überführung gesellschaftlicher in pädagogische Determination). Solche Fragen umfassen ihrem Anspruch nach sowohl die individuelle als auch die gesellschaftliche Seite der Erziehungspraxis. Sie richten sich niemals nur auf die pädagogische Interaktion im engeren Sinne, sondern stets auch auf Bezüge, in welchen die pädagogische Praxis zu den anderen Bereichen menschlichen Handelns steht. Darum ist es wichtig, das Verhältnis von Frage und Antwort nicht nur in seinem innerpädagogischen Horizont, sondern immer auch im Hinblick auf die in der jeweiligen Frage gemeinte andere Form gesellschaftlichen Handelns zu betrachten. Dies möchte ich abschließend am Beispiel einer Kinderfrage erläutern.

Die folgende Kinderfrage wurde von einem Kind geäußert, dessen Eltern eine katholische Sozialisation erfahren hatten, hernach aber aus der Katholischen Kirche ausgetreten waren, weil sie Teile der Dogmatik und Sittenlehre dieser Kirche nicht mehr anerkennen konnten. Diese Eltern vertraten nun eine atheistische Weltanschauung, zu der sie ihr Kind ebenso affirmativ zu erziehen versuchten, wie sie selber zuvor von ihren eigenen Eltern zur Affirmation von deren Glaubensüberzeugungen erzogen worden waren. Wenige Wochen vor Weihnachten konfrontierte das Kind dieser Eltern sich selbst, seine Klassenkameraden und die Lehrerin mit der Frage: ,,Hat das Christkind Flügel?". Um diese Frage begreifen zu können und um zu verstehen, daß in ihr etwas für das Kind in die Frage gehoben und zugleich vor dem Kind in die Frage gestellt ist, müssen wir zwischen dem unterscheiden, was in der Frage ausgesagt ist, und dem, was die Frage meint. Dem bloßen Wortlaut nach fragt dieses Kind, ob das Christkind Flügel habe oder keine. Die Frage aber meint gar nicht, ob sich das Christkind, wie die Vögel und die Engel, mit Flügelschlag oder wie der Mensch durch aufrechten Gang oder aber durch Einsatz von Propeller- oder Düsenantrieb fortbewege. Die Frage meint, wie aus dem Kontext, in dem sie gestellt wurde, eindeutig hervorgeht, etwas ganz anderes. Sie bezieht sich auf den Sinn des Weihnachtsfestes, auf die Teilhabe des Kindes an den es umgebenden Sitten und an der religiösen Praxis. Denn in dieser Frage artikulierte sich so etwas wie eine Rückfrage des Kindes an den Atheismus seiner Eltern einerseits und die Weltanschauungen und Glaubensüberzeugungen, die es bei anderen vor Weihnachten beobachten und erfahren konnte, andererseits.

Beachtet man aber diese Differenz zwischen dem in der Frage Ausgesagten und dem in ihr Gemeinten, dann kann es keine pädagogisch sinnvolle Antwort geben, die sich nur auf das in der Frage Ausgesagte, also etwa nur auf die Flügel des Christkindes, bezöge. Weder die Antwort ,,Das Christkind hat Flügel" noch die Antwort: ,,Das Christkind hat keine Flügel" träfe ja das vom Kind in der Frage Gemeinte. Eine isolierte und bloß gegenständliche Antwort auf diese Frage, die sich nur auf das in ihr Ausgesagte bezöge, kann es darum in einem pädagogisch anspruchsvollen Sinne gar nicht geben. Vielmehr muß die pädagogische Antwort auf die Kinderfrage an das in der Frage Gemeinte anknüpfen und auch auf die in ihr enthaltenen Bezüge zu einander ausschließenden Üblichkeiten und Themen der religiösen Erziehung und Praxis Rücksicht nehmen. Darum kann die Antwort auch nicht in einem bloßen Hinterfragen der Frage des Kindes bestehen und lauten: ,,Das Christkind hat weder Flügel, noch hat es keine, denn es gibt es gar nicht. Das Christkind ist vielmehr die Geschenkindustrie, es sind die kaufenden und schenkenden Eltern, Großeltern, usw.".

Eine sich an das vom Kind mit seiner Frage Gemeinte anschließende Antwort muß sich auf die Frage des Kindes einlassen und das Kind, statt ihm eine einfach zu übernehmende und zu affirmierende Antwort zu geben, dazu auffordern, sich mit den zum Teil widersprechenden Üblichkeiten auseinanderzusetzen und an einer für es und andere sinnvollen Gestaltung des Weihnachtsfestes mitzuwirken. Dies aber kann nur gelingen, wenn die gesellschaftlichen Einflüsse auf die pädagogische Interaktion in dem Sinne in pädagogisch legitime Einflüsse transformiert werden, daß sich Sitte und Religion für eine selbsttätige Teilhabe von Kindern öffnen und diese nicht mehr lediglich als Objekte von Geschenken einerseits und passive Hörer der christlichen Botschaft andererseits betrachten, sondern als Subjekte in den Diskurs über die Gestaltung des Weihnachtsfestes einbeziehen.

Welches freilich die richtige Antwort auf die Frage, ob das Christkind Flügel habe, ist, geht unmittelbar aus den Prinzipien pädagogischen Wirkens, demjenigen der Aufforderung zur Selbsttätigkeit und demjenigen der Überführung gesellschaftlicher in pädagogische Determination, nicht hervor. Ob es überhaupt sinnvoll ist, ein Fest wie das Weihnachtsfest zu feiern und pädagogisch-interaktive und gesellschaftliche Einwirkungen auf Lernprozesse Heranwachsender an deren Mitwirkung bei der Gestaltung eines solchen Festes auszurichten, läßt sich von den Prinzipien pädagogischen Wirkens her nicht entscheiden. Zwar können wir Heranwachsende zur Selbsttätigkeit nur auffordern, wenn es gelingt, gesellschaftliche Determinanten der Lernprozesse Heranwachsender in praktische, deren Mitwirkung berücksichtigende Interdependenzen zu überführen. Der Sinnhorizont einer Verständigung über menschliches Handeln bemißt sich jedoch nicht ausschließlich oder vorrangig danach, ob die Mitwirkung Heranwachsender im Sinne des Postulats methodischer Offenheit möglich ist. Das pädagogische Experiment, die Heranwachsenden zur Mitwirkung an der menschlichen Gesamtpraxis aufzufordern, ist untrennbar an einen Sinnanspruch menschlichen Handelns zurückgebunden, der durch eine bloße Absicherung der Mitwirkungsmöglichkeiten von Kindern und Heranwachsenden nicht schon gesichert werden kann. An dieser Stelle aber geht die Fragestellung einer nichtaffirmativen Theorie der Erziehung in diejenige einer nicht-affirmativen Theorie der Bildung über.

4.2. Theorie der Bildung

Die Abgrenzung der Theorie der Bildung von der Theorie der Erziehung zielt auf eine Unterscheidung handlungstheoretisch-systematischer Fragestellungen der Erziehungswissenschaft, nicht aber auf eine Abgrenzung pädagogischer Handlungsvollzüge und deren Einteilung in erziehende und bildende. Eine Dimensionierung der pädagogischen Praxis in unterschiedliche Handlungsvollzüge wird erst im Abschnitt 5. vorgenommen.

Von der Fragestellung der Theorie der Erziehung unterscheidet sich diejenige der Theorie der Bildung dadurch, daß in ihr nicht die richtige Art und Weise pädagogischen Wirkens, sondern die Aufgaben und die

Zweckbestimmung der pädagogischen Praxis zur Diskussion stehen. Die Aufgabenbestimmung pädagogischer Praxis teilt sich, analog zu den Wirkungen, die von der pädagogischen Interaktion ausgehen und auf diese einwirken, wiederum in eine individuelle und eine gesellschaftliche Seite. Die Theorie der Bildung bringt ebensowenig wie das pädagogische Handeln die Aufgaben und Zwecke pädagogischen Handelns hervor, sondern bemüht sich um eine Analyse und Beurteilung der zunächst immer schon vorgegebenen Aufgabe und Zweckbestimmung pädagogischer Interaktion, der als konstitutives Prinzip der individuellen Seite pädagogischen Denkens und Handelns dasjenige der Bildsamkeit und als regulatives Prinzip der gesellschaftlichen Seite der Pädagogik die Idee eines nicht-hierarchischen Verhältnisses der Einzelpraxen ausdifferenzierter Humanität zugrunde liegt. Im Zentrum der Theorie der Bildung steht das Problem einer Vermittlung zwischen der individuellen und der gesellschaftlichen Bestimmung des Menschen, die die Individuen weder der Gesellschaft opfert, noch die menschliche Gesamtpraxis auf ein Spielfeld individueller Willkür und Selbstverwirklichung reduziert. Der Problemhorizont der bildungstheoretischen Frage nach der Bestimmung menschlicher Praxis wird im folgenden in drei Schritten skizziert. Zunächst wird auf Problemverkürzungen formaler und materialer Bildungstheorien hingewiesen, dann wird in Auseinandersetzung mit den geschichtlichen Errungenschaften und Positivitäten der Neuzeit der Fragehorizont einer nicht-affirmativen Theorie der Bildung bestimmt und schließlich wird über einen Exkurs zu Ansätzen, die zwischen den Positivitäten der Neuzeit zu vermitteln suchen, die thematische Grundstruktur einer nicht-affirmativen pädagogischen Praxis vorgestellt.

4.2.1. Die Problemverkürzungen formaler und materialer Bildungstheorien

Wird der noch genauer zu bestimmende Zusammenhang zwischen dem konstitutiven und dem regulativen Prinzip der Aufgabenbestimmung pädagogischen Handelns ausgeblendet und beansprucht die pädagogische Praxis für sich einen Primat gegenüber allen anderen Handlungsbereichen, so verkürzt sich der Fragehorizont der Theorie der Bildung auf denjenigen einer Theorie formaler Bildung; wird dagegen den anderen Bereichen menschlichen Handelns ein Primat gegenüber der pädagogischen Praxis zuerkannt, so kommt es zu einer Verkürzung der Theorie der Bildung auf diejenige einer Theorie materialer Bildung. Formale Bildungstheorien begreifen alle Weltinhalte und Praxisbereiche menschlichen Handelns lediglich als Stoffe für die Übung und Ausbildung individueller Fähigkeiten und Kräfte, materiale Bildungstheorien dagegen sehen in den sich bildenden Subjekten lediglich Träger gesellschaftlich wünschenswerter Eigenschaften und Qualifikationen. Im Streit mit materialen Bildungstheorien erheben formale Bildungstheorien den Anspruch, die Normativität materialer Bildungstheorie zu brechen und das Subjekt in seine Rechte zu setzen. Dagegen rechnen materiale Bildungstheorien sich als Stärke an, über einen Begriff der Leistungen, Kompetenzen und Qualifikationen zu verfügen, die von den Lernenden erbracht werden müssen, damit sie zu nützlichen Mitgliedern der Gesellschaft und in einem gesellschaftlichen Sinne handlungsfähig werden. Dieser Streit um den Vorrang einer formalen Bestimmung der Aufgaben pädagogischen Handelns gegenüber einer materialen und umgekehrt ist letztlich jedoch ebenso unfruchtbar wie der Streit zwischen intentionaler und funktionaler Erziehung im Bereich der Theorie der Erziehung.

Dies zeigt sich einmal daran, daß ein und derselbe Inhalt in historisch verschiedenen Kontexten sowohl material als auch formal legitimiert werden kann, ohne daß mit dem Wechsel des Legitimationsmodus ein Gewinn an bildungstheoretischer Stimmigkeit verbunden ist. Solange Latein die Sprache des Klerus, der Gerichtsbarkeit und Verträge und der Wissenschaften war, wurde die Notwendigkeit eines Lateinunterrichts für wenige material als ein Erfordernis gesellschaftlicher Ansprüche im Hinblick auf die Berufstätigkeit von Klerikern, Juristen und Wissenschaftlern legitimiert. Als dann eine materiale Legitimation nicht mehr überzeugen konnte, weil Latein nicht mehr die Sprache der Wissenschaft und der Verträge war, wurde das Erlernen der lateinischen Sprache formal als eine allgemeine Notwendigkeit legitimiert, indem man ihm einen besonderen Wert für die Entwicklung der menschlichen Kräfte und Fähigkeiten zusprach. Formale Bildungstheorie erhob für solche Legitimationsbeschaffung zuweilen den Anspruch auf eine höhere bildungstheoretische Qualität, weil ihre Legitimation nicht mehr standes- und berufsspezifisch, sondern auf die Entwicklung menschlicher Kräfte und Fähigkeiten bezogen und mithin allgemeinbildend sei. Solche Argumentation zeugt jedoch nur von einer argumentationsstrategischen Überlegenheit formaler Bildungstheorie, denn es läßt sich zeigen, daß die für formale Bildung beanspruchte höhere Dignität gegenüber materialer Bildung nur in einem vordergründigen Sinne unterstellt werden darf.

Eine ausschließlich formale Legitimation der Lerninhalte vermag keineswegs die von der formalen Bildungstheorie an der materialen Bildung kritisierte Auslieferung der lernenden Subjekte an gesellschaftliche Anforderungen zu überwinden, sondern dient letztlich denselben gesellschaftlichen, parapädagogischen Zweckbestimmungen, wenn sie Inhalte, die material und funktional nicht mehr überzeugend zu legitimieren sind, formal im Sinne der Intentionalität einer scheinbar allgemeinbildenden Entwicklung menschlicher Kräfte und Fähigkeiten begründet. Die im 19. Jahrhundert unter dem Vorrang formaler Menschenbildung institutionalisierte Allgemeinbildung und deren Abkopplung von der beruflichen Bildung haben ja keineswegs zur Institutionalisierung einer allgemeinen

Menschenbildung geführt, sondern entscheidend zur Begründung eines Berechtigungswesens beigetragen, in dem formal legitimierte Inhalte, wie zum Beispiel das Erlernen der alten Sprachen, als neue Selektionsmechanismen eingesetzt wurden.

Darin, daß eine formale Legitimation der Aufgaben der pädagogischen Praxis, die deren Inhalte scheinbar nach ihrer Tauglichkeit für eine allgemeine Entwicklung menschlicher Kräfte und Fähigkeiten einstuft, ebenso wie eine materiale Legitimation, die die Inhalte aus gesellschaftlichen Anforderungen ableitet, in der Gefahr steht, die Aufgabenbestimmung pädagogischen Handelns aus außerpädagogischen gesellschaftlichen Erfordernissen abzuleiten und so als Erfüllungsgehilfe gesellschaftlicher Optionen zu fungieren, unterscheiden sich die Zugriffsweisen formaler und materialer Bildungstheorie keineswegs. Die systematischen und handlungstheoretischen Schwächen der formalen und materialen Bildungstheorie zeigen sich nicht nur im Kampf beider Positionen miteinander; in systematischer Hinsicht werden sie erst deutlich, wenn wir beide mit dem konstitutiven und dem regulativen Prinzip einer pädagogischen Theorie der Bildung konfrontieren. Alsdann erweisen sich nämlich, wie zuvor schon in Konfrontation mit den Prinzipien der Theorie der Erziehung die Modelle einer intentionalen und funktionalen Theorie der Erziehung, auch die Ansätze einer formalen und materialen Theorie der Bildung als bildungstheoretisch defizitäre Modelle.

Der naiv-pädagogische Schein einer vermeintlichen Option fürs Subjekt, mit dem formale Konzepte sich selbst auszuzeichnen suchen, zerbricht ebenso, wenn wir sie mit dem konstitutiven Prinzip der Bildsamkeit konfrontieren, wie sich der Schein einer vermeintlichen Option für eine adäquate Bestimmung des Verhältnisses der pädagogischen Praxis zu den anderen gesellschaftlichen Praxen, auf den politisch-pragmatische Konzepte ihren materialen Begriff der Bildung stützen, als trügerisch erweist, sobald wir diese mit dem regulativen Prinzip eines nicht-hierarchischen Verhältnisses der Teilpraxen der menschlichen Gesamtpraxis konfrontieren. Denn die Bildsamkeit des Menschen läßt sich ebensowenig als bloße Entwicklung aller menschlichen Kräfte und Fähigkeiten zureichend bestimmen, wie die Idee eines gleichgewichtigen Verhältnisses der Praxen untereinander eine materiale Ableitung der Aufgaben pädagogischen Handelns aus gesamtgesellschaftlichen Erfordernissen zuläßt.

Weder gibt es in einem ontologisch relevanten Sinne so etwas wie menschliche Grundkräfte, die unabhängig von der Aneignung materialer Weltinhalte gegeben wären und sich in Auseinandersetzung mit materialen Weltinhalten nur wecken und üben ließen, noch gibt es materiale Inhalte, die als Bildungsinhalte oder -gehalte eine sinn- und aufgabenorientierende Relevanz für die pädagogische Praxis beanspruchen könnten. An die Stelle der irrigen Annahme menschlicher Grundkräfte an sich, die, frei von jeder geschichtlichen und gesellschaftlichen

Vermitteltheit, die humanen Anlagen und die Aufgaben pädagogischen Handelns bestimmen, setzt die Relationskategorie der Bildsamkeit die Perspektive, es gelte die Heranwachsenden als Subjekte anzuerkennen, die an ihrer Menschwerdung interaktiv mitwirken und in pädagogischer Interaktion bestimmbar zur produktiven Freiheit, Geschichtlichkeit und Sprachlichkeit menschlicher Praxis sind. Diese Fähigkeit aber kommt den an ihrer Bildung und Bestimmung tätigen Menschen gerade in einem interaktiven Sinne zu und ist ebensowenig ein unmittelbares Resultat irgendwelcher Grundkräfte wie ein unmittelbares Produkt gesellschaftlicher Anforderungen an die Lernprozesse Heranwachsender.

Die interaktive Bildsamkeit des Menschen läßt sich ebensowenig nach formalen Gesichtspunkten in eine theoretische, affektive und pragmatische einteilen, wie sie nach materialen Kriterien in eine altsprachliche und neusprachliche, naturwissenschaftliche und sozialwissenschaftliche, volkstümliche und wissenschaftliche Bildsamkeit und andere mehr unterschieden werden kann. Gegenüber den Begriffen solipsistisch und biologisch-genetisch verstandener Naturanlagen und ansatzweise interaktiv gedeuteter Begabungen kommt dem Begriff der Bildsamkeit der nicht zu unterschätzende Vorteil zu, daß er nur im Singular, nicht aber im Plural verwendet werden kann. Das Prinzip der Bildsamkeit weist im Unterschied zum Begriff der Entwicklung aller menschlichen Kräfte und Fähigkeiten auf die Individualität und jeweilige Einzigartigkeit der sich bildenden Person, die mehr als ein bloßes Zentrum unterschiedlicher Kräfte und Fähigkeiten, mehr auch als ein bloßer Träger wünschenswerter Eigenschaften und Qualifikationen, nämlich Subjekt im Bildungsprozeß und nicht nur an der pädagogischen Interaktion mitwirkendes, sondern zur Mitwirkung an der menschlichen Gesamtpraxis fähiges Subjekt ist.

Nicht minder weitreichend ist die Korrektur, die materiale Bildungstheorien erfahren, wenn ihre gesellschaftliche Aufgabenbestimmung pädagogischen Handelns einer Überprüfung unter dem regulativen Prinzip eines nicht-hierarchischen Verhältnisses der Einzelpraxen der menschlichen Gesamtpraxis unterzogen werden. Alle materialen Bildungstheorien, so sehr sie sich untereinander auch unterscheiden mögen, stimmen darin überein, daß sie zwischen den gesellschaftlichen Anforderungen an die pädagogische Praxis, die sie zur Aufgaben- und Zweckbestimmung pädagogischen Handelns erheben, und der pädagogischen Praxis eine teleologische Verhältnisbestimmung konstruieren und der pädagogischen Praxis die Aufgabe zuweisen, die Heranwachsenden im Sinne vorgegebener gesellschaftlicher Anforderungen zu handlungsfähigen Mitgliedern der Gesellschaft zu machen. Je nachdem, ob die Aufgaben pädagogischer Interaktion aus der Politik, der Religion oder der Ökonomie abgeleitet werden, nimmt die materiale Bildungstheorie die Gestalt einer angewandten Politik, Religion oder Ökonomie an, welche die Anforderungen an die Bildung der Einzelnen nach deren künftiger gesellschaftlicher Zweckbestimmung ausrichten und auf ein hierarchisches Verhältnis zwischen den außerpädagogischen Handlungsbereichen und der pädagogischen Praxis gründen.

Solange die materialen Anforderungen der gegenüber der pädagogischen Praxis höherrangigen gesellschaftlichen Handlungsbereiche ihrerseits in eine teleologisch-hierarchische Gesamtordnung gebracht und zum Beispiel der Politik oder einer bestimmten Religion eine oberste und höchste sinnstiftende Instanz zugewiesen werden konnte, war die hierarchische Verhältnisbestimmung, die die materiale Bildungstheorie zwischen pädagogischer Praxis und anderen Handlungsbereichen vorsah, gleichsam integriert in eine hierarchisch und teleologisch gerechtfertigte Gesamtordnung der menschlichen Praxis. Als aber seit der Aufklärung der menschlichen Willkür entzogene teleologische Ordnungszusammenhang von religiöser, politischer und ökonomischer Praxis zerbrach und anstelle der vorgegebenen älteren Ordnungsvorstellungen menschlicher Verstand und neuzeitliche Vernunft für sich beanspruchten, alleinige Zwecke setzende und prüfende Instanz zu sein, büßte die materiale Bildungstheorie ihre Unschuld ein, die ihr im Kontext teleologisch geordneter Gesamtgesellschaften hatte zukommen können.

4.2.2. Der Fragehorizont einer nicht-affirmativen Theorie der Bildung

In der Neuzeit wurden die traditionellen hierarchisch-teleologischen Ordnungsvorstellungen zunächst nicht durch nicht-hierarchische und nicht-teleologische Konzepte, sondern durch ein hierarchisch nicht-teleologisches Ordnungsmodell abgelöst. Von den älteren teleologischen Ordnungsphilosophien, die jeder menschlichen Tätigkeit eine durch die Rangordnung der Zwecke und Güter bestimmte Stellung zugewiesen hatten, unterscheidet sich dieses Modell dadurch, daß in ihm die frühere, menschlicher Willkür weitgehend entzogene Gesamtordnung aller menschlichen Tätigkeiten zunehmend aufgehoben wird und die Einzelpraxen untereinander in einen Kampf um Einfluß und teleologisch nicht mehr ausweisbare Dominanz treten. Die Dialektik der Aufklärung[50], daß neuzeitliche Wissenschaft mit ihrer rationalen Begründung menschlicher Herrschaft über Natur auch die menschliche Gesellschaft der Willkür menschlicher Herrschaft unterwirft, zeigt sich in den letzten Jahrhunderten an der Vorrangstellung, die staatliche Politik und wissenschaftlich-technische Ökonomie für sich beansprucht haben. In diesem Zusammenhang ist es in problemgeschichtlicher Hinsicht aufschlußreich, daß beide Prinzipien der Theorie der Bildung, sowohl das konstitutive Prinzip der Bildsamkeit als auch die regulative Idee eines nicht-hierarchischen Verhältnisses der Einzelpraxen ausdifferenzierter Humanität, in einer zweifachen Auseinandersetzung entwickelt worden sind, zum einen als

Kritik am hierarchisch nicht-teleologischen Ordnungsmodell neuzeitlicher Vernunft, zum andern als Kritik der sich wandelnden gesellschaftlichen Verhältnisse, in denen die Bildsamkeit des Menschen ebensowenig wie die Idee eines nicht-teleologischen und nicht-hierarchischen Ordnungszusammenhangs der menschlichen Gesamtpraxis anerkannt werden konnte.

Rousseaus provokative Antwort auf die Frage nach dem Ziel aller Erziehung, dieses sei „dasjenige der Natur selbst"[51], formulierte als erste den neuzeitlichen Begriff der Bildsamkeit des Menschen. Was unter der menschlichen „Natur selbst" zu verstehen ist, unterschied Rousseau gleichermaßen von der idealisierten und teleologisch auf die Vorgegebenheit einer guten gesellschaftlichen Ordnung ausgerichteten Existenzform des antiken Staatsbürgers, der ohne Anspruch auf eigene Individualität nicht sich, sondern dem Staat, der Einzelpolis, gehört, wie vom Konkurrenzkampf der neuzeitlichen Bürger in der in Auflösung begriffenen Gesellschaftsform des *ancien régime*. Rousseaus besondere Hochachtung für die fiktive Existenzform eines nicht vergesellschafteten freien Wilden und die idealisierte Existenzform des antiken Bürgers zielte darauf, die Entfremdung des neuzeitlichen Menschen ins Bewußtsein zu heben, der nach der Infragestellung des teleologischen Ordnungszusammenhangs der menschlichen Gesamtpraxis durch neuzeitliche Wissenschaft weder, wie der fiktive Wilde, sich selbst gehört, noch, wie der antike Staatsbürger, einer vorgegebenen allgemeinen Ordnung anzugehören vermag.

Rousseau war vielleicht der erste, der genauer darum wußte, daß die individuelle und gesellschaftliche Existenzweise des Menschen ebensowenig in einer als ontologisch und teleologisch unterstellten prästabilierten Harmonie vermittelbar, wie in einer aufgegebenen individuellen und gesellschaftlichen Identität versöhnbar sind. Seine drei Typen menschlicher Existenz, der Typus des solitär, nicht vergesellschaftet lebenden Wilden, der des antiken Staatsbürgers ohne Individualität und der des in sich zerrissenen Bourgeois, der weder sich selbst gehört, noch einer guten gesellschaftlichen Ordnung angehört, sondern Reichtum und Macht zu steigern sucht und darum zu einer solidarischen, von Eigennutz freien Anerkennung der anderen nicht fähig ist, alle drei Typen weisen darauf hin, daß die „Natur des Menschen" weder in einer vor- noch außergesellschaftlichen Existenzform einfach als schon gegeben unterstellt, noch in der bloßen Übereinstimmung der einzelnen mit einer vorgegebenen gesellschaftlichen Ordnung erlangt, noch im Kampf um Einfluß und Macht gefunden werden kann.

Die Frage nach der menschlichen Natur und einer dem Menschen angemessenen Bestimmung, die nicht einzelnen sondern allen Menschen zukommt, suchte Rousseau dadurch zu beantworten, daß er in seiner im „Emile" konzipierten und exemplarisch dargestellten Theorie der

Erziehung die pädagogische Interaktion gerade nicht mehr teleologisch in den Dienst einer vorgegebenen oder vorentworfenen gesellschaftlichen Ordnung stellte und in seiner politischen Hauptschrift, dem „Contrat social", eine Theorie der Gesellschaft entwarf, welche die Vernünftigkeit einer künftigen Gesellschaftsordnung nicht mehr auf wie auch immer geartete Grundsätze gerechter Herrschaft stützte, sondern die Legitimität jedweder gesellschaftlichen Ordnung an eine Identität der Gesellschaftsmitglieder zurückband, die diesen als gleichzeitigen „Teilhabern der höchsten Gewalt" und als „Untertanen" im „Hinblick auf den Gehorsam, den sie den Staatsgesetzen schuldig sind", zukommt[52]. Durch diese Konstruktion suchte Rousseau die Anerkennung der unbekannten und gesellschaftlich gerade nicht zu normierenden Bildsamkeit des Menschen an die Idee eines nicht-hierarchischen Zusammenhangs von Pädagogik und Politik zurückzubinden und die Bildung der menschlichen Natur weder in das Belieben der einzelnen zu stellen, noch dem Machtanspruch des absolutistischen Staates auszuliefern.

Rousseaus Antwort, das Ziel der Erziehung sei das der Natur selbst, bezog ihre provokative Bedeutung gerade daraus, daß sie sich jeglicher positiven Normierung der Natur des Menschen versagte und an die Stelle einer affirmativen Bestimmung der Aufgaben pädagogischer Interaktion die auf die menschliche Gesamtpraxis bezogene Frage nach der Natur des Menschen und der Bestimmung der einzelnen setzte. Seit Rousseaus Gesellschafts- und Kulturkritik kann Bildungstheorie, will sie nicht hinter schon erreichtes Problembewußtsein zurückfallen, nicht mehr affirmativ sein und halten Versuche, die nach einer positiven Bestimmung des Menschen fragen, das nicht aus, um was es in solchen Fragen eigentlich geht.

Daß wir die Natur des Menschen nicht gegenständlich bestimmen, sondern um sie nur in dem Maße wissen können, in dem wir unsere in einem objektivistischen Sinne gerade nicht bestimmbare Natur als etwas uns selbst Unbekanntes anerkennen, brachten nach Rousseau Herbart, der die Bildsamkeit des Menschen als ein Übergehen von der Unbestimmtheit zur Bestimmtheit deutete, und Humboldt auf den Begriff, der in seiner Abhandlung „Über den Geist der Menschheit" die „innere Natur" des Menschen als ein „unbekanntes Etwas" und die Bestimmung der einzelnen als „originelle Individualität" faßte, für die es weder ein Original noch ein Vorbild gebe[53]. Die Bildsamkeit des Menschen im Sinne seiner gerade nicht festgelegten Bestimmtheit für besondere Tätigkeiten können wir nur anerkennen, wenn wir weder den Zusammenhang der menschlichen Tätigkeiten noch die Bildsamkeit der einzelnen im Sinne einer vorgegebenen oder vorentworfenen Ordnung normieren, sondern die Idee eines nicht-hierarchischen Verhältnisses der menschlichen Gesamtpraxis anerkennen, in welcher das Zusammenwirken der einzelnen nicht nach Maßgabe einer den Tätigkeiten äußerlichen Ordnung geregelt wird, sondern als universelle Kommunikation vielseitig

Gebildeter sich reguliert. Mit Formulierungen wie „größtmögliche Vielseitigkeit des Interesses" gegenüber einseitiger standesspezifischer Sozialisation und „universelle Moralität in Abhebung zu standesspezifischen Moralen für Herren und Untertanen", „mannigfaltige Wechselwirkung zwischen Mensch und Welt sowie unter den Menschen" umschrieben Herbart und Humboldt das, was Rousseau mit seiner provokativen These, das Ziel der Erziehung sei „die Natur selbst", antizipierte. Bildung ist dieser Bestimmung zufolge Arbeit des Menschen an seiner eigenen Bestimmung, bezieht sich auf ein Ganzes, das es gesellschaftlich noch nicht gibt und als ein fertiges Ganzes angesichts der Endlichkeit des Menschen auch nie geben wird.

Werden vom Menschen hervorgebrachte Selbstbestimmungen zur Bestimmung des Menschen, werden geschichtlich vorläufige Antworten auf die Frage nach der Bestimmung des Menschen zu historisch gültigen Antworten erhoben, so verkürzt sich die Fragestellung der Theorie der Bildung auf diejenige einer affirmativen Theorie der Bildung und verkommt Bildung zur Halbbildung. Scharfsinnig hat Adorno seine These begründet, daß Halbbildung der Bildung nicht vorausgehe, sondern auf sie – notwendig – folge[54]. Bildungstheoretisch müssen wir mit Adorno jedwede Halbbildung, die Kulturinhalte positiv affirmiert, vom Prinzip einer kulturtransformierenden, schöpferischen Bildsamkeit des Menschen und der Idee eines nicht-hierarchischen Ordnungszusammenhangs der menschlichen Gesamtpraxis her, die ebensowenig der Tradition ein Herrschaftsverhältnis im Hinblick auf die Zukunft wie der Zukunft gegenüber der Geschichte zubilligt, kritisieren. Bildungstheoretisch müssen wir freilich zugleich auch die von Adorno behauptete Zwangsläufigkeit des geschichtlichen Umschlags von Bildung in Halbbildung in Frage stellen, denn in der Anerkennung einer solchen Notwendigkeit wiederholte sich letztlich nur noch einmal die von Adorno beklagte Auflösung der Arbeit des Menschen an seiner Bestimmung in körperliche und geistige Arbeit, materiale und formale Bildung. Die geschichtliche Notwendigkeit, welche nach Adorno dem Zerfall der Bildungsidee zur sozialisatorischen Affirmation von Kulturinhalten zwangsläufig zukam, war zurückgebunden an die Realgeschichte des 19. und 20. Jahrhunderts, in der die Steigerung menschlicher Macht über Natur und Gesellschaft als leitende Fortschrittsperspektive galt und weder die Ende des 18., Anfang des 19. Jahrhunderts entdeckte Bildsamkeit des Menschen, noch die Idee eines nicht-hierarchischen Verhältnisses der Einzelpraxen ausdifferenzierter Humanität anerkannt wurde.

Halbbildung läßt sich in produktive Tätigkeit des Menschen an seiner Bestimmung weder durch eine einfache Affirmation des wissenschaftlich-technischen Fortschritts der letzten Jahrhunderte, der der verwissenschaftlichten Ökonomie den Primat gegenüber allen anderen Praxisbereichen einräumte, noch durch bloße Ideologiekritik, welche für sich einen negativen Primat beansprucht, überführen. Denn Halbbildung folgt heute keineswegs nur in dem, was sie affirmiert, demjenigen nach, was menschliche Tätigkeit zuvor hervorgebracht hat. Zu jenen Formen affirmativer Halbbildung, die Adorno an sich und an anderen beobachtete, sind heute neue Formen von Halbbildung hinzugekommen, die sich von den älteren, kulturaffirmativen dadurch unterscheiden, daß in ihnen das, was der Herrschaft menschlicher Vernunft nicht unterworfen ist und als Geschick auf uns zukommt, mit der Attitüde einer postmodernen Avantgarde affirmiert wird, welche den Umweg über die kritische Tradition der Theorie der Bildung, den Adorno trotz aller ideologiekritischen Skepsis noch für unverzichtbar hielt, ohne ihn beschritten zu haben, suspendieren zu können meint[55].

Im Unterschied zu der auf die Realgeschichte des 19. und 20. Jahrhunderts bezogenen ideologiekritischen These von der Notwendigkeit des Umschlags von Bildung in Halbbildung und im Unterschied zu postmodernen Befreundungsversuchen mit und Ausstiegsversuchen aus den Folgen unserer wissenschaftlich-technischen Zivilisation gründet Humboldt die Erörterung bildungstheoretischer Fragen nach der Bestimmung des Menschen auf eine solche Wechselwirkung von Mensch und Welt, in der der Mensch ebensowenig seine Bestimmung der Welt teleologisch entlehnt, wie er dieser ihre Bestimmung herrschaftlich aufprägt. Auftrag und Antinomik der Bildung als Wechselwirkung des Menschen mit der Welt sind in der folgenden Stelle aus Humboldts Bruchstück zu einer Theorie der Bildung des Menschen zugleich angesprochen:

„Im Mittelpunkt aller besonderen Arten der Thätigkeit nemlich steht der Mensch, der ohne alle, auf irgend etwas Einzelnes gerichtete Absicht, nur die Kräfte seiner Natur stärken und erhöhen, seinem Wesen Werth und Dauer verschaffen will. Da jedoch die bloße Kraft einen Gegenstand braucht, an dem sie sich übt, und die bloße Form, der reine Gedanke, einen Stoff, in dem sie, sich darin ausprägend, fortdauern könne, so bedarf auch der Mensch einer Welt außer sich. Daher entspringt sein Streben, den Kreis seiner Erkenntnis und seiner Wirksamkeit zu erweitern, und ohne daß er sich selbst deutlich dessen bewußt ist, liegt es ihm nicht eigentlich an dem, was er von jener erwirbt, oder vermöge dieser außer sich hervorbringt, sondern nur an seiner inneren Verbesserung und Veredlung, oder wenigstens an der Befriedigung der innern Unruhe, die ihn verzehrt. Rein und in seiner Endabsicht betrachtet, ist sein Denken immer nur ein Versuch seines Geistes, vor sich selbst verständlich, sein Handeln ein Versuch seines Willens, in sich frei und unabhängig zu werden, seine ganze äußre Geschäftigkeit überhaupt aber nur ein Streben, nicht in sich müßig zu bleiben. Bloß weil beides, sein Denken und sein Handeln nicht anders, als nur vermöge eines Dritten, nur vermöge des Vorstellens und des Bearbeitens von etwas möglich ist, dessen eigentlich unterscheidendes Merkmal es ist, Nicht-Mensch, d.i. Welt zu seyn, sucht er, soviel Welt, als möglich zu ergreifen, und so eng, als er nur kann, mit sich zu verbinden.

Die letzte Aufgabe unsres Daseyns: dem Begriff der Menschheit in unsrer Person, sowohl während der Zeit unsres Lebens, als auch noch über dasselbe hinaus, durch die Spuren des lebendigen Wirkens, die wir zurücklassen, einen so großen Inhalt, als möglich, zu verschaffen, diese Aufgabe löst sich allein durch die Verknüpfung unsres Ichs mit der Welt zu der allgemeinsten, regesten und freiesten Wechselwirkung. . . .

Die Verknüpfung unsres Ichs mit der Welt scheint vielleicht auf den ersten Anblick nicht nur ein unverständlicher Ausdruck, sondern auch ein überspannter Gedanke. Bei genauerer Untersuchung aber wird wenigstens der letztere Verdacht verschwinden, und es wird sich zeigen, daß, wenn man einmal das wahre Streben des menschlichen Geistes (das, worin ebensowohl sein höchster Schwung, als sein ohnmächtigster Versuch enthalten ist) aufsucht, man unmöglich bei etwas Geringerem stehen bleiben kann. . . .

Beschränken sich indes auch alle diese Forderungen nur auf das innere Wesen des Menschen, so dringt ihn doch seine Natur beständig von sich aus zu den Gegenständen außer ihm überzugehen, und hier kommt es nun darauf an, daß er in dieser Entfremdung nicht sich selbst verliere, sondern vielmehr von allem, was er außer sich vornimmt, immer das erhellende Licht und die wohltätige Wärme in sein Innres zurückstrahle. Zu dieser Absicht aber muß er die Masse der Gegenstände sich selbst näherbringen, diesem Stoff die Gestalt seines Geistes aufdrücken und beide einander ähnlicher machen. In ihm ist vollkommene Einheit und durchgängige Wechselwirkung, beide muß er also auch auf die Natur übertragen; in ihm sind mehrere Fähigkeiten, ihm denselben Gegenstand in verschiedenen Gestalten, bald als Begriff des Verstandes, bald als Bild der Einbildungskraft, bald als Anschauung der Sinne vor seine Betrachtung zu führen. Mit allen diesen, wie mit ebensoviel verschiedenen Werkzeugen, muß er die Natur aufzufassen versuchen, nicht sowohl um sie von allen Seiten kennenzulernen, als vielmehr um durch diese Mannigfaltigkeit der Ansichten die eigene inwohnende Kraft zu stärken, von der sie nur anders und anders gestaltet Wirkungen sind. Gerade aber diese Einheit und Allheit bestimmt den Begriff der Welt. Allein auch außer dem findet sich nun in eben diesem Begriff in vollkommenem Grade die Mannigfaltigkeit, mit welcher die äußeren Gegenstände unsre Sinne rühren, und das eigene selbständige Daseyn, wodurch sie auf unsre Empfindung einwirken. Denn nur die Welt umfaßt alle nur denkbare Mannigfaltigkeit und nur sie besitzt eine so unabhängige Selbständigkeit, daß sie dem Eigensinn unsres Willens die Gesetze der Natur und die Beschlüsse des Schicksals entgegenstellt.''[56]

Humboldts Theorie der Bildung ist immer wieder als eine formale oder als eine materiale Bildungstheorie mißverstanden worden. Anlaß hierzu haben zweifellos Humboldts Redeweise von der Entwicklung aller menschlichen Kräfte und der Welt als bloßem Stoff für unsere Tätigkeit sowie seine Vorliebe für bestimmte Bildungsinhalte gegeben. Humboldts Feststellungen im ersten Absatz des Zitats, daß jede Art von Tätigkeit ihren bildenden Sinn einzig in der Stärkung und Erhöhung der Kraft des Menschen habe, daß der reine Gedanke einen Stoff brauche, um in diesem fortzudauern, und daß dieser Stoff die Welt sei, scheinen auf den ersten Blick zumindest seine Bildungstheorie als eine Theorie formaler Bildung auszuweisen. Und doch reicht der tiefere und auch heute richtungsweisende Sinn der Bildungstheorie Humboldts entscheidend über deren formale und materiale Momente hinaus. Die zitierte Stelle enthält nämlich eine explizite und weitreichende Kritik formaler und materialer Bildung, welche die Bildsamkeit des Menschen als eine sowohl formal wie teleologisch unbestimmbare faßt und die Bestimmung der menschlichen Tätigkeiten in einem nicht-hierarchischen Verhältnis der menschlichen Gesamtpraxis begründet.

Schon im ersten Absatz der zitierten Stelle sind nämlich zwei Hinweise enthalten, die eine Deutung, welche Humboldts Bildungstheorie unter eine Theorie formaler Bildung subsumiert, widerlegen. Wenn Humboldt nämlich unser Denken als Versuch, vor uns selbst verständlich, und unser

Handeln als Versuch, frei und unabhängig zu werden, und jede äußere Geschäftigkeit als Versuch, nicht müßig zu bleiben, bestimmt, so faßt er Bildung als ein Experiment des Verstehens, der Freiheit und der Tätigkeit auf, das gerade nicht aus der Übung irgendwelcher Kräfte, sondern aus der „allgemeinsten, regesten und freiesten Wechselwirkung" unseres „Ichs mit der Welt" seinen Sinn bezieht. Solche Wechselwirkung bezeichnet Humboldt in Abhebung zu bloß machtförmiger Verwirklichung menschlicher Kraftäußerungen in irgendwelchen Stoffen als etwas, „worin ebensowohl (der) höchste Schwung, als (der) ohnmächtigste Versuch (menschlichen Strebens) enthalten ist" und der Welt nicht nur „die Gestalt" menschlichen Geistes „aufgedrückt", sondern beide, Ich und Welt, „einander ähnlicher" werden. Bildung als nicht machtförmige Aneignung von Welt sondern als „ohnmächtigster Versuch" und „höchster Schwung" ist nur als Rückkehr aus einer „Entfremdung" möglich, in der die Welt nicht als vom Menschen gesetztes „Nicht-Ich" (Fichte) sondern als Fremdes, Unbekanntes, Unverfügbares, als „Nicht-Mensch" erfahren wird. In solcher Erfahrung ist die Mannigfaltigkeit menschlicher Welterfahrung durch neuzeitliche Wissenschaft („als Begriff des Verstandes"), durch ästhetische Darstellung von Welt und sinnliche Wahrnehmung („als Bild der Einbildungskraft" und „als Anschauung der Sinne") auf eine „Einheit und Allheit" bezogen, die ihre Legitimation gerade nicht einseitig aus der menschlichen Vernunft und dem menschlichen Verstand gewinnt, sondern aus der „so unabhängigen Selbständigkeit", mit der die Welt „dem Eigensinn unsres Willens die Gesetze der Natur und die Beschlüsse des Schicksals entgegenstellt".

Bildung als freieste und regeste Wechselwirkung von Mensch und Welt faßt Humboldt als „Wechselwirkung (unserer) Empfänglichkeit mit (unserer) Selbstthätigkeit", als eine sowohl rezeptive wie spontane Tätigkeit, in der unsere unbestimmte Bildsamkeit eine Bestimmtheit erlangt, die freieste und regeste Wechselwirkung der Menschen untereinander einschließt und alle menschlichen Tätigkeiten so miteinander verbindet, daß sich deren Sinn gleichermaßen frei von menschlicher Willkür wie von einer unterstellten teleologischen Ordnung erst aus der Wechselwirkung von Ich und Welt ergibt.

Humboldts Bildungstheorie verweist auf eine noch ausstehende Versöhnung von Vernunft und Natur, welche als Aufgabe nur in äußerster Skepsis gegenüber dem Fortschrittsmodell neuzeitlicher Wissenschaft und menschlicher Machtsteigerung über Natur, Gesellschaft und Geschichte gedacht werden kann und in ihrer Versöhnungsperspektive skeptisch allen Vorstellungen gegenübersteht, die gesellschaftlichen Fortschritt dadurch herbeizuführen suchen, daß sie staatlicher Herrschaft und Politik einen Primat gegenüber allen anderen Bereichen menschlichen Handelns zuerkennen. In dieser doppelten Skepsis einerseits und im Begriff einer naturhaft wie gesellschaftlich nicht festgelegten Bildsamkeit des Menschen und einer nicht machtförmigen Verhältnisbestimmung der menschlichen Gesamtpraxis („allgemeinste, regeste und freieste Wechselwirkung") andererseits ist die nicht-affirmative Fragestellung neuzeitlicher Theorie der Bildung von Humboldt bis Adorno begründet.

Nach der Bestimmung des Menschen und seines Weltverhältnisses in einem nicht-affirmativen Sinne zu fragen, die Einzelindividuen in ihrer unbestimmten Bildsamkeit anzuerkennen und eine nicht-hierarchische Ordnung der menschlichen Gesamtpraxis anzustreben, ist heute nur möglich, wenn die Aufgaben der pädagogischen Praxis weder unmittelbar aus den Positivitäten und Errungenschaften der Neuzeit abgeleitet, noch der pädagogischen Praxis ein Primat gegenüber den anderen Bereichen menschlichen Handelns eingeräumt, sondern Bildung als Wechselwirkung von Mensch und Welt angesichts der uns heute bedrängenden Fragen und Probleme verstanden wird. Denn im Unterschied zu Humboldt können wir die Bestimmung des Menschen keineswegs mehr als eine einfache Rückkehr aus der Entfremdung konzipieren. Der Grund hierfür ist nicht der, daß es keine Möglichkeit der Entfremdung mehr gäbe, sondern der, daß sich der Charakter der Entfremdung wesentlich geändert hat. Durchgang durch die Entfremdung bedeutete für Humboldt Wahrnehmung und Anerkennung der Mannigfaltigkeit menschlicher Welterfahrung, Erweiterung des kulturell beschränkten Weltverständnisses, Transzendieren von Standesschranken, interkulturelle Bildung der Menschheit zu einem noch unbekannten, in sich vielfältigen und mannigfaltigen Ganzen. Ein Gang durch die Entfremdung ohne Selbst- und Weltverlust verlangt heute im Zeitalter wissenschaftlicher Zivilisation, hinter der vom menschlichen Verstand entzauberten, erklärten und beherrschten Welt und im Durchgang durch neuzeitliche Wissenschaft und Politik die Frage nach der unbestimmten Bildsamkeit des Menschen und die Idee eines nicht-hierarchischen Verhältnisses der menschlichen Gesamtpraxis neu zu formulieren und das, was Humboldt „Welt" nannte, Natur, Gesellschaft und Geschichte, als ein trotz neuzeitlicher Wissenschaft uns unbekanntes und unverfügbares Etwas zu begreifen.

Dies aber kann nur gelingen, wenn wir die großen Positivitäten der Neuzeit, den modernen Staat und seine Institutionen, die neuzeitliche Wissenschaft und die auf beiden basierende Technologie, statt sie einfach anzuerkennen oder sie zu negieren, mit den Fragen nach der Eigenart pädagogischen Wirkens und der Bestimmung menschlicher Praxis konfrontieren und im Horizont dieser Fragen neuerlich in die Frage nach den Möglichkeiten und Aufgaben menschlicher Praxis stellen. Denn angesichts der Krisenerfahrungen der Gegenwart, daß die modernen Staaten die Sicherheit ihrer Bürger nach außen nurmehr durch eine Steigerung der internationalen Bedrohungskapazitäten und nach innen nurmehr durch eine zunehmende Kontrolle der Bürger, die mit den Menschenrechten der Neuzeit nicht vereinbar ist, gewährleisten können, daß der neuzeitlichen Wissenschaft zunehmend die Aufgabe zufällt, die Möglichkeit einer nicht mehr korrigierbaren Zerstörung der Natur zu erforschen, und daß die moderne industrielle Arbeitsorganisation auf eine fortschreitende Reduktion und Zerstörung menschlicher Arbeit hin finalisiert ist, kann keine dieser Positivitäten der Neuzeit vorbehaltlose und uneingeschränkte Anerkennung für sich beanspruchen.

Der moderne Staat kann schon allein deshalb keine unmittelbare Anerkennung als Positivität schlechthin von seinen Bürgern verlangen, weil solche Anerkennung dem Prinzip der Demokratie widerspräche und einer Delegation des Willens der Bürger an einen Stand von Funktionären und Berufspolitikern gleichkäme, welche die Prinzipien der Gemeinsamkeit und Öffentlichkeit bürgerlicher Politik vernichten statt anerkennen würde. Darum kann politische Bildung niemals affirmative Erziehung im Dienste der Programmatik einer gerade herrschenden Partei sein, ebensowenig darf sie sich der gerade unterlegenen Opposition verschreiben und ihr Ziel darin sehen, diese an die Macht zu bringen. Wahlkämpfe müssen von den miteinander konkurrierenden Parteien immer auch als Anlässe und Mittel der Machtsicherung oder Machtablösung verstanden werden. Der politischen Bildung selbst dagegen kann weder Machterhaltung noch Machtwechsel als positive Zielperspektive dienen. Ihr muß vielmehr daran gelegen sein, daß die Heranwachsenden ihren Willen gerade nicht an eine herrschende oder gerade nicht-herrschende Doktrin und deren Funktionäre delegieren, sondern selber politisch, das heißt gemeinschaftlich und öffentlich denken und handeln lernen. Der Wahlakt, der in parlamentarischen Demokratien die Wahl zwischen Parteien mit unterschiedlichen Programmen zuläßt, kann nur eine Form politischen Handelns neben anderen sein und ist hinsichtlich der durch ihn möglichen öffentlichen Kontrolle daran zurückgebunden, daß politische Praxis sich in ihm nicht erschöpft. Niemals darf die Öffentlichkeit durch ein Parlament ersetzt werden, vor allem dann nicht, wenn dieses durch freie Wahlen zustande gekommen und somit seine Abwählbarkeit Voraussetzung für seine Legalität ist.

Der moderne Staat wurde von der bürgerlichen Philosophie von Kant bis Hegel als Vertreter und Repräsentant eines allgemeinen, öffentlichen Interesses und als Initiator gesellschaftlichen Fortschritts verstanden, der die überkommene Ordnung der Ständegesellschaft in eine Gesellschaft freier, gleicher und brüderlicher Menschen überführen sollte. Kant setzte dabei auf die Idee der Menschheit, die gegenseitige Anerkennung aller Individuen als Selbstzweck, Fichte hoffte auf ein Absterben des Staates und die Umwandlung seiner Funktionen in unmittelbare gesellschaftliche Tätigkeit, Hegel nahm, vielleicht ebenso weitsichtig wie optimistisch, den Umweg über den Kolonialismus als Durchgangsstadium für die Entwicklung bürgerlicher Gesellschaften zu einem gesellschaftlichen System der Sittlichkeit in Kauf. Der pädagogischen Praxis mehr zugewandte Denker wie Humboldt, Schleiermacher und Herbart wußten dagegen schon darum, daß der moderne Staat niemals gegen das gesellschaftliche Bewußtsein Fortschritt einleiten, sondern allenfalls geschichtliche Lernprozesse beschleunigen und absichern kann, sofern die vernünftige Einsicht in das jeweils zu Tuende bereits entwickelt oder ansatzweise vorgegeben ist. Die Konsequenzen, die hieraus für das Verhältnis von Pädagogik und Politik zu ziehen sind, hat Schleiermacher in seiner Abhandlung „Über den Beruf des Staates zur Erziehung" 1814 so auf den Begriff gebracht: „Dieses also ist meine Antwort auf die Frage: wie kommt der Staat rechtmäßigerweise dazu, einen tätigen Anteil an der Erziehung des Volkes zu nehmen? Dann nämlich und nur dann, wenn es darauf ankommt, eine höhere Potenz der Gemeinschaft und des Bewußtseins derselben zu stiften. Alle anderen Motive sind entweder verderblich ... oder sie sind unhaltbar".[57] Die „höhere Potenz der Gemeinschaft", die der Staat stiften kann, kommt nach Schleiermacher niemals schon aufgrund staatlicher Regierungs- und Gesetzgebungsgewalt zustande, sie resultiert ebensowenig unmittelbar aus dem Volksleben. Weder darf sich der Staat zum Erziehungsstaat hypostasieren und stellvertretend für die Gesellschaft Zukunft antizipieren, noch darf er sich zum Nachtwächterstaat reduzieren und den Fortschritt allein dem freien Spiel bürgerlicher Aktivitäten überlassen. Ebenso darf sich die Pädagogik nicht in den Dienst staatlicher Antizipationen als „Exekutive" des „Politischen"[58] stellen, noch kann sie beanspruchen, geschichtlichen Fortschritt aus eigener Kraft, allmächtig, einzuleiten.

Schleiermacher begründet seine Konzeption einer nicht-affirmativen Bildung, ähnlich wie Herbart, damit, daß er die Politik der Pädagogik weder über- noch die Pädagogik der Politik vorordnete, sondern beide als angewandte Theorien und Praxen einer einzigen theoretischen und praktischen Disziplin, einer universellen Ethik im Primat der Idee des Guten, faßte. Wenn er dabei selbstkritisch einräumte, daß die von ihm geforderte universale Ethik für seine Zeit nicht vorlag, so umschrieb er eine Situation, die heute noch die unsrige ist. Daß eine der positiv noch unbestimmten Idee der Menschheit und ihrer Anerkennung in jedem einzelnen Individuum verpflichtete Politik auf der Basis einzelstaatlicher Politik oder einer Politik von Bündnissystemen nicht realisierbar ist, war für Schleiermacher vor dem Hintergrund der napoleonischen Kriege seiner Zeit und der Befreiungskriege, die dann zur Restauration führten, gewiß. An dieser Gewißheit hat sich nichts geändert. Die Menschheit gehört heute unterschiedlichen Staaten und Gesellschaftsordnungen an und kann doch nicht hoffen, daß durch deren unmittelbare Bejahung die Idee der Menschheit in der Sozialgeschichte unseres Planeten regulative Kraft erlangen werde. Die anzustrebende Weltinnenpolitik, die die Erde als Heimat aller Menschen begreift und den kategorischen Imperativ der unbedingten Anerkennung der — nicht vorgegebenen, sondern erst gemeinschaftlich hervorzubringenden — Würde jeder Person achtet, ist immer noch nicht in Sicht. Politik, als einzelstaatliche ebenso wie als solche von Bündnissystemen, die gegenüber anderen ausgegrenzt sind, ist grenzenlos überfordert, auf sich gestellt, dieses Ziel zu erreichen. Die anzustrebende Welt-Innenpolitik ist vielmehr darauf angewiesen, daß die Staatsbürger die Dienste, Opfer und Leistungen, die für eine solche Welt-Innenpolitik womöglich erbracht werden müssen, einsichtig der Politik selbst als Aufgabe abverlangen. Unter dieser Perspektive aber kann eine bloße Affirmation einzelstaatlicher oder bündnisorientierter Politik nicht mehr zum Sinnhorizont menschlicher Bildung erhoben werden. Die Arbeit an der aufgegebenen Welt-Innenpolitik kann freilich auch nicht aus der bloßen Negation einer bestimmten einzelstaatlichen Politik hervorgehen, sondern nur aus Anstrengungen, die das gemeinsam zu Bejahende, für welches wir erst einen nur vorläufigen Begriff haben, hervorbringen. Ohne Anerkennung der universellen Bildsamkeit des Menschen und ohne Anerkennung der Idee eines nicht-hierarchischen Verhältnisses der in Einzelpraxen ausdifferenzierten Humanität ist gesellschaftlicher Fortschritt weltweit nicht möglich.

Ähnlich verhält es sich mit der zweiten Positivität der Neuzeit, der neuzeitlichen Wissenschaft, wenn wir diese bildungstheoretisch auf ihre sinnstiftende Relevanz hin prüfen. Entgegen allen aufklärerischen Hoffnungen hat neuzeitliche Wissenschaft nicht nur die versprochenen Mittel für die Ermöglichung gesellschaftlichen Fortschritts bereitgestellt, sondern uns zugleich zu Technologien verholfen, die fernab des humanen Auftrags, die Erde uns untertan zu machen, zu deren und unserer eigenen Vernichtung führen können. Eine schlichte Affirmation neuzeitlicher Wissenschaft und Technologie ist darum ebensowenig geboten wie eine Affirmation einzelstaatlicher oder bündnisorientierter Politik. Während jedoch nicht-affirmative Bildungstheorie, mit positiven politischen Anforderungen konfrontiert, eine unmittelbare Gefolgschaft zu verweigern und sich ebenso der Zumutung zu versagen weiß, die jeweilige politische Option durch eine andere zu ersetzen und gegen eine andere Positivität auszutauschen, stellen sich die bildungstheoretischen Probleme im Hinblick auf die Wissenschaften anders. Denn die Art und Weise, in welcher neuzeitliche Wissenschaft Anerkennung beansprucht, unterscheidet sich durchaus von den Ansprüchlichkeiten einer auf Herrschaftssicherung ausgerichteten Politik. Die neuzeitliche Wissenschaft stellt nämlich eine nicht-affirmative pädagogische Praxis vor viel weiterreichende Aufgaben als bloß diejenigen einer kritischen Auseinandersetzung mit normativen politischen Ideologien. Der bildungstheoretische Kern der Frage nach der Handlungsrelevanz neuzeitlicher Wissenschaft verweist nämlich darauf, daß eine auf eine vernünftige Wechselwirkung von Mensch und Welt ausgerichtete Klärung der Gültigkeit der Aussagensysteme neuzeitlicher Wissenschaft auf dem Wege einer politisch-ideologischen Verwertung der Ergebnisse neuzeitlicher Wissenschaft und einer Kritik solcher Verwertungszusammenhänge nicht schon erreicht werden kann.

Im Unterschied zur staatlichen Politik ist neuzeitliche Wissenschaft, was den Gültigkeitsanspruch ihrer Einsichten betrifft, nicht von der Affirmation irgendeines Publikums abhängig. Neuzeitliche Wissenschaft setzt ihre auf Beherrschung der Welt zielende Rationalität in der Veränderung der Produktionsprozesse durch und verlangt, jedenfalls nach ihrem eigenen Selbstverständnis, von niemandem Anerkennung für ihre Aussagen, es sei denn, er habe gelernt, die wissenschaftlichen Fragen selbst zu stellen und die methodische Art und Weise ihrer Beantwortung stringent nachzuvollziehen. Kant hat dies in der ,,Kritik der reinen Vernunft'' so formuliert: In der neuzeitlichen Wissenschaft muß die ,,Vernunft mit ihren Prinzipien ... in einer Hand, und mit dem Experiment, das sie nach jenen ausdachte, in der anderen, an die Natur gehen, zwar um von ihr belehrt zu werden, aber nicht in der Qualität eines Schülers, der sich alles vorsagen läßt, was der Lehrer will, sondern eines bestallten Richters, der die Zeugen nötigt, auf die Fragen zu antworten, die er ihnen vorlegt''[59]. Ohne solche Nötigung, ohne Fragen an das jeweilige Objekt der Erkenntnis, kann also wissenschaftliche Erkenntnis gar nicht zustande kommen. Darum darf sie um ihrer eigenen Konstitution durch Erkenntnisleistungen der Subjekte willen nicht die Affirmation ihrer Resultate verlangen, sondern muß sie die Erkennenden zunächst dazu auffordern, den Erkenntnisprozeß fragend und forschend zugleich nachzuvollziehen. Gerade hier jedoch stellen sich zwei weitreichende Probleme, um welche Kant zumindest schon ansatzweise gewußt hat. Das eine Problem bezieht sich auf die menschlichem Erkennen unvermittelt vorausgesetzte Wirklichkeit, auf welche hin die Gültigkeit wissenschaftlicher Aussagen zu begrenzen ist; das andere bezieht sich auf die Anwendung wissenschaftlicher Erklärungen und Technologien, auf die Kriterien, denen eine solche Anwendung genügen muß.

Kants Aussage, daß wir mit der ,,Vernunft und ihren Prinzipien in einer Hand, und mit dem Experiment ... in der anderen, an die Natur gehen'', um diese zu Antworten zu nötigen und von ihr durch Antworten auf unsere Fragen belehrt zu werden, bezieht sich auf die Natur als Objekt unserer Erkenntnis, nicht aber auf die Natur als unvermittelt vorausgesetzte Wirklichkeit allen Erkennens. Nur der Natur als Objekt unserer Erkenntnis können wir uns in dieser Weise nähern, nicht aber der Natur als ,,Ding an sich'', die in diesem Prozeß niemals zum Erkenntnisobjekt werden kann, weil sie aller Erkenntnis uneinholbar vorausgesetzt ist und im wissenschaftlichen Annäherungsprozeß auch auf der Seite der Erkennenden mitwirkt, ohne daß diese Mitwirkung selber zum Objekt der Erkenntnis werden könnte. Gleichwohl wenden wir die Resultate wissenschaftlicher Einsichten niemals nur auf die Objekte unserer Erkenntnis, sondern stets auf die diesen unvermittelt vorausgesetzte Wirklichkeit an. Wie kann solche Anwendung der Grenze der Gültigkeit unseres Wissens Rechnung tragen, dies ist die entscheidende bildungstheoretische Frage, die sich hier stellt. Für Kant schien diese Problematik insofern auflösbar zu sein, als er die neuzeitliche Wissenschaft an der Idee eines keineswegs technisch zu erklärenden, sondern in sich selbst zweckmäßigen, teleologischen Ordnungszusammenhangs der Natur als Ding an sich ausrichtete, welche den Fortschritt unserer Erkenntnis als ein regulatives Prinzip leitet, gegen das zu verstoßen Kant nur um den Preis eines weiteren Erkenntnisfortschritts möglich zu sein schien. Kant stellte sich den Fortschritt wissenschaftlicher Erkenntnis gleichsam als ein Interaktionsverhältnis von intelligiblem Subjekt und unvermittelt vorausgesetzter Wirklichkeit der Dinge an sich vor, in welchem sich die Natur unter der Klammer eines dem Menschen unverfügbaren teleologischen Ordnungszusammenhangs durch unsere Fragen und ihre Antworten Erkenntnisse abringen läßt, die zwar das Geheimnis der vorausgesetzten Existenz der Wirklichkeit nicht heben, gleichwohl aber zu einem Wissen und technischen Können führen, das sich in diesen Ordnungszusammenhang gutartig einfügt. Die Anwendungsproblematik neuzeitlicher Wissenschaft hatte für Kant noch nicht die Brisanz, die sie in unserem Jahrhundert erhalten hat. Zwischen der klassischen Physik und dem Ding an sich konnte es noch nicht zu jener Kollision von wissenschaftlicher Technologie und unverfügbar vorausgesetzter Existenz der Natur kommen, die für die neueste Chemie und Atomphysik und die Techniken der Menschenbeeinflussung zweifellos gegeben ist. Die Einsicht in die Bewegungsgesetze der Planeten verändert deren Lauf ebensowenig, wie die Gesetze der Mechanik ein Argument gegen die Freiheit unseres Willens sein können. Ganz anders verhält es sich mit den auf der Grundlage der Ergebnisse der Atomphysik und chemischen Biologie heute möglichen Technologien, welche nicht mehr ohne weiteres in einer prästabilierten Harmonie mit der Idee eines teleologischen Ordnungszusammenhangs der Natur stehen, sondern durchaus in der Lage sind, den Kosmos, jedenfalls was unseren Planeten betrifft, aus den Angeln zu heben.

Darum gibt es heute weitere Gründe, den Leistungen neuzeitlicher Wissenschaft eine unmittelbare Bejahung zu versagen. Das auf Kants transzendentale Differenz zwischen Ding an sich und Erscheinung zurückgehende Wissen darum, daß die neuzeitliche Wissenschaft ihre Resultate, wie Theodor Litt in der Nachfolge Kants immer wieder betont hat, dem forschenden und experimentierenden Menschengeist verdankt, reicht nämlich nicht mehr aus, um der Idee eines kosmologischen Ordnungszusammenhangs von Natur und Mensch Genüge zu leisten. Die Einsicht darin, daß neuzeitliche Wissenschaft ein quasi-interaktives Produkt unserer Fragen an die Natur und deren Antworten ist, ist nicht mehr, wie Kant noch meinte, in einen teleologischen Ordnungszusammenhang der Natur als Ding an sich gutartig eingebettet, sondern bedarf geradezu einer Erweiterung, die das, was Kant mit der Formulierung des regulativen Prinzips eines solchen Ordnungszusammenhangs meinte, zum regulativen Prinzip menschlicher Naturbearbeitung erhebt. Die menschliche Arbeit an der Natur läßt sich heute nicht mehr in einen theoretisch-technischen Teil der Naturbeherrschung im Sinne einer prästabilierten Harmonie von neuzeitlicher Wissenschaft und teleologischem Ordnungszusammenhang der Natur und einen politisch-praktischen Teil der gesellschaftlichen Verständigung über den Sinn und die Ziele menschlicher Praxis aufteilen, sondern verlangt nach einer Orientierung, die hinter die klassische Trennung von theoretischer und praktischer Erkenntnis, Naturbeherrschung und Politik zurückgeht und den Primat der Praxis nicht mehr als Primat politischen Handelns gegenüber theoretisch-technischem Handeln begreift. Darüber nämlich, wie wir die Resultate neuzeitlicher Wissenschaft technologisch anwenden sollen, läßt sich heute weder im Vertrauen auf eine prästabilierte Harmonie von Mensch und Natur befinden, noch einfach aufgrund politischer Dezisionen entscheiden, welche das Maß unserer Eingriffe in die Natur nach Belastungskriterien festlegen, auf die wir uns voluntaristisch einigen. Mit der Herausbildung der modernen Ökologieproblematik haben die Naturwissenschaften aufgehört, theoretische Disziplinen zur experimentellen Erforschung der Natur zu sein, sind sie, in gewissem Sinne, zu Gesellschaftswissenschaften von unserer Arbeit an der Natur geworden, ohne daß sich freilich über deren Orientierung naturwissenschaftlich-sozialwissenschaftlich oder politisch einfach entscheiden ließe.

Die moderne Wissenschaft kann die Entscheidung über die Verwendung ihrer Ergebnisse und den Einsatz der von ihr entwickelten Technologien nicht mehr mit gutem Gewissen einfach an die Politik abtreten, sondern versucht heute, die Sorge um die dem Erkenntniszugriff ihrer Disziplinen unvermittelt vorausgesetzte Wirklichkeit, die wissenschaftlich zunehmend verfügbar wird, als Aufgabe bewußt zu halten, ohne doch einen substantiellen Begriff solcher Sorge entwickeln zu können. Die Atomphysiker, die vor den Gefahren eines Atomkriegs warnen, die Chemiker und Biologen, die auf die Gefahren einer Zerstörung der Natur hinweisen, sie alle nehmen zu Problemen Stellung, die nicht unabhängig von den wissenschaftlichen Disziplinen existieren, die sie selbst vertreten, sondern unter Mitwirkung eben dieser Wissenschaften erzeugt worden sind und auf Fragen hinweisen, über die weder einzelwissenschaftlich noch politisch entschieden werden kann. Politische Dezisionen darüber nämlich, wann und in welchem Umfang ein Atomkrieg etwa aushaltbar ist oder wie und in welchem Maße eine zunehmende Belastung der Natur erträglich sein kann, sind weder nach Maßgabe naturwissenschaftlicher Erkenntnisse noch nach Maßgabe politischer Überzeugungen begründbar. Zwar sucht auch die Politik Rat und Entscheidungshilfe bei den Einzelwissenschaften, sie kann sich jedoch bei diesen nur über das Machbare und seine voraussichtlichen Nebenwirkungen informieren, sie kann Aufträge erteilen, die Grenzen der Machbarkeit in eine gewünschte Richtung zu erweitern, sie findet jedoch darüber hinaus nicht den Rat, den sie brauchte, um ihre Entscheidungen auf eine über technologische Rationalität hinausgehende vernünftige Basis zu stellen.

Angesichts dieses Dilemmas neuzeitlicher Wissenschaft und Politik, welche weder einzeln noch gemeinsam die Sinnbestimmung menschlicher Praxis begründen können, gilt es, den Primat an Handlungsrationalität, den staatliche Politik in den zurückliegenden Jahrhunderten für sich beansprucht hat, durch die Anerkennung der Idee eines nicht-hierarchischen Verhältnisses der menschlichen Gesamtpraxis aufzuheben und die wissenschaftlich-technische Sachrationalität neuzeitlicher Wissenschaft als eines Mittels dezisionistischer Herrschaft des Menschen über Natur, Gesellschaft und Geschichte von Kants metaphysikkritischer Unterscheidung zwischen der Welt als Ding an sich und der Welt kausalanalytisch zu erklärender Erscheinungen her in Frage zu stellen.

An der von Humboldt als Basis einer weder formalen noch materialen Bestimmung menschlicher Praxis erkannten nicht willkürlichen, sondern auf Entfremdung und Rückkehr aus der Entfremdung angewiesenen Wechselwirkung von Mensch und Welt können wir heute im Zeitalter wissenschaftlicher Zivilisation nur festhalten, wenn es gelingt, die Sinnbestimmung menschlicher Praxis weder an eine fortschreitende Steigerung wissenschaftlich-technischer Machtausübung noch an eine bloß politische Verständigung über die menschliche Beherrschung von Natur, Gesellschaft und Geschichte abzutreten, sondern das für menschliches Lernen konstitutive Prinzip einer teleologisch gerade unbestimmten Bildsamkeit des Menschen und die Idee eines nicht-hierarchischen Verhältnisses von Arbeit, Pädagogik, Ethik, Politik, Kunst und Religion mit Kants Idee eines teleologischen Ordnungszusammenhangs der Natur so abzustimmen, daß die Differenz zwischen der Natur als Ding an sich und ihrer Unterwerfung unter menschliche Vernunft und Herrschaft nicht nur in metaphysischen Reflexionen, sondern auch in der Bearbeitung der Natur Anerkennung finden kann. An der Anerkennung dieser Differenz mitzuwirken, wäre dann eine alle Praxisformen ausdifferenzierter Humanität miteinander verbindende Sinnperspektive, die ihre Legitimität nun jedoch nicht politischen, ökonomischen, ethischen oder pädagogischen Dezisionen verdankte, sondern aus der Unverfügbarkeit von Natur und Geschichte und der uneinholbaren Vorausgesetztheit der Existenz der Welt einschließlich derjenigen des Menschen bezöge.

Exkurs: Zum Verhältnis von Bildung, neuzeitlicher Wissenschaft und Politik

Zur Erörterung der Frage nach der thematischen Grundstruktur einer nicht-affirmativen Sinnbestimmung menschlicher Praxis soll im folgenden in Auseinandersetzung mit einigen bedeutenden Abhandlungen übergeleitet werden, die sich in den letzten Jahrzehnten um eine Klärung des Verhältnisses von wissenschaftlicher Rationalität und Handlungsrationalität bemüht haben.

Im April 1957 veröffentlichten achtzehn deutsche Atomphysiker in Göttingen eine Erklärung, in der sie auf die ethisch nicht zu verantwortenden Folgewirkungen eines Einsatzes thermonuklearer Waffen öffentlich hinwiesen. Elf Monate zuvor hatte der Bonner Philosoph und Pädagoge Theodor Litt einen Vortrag zum Thema „Die öffentliche Verantwortung der Wissenschaft" gehalten, in dem er, an der klassischen Unterscheidung zwischen theoretischer und praktischer Vernunft, wissenschaftlicher Rationalität und Handlungsrationalität noch festhaltend, auf die sich durch die Entwicklung neuzeitlicher Wissenschaft und Technologie verändernde Problemstellung im Verhältnis von theoretischer und praktischer Vernunft aufmerksam machte [60]. Die Veröffentlichung des allenfalls gering überarbeiteten Manuskriptes fiel in die Zeit nach der Göttinger Erklärung. Litt betonte, sein Text enthalte „nichts, was im Hinblick auf die ... Göttinger Erklärung der 18 deutschen Atomphysiker gesagt wäre. Wenn sich im folgenden gleichwohl Ausführungen finden, die wie eine Antwort auf die besagte Erklärung klingen, so ergibt sich diese Beziehung aus der zu klärenden Sache, nicht aus der Absicht einer kritischen Auseinandersetzung" (S. 51). Dann führte er im Hinblick auf die Gefährdung der Menschheit durch die „Atomwissenschaft" und schon zur Zeit der Abfassung des Vortrags bekannte Warnungen von Fachwissenschaftlern aus:

„In der jüngsten Zeit ist die Weltöffentlichkeit stark beeindruckt worden durch die Erklärungen, in denen führende Vertreter der Atomwissenschaft die Menschheit warnend auf das Schicksal hinwiesen, daß sie unfehlbar über sich heraufbeschwören werde, wenn sie nicht nur fortfahre, thermonukleare Waffen herzustellen, sondern sich auch durch die Leidenschaft des politischen Kampfes hinreißen lasse, von ihnen Gebrauch zu machen.... Es war etwas Neues und Ungewohntes, daß Männer der wissenschaftlichen Forschung aus der Stille ihrer Studierstuben und Laboratorien hervortraten und auf den Gang der politischen Ereignisse Einfluß zu nehmen versuchten. Denn darauf war es ja in ihren Verlautbarungen abgesehen: die Beschlüsse der in irgendeinem Sinn und Maß an den politischen Entscheidungen Beteiligten sollten in eine bestimmte Richtung gelenkt werden. Der Gelehrte wird zum Politiker! Daran wäre nichts Überraschendes gewesen, wenn der Appell an die Allgemeinheit sich auf religiöse oder sittliche Überlegungen gestützt hätte – wenn er im Namen einer politischen oder weltanschaulichen Gemeinschaft erfolgt wäre. ... Aber im vorliegenden Falle erging der Mahnruf nicht kraft solcher außertheoretischer Motive, sondern unter ausdrücklicher Berufung auf die Verpflichtung, die dem Forscher aus der von ihm vertretenen Wissenschaft erwachse. Man bekannte sich zu einer Verantwortung, die nicht das private Gewissen, nicht die Zugehörigkeit zu einer Gemeinschaft der Gesinnungen, sondern gerade und nur die Wissenschaft als solche ihrem Vertreter auflege." (S. 51f.)

Was vor dreißig Jahren – vor allem in Deutschland, wie Litt selbst bemerkt – neu und ungewohnt war, daß nämlich Wissenschaftler ex professione vor Ergebnissen ihrer eigenen Disziplinen zu warnen begannen, gehört heute zum publizistischen Medienalltag, denn es vergeht kein Tag, an dem uns nicht Naturwissenschaftler entweder mit den Resultaten der durch ihre Disziplinen beförderten Technologien zu befreunden und zum Beispiel zu bereitwilligen Energiekonsumenten der Atomindustrie und auf ein Leben in gesicherter Freiheit unter dem Schild atomarer Verteidigungskapazitäten einzustimmen oder aber vor den Gefahren und Vernichtungspotentialen der von ihren Disziplinen entwickelten Technologien zu warnen suchen. Der Antwort, mit der Litt der sich ' damals verändernden und inzwischen durchaus üblichen Diskussionslage zu begegnen versuchte, kommt heute eine mit den drei anderen, noch zu erörternden Problemlösungsmodellen in eigentümlichem Kontrast stehende Bedeutung zu, die nicht zuletzt deshalb bedenkenswert ist, weil Litt, hätte er heute Stellung zu nehmen, von seiner Position aus sicher keineswegs anders urteilen würde und weil sein Urteil Teilen der heute verbreiteten Argumentationsmuster an Stimmigkeit immer noch überlegen ist.

Litts Antwort auf die sich verändernde Problemsituation hinsichtlich der Sinnbestimmtheit und Sinnbestimmung menschlicher Praxis läßt sich, vereinfachend und überspitzt, aber bezugnehmend auch auf seine anderen Schriften, so zusammenfassen: Von der Entwicklung des Faustkeils bis hin zur Entwicklung der Atomindustrie stehe die vom Menschen hervorgebrachte Technik in der Ambivalenz, zum Guten wie zum Bösen gebraucht werden zu können. Die Einsicht in die Ambivalenz der Resultate menschlicher Entwicklungs- und Forschertätigkeit allein könne uns davor bewahren, die neuzeitliche Technologie positiv-affirmativ als Segen oder negativ-affirmativ als Fluch zu interpretieren. Aus der wissenschaftlich-technischen Verfügung des Menschen über die Welt lasse sich ebensowenig eine universelle Handlungstheorie ableiten, wie die Entwicklung neuzeitlicher Wissenschaft und Technologie in irgendeinem Sinne moralisch finalisiert werden könne. Vielmehr sei jeder Versuch, technische Fragen moralisch oder moralische Fragen technisch zu entscheiden, unweigerlich zum Scheitern verurteilt.

,,Was heute in überdimensionaler Größe unseren Horizont verfinstert, das hat als Schatten über dem Dasein gelegen, seitdem der Mensch – Mensch zu sein begonnen hat. Hätte er unerbittlich alles unterlassen, was ihm Anklagen (hinsichtlich seiner Herrschaft über die Natur, D.B.) hätte zuziehen können, wir würden noch heute in Höhlen hausen und uns der Bären mit den bloßen Fäusten zu erwehren haben. Wollte also der Forscher der hier erörterten Forderung (nach einer moralischen Technik, D.B.) entsprechen und an einer bestimmten Stelle mit seiner Erkenntnisbemühung Schluß machen oder wenigstens ihre Ergebnisse der Allgemeinheit vorenthalten, so würde er nicht einem in der Sache selbst sich vollziehenden Umschlag Rechnung tragen, sondern einen von reiner Willkür diktierten Schritt vornehmen. . . .
Wenn also die im Eingang zitierten Naturforscher an die Öffentlichkeit ihre Warnung haben ergehen lassen, so haben sie damit nicht eine ihnen schuldzugebende Versäumnis nachträglich und im Grunde zu spät wiedergutzumachen versucht, nein – sie haben in seinem vollen Umfange dasjenige realisiert, was ein billiges Urteil von ihnen erwarten durfte: sie haben der Menschheit die Augen geöffnet für die Wirkungen, die auszuüben sie durch die von ihnen verwaltete Wissenschaft in den Stand gesetzt wurde, und sie haben damit die Schwere der Verantwortung enthüllt, die nun nicht mehr die Wissenschaft, sondern eben die durch diese Wissenschaft erleuchtete Menschheit als Ganzes auf sich zu nehmen hat. Kommt es dann trotzdem dahin, daß durch den Einsatz dieser Kräfte die Menschheit vom Erdboden vertilgt wird, so trifft die Verantwortung für dies Fiasko nicht die Wissenschaft, die diese Kräfte verfügbar gemacht hat, sondern den menschlichen

Willen, der von der Gabe der Wissenschaft den verkehrten Gebrauch zu machen sich nicht hat abhalten lassen." (S. 68–71)

Litts Urteil gewinnt die ihm eigene Stimmigkeit dadurch, daß in ihm nicht nur an Kants Abgrenzung von theoretischer und praktischer Vernunft und Max Webers Auslegung dieser Abgrenzung auf die positiven Wissenschaften und die Unterscheidung zwischen Tatsachen- und Werturteil, sondern zugleich an Kants erkenntnistheoretischer und metaphysikkritischer transzendentaler Differenz von Ding an sich und Erscheinung, deren Sinn keineswegs in der positivistischen Abgrenzung von Tatsachen- und Werturteil aufgeht, festgehalten wird. Die kausal-analytischen Wissenschaften gelangen diesen Abgrenzungen zufolge nur zu Aussagen über eine technisch-rationale Welterklärung, die im Handeln die Rationalität der Mittel steigert, nicht aber über die Dignität der Handlungsziele und -zwecke befindet. Während jedoch Max Weber und mit ihm der gesamte Positivismus Entscheidungen über die Handlungszwecke politischen Dezisionen überantwortet, hält Litt zum einen am moralisch-verantwortlichen Gewissen als Urteilsinstanz fest und betont Litt zum anderen immer wieder die transzendentale Differenz, die zwischen der wissenschaftlichen Erklärung der Welt als Erscheinung und der dem Zugriff des erklärenden Verstandes uneinholbar vorausgesetzten Wirklichkeit der Welt als Ding an sich besteht.

Beide Momente, dasjenige des Festhaltens an der moralischen Urteilsinstanz des Gewissens, welche keinerlei Dezision geopfert werden darf, und dasjenige der Unterscheidung zwischen der Welt an sich und der Welt für uns, gilt es zu beachten, damit wir die innere Stringenz der Position Litts heute nachvollziehen können. Unter Rückgriff auf die von Kant begründete Differenz zwischen Ding an sich und Erscheinung versuchte Litt zu verhindern, daß den Aussagen neuzeitlicher Wissenschaft in Verkennung der für ihre Erkenntnisgewinnung konstitutiven Grenzen eine metaphysische und handlungstheoretische Relevanz zuerkannt wird. In verschiedenen Schriften[61] versuchte Litt darauf hinzuweisen, daß die Erklärung menschlichen Verhaltens ebensowenig Aussagen über den Status menschlicher Freiheit zu machen vermag wie die Evolutionstheorie über den Sinn der Schöpfung, daß vielmehr alle wissenschaftliche Welterklärung die Existenz der Welt und die Freiheit der menschlichen Weltdeutung uneinholbar voraussetzen muß und nur Weltbegebenheiten erklären, über die Voraussetzungen ihrer eigenen Erklärungen aber keinerlei metaphysische und handlungsorientierende Aussagen zu formulieren vermag.

Wie unverzichtbar es ist, an dem von Litt im Einklang mit der philosophischen Tradition von Kant bis Hegel, darüber hinaus aber auch im Wissenschaftsverständnis des kritischen Rationalismus bei Popper latent noch vorhandenen Wissen um die Differenz von Existenz und erklärter Wirklichkeit, Ding an sich und Erscheinung festzuhalten, zeigt

144

sich heute an jenen Versuchen, die ohne Anstrengung des Begriffs, ohne grenzbegriffliches Bewußtsein und in fauler Vernunft naturwissenschaftlichen Theorien den Status sinnstiftender Handlungstheorie zuerkennen, indem sie zum Beispiel den Gesetzen der Quantentheorie eine metaphysische und handlungsorientierende Qualität zuschreiben und das angebliche „friedliche" Verhalten der Quanten zueinander zum Vorbild für ein neues Verhältnis von Mensch und Natur sowie der Menschen untereinander erheben[62]. In ihrer berechtigten Sorge um die Erhaltung der Natur als deren eigene und unsere Lebensgrundlage und eine Sicherung des Friedens ohne fortschreitende Steigerung militärischer Bedrohungskapazitäten verkennen diese Versuche, daß die von ihnen sinnstiftend mißdeuteten Gesetze der Quantentheorie selbst nach einem Ökozid und nach einer atomaren Zerstörung des Lebens, gäbe es dann noch erkenntnisfähige Subjekte, unverändert zutreffen würden.

Trotz der erkenntniskritischen und metaphysikkritischen Stärken der Position Theodor Litts können wir heute nicht einfach zu ihr zurückkehren. Die Gründe hierfür lassen sich in Auseinandersetzung mit jenen Problemlösungsmodellen aufzeigen, die nach Litt und zum Teil in expliziter Auseinandersetzung mit seiner Position entwickelt worden sind und teils deren Schwächen entlarven, teils deren Schwäche teilen. Die thematische Grundstruktur einer nicht-affirmativen Sinnbestimmung der menschlichen Praxis erblickte Litt darin, daß er nicht nur zwischen dem Anspruch der Naturwissenschaft auf Welterklärung und dem moralisch-praktischen Urteil unterschied, sondern zwischen beiden die Aussagesysteme der Geistes- und Sozialwissenschaften ansiedelte und diesen einerseits eine über die naturwissenschaftliche Erklärung hinausführende Reflexionsqualität beimaß, andererseits aber den Status einer handlungsorientierenden Instanz versagte:

„Mathematische Naturwissenschaft und Technik im Verein geben dem Menschen in vollkommenster Gestalt alle die Aufschlüsse und Anweisungen, über die er im Umgang mit der ihm begegnenden Welt verfügen möchte. Was hingegen die Wissenschaft vom Menschen angeht, so mußten wir uns davon überzeugen, daß sie weder theoretische Erleuchtungen noch praktische Anweisungen anzubieten hat, die es an Präzision und Zielsicherheit mit den jener anderen Wissenschaft zu dankenden aufnehmen könnten. . . . Eine angebliche ‚Wissenschaft', die dem Menschen einredet, er müsse die sein Leben regierenden ‚Gesetze' ausfindig machen, um dann, von der Kenntnis dieser Gesetze geleitet, sein Leben in die ihm angemessene ‚technische' Behandlung zu nehmen, hilft an ihrem Teile eine Entwicklung vorwärts treiben, die in der Selbstzerstörung der Menschheit endigen muß. Von dieser ihrer Verderblichkeit wird auch dann nicht das Mindeste weggenommen, wenn der sich für diese ‚Wissenschaft' Einsetzende nur von dem reinen Willen beseelt ist, der Wahrheit ans Licht emporzuhelfen und durch ihre Enthüllung unser Geschlecht zum Heile zu führen. Der Wahn, dem er Fürsprache leiht, verliert durch seine Gutgläubigkeit nichts an Sprengkraft. Daß an solchen Gutgläubigen kein Mangel ist, kann dem nicht zweifelhaft sein, der sich davon überzeugt, wie weit . . . der Hang verbreitet ist, die Wissenschaft vom Menschen, heiße sie nun Psychologie, Soziologie, Anthropologie, Historie, in Richtung auf das fragliche Wissenschaftsideal zu dirigieren." (S. 86 und 96f.)

Zusammenfassend läßt sich Litts Position vereinfachend so kennzeichnen. Die Naturwissenschaften unterwerfen die gesamte außermenschliche Natur menschlicher Herrschaft, indem sie die Erscheinungen der Natur kausal-analytisch erklären und auf diese Weise theoretisch-technisch verfügbar machen. Der Natur als Ding an sich können die Naturwissenschaften keinerlei Schaden zufügen, da die Ambivalenz der Mittel zweck-rationalen Handelns vom Faustkeil bis zur Atomindustrie dieselbe ist und sich nicht auf ein mehr oder weniger gutartiges oder bösartiges Verhältnis des Menschen zur Natur, sondern allein auf die vom Menschen zu verantwortenden Ziele und Zwecke seines Handelns bezieht. Die Geisteswissenschaften dagegen klären uns über die Historizität unserer Existenz auf, erweitern unseren Bewußtseinshorizont über die Grenzen bloßer Gegenwartserfahrung hinaus, beantworten aber nicht unsere Frage nach den richtigen Zielen und Zwecken menschlicher Praxis. Würden wir die historisch-hermeneutischen Wissenschaften zu Naturwissenschaften vom Menschen ,,weiterentwickeln" und den praktischen Umgang der Menschen untereinander in Analogie zur technischen Naturbeherrschung transformieren, so würde dies in einer ,,Selbstzerstörung der Menschheit endigen", weil wir dann in Verkennung der auf unsere humane Existenz bezogenen Differenz von Ding an sich und Erscheinung uns selbst nicht mehr als freie, zur selbst- und gemeinsam verantworteten Praxis fähige Wesen begreifen könnten. Darum gelte es, und hierin gipfelt Litts nicht-affirmative Sinnbestimmung menschlicher Praxis vor dem Hintergrund neuzeitlicher Wissenschaft und Technologie, die Entwicklung der Geisteswissenschaften zu Naturwissenschaften vom Menschen, die in der Gestalt ,,einer Afterwissenschaft, die in der Maske der Menschheitsbeglückerin Einlaß begehrt" (S. 97), auftreten, durch erkenntniskritische, metaphysikkritische und praktische Reflexion zu verhindern.

Fünf Jahre nach Litts Vortrag über ,,Die öffentliche Verantwortung der Wissenschaft" hat 1961 der Münsteraner Philosoph Joachim Ritter, ohne auf Litt Bezug zu nehmen, in einem Vortrag mit dem Titel ,,Die Aufgabe der Geisteswissenschaften in der modernen Gesellschaft"[63] die Rangfolge, welche Litt von den Naturwissenschaften über die Geisteswissenschaften bis hin zum Urteilshorizont des sittlichen und politischen Gewissens zu sichern versucht hatte, in Frage gestellt. In kritischer Abrechnung mit dem Anspruch der Geisteswissenschaften, den Naturwissenschaften zwar nicht an Exaktheit ebenbürtig, dafür aber über ein höheres Reflexionsniveau zu verfügen und Ort historisch-kommunikativer Erweiterung unseres Selbstbewußtseins zu sein, fragt Ritter nach dem gesellschaftlichen Kontext der modernen Wissenschaftsentwicklung und leitet den Ursprung der historischen Geisteswissenschaften aus den Folgeproblemen der naturwissenschaftlichen Beherrschung der Welt ab.

Mit Verweis auf Schelsky entwickelt Ritter die These, die modernen Naturwissenschaften seien zur Grundlage unserer wissenschaftlichindustriellen Zivilisation geworden und erfüllten heutc – freilich auf ganz andere Art und Weise – jene öffentliche Funktion, die Platon und Aristoteles für die antike Polis der theoretischen Wissenschaft und Philosohie zugewiesen hatten. Während jedoch die antike Philosophie und Metaphysik zur schon vorhandenen Praxis der Polis, diese klärend, begreifend und erinnernd, nur hinzugetreten sei, gehe neuzeitliche Wissenschaft seit der Emanzipation der Naturwissenschaften von der Philosophie der Praxis voraus, denn in der bürgerlichen Gesellschaft, welche ,,einzig auf das durch Bedürfnis und Arbeit vermittelte Naturverhältnis des Menschen" gegründet sei und sich ,,von allen Herrschaftsformen und Reichen der bisherigen Geschichte" insofern unterscheide, als ,,sie ausschließlich die nützende und verfügende Herrschaft des Menschen über die Natur zum Inhalt" habe, seien die Naturwissenschaften endgültig ,,zu den elementaren und unabdingbaren Voraussetzungen der industriellen Gesellschaft" geworden (S. 25 und 21). Die Bedeutung der Geisteswissenschaften bestimmt Ritter von hierher, scharfsinnig an Hegels Rechtsphilosophie anknüpfend, aus der geschichtlichen Erfahrung, daß ,,die moderne Gesellschaft das mit ihr und ihrem abstrakten Naturverhältnis nicht identifizierbare geschichtliche Sein von sich abtrennt":

,,Während sonst die geschichtliche Mnemosyne in der realen Kontinuität des geschichtlichen Lebens das je die Gegenwart selbst repräsentierende Vergangene und nur dies erinnert, übernehmen es die Geisteswissenschaften, das zu vergegenwärtigen, was ohne sie und da, wo der reale Prozeß der Entgeschichtlichung sich selbst ohne die Möglichkeit der Korrektur überlassen bliebe, notwendigerweise für die Gesellschaft mehr und mehr bedeutungslos werden und schließlich überhaupt aus dem Zusammenhang ihrer Welt verschwinden müßte. Die reale Möglichkeit solchen Verschwindens und Vergehens wird immer da akut, wo die (auf menschlicher Herrschaft über Natur basierende, D.B.) Gesellschaft zum einzigen Sein des Menschen gesetzt und damit die für sie konstitutive Entzweiung zur Macht der Eliminierung des von der Gesellschaft getrennten geschichtlichen und geistigen Seins radikalisiert wird. . . . In der gleichen Zeit aber kommt die auf die historische Methode gegründete Philosophiegeschichte auf. Sie übernimmt es, für die Gesellschaft wie in einer Gegenbewegung das, was für sie zu einem ,nur noch Historischen' wird, als solches Historisches zu vergegenwärtigen; sie holt es in den Zusammenhang der Gesellschaft zurück. . . . Darin zeigt sich die allgemeine Funktion, die die Geisteswissenschaften im Verhältnis zu der abstrakten Wirklichkeit der Gesellschaft – Organ ihrer geistigen Kompensation – übernehmen. Was der menschliche Geist im Gange seiner Geschichte gebildet und geschaffen hat, rufen sie als die Summe der Erfahrungen, die der Mensch mit und der Welt gemacht hat, für die Gesellschaft in ihre Zeit zurück, dem realen Prozeß entgegen, in dem diese Gesellschaft, um den Menschen zum Menschsein zu befreien, als die Macht der Entzweiung in die geschichtliche Welt einbricht, sie umwälzt und von sich abtrennt. So kann man sagen, daß die Gesellschaft selbst die Geisteswissenschaft als das Organ hervorbringt, das ihre Abstraktheit und Geschichtslosigkeit ausgleichen kann." (S. 27f.)

Vergleichen wir Litts und Ritters Thesen zur Sinnbestimmung menschlicher Praxis im Zeitalter wissenschaftlicher Zivilisation, so fällt auf, daß beide die modernen Naturwissenschaften und die industrielle Technologie als Ausdruck einer Entzweiung und Entfremdung des Menschen begreifen und die Geisteswissenschaften, ohne ihnen eine handlungsorientierende Kraft beizumessen, als Disziplinen geschichtlicher Erinnerung im gesellschaftlichen Kontext zerbrechender Kontinuitäten deuten. Während jedoch Litt die Ambivalenz menschlicher Naturbearbeitung bis in die Entwicklung des Faustkeils zurückverlegt und die Gefährdung unserer humanen Existenz an der Substitution des Paradigmas historisch-hermeneutischer Wissenschaft durch dasjenige der Naturwissenschaft festmacht, bestimmt Ritter mit Hegel die bürgerliche Gesellschaft der Neuzeit und deren einzig auf Bedürfnisbefriedigung und Machtsteigerung ausgerichtetes Rationalitätsprinzip als Ort und Grund der Entzweiung und weist den Geisteswissenschaften keine befreiende, sondern nur eine kompensatorische Funktion zu.

In wissenschaftshistorischer und wissenschaftssoziologischer Hinsicht werden wir heute Ritters Deutung einen Vorzug gegenüber derjenigen Litts einräumen müssen, denn das, was unter der neuzeitlichen Entzweiung des Menschen und der kompensatorischen Funktion der Geisteswissenschaften, die diese geschichtlich ja durchaus erfüllt haben, zu verstehen ist, wird von Ritter auf den Entstehungskontext der bürgerlichen Gesellschaft und deren Primat theoretisch-technischer, machtförmiger Rationalität zurückbezogen. Daß Ritter freilich zwischen technischer und praktischer Rationalität nicht mehr zu unterscheiden weiß, sondern in völliger Verkennung der Differenz zwischen technischem und praktischem Handeln die Naturwissenschaften ebenso wie die in bürgerlich-industriellen Gesellschaften üblichen Herrschaftsformen über Natur und Menschen als Praxis bezeichnet, verweist auf eine Überlegenheit der Position Litts, der, obwohl er von einer ungeschichtlichen Ambivalenz der Mittel menschlicher Naturbeherrschung ausging, im Unterschied zu Ritter doch um die Verschärfung der Entzweiung des Menschen wußte, wenn er in der Warnung der Atomphysiker vor der von ihnen selbst entwickelten Technologie ein geschichtlich neues Faktum und Problem und eine Herausforderung praktischer Urteilskraft erkannte. Litts Diktum, der Wissenschaftler drohe zum Politiker zu werden, und seine Warnung, wissenschaftliche und praktische Urteilskraft nicht gleichzusetzen, könnte, auf Ritter angewandt, lauten: Die Philosophie wird zur affirmativen Soziologie, welche eine „geistige Kompensation" betreibt, um die Menschen mit ihrer Entzweiung zu befreunden. Daß eine derartige Erweiterung der Warnung Litts nicht von der Hand zu weisen ist, zeigt sich daran, daß gerade Schüler Joachim Ritters heute für eine affirmative Bildung und Befreundung mit gesellschaftlich vorgegebenen Unvermeidlichkeiten und Üblichkeiten eintreten, dafür also, die Dignität praktischer Urteilskraft auf die einer bloßen geistigen Kompensation zu beschränken. Die Ambivalenz einer solchen Auffassung aber läßt sich nirgends deutlicher aufzeigen als an der Position des Münsteraner Soziologen Helmut Schelsky, auf den Ritter sich ausdrücklich in seinem Vortrag über die „Aufgabe der Geisteswissenschaften in der modernen Gesellschaft" berief.

In seiner 1961 veröffentlichten Abhandlung „Der Mensch in der wissenschaftlichen Zivilisation"[64] legte Helmut Schelsky eine soziologische Analyse vor, die nichts von ihrer Aktualität eingebüßt hat, sondern von einer solchen Weitsicht hinsichtlich der Entwicklung gesellschaftlicher Probleme zeugt, daß heutige Leser glauben könnten, sie sei eben erst geschrieben worden. Die Frage nach der Sinnbestimmtheit menschlicher Praxis bezieht Schelsky nicht allein auf das Verhältnis von neuzeitlicher Wissenschaft in den beiden Ausprägungen der Natur- und Geistes- bzw. Sozialwissenschaften, sondern auf alle Bereiche menschlichen Handelns, auf Arbeit und Sitte, Pädagogik und Politik, Kunst und Religion. Statt, wie Ritter, die Folgen wissenschaftlich-technischer Zivilisation als Ausdruck einer unvermeidlichen Entzweiung des Menschen zu deuten und die Geisteswissenschaften als kompensatorische Agenten zur Befreundung mit der gesellschaftlichen Wirklichkeit strategisch einzusetzen, und statt, wie Litt, auf eine im Zivilisationsprozeß der Verwissenschaftlichung aller Lebensbereiche unversehrte moralische Urteilskompetenz und die paradigmatische Unterscheidung zwischen Natur- und Geisteswissenschaften zu vertrauen, listet Schelsky die ganze Breite der uns heute bedrängenden Fragen auf:

„Was bedeutet es, daß mehr und mehr Menschen an Krankheiten leiden und auch sterben, die der Mensch selbst erst durch seinen Zivilisationsprozeß geschaffen hat, so daß wir uns in einem Vorgang des Ersatzes der ‚Naturkrankheiten' durch Zivilisationskrankheiten befinden? Was bedeutet es, daß die gewaltigen Leistungen der Medizin in den entwickelten Industriegesellschaften ... ein Verhältnis des Menschen zum Tode aufkommen lassen, das im Sterben eines Menschen mehr ein zufälliges Versagen der Medizin ... als eine schicksalhafte Notwendigkeit der Existenz selbst erblickt? ... Was bedeutet es, daß die Geburt der Kinder mehr und mehr ... in die freie Verfügungsgewalt und -entscheidung der Eltern gerät, wobei wir noch von allen Formen und Experimenten halbkünstlicher Lebenserweckung absehen? ... Was bedeutet es, daß die soziale Problematik entwickelter Industriegesellschaften nicht um die Fragen des Existenzminimums, sondern um die eines sogenannten Zivilisationsminimums, also der Teilnahme am Zivilisationsgenuß, kreist? ... Was bedeutet es, daß wir die Grundbestände der freien Natur – reine Luft, reines Wasser und die Reste reiner Naturwüchsigkeit der Landschaft – in Verwaltung und Pflege nehmen müssen? ... Was bedeutet es, daß (die) technische Macht, mit der der Mensch sich selbst und seine Umwelt ständig umarbeitet und verwandelt, bis zu einem Maße gediehen ist, das ihm erlaubt, sich als Art und seine Welt in einem Akt restlos zu zerstören? Was bedeutet diese totale Bedrohung des Menschen durch die vom Menschen selbst geschaffenen technisch-wissenschaftlichen Waffen, wenn sie zum normalen Selbstverständnis des Menschen in einer die ganze Erde umfassenden technischen Zivilisation wird? ... Was bedeutet es, um etwas ganz Harmloses zu erwähnen, daß die Jungen zwischen zehn und fünfzehn Jahren heute die Nachrichten über Fußballergebnisse als Sensation ansehen, nicht aber das Fußballspiel, an dem sie selbst teilnehmen? Was bedeutet es, daß die Kinder die Welt der Erwachsenen heute weniger aus deren Erzählungen und Lehren, schon gar nicht vom Zusehen und Mitmachen, sondern vor allem aus dem Lautsprecher oder vom Fernsehschirm her kennenlernen? ... Was bedeutet es, daß wir Humantechniken entwickelt haben, die es uns erlauben, das, was wir als das immaterielle Innere des Menschen, seiner Seele oder seine Gesinnung, zu betrachten gewohnt waren, im Sinne eines technischen Vorganges zu zerlegen und zu manipulieren? ... Was bedeutet es, daß wir die im geschichtlichen Werdegang entstandenen Institutionen und Gebilde ... heute in den Griff bewußter Planung und Entwicklung bekommen? ... Was bedeutet es schließlich, um vom moralischen Gesetz in uns zu dem gestirnten Himmel über uns zu kommen, daß wir heute den Weltraum jenseits der Erde in unsere technische Produktion einbeziehen?" (S. 450-453)

Eine Antwort auf diese Fragen, die, seinen eigenen Worten zufolge, fernab „jeder kulturkritischen Fragestellung" anzusiedeln ist, entwickelte Schelsky aus einer Affirmation der geschichtlichen Folgen menschlicher Naturbeherrschung, Bewußtseins- und Gesellschaftsplanung, indem er überzeugend nachwies, daß die von Gehlen und anderen vertretene Auffassung, die moderne Technik sei nichts anderes als ein Organersatz oder eine Organverlängerung menschlicher Handlungskompetenz, ganz und gar unhaltbar ist:

„Jedes technische Problem und jeder technische Erfolg wird unvermeidbar sofort auch ein soziales, ein psychologisches Problem, und zwar in der Art, daß dem Menschen eine Sachgesetzlichkeit, die er selbst in die Welt gesetzt hat, nun als soziale, als seelische Forderung entgegentritt, die ihrerseits gar keine andere Lösung als eine technische, eine vom Menschen her geplante und konstruktive, weil die das Wesen der Sache ist, die es zu bewältigen gilt. Der Mensch löst sich vom Naturzwang ab, um sich seinem eigenen Produktionszwang wiederum zu unterwerfen. Wir produzieren die wissenschaftliche Zivilisation nicht nur als Technik, sondern notwendigerweise in viel umfassenderem Maße dauernd auch als ‚Gesellschaft' und als ‚Seele'. . . . Der Mensch ist sich selbst als soziales und als seelisches Wesen eine technisch-wissenschaftliche Aufgabe der Produktion geworden. Hierin liegt das unvermeidliche Vordringen und Vordrängen der Sozialwissenschaften und Psychologie im Bereich der sogenannten Geisteswissenschaften begründet wie auch ihre unvermeidbare Entwicklung zu Funktionswissenschaften und d.h. letzten Endes zu Produktionswissenschaften." (S. 461)

In Schelskys Zeitdiagnose, die bis zu unserer Gegenwart an Stimmigkeit nicht verloren hat, ist die von Litt noch bekämpfte Ausweitung des Paradigmas neuzeitlicher Naturwissenschaft auf die Geistes- und Sozialwissenschaften als eine geschichtliche Unvermeidlichkeit angesichts der vom Menschen selbst geschaffenen Sachzwänge eingeplant. Die Konsequenzen aus einer Affirmation solcher Üblichkeiten hat Schelsky, und dies spricht für die systemimmanente Konsequenz seines Denkens, klar ausgesprochen. Sie lauten nämlich schlicht, die neuzeitliche Idee der Demokratie sei, ohne antidemokratisch zu argumentieren, zu verabschieden, die wissenschaftliche Technokratie sei, ohne voluntaristisch an der Erhaltung von Privilegien interessiert zu sein, anzuerkennen, und die Idee der Bildung sei, ohne auf die Attitüden einer Elite zu setzen, nur für wenige gültig.

Mit der Transformation ehedem persönlicher Abhängigkeits- und Herrschaftsstrukturen in die Sachgesetzlichkeiten einer wissenschaftlich-technischen Zivilisation hat, so Schelsky, „die Idee der Demokratie . . . ihre klassische Substanz (verloren): An die Stelle eines politischen Volkswillens tritt die Sachgesetzlichkeit, die der Mensch als Wissenschaft und Arbeit selbst produziert. Dieser Tatbestand verändert die Grundlagen unserer staatlichen Herrschaft überhaupt; er verwandelt die Fundamente der Legitimität, der Regierung als Herrschaft, der Staatsraison, der Beziehung der Staaten untereinander usw.". (S. 465f.) Mit dieser These versucht Schelsky Max Webers Hypothese vom politischen Staat der Neuzeit noch zu überbieten und mit Fichtes und Marx' Idee vom „Absterben des Staates" zu versöhnen, die freilich nun nicht in einer utopischen Gesellschaft freier Produzenten, sondern angesichts einer nurmehr „fiktiven Entscheidungstätigkeit der Politiker im technischen Staat" (S. 470) ihrer Realisation entgegengeht. Ritters These von der kompensatorischen Funktion der Geisteswissenschaften wird von Schelsky variiert zur These von der kompensatorischen Funktion der Berufspolitiker, welche „dauernd gezwungen (sind), die Ideen zu manipulieren, zu deuten, anzupassen", um auf diese Weise den Sachgesetzlichkeiten wissenschaftlicher Zivilisation die diesen gebührende Anerkennung zu sichern: „Die Verwandlung der Demokratie in den ‚technischen Staat' bedarf keiner Revolution im sozialen oder politischen Sinne, keiner Verfassungsänderung, keiner ideologischen Bekehrung. Es bedarf nur der steigenden Anwendung wissenschaftlicher Techniken aller Art, und der technische Staat entsteht im alten Gehäuse." (S. 473f.)

Von besonderem Interesse in diesem Zusammenhang ist nun, daß Schelsky es sich versagt hat, seiner Legitimation wissenschaftlicher Zivilisation und deren Aussichten auf ein Absterben staatlicher Herrschaft und ein Verschwinden persönlicher Machtverhältnisse die Idee der Bildung unterzuordnen. Statt die Frage nach der Bestimmung der menschlichen Praxis in einer vernünftig nicht mehr zu begründenden Teleologie der Sachgesetzlichkeiten wissenschaftlicher Zivilisation aufgehen zu lassen, kehrt Schelsky am Ende seiner Ausführungen über den Sinn menschlicher Praxis im historischen Kontext wissenschaftlich-technologischer Zivilisation zur Idee einer nicht-hierarchischen Verhältnisbestimmung der funktionalen Erfordernisse wissenschaftlicher Zivilisation einerseits und der Frage nach der Bestimmung menschlichen Handelns andererseits zurück:

„Wenn . . . ‚Bildung' eine geistige und sittliche Souveränität gegenüber den Zwängen der Welt und des praktischen Lebens ist – und alle anderen Bildungsbegriffe verfehlen den Kern des alten Bildungsanspruchs und sind pragmatische oder resignative Anpassungen –, dann ist sie heute primär und unmittelbar nicht mehr über die Wissenschaft zu gewinnen. Im Gegenteil: Da das praktische Leben selbst wissenschaftlich geworden ist, führt der Anspruch, gebildet zu sein, heute präzis zu der Aufgabe, sich von der Wissenschaft in gleicher Weise zu distanzieren, sich über sie zu erheben, wie einst sich die Bildung der Humanisten und Idealisten über das bloße praktische Leben erhob. Bildung der Person liegt heute in der geistigen Überwindung der Wissenschaft – gerade in ihrer technisch-konstruktiven Dimension. Aber es geht auch nicht ohne diese Wissenschaft: Indem sie zur Welt und zum praktischen Leben selbst geworden ist, stellt sie ja die Substanz des Lebens dar, die es zu ‚bilden' gilt; erst der Durchgang durch das praktische Leben, erst der Durchgang durch die Wissenschaften, läßt den Menschen überhaupt die Schwelle erreichen, von der sich die Lösungsfrage neu stellt. Sie ist aber nicht mehr aus der Dimension der Wissenschaft selbst, weder als Philosophie noch als Wissenschaftssynthese, zu beantworten, weil die Wissenschaft als Konstruktion der Welt allem wissenschaftlichen Denken vorausgelaufen ist. . . . Den Wissenschaften in ihren jeweiligen Aussagen, in ihren universalen Anwendungen, die das praktische Leben und unsere Welt selbst sind, jeweils

an geistiger ,Offenheit und Reflexion' immer ein Stück voraus zu sein, das wäre …
,Bildung' in der wissenschaftlichen Zivilisation." (S. 478ff.)

Daß Schelsky im Sinne seiner eigenen Maßstäbe hinsichtlich dessen, was
er ,,Bildung" nannte, zu denen gehört hat, die in der Voraussicht der
Folgewirkungen der Sachzwänge und Sachgesetzlichkeiten der Gesell-
schaftsentwicklung der Alltagserfahrung und der wissenschaftlichen
Erfahrung ,,ein Stück voraus" waren, wird man heute im Rückblick auf
die Fragen, die er an den Anfang seiner Analysen ,,Der Mensch in der
wissenschaftlichen Zivilisation" gestellt hat, nicht bezweifeln können.
Viele der Fragen, die Schelsky 1961 schon auf den Begriff gebracht hatte,
haben öffentliches und allgemeines Interesse erst in den letzten Jahren
gefunden. Mit einem solch öffentlichen und allgemeinen Interesse hatte
freilich Schelsky gar nicht gerechnet, als er die Urteilskompetenz,
Folgeprobleme wissenschaftlicher Zivilisation antizipatorisch zu erörtern, bei jenen ,,Gebildeten" verankerte, die den Durchgang durch die
Wissenschaften schon hinter sich haben, und von der Erfahrung solcher
Folgeprobleme all diejenigen ausnahm, die ihre gesellschaftliche Existenz
im Horizont vorgegebener Üblichkeiten und Sachgesetzlichkeiten wissenschaftlicher Zivilisation finden.

Dies aber verweist auf einen merkwürdigen Widerspruch, in dem nicht
Schelsky sich befand, sondern in den wir uns begeben, wenn wir Schelsky
nach seinen eigenen Maßstäben zu den Gebildeten seiner Zeit rechnen.
Denn Schelsky war seiner Zeit in der Wahrnehmung der unweigerlich auf
uns zukommenden Folgeprobleme gesteigerter Natur- und Menschenbe-
herrschung nicht nur ein gutes Stück voraus, sondern irrte sich zugleich
in einem entscheidenden Punkt, darin nämlich, daß die Sachgesetzlichkeiten wissenschaftlicher Zivilisation von der überwiegenden Mehrzahl
der Gesellschaftsmitglieder auch künftig unhinterfragt affirmiert werden
könnten und die der Zeit vorauseilende ,,metaphysische Dauerreflexion"
ein Geschäft weniger Gebildeter bleiben werde, die den Durchgang durch
die Wissenschaften hinter sich haben. Daß ,,die wissenschaftliche
Zivilisation die Dauerreflexion in verschiedenen geistigen Formen und
Niveaus breiten Bevölkerungsschichten aufnötigen" werde, daß folglich
,,die Frage nach dem ,Sinn des Menschen' … wohl die metaphysische
Position sein (werde), die die Selbstschöpfung des Menschen in der
wissenschaftlichen Zivilisation am selbstverständlichsten begleitet"
(S. 486), ist zwar von Schelsky ebenso weitsichtig vorausgesehen worden.
Die Gutartigkeit von Verwissenschaftlichung aller Lebensbereiche und
metaphysischer Dauerreflexion auf unterschiedlichen Niveaus, welche
den sogenannten Gebildeten einen Vorsprung vor dem Zeitgeist verschaffen und die Ungebildeten im Sinne dessen, was Ritter geistige Kompensation genannt hatte, mit der Zerrissenheit des Menschen dauerhaft
befreunden sollte, ist als Selbstverständlichkeit, an die im Unterschied zu
Ritter und Schelsky schon Litt nicht mehr glaubte, heute jedoch in breiter
Auflösung begriffen. Daß die Frage nach der Bestimmung der menschli-

chen Praxis nur im Durchgang durch die Wissenschaften, nicht aber nach der Methode neuzeitlicher Wissenschaft und einer mit deren Ergebnissen befreundenden Ideologieplanung zu erörtern ist, gilt heute gerade auch für die Positionen Ritters und Schelskys selbst. Eine nur „geistige Überwindung der Wissenschaft", die den technischen Fortschritt affirmiert und die Frage nach der Bestimmung menschlicher Praxis erst nach vorausgegangener Preisgabe der menschlichen Praxis an das geschichtlich vorherrschende Paradigma technischer Machtsteigerung in der Beherrschung der Natur und der Planung der Geschichte als Frage anerkennt, ist heute nicht einmal mehr für die sogenannten Gebildeten möglich. In ihrer blinden Affirmation der Technik und sogenannter Sachgesetzlichkeiten wissenschaftlicher Zivilisation vertreten sie gerade dort, wo sie sich auf die Idee der Bildung berufen, letztlich die Position, die Adorno mit Verweis auf die Dialektik der Aufklärung als diejenige affirmativer Halbbildung beschrieben hat.

Wollen wir uns nicht damit begnügen, die Frage nach einer praktischen, sowohl auf das Verhältnis von Mensch und Natur als auch auf die Interaktion der Menschen untereinander bezogenen Begründung und Rechtfertigung menschlichen Handelns an Sachgesetzlichkeiten und funktionale Erfordernisse wissenschaftlicher Zivilisation einerseits und praxisfreie Resträume einer metaphysischen Dauerreflexion andererseits abzutreten, so darf das, was Schelsky „Überwindung der Wissenschaft" genannt hat, kein bloßer Gegenstand einer geistigen Kompensation der Technik bleiben. Einen Vorschlag zur Neubestimmung der thematischen Grundstruktur menschlicher Praxis, der in gewissem Sinne zu Litts Konzeption, freilich mit bestimmten Modifikationen, zurückführt, hat Jürgen Habermas in seinen früheren Arbeiten zu einer Theorie kommunikativen Handelns vorgelegt[65]. Auf diesen Vorschlag soll im folgenden kurz unter Verweis auf die Abhandlung aus dem Jahre 1964 mit dem Titel „Verwissenschaftlichte Politik und öffentliche Meinung"[66] eingegangen werden, weil diese Studie sowohl in zeitlicher als auch in thematischer Hinsicht in unmittelbarer Nähe zu den bisher vorgestellten Texten steht.

In dieser Schrift unterscheidet Habermas zwischen drei Modellen zur Rationalisierung der Arbeitsteilung von neuzeitlicher Wissenschaft und staatlicher Politik, dem dezisionistischen Modell Max Webers, dem technokratischen Modell Helmut Schelskys und seinem eigenen Modell, einem pragmatischen Modell wechselseitiger Kommunikation zwischen Wissenschaft und Politik. Dem dezisionistischen Modell zufolge ist die Funktion des wissenschaftlichen Sachverständigen zweckrational einer politischen Führungsfunktion untergeordnet. Wissenschaft stellt die Mittel für eine rationale Politik bereit. Die Politik bezieht ihre Rationalität aus der Wissenschaft, bewahrt gleichzeitig aber ihren Primat aufgrund der Irrationalität von Wertentscheidungen, die über die Verwendung der durch wissenschaftliche Rationalität bereitgestellten

Mittel befinden und in ihrer Wertgebundenheit zwar historisch-sozial-wissenschaftlich analysierbar sind, ansonsten aber keiner wissenschaftlichen Rationalität unterliegen oder zugeführt werden können. Das technokratische Modell Schelskys weiß bereits darum, daß dem Zweck-Mittel-Verhältnis von Wissenschaft und Politik eine Finalität innewohnt, der zufolge wissenschaftliche Rationalität in der Mittelwahl Einfluß auf die Politik gewinnt und diese dadurch rationalisiert, daß sie die Entscheidung über die Zwecke an die Sachgesetzlichkeiten zurückbindet, die vom Menschen der wissenschaftlichen Zivilisation selber konstruiert worden sind. Der politische Staat Max Webers geht dabei in den technischen Staat über, in welchem die Politik zur „fiktiven Entscheidungstätigkeit der Politiker" verkümmert und nurmehr den kompensatorischen „Rang eines Hilfsmittels für Unvollkommenheiten des ‚technischen Staates' " (Schelsky) einnimmt und staatliche Politik sich zunehmend auf Sachgesetzlichkeiten, seien es solche der Abwendung von Energieknappheit, der internationalen Konkurrenz um Absatzmärkte, der fortschreitenden Automatisierung der Industrie oder der Modernisierung militärischer Bedrohungskapazitäten, beruft, um mit diesen als naturwüchsigen Erfordernissen zu befreunden.

Habermas' pragmatisches Modell hofft, ein solches Ende der Politik dadurch abwenden zu können, daß es weder der irrationalen Wertgebundenheit einer dezisionistischen Politik den Primat gegenüber dem Mittel-Wissen moderner Wissenschaften einräumt, noch die Rationalisierung der Politik durch deren Unterwerfung unter die Sachzwänge technisch-wissenschaftlicher Zivilisation gutheißt, sondern auf „eine wechselseitige Kommunikation" zwischen wissenschaftlichem Expertentum und staatlicher Politik setzt, welche über die „politische Öffentlichkeit", das „demokratische Forum von öffentlichen Diskussionen im Staatsbürgerpublikum", zu institutionalisieren sein soll. Beachtlich ist dabei, daß Habermas schon 1964 die Voraussetzungen für eine solche wechselseitige Kommunikation im Medium der Öffentlichkeit als „nicht günstig" einschätzte, gleichwohl aber die Institutionalisierung eines herrschaftsfreien Diskurses als Ansatz zur Vermeidung eines „vorzeitigen Abbruchs möglicher Rationalisierung" ansetzte. Von Schelskys Diagnose aus dem Jahre 1961, „die wissenschaftliche Zivilisation (werde) die Dauerreflexion in verschiedenen geistigen Formen und Niveaus breiten Bevölkerungsschichten aufnötigen", unterscheidet sich Habermas' Pragmatismus dadurch, daß er zwar, wie Schelsky, die Chancen für eine wechselseitige Kommunikation von Wissenschaft und Politik als gering und äußerst schwierig einschätzt, gleichwohl aber mit Litt an der Idee einer politischen Mündigkeit des „Staatsbürgerpublikums" und der diskursiven Überbietung staatlicher Politik festhält:

„Die Alternative, die uns interessiert, besteht nicht etwa zwischen einer Führungsgruppe, die über eine mediatisierte Bevölkerung hinweg ein lebenswichtiges Wissenspotential wirksam ausschöpft; und einer anderen Führungsgruppe, die vom Zufluß wissenschaftlicher Informationen selbst abgesperrt ist, so daß technisches Wissen in den Prozeß der politischen Willensbildung nur unzureichend einfließt. Es geht vielmehr darum, ob ein folgenreicher Wissensstand nur in die Verfügung technisch hantierender Menschen geleitet oder zugleich in den Sprachbesitz kommunizierender Menschen eingeholt wird. Als mündig könnte sich eine verwissenschaftlichte Gesellschaft nur in dem Maße konstituieren, in dem Wissenschaft und Technik durch die Köpfe der Menschen hindurch mit der Lebenspraxis vermittelt würden. Die eigentümliche Dimension, in der eine kontrollierte Übersetzung technischen Wissens in praktisches und damit eine wissenschaftlich angeleitete Rationalisierung der politischen Herrschaft möglich ist, wird verfehlt, wenn die prinzipiell mögliche Aufklärung des politischen Willens im Verhältnis zur Belehrung über sein technisches Können, sei es zugunsten verstockter Dezisionen, für unmöglich, sei es in Ansehung der Technokratie, für überflüssig gehalten wird." (S. 144f.)

Schelskys technokratisch-pragmatisches und Habermas' kommunikativ-pragmatisches Modell unterscheiden sich nicht hinsichtlich der Diagnose der Situation des Menschen in der wissenschaftlichen Zivilisation, wohl aber in der Aussicht, die sie eröffnen: ,,metaphysische Dauerreflexion" als kompensatorische ,,geistige Überwindung der Wissenschaft" hier und ,,herrschaftsfreier Diskurs" im ,,Medium der Sprache" als Überbietung technokratischer Politik durch ,,Dauerkommunikation" dort. Wie jedoch Bildung im Durchgang durch die Wissenschaft erreicht werden kann und worin sie besteht, vermögen beide Modelle nicht zu erklären. Dabei verbindet sie, daß sie Bildung und Mündigkeit gleichermaßen von einer bloßen Affirmation neuzeitlicher Wissenschaft beziehungsweise von einer bloßen Bejahung staatlicher Politik abgrenzen. Hierin ist ihnen wohl zuzustimmen. Die Aussichten jedoch, die beide Modelle eröffnen, sind für die pädagogische Praxis gleichermaßen wenig hilfreich. Die metaphysische Dauerreflexion einer Elite kommt für die anderen immer zu spät, sie schließt diese von der Bildung geradezu aus und begünstigt eine Politik, die dem zweiten von Habermas skizzierten Modell, dem technokratischen, verhaftet bleibt. Die wechselseitige Kommunikation zwischen Wissenschaft und Politik jedoch, die Habermas' eigenes Modell begründen will, setzt immer schon eine Mündigkeit voraus, die aus dem Diskurs der miteinander kommunizierenden Parteien, der neuzeitlichen Wissenschaft einerseits und der staatlichen Politik andererseits, gar nicht unmittelbar hervorgehen kann, weil sie als Tertium zwischen technokratischer Sachgesetzlichkeit und dezisionistischen Wertentscheidungen, wie Schelsky gezeigt hat, nicht einmal denkbar ist.

Eine nicht-affirmative Bildungstheorie wird darum weder auf eine unbestimmte metaphysische Dauerreflexion auf unterschiedlichen Niveaus noch auf eine gutartige wechselseitige Kommunikation zwischen den beiden Positivitäten der Neuzeit, der modernen Wissenschaft und der staatlichen Politik, setzen können, sondern den Primat staatlicher Politik, was die Frage nach der Sinnorientierung unseres Handelns betrifft, ebenso überwinden müssen wie den Anspruch neuzeitlicher Wissenschaft, zweckrationales Wissen für eine Steigerung der Rationalität menschlicher Praxis bereitstellen zu können. Wenn aber Mündigkeit heute weder in einer einfachen Bejahung oder Verneinung der Ergebnisse der neuzeitlichen Wissenschaften, noch in der bloßen Anerkennung oder Ablehnung einzelstaatlicher oder bündnisorientierter Politik liegen kann, wenn darüber hinaus weder die Zuflucht in eine elitäre metaphysische Dauerreflexion, noch die Hoffnung auf eine gutartige Kommunikation zwischen Wissenschaft und staatlicher Politik im Medium der Öffentlichkeit einen Ausweg eröffnen, wie soll dann die thematische Grundstruktur einer nicht-affirmativen Sinnbestimmung menschlicher Praxis an Substanz gewinnen?

Diese kann nur in Überwindung der beiden zentralen Positivitäten der Neuzeit, der modernen Einzelwissenschaften und der staatlichen Politik, gefunden werden. Überwindung staatlicher Politik meint dabei nicht einen Ausstieg aus der bisherigen Geschichte und einen Sprung in eine Weltbürgergesellschaft, sondern zielt auf eine Neukonstitution menschlicher Praxis, welche deren Reduktion auf technisches Handeln einerseits und staatliche Politik andererseits zurücknimmt und dadurch die menschliche Praxis aus dem beschränkten Horizont einer fiktiven Entscheidungstätigkeit von Berufspolitikern im technischen Staat befreit. Ebenso meint Überwindung der Wissenschaft weder die Rückkehr in ein vorwissenschaftliches Zeitalter, noch eine bloß geistige Überbietung wissenschaftlicher Rationalität durch Metaphysik, sondern zielt auf eine Revolutionierung der Wissenschaft selbst, welche den Primat der Praxis nicht mehr im Sinne einer Hierarchie von praktischer und theoretischer Vernunft begründet, sondern in den Wissenschaften selbst verankert.

Was unter einer solchen nicht-affirmativen Sinnbestimmung menschlicher Praxis zu verstehen ist, läßt sich vor dem Hintergrund der bisher rekonstruierten Diskussion andeuten, sobald wir uns der Frage stellen, ob die von Litt über Ritter und Schelsky zu Habermas führende Diskussionslinie als diejenige eines sich steigernden Problembewußtseins oder aber zugleich als eine solche zu deuten ist, in der wesentliche Momente, die in bildungstheoretischer Hinsicht unverzichtbar sind, zunehmend ausgeblendet wurden.

Alle vorgestellten Positionen stimmen darin überein, daß sie die menschliche Herrschaft über die Natur als eine technische deuten und legitimieren, wobei sich freilich Litts Hoffnung, die Geisteswissenschaften und die auf den Menschen bezogenen Bereiche menschlicher Praxis ließen sich von solcher Herrschaft ausgrenzen, als trügerisch und naiv erweist. Alle vorgestellten Positionen stimmen ferner darin überein, daß sie den Geisteswissenschaften keine unmittelbar sinnstiftende, sondern nur eine aufklärende (Litt/Habermas) beziehungsweise eine kompensatorische (Ritter/Schelsky) Relevanz zuerkennen, wobei freilich Ritter und Schelsky die aufklärende Funktion historisch-hermeneutischer Erfahrung an die Anerkennung der ihr im Zeitalter technischer Zivilisation zukommenden kompensatorischen Funktion zurückbinden, derweil Litt und Habermas gerade in der Infragestellung einer nur „geistigen Kompensation" die mögliche aufklärerische Dimension kommunikativen Denkens erblicken.

Dies aber verweist nun auf zwei fundamentale Differenzen der skizzierten Positionen. Während Ritter und Schelsky zwischen Praxis und Technik letztlich nicht mehr unterscheiden können, wenn sie die Verwissenschaftlichung aller Lebensbereiche als die Praxis des neuzeitlichen Menschen deuten, halten Litt und Habermas am Begriff einer Handlungsrationalität fest, die sich weder in technischer Verfügung über Natur und Gesellschaft, noch im Horizont einer kompensatorischen Befreundung mit der Zerrissenheit des modernen Menschen erschöpft. Ebenso bedeutsam freilich ist eine weitere Differenz, die sich insbesondere an Litts und Habermas' Deutung der Sinnbestimmtheit menschlicher Praxis zeigt. Während nämlich Habermas letztlich nur zwischen technischem und kommunikativem Handeln unterscheidet und auf mögliche emanzipative Wirkungen eines herrschaftsfreien Diskurses zwischen Wissenschaft und Politik sowie unter den Menschen hofft, hält Litt als einziger unter den hier vorgestellten Denkern an Kants transzendentaler Differenz zwischen der Natur als unverfügbarem Ding an sich und als der Erklärung und Beherrschung durch den menschlichen Verstand zugänglicher Erscheinung fest, ohne freilich dieser Unterscheidung über die ihr schon bei Kant zukommende metaphysikkritische Dimension hinsichtlich der Interpretation der Ergebnisse neuzeitlicher Wissenschaft hinaus jene handlungsorientierende Dimension beizumessen, die wir beachten müssen, um zu einem vorläufigen Begriff der thematischen Grundstruktur einer nicht-affirmativen Sinnbestimmung menschlicher Praxis zu gelangen.

Solange der Sinnhorizont menschlicher Verständigung über Zwecke und Mittel unseres technischen, kommunikativen und praktischen Handelns sich im Horizont zwischenmenschlicher Interaktion erschöpft und die Natur, die außermenschliche ebenso wie unsere eigene, zum bloßen Explanandum verkürzt, bleiben Litts und Habermas' Rettungsversuche der aufgegebenen Freiheit, Geschichtlichkeit und Sprachlichkeit menschlicher Praxis gegenüber Schelskys und Ritters Affirmation neuzeitlicher Wissenschaft und Technik chancenlos. Am Begriff der Freiheit, Geschichtlichkeit und Sprachlichkeit menschlicher Praxis können wir heute nur festhalten, wenn wir die metaphysikkritische Differenz zwischen der unserem Denken und Handeln uneinholbar vorausgesetzten Welt an sich und der von uns beherrschten, gedeuteten und politisch gestalteten Welt nicht als Thematik einer metaphysischen Dauerreflexion auslagern, sondern in den Diskurs über die Frage nach der Sinnbestimmtheit menschlichen Handelns einbeziehen. Dann allerdings müssen wir die alle hier vorgestellten Positionen miteinander verbindende Überzeugung von einer hierarchischen Ordnung technischen, kommunikativen und praktischen Handelns aufgeben. Gegenüber Positionen, die der Technik einen Primat zuerkennen, müssen wir uns davon distanzieren, in den Sachgesetzlichkeiten einer vom menschlichen Verstand in der bürgerlichen Gesellschaft hervorgebrachten Herrschaft über Natur und Gesellschaft das Telos der Geschichte zu erblicken, mit dem es allenfalls noch kompensatorisch zu befreunden gilt; und gegenüber Positionen, die der kommunikativen Verständigung einen Vorrang einräumen, müssen wir uns davon distanzieren, auf eine kommunikativ verantwortete Legitimation menschlicher Herrschaft über Natur, Gesellschaft und Geschichte zu vertrauen, die am Ende die außermenschliche wie die menschliche Natur einer zwar nicht geschichtsteleologisch gerechtfertigten, sondern kommunikativ vereinbarten Herrschaft unterwirft.

Praktische Vernunft ist heute ohne anamnetische Solidarität[67] mit der vom Menschen zwar unterworfenen, auf Dauer uns aber unverfügbaren Natur nicht praktizierbar. Dies zeigt sich daran, daß einerseits die Industriestaaten zunehmend nicht mehr den Reichtum hervorbringen können, der für eine bloße Fortschreibung der menschlichen Herrschaftsgeschichte erforderlich wäre, daß andererseits die Natur selbst, sowohl die außermenschliche wie die menschliche, sich schrittweise unseren bloß technischen Zugriffen entzieht. Die Kosten, die die inzwischen gebotene Sorge um die Pflege und Erhaltung der Natur, die Endlagerung vom Menschen selbst erzeugter Abfälle und eine nur kompensatorische Sicherung unseres leiblichen Wohlbefindens und unseres Gefühls- und Seelenlebens abverlangt, stehen immer weniger in einem maßvollen Verhältnis zu dem, was wir durch unsere zur Herrschaftsausübung über Natur, Gesellschaft und Geschichte pervertierte Praxis noch hervorzubringen vermögen.

Schelskys These vom technisch-notwendigen Absterben menschlicher Praxis in einer durchtechnisierten Gesellschaft gilt heute keineswegs nur mehr für die Reduktion politischer Praxis zu einem ,,Hilfsmittel für die Unvollkommenheiten des ,technischen Staates' '', sondern trifft inzwischen für alle Bereiche menschlichen Handelns zu. Seine Warnung freilich, die Probleme der Gegenwart lediglich kulturkritisch zu wenden, behält unverändert ihren Sinn. Denn die Anhänger einer naturwüchsigen Technologieentwicklung, welche sich auf Schelsky berufen könnten, sind heute ebenso hilflos hinsichtlich der Bewältigung der Folgeprobleme wissenschaftlich-technischer Machtausübung des Menschen über Natur und Geschichte wie die Anhänger einer ideologieproduzierenden, kompensatorischen Ideologieplanung, denen es zwar nicht an Klientel mangelt, wohl aber an zuverlässigen Strategien, die ihre Befreundungsversuche mit den Sachgesetzlichkeiten neuzeitlicher Zivilisation abzusichern vermöchten.

Statt kulturkritische Optionen affirmativ zur Befreundung mit den Üblichkeiten und Unvermeidlichkeiten eines Lebens unter den Bedingungen wissenschaftlicher Zivilisation zu gebrauchen und statt kulturkritische Optionen strategisch zur Negation und Umwälzung aller gesellschaftlichen Verhältnisse einzusetzen, kommt es heute darauf an, die Alternativen einer vermeintlich hierarchisch höherstehenden sogenannten Sachgesetzlichkeit und einer dieser lediglich zur Anerkennung verhelfenden Politik einerseits und einer hierarchisch höherrangigen Politik mit einer von dieser ausgehenden Ideologie- und Technikplanung zu überwinden und an ihre Stelle die Idee eines nicht-hierarchischen Ordnungszusammenhangs der menschlichen Gesamtpraxis zu setzen, welche alle Bereiche menschlichen Handelns, der Arbeit ebenso wie der Sitte, der Pädagogik ebenso wie der Politik, der Kunst ebenso wie der Religion, eine je besondere, nicht hierarchisierbare und nicht finalisierbare, sondern gleichgewichtige Bedeutung zuerkennt. Dies aber ist nur möglich, wenn wir die menschliche Bildsamkeit weder als naturhaft festgelegt, noch als gesellschaftlich normiert begreifen, sondern, statt die einzelnen zu einer bloßen Funktionserfüllung in einem oder in mehreren Bereichen menschlichen Handelns zu bestimmen, jeden einzelnen als zur Mitwirkung an der menschlichen Gesamtpraxis fähig anerkennen.

Die Wahrnehmung dieser Aufgabe kann nicht der spezifische oder vorzügliche Auftrag pädagogischen Handelns sein, sondern verbindet Arbeit und Sitte, Pädagogik und Politik, Religion und Kunst in einer Weise miteinander, daß keiner dieser Handlungsbereiche sich von dieser Aufgabe freisetzen und entlasten kann. Eine Theorie der Bildung und Bestimmung menschlicher Praxis zu entwickeln, die die regulative Idee eines nicht-hierarchischen Verhältnisses der menschlichen Gesamtpraxis und das für menschliches Lernen konstitutive Prinzip der Bildsamkeit auf alle Bereiche menschlichen Handelns auslegt, überschreitet bei weitem den Horizont einer Allgemeinen Pädadgogik. Im Horizont pädagogischen Denkens und Handelns richtet sich die Aufgabe der Anerkennung der Unverfügbarkeit der Natur vorzüglich und vorrangig auf diejenige der Anerkennung der universellen Bildsamkeit des Menschen. An ihr und an der Idee eines nicht-hierarchischen Verhältnisses der menschlichen Gesamtpraxis muß sich darum die thematische Grundstruktur einer auch durch pädagogische Praxis zu ermöglichenden nicht-affirmativen Sinnbestimmung menschlichen Handelns ausrichten. Dies aber kann nur gelingen, wenn, analog zum erziehungstheoretischen Postulat methodischer Offenheit, in der wissenschaftlichen und öffentlichen Erörterung bildungstheoretischer Fragen das Postulat thematischer Offenheit allgemeine Anerkennung findet.

4.2.3. Zur thematischen Grundstruktur einer nicht-affirmativen Sinnbestimmung menschlicher Praxis

Eine dem konstitutiven Prinzip der Bildsamkeit und dem regulativen Prinzip eines nicht-hierarchischen, sondern gleichgewichtigen Verhältnisses der Einzelpraxen ausdifferenzierter Humanität zueinander verpflichtete Theorie der Bildung stellt die pädagogische Praxis vor die Aufgabe, in Erweiterung alltäglicher Welterfahrung und zwischenmenschlichen Umgangs und im Durchgang durch die Aneignung wissenschaftlicher Erkenntnisse bei den Heranwachsenden das Bewußtsein dafür zu schärfen, daß der thematische Horizont aller Fragen, mit denen sie sich beschäftigen oder konfrontiert werden, in alle Bereiche menschlichen Handelns hineinreicht, so daß letztlich kein einziges Problem und keine einzige Frage menschlichen Handelns nur ökonomisch oder ethisch oder politisch oder ästhetisch oder religiös zu interpretieren ist, sondern alle Fragen menschlichen Handelns unter je spezifischen Aspekten der Handlungsbereiche ausdifferenzierter menschlicher Praxis zu erörtern sind.

Nicht-affirmative Bildung unterscheidet sich dann von affirmativer Bildung dadurch, daß sie die Heranwachsenden weder bloß an die sogenannten Sachgesetzlichkeiten eines Lebens im Zeitalter wissenschaftlich-technischer Zivilisation funktional anpaßt, noch zu der irrigen Überzeugung verführt, sie könnten sich von solchen Sachgesetzlichkeiten dadurch emanzipieren, daß sie diese als Systemzwänge einer vorgegebenen und durch individuelle Lernprozesse veränderbaren ökonomischen oder politischen Ordnungsstruktur durchschauen lernen. Ebenso wie eine einfache Emanzipation von den Sachgesetzlichkeiten und Systemzwängen moderner Industriegesellschaften scheidet als mögliche Sinnbestimmung menschlicher Praxis die Rückkehr in ein einfaches Leben und eine mythisch verankerte Einheit von Arbeit, Sitte, Pädagogik, Politik, Kunst und Religion aus. Nicht-affirmative Bildung befreundet mit den Zwängen wissenschaftlicher Zivilisation ebensowenig wie sie von diesen emanzipiert oder hinter die Ausdifferenzierung menschlicher Praxis in Ökonomie, individuelle Sittlichkeit, öffentliche Politik, Pädagogik, Kunst und Religion in eine heile Welt zurückführt. Vielmehr hält nicht-affirmative Bildung an der Ausdifferenzierung der menschlichen Praxis in einer Weise fest, die sich von den einfachen Antworten auf die Frage nach der Sinnbestimmung menschlichen Handelns dadurch unterscheidet, daß sie sich gleichermaßen von einer bloßen Regionalisierung der Probleme menschlichen Handelns in einzelne Praxisbereiche wie von einer Universalisierung einzelner Praxisbereiche zur obersten sinnstiftenden Instanz distanziert.

Die neuzeitlichen Menschenrechte der Glaubensfreiheit, der freien Entfaltung der Persönlichkeit, der Freiheit der Person und ihrer

Unversehrtheit, der Gleichheit vor dem Gesetz und der Rückbindung aller staatlicher Gewalt an das Volk sowie der Meinungsfreiheit und der freien Berufsausübung konnten erst formuliert werden, nachdem die Menschen gelernt hatten, zwischen ökonomischen, pädagogischen, politischen, sittlichen, ästhetischen und religiösen Fragen und Praxisbereichen zu unterscheiden. Die Menschenrechte können die einzelnen vor dem unmittelbaren Zugriff einer Kirche, einer pädagogischen Instanz, einer positiven Moral, staatlicher Gewalt und ökonomischer Systeme nur schützen, wenn die Ausdifferenzierung der menschlichen Praxis nicht nivelliert und eine unzulässige Universalisierung einzelner Praxisbereiche im Sinne einer Politisierung unserer Lebensprobleme oder deren Pädagogisierung, Moralisierung, Ästhetisierung, Ökonomisierung oder Theologisierung ebenso vermieden wird wie eine Regionalisierung der menschlichen Gesamtpraxis, welche zum Beispiel die Versorgung der Menschheit mit lebenswichtigen Gütern einzig der Ökonomie, die Sicherung des Friedens einzig der Militärtechnologie, die Entscheidung über Krieg und Frieden der Politik und die gegebenenfalls notwendige eschatologische, endzeitliche Tröstung der Religion als regionale Aufgabe zuweist[68].

Universalistische wie regionalistische Konzepte zur Beantwortung der Frage nach der Sinnbestimmung menschlicher Praxis stimmen, so sehr sie sich untereinander unterscheiden mögen, darin überein, daß sie nur einen Begriff affirmativer Bildung kennen und für die von ihnen universalistisch hypostasierten oder regionalistisch reduzierten Positivitäten eine durch pädagogische Praxis zu sichernde, schlichte Bejahung einfordern, die es angesichts der Komplexität der heutigen Lebensverhältnisse und der Interdependenzen zwischen den Bereichen ausdifferenzierter Humanität gar nicht mehr geben kann. Soll die pädagogische Praxis in ihrer Aufgabenbestimmung solchen Optionen nicht einfach geopfert werden, so muß sie, statt zum Erfüllungsgehilfen fremder, sich einander zum Teil ausschließender Optionen hinsichtlich der von ihr zu erbringenden Leistungen zu pervertieren oder für sich selbst einen Primat an gesamtgesellschaftlicher Vernunft zu beanspruchen, das Postulat thematischer Offenheit für sich und alle anderen Bereiche menschlichen Handelns in Anspruch nehmen. Heranwachsende darauf vorzubereiten und darin einzuüben, daß über ökonomische Fragen auch ethisch, politisch, ästhetisch und religiös, ebenso über politische Fragen ökonomisch, ethisch und ästhetisch usw. nachgedacht werden kann und muß, wäre dann die nicht-reduzierbare bildungstheoretische Aufgabenbestimmung einer nicht-affirmativen pädagogischen Praxis.

Eine solche Aufgabenbestimmung setzt vor dem Hintergrund der fortschreitenden Verwissenschaftlichung aller Lebensbereiche freilich voraus, daß es möglich ist, in das Verständnis der neuzeitlichen Wissenschaften so einzuführen, daß diese weder als Produzenten von Sachgesetzlichkeiten, denen Politik einfach folgen muß und mit denen es nur zu befreunden gilt (vgl. im vorausgegangenen Exkurs die Positionen von Schelsky und Ritter), noch als bloße Lieferanten von Mitteln für dezisionistisch (vgl. die Position von Weber), moralisch (vgl. die Position von Litt) oder kommunikativ (vgl. die Position von Habermas) zu verantwortendes Handeln verstanden werden. Im Durchgang durch neuzeitliche Wissenschaft die Sinnbestimmung menschlichen Handelns weder einseitig an die Sachgesetzlichkeiten wissenschaftlich-technischer Zivilisation auszuliefern, noch in der politisch-kommunikativen Verwendung der Ergebnisse neuzeitlicher Wissenschaft aufzusuchen, noch auf einen naiven Ausstieg aus einzelnen, Natur und Menschheit besonders gefährdenden Technologien zu hoffen, ohne die Interdependenzen zu beachten, die Veränderungen im Technikbereich teils für die menschliche Gesamtpraxis hervorrufen, teils für ihre Durchführbarkeit schon voraussetzen, dies alles kann nur gelingen, wenn wir lernen, zwischen dem, was in wissenschaftlichen Aussagesystemen hinsichtlich der Erklärung von Weltbegebenheiten ausgesagt wird, und dem, was in ihnen als unverfügbare Welt an sich uneinholbar vorausgesetzt ist, zu unterscheiden. Nachdem schon im Abschnitt 4.1.3. die methodische Grundstruktur eines nicht-affirmativen pädagogischen Fragens offengelegt worden ist, welche aufgrund ihrer erziehungstheoretischen Fundierung im konstitutiven Prinzip der Aufforderung zur Selbsttätigkeit und in der regulativen Idee der Überführung gesellschaftlicher in pädagogische Determination für die Heranwachsenden etwas in deren Fragehorizont zu heben und vor diesen etwas in die Frage zu stellen sucht, gilt es nun, auch die thematische Grundstruktur nicht-affirmativer pädagogischer Praxis zu entwickeln.

Sie bezieht sich im Unterschied zur methodischen Grundstruktur nicht auf eine erziehungstheoretisch begründete Analyse und Bestimmung der Mitwirkungsmöglichkeiten Heranwachsender an ihren Lernprozessen, sondern auf die bildungstheoretisch begründete Strukturierung der Inhalte der Lernprozesse selbst. Die hier zu beachtende Differenz ist nicht diejenige zwischen dem, was Heranwachsende in ihren Fragen aussagen, und dem, was sie mit ihren Fragen meinen, sondern die Differenz zwischen dem in alltäglichen und wissenschaftlichen Aussagen und Aussagesystemen Ausgesagten und Gemeinten, die Differenz zwischen der Strukturiertheit von Weltinhalten in bestimmten Aussagen und Aussagensystemen und der in diesen selbst unvermittelt vorausgesetzten Wirklichkeit.

Was unter einer in diesem Sinne legitimierten thematischen Grundstruktur pädagogischer Praxis und unter dem Postulat thematischer Offenheit zu verstehen ist, läßt sich an folgendem Beispiel erläutern. Die Soziolinguistik der 60er Jahre hatte herausgefunden, daß zwischen dem Sprachverhalten der Eltern, dem Sprachverhalten der Kinder und deren Schulerfolg statistisch signifikante Korrelationen bestehen und daß zum Beispiel Kinder, die in syntaktisch vollständigen Einheiten fragen und antworten können, unsere Schulen erfolgreicher besuchen als Kinder, die in schulischen Lernsituationen mit ihrem Lehrer und ihren Mitschülern dann leichter kommunizieren können, wenn der situative Kontext des Zu-Lernenden präsent ist, Tonfall und Mimik ihrer Aussagen Berücksichtigung finden und die ganze Verständigungsleistung nicht der verbalen Sprache abverlangt wird. Beachten wir nun die Differenz zwischen Ding an sich und Erscheinung, zwischen der in solchen Aussagen erklärten und der in ihnen uneinholbar vorausgesetzten Wirklichkeit nicht, reduzieren wir die in ihnen gemeinte Wirklichkeit auf die in ihnen begriffene, so werden wir die Benachteiligung von Heranwachsenden, die nicht oder noch nicht in vollständigen syntaktischen Einheiten fragen und antworten können, als eine linguistische Benachteiligung interpretieren und durch kompensatorisches, an linguistischen Standards ausgerichtetes Sprachtraining oder durch eine Reduktion der Sprachdominanz schulischen Lernens zu beheben suchen. Von solchen Schlußfolgerungen hat sich B. Bernstein, ein Mitbegründer affirmativ-kompensatorischer Spracherziehung und Sprachbildung, später selbstkritisch als einem ,,Unfug mit der ,Kompensatorischen Erziehung' " distanziert[69]. Worin deren Unfug aber lag, läßt sich systematisch erst auf den Begriff bringen, wenn wir zwischen den Aussagen der Soziolinguistik und der in diesen vorausgesetzten und keineswegs vermittelten Wirklichkeit unterscheiden und dann im Durchgang durch die Wissenschaft weitergehende, sowohl auf die Bildsamkeit der Heranwachsenden als auch auf die Idee eines nicht-hierarchischen Verhältnisses der menschlichen Gesamtpraxis bezogenen Fragen stellen.

Daran, daß die Schulleistungen Heranwachsender unter anderem auch linguistisch und soziologisch im Hinblick auf ihre Abhängigkeiten zum Sprachverhalten der Herkunftsfamilie, ihres gesellschaftlichen Status sowie die Verhaltenserwartungen, denen die Eltern im Beruf ausgesetzt sind, untersucht werden können, kann heute ebensowenig wie vor 20–30 Jahren irgendein Zweifel bestehen. Die Interdependenzen jedoch, die sich empirisch zwischen den Arbeitssituationen Erwachsener, dem unterschiedlichen Sprachverhalten Heranwachsender, der Arbeitsteilung in Industriegesellschaften, dem Bildungssystem und seinen Anforderungen, den politischen Optionen von Parteien und gesellschaftlichen Interessengruppen und anderen Faktoren mehr ausmachen lassen, sind so komplex, daß, von einer linguistischen Benachteiligung zu sprechen, tatsächlich grober Unfug wäre.

Die Redeweise von einer linguistischen und durch kompensatorisches Sprachtraining zu behebenden Benachteiligung ist jedoch nicht nur deshalb abstrakt, weil sie von den gesellschaftlich-historischen Ursachen des Phänomens, das erklären zu können sie irrtümlich glaubt, abstrahiert, sondern auch deshalb falsch, weil selbst die vollständigste empirisch-theoretische Erklärung niemals die ihr vorausgesetzte Wirklichkeit einzuholen, sondern nur zu einer vollständigeren Erklärung ihrer

Erscheinungen vorzudringen vermag. Von den einfachereren bis zu den komplexesten Erklärungen historisch-gesellschaftlicher Wirklichkeit müssen wir Kants transzendentale Differenz von Ding an sich und Erscheinung beachten. Den komplexeren Erklärungen kommt nicht etwa deshalb ein Vorzug zu, weil sie sich einer Einebnung dieser Differenz nähern könnten, sondern weil sie, interpretiert man sie im Hinblick auf die erkenntniskritische und metaphysikkritische Differenz Kants, die neuzeitlicher Wissenschaft eine handlungsorientierende Kraft abspricht, den Blick dafür öffnen können, daß alle Interdependenzen, die sozialwissenschaftliche Forschung aufzeigt, auf praktische Interdependenzen ausdifferenzierter menschlicher Praxis verweisen. Werden nun aber die Möglichkeiten menschlichen Handelns lediglich nach den Varianzen bemessen, die menschliche Welterklärung noch zuläßt, so wird der praktische Sinn der von Kant formulierten transzendentalen Differenz auf einen bloß technischen zurückgenommen und der Weiterentwicklung der menschlichen Gesamtpraxis in Richtung auf eine Anerkennung eines nicht-hierarchischen Verhältnisses von Ökonomie und Sitte, Pädagogik und Politik, Kunst und Religion jede Grundlage entzogen.

Würden wir nicht mehr zwischen unserer wissenschaftlichen Welterklärung und der Welt selbst unterscheiden können, so wäre jeder menschlichen Beratung über eine vernünftige und verantwortbare Gestaltung der Geschichte die Grundlage entzogen. Die Aufgabe, die Möglichkeit für eine Weiterentwicklung und Korrektur der Geschichte gerade unter den Bedingungen verwissenschaftlichter Zivilisation zu erhalten, formuliert das bildungstheoretische Postulat thematischer Offenheit. Es verlangt, die von Kant vorrangig metaphysikkritisch verstandene Differenz zwischen der Erklärung von Weltbegebenheiten und der solcher Erklärung uneinholbar vorausgesetzten Welt in praktische Fragen zu transformieren, und stellt die pädagogische Praxis vor die Aufgabe, statt kompensatorisch-affirmative Funktionen zu übernehmen, die Heranwachsenden unter Beachtung der Differenz von Ding an sich und Erscheinung so in unsere verwissenschaftlichte Zivilisation einzuführen, daß sie im Durchgang durch sie zur Erörterung praktischer Fragen fähig werden und bleiben (vgl. hierzu Abschnitt 5.2.2.).

Ob freilich im pädgogischen Experiment nicht-affirmativer Bildung eine Befähigung zur Mitwirkung der Heranwachsenden an der menschlichen Praxis gelingen kann, die die universelle Bildsamkeit der Heranwachsenden und die Idee eines nicht-hierarchischen Verhältnisses der ausdifferenzierten Formen menschlicher Praxis anerkennt, hängt nicht nur von den möglichen Leistungen nicht-affirmativer pädagogischer Interaktion ab, sondern auch davon, ob das Postulat thematischer Offenheit in allen Bereichen menschlichen Handelns Anerkennung findet. Die pädagogische Praxis kann zum Zwecke einer Vergewisserung über ihre Aufgaben solche Anerkennung weder einfach voraussetzen noch abwarten, sondern muß ihren, freilich beschränkten Beitrag zur Anerkennung der für menschliches Lernen konstitutiven Bildsamkcit des Menschen und der regulativen Idee eines unter dem Postulat thematischer Offenheit stehenden nicht-hierarchischen Verhältnisses der menschlichen Gesamtpraxis auch dann zu erbringen suchen, wenn sie Optionen ausgesetzt ist, die sie weder einfach bejahen noch einfach negieren kann.

An dieser Stelle aber geht die Fragestellung einer pädagogischen Theorie der Bildung in diejenige einer Theorie pädagogischer Institutionen über, welche die erziehungstheoretische Frage nach den individuellen und gesellschaftlichen Wirkungszusammenhängen pädagogischer Interaktion und die bildungstheoretische Frage nach der individuellen und gesellschaftlichen Aufgabenbestimmung pädagogischer Praxis um die Frage erweitert, worin denn eine angemessene Institutionalisierung eines nicht-affirmativen pädagogischen Handelns liegen könne.

4.3. Theorie pädagogischer Institutionen

Für die Abgrenzung der Theorie pädagogischer Institutionen als dritter systematischer Fragestellung der Erziehungswissenschaft gilt, was zuvor schon für die Unterscheidung zwischen erziehungs- und bildungstheoretischen Fragen ausgeführt wurde. Auch sie zielt nicht auf eine Differenzierung pädagogischer Handlungsvollzüge, beabsichtigt also keineswegs, die unsinnige Abgrenzung erziehender Handlungsvollzüge von bildenden um eine dritte Abgrenzung, diejenige institutionalisierter Handlungsvollzüge, zu ergänzen. Zu den bisher entwickelten systematischen Fragestellungen, derjenigen der Theorie der Erziehung, welche sich auf die richtige Art und Weise pädagogischer Interaktion bezieht und eine Theorie pädagogischen Wirkens begründet, und derjenigen der Theorie der Bildung, welche die Aufgaben pädagogischen Handelns im Hinblick auf die unbestimmte und universelle Bildsamkeit der einzelnen und eine nicht-hierarchische Verhältnisbestimmung der ausdifferenzierten menschlichen Gesamtpraxis erörtert, tritt als dritte systematische Fragestellung diejenige der Theorie pädagogischer Institutionen hinzu. Die Theorie pädagogischer Institutionen fügt sich keineswegs additiv in den schon entwickelten Zusammenhang erziehungstheoretischer und bildungstheoretischer Fragestellungen ein. Für sie gelten dieselben konstitutiven und regulativen Prinzipien pädagogischen Denkens und Handelns, auf die sich die Fragestellungen der Theorie der Erziehung und der Theorie der Bildung gründen. Die Theorie pädagogischer Institutionen kommt ohne zusätzliche Prinzipien aus (vgl. die Zuordnung der systematischen Fragestellungen wissenschaftlicher Pädagogik zu den Prinzipien pädagogischen Denkens und Handelns im Abschnitt 3.3.). Von der Theorie der Erziehung und der Theorie der Bildung unterscheidet sie sich lediglich dadurch, daß sie, deren Fragestellungen voraussetzend, nicht nach der richtigen Art und Weise pädagogischen Wirkens und den Aufgaben pädagogischen Handelns, sondern danach fragt, was denn der gesellschaftliche Ort sei, an dem die pädagogische Praxis unter Anerkennung der für sie konstitutiven und regulativen Prinzipien so ausgeübt werden kann, daß sie im Sinne der Theorie der Erziehung wirkt und ihre Aufgaben im Sinne der Theorie der Bildung verfolgt.

Die Theorie pädagogischer Institutionen fragt nach einer gesellschaftlichen Ortsbestimmung der pädagogischen Praxis, die dem Vermittlungszusammenhang, der innerhalb der Theorie der Erziehung zwischen dem konstitutiven Prinzip der Aufforderung zur Selbsttätigkeit und dem regulativen Prinzip der Überführung gesellschaftlicher in pädagogische Determination sowie innerhalb der Theorie der Bildung zwischen dem konstitutiven Prinzip der Bildsamkeit und dem regulativen Prinzip einer nicht-hierarchischen Verhältnisbestimmung der Einzelpraxen menschlicher Gesamtpraxis besteht, angemessen ist. Thema der Theorie pädagogischer Institutionen sind die vorgegebenen Institutionen pädagogischen Handelns, die es daraufhin zu untersuchen und dahingehend zu befragen gilt, ob und wie in ihnen die individuelle, in den konstitutiven Prinzipien der Bildsamkeit und der Aufforderung zur Selbsttätigkeit begründete Seite mit der gesellschaftlichen, den regulativen Prinzipien eines nicht-hierarchischen Verhältnisses der Einzelpraxen ausdifferenzierter Humanität und der Überführung gesellschaftlicher Determination in pädagogische sowie praktische Determination verpflichteten Seite pädagogischen Handelns zusammenstimmt.

Die Fragestellung einer Theorie pädagogischer Institutionen wird in drei Schritten entwickelt. Zunächst wird auf Problemverkürzungen solcher Ansätze hingewiesen, die in ihrer Ortsbestimmung pädagogischer Interaktion entweder der individuellen oder der gesellschaftlichen Seite einen Vorrang einräumen. Dann wird der Fragehorizont einer nicht- affirmativen Theorie pädagogischer Institutionen vorgestellt, der es um eine Vermittlung zwischen beiden Seiten pädagogischen Handelns geht, und schließlich wird die institutionelle Grundstruktur nicht-affirmativer pädagogischer Praxis entwickelt, welche die Postulate methodischer und thematischer Offenheit um das Postulat institutioneller Offenheit erweitert.

4.3.1. Die Problemverkürzungen auf Entinstitutionalisierung ausgerichteter und entlastungstheoretisch argumentierender Theorien pädagogischer Institutionen

Wird bei der Erörterung der Frage, wie Institutionen beschaffen sein müssen, damit sie zu Orten pädagogischen Handelns werden können, der Zusammenhang, der zwischen den konstitutiven und den regulativen Prinzipien pädagogischen Denkens und Handelns besteht, ausgeblendet und allein die individuelle oder die gesellschaftliche Seite der pädagogischen Praxis berücksichtigt, so kommt es zu Problemverkürzungen im Fragehorizont der Theorie pädagogischer Institutionen, die denjenigen intentionaler oder funktionaler Erziehung sowie formaler oder materialer Bildung durchaus vergleichbar sind.

Werden nur die konstitutiven Prinzipien der Theorie der Erziehung und der Theorie der Bildung, das Prinzip der Bildsamkeit und das Prinzip der Aufforderung zur Selbsttätigkeit, beachtet, so verkürzt sich der Problemhorizont in der Analyse und Beurteilung pädagogischer Institutionen auf denjenigen einer pädagogischen Kritik vorgegebener Institutionen, welche auf einem nur individuell-interaktiven Verständnis pädagogischen Handelns basiert und in der Entinstitutionalisierung der pädagogischen Praxis die für diese einzig angemessene Form der Institutionalisierung erblickt. Von der Forderung, sie sei abzuschaffen, ist in den letzten Jahrzehnten keine einzige der Institutionen, in denen pädagogisches Handeln neben anderen Tätigkeiten vorkommt oder professionalisiert ausgeübt wird, ausgenommen gewesen. So wurde vorgeschlagen, die Erziehung in der Kleinfamilie nach dem Vorbild der Kibbuz-Erziehung zu reformieren, die Heime und andere sozialpädagogischen Einrichtungen sowie die Regelschulen abzuschaffen und durch Formen eines unmittelbar lebensbedeutsamen Erfahrungslernens zu ersetzen. Soweit solche Vorschläge nicht aus außerpädagogischen Beweggründen unterbreitet wurden und dann ihrerseits in den normativ-technologischen Fallstricken affirmativer Erziehung und Bildung befangen waren, stellen sie mit durchaus pädagogisch legitimen Gründen, die sich freilich nur auf die konstitutiven Prinzipien pädagogischen Denkens und Handelns stützen, die Legitimität vorhandener pädagogischer Institutionen in Frage, indem sie darauf aufmerksam machen, daß in diesen die Bildsamkeit der Heranwachsenden als teleologisch-unbestimmte Zielperspektive pädagogischen Handelns angesichts normierter Lern- und Verhaltensziele ebensowenig anerkannt wie den pädagogisch Handelnden die Möglichkeit eingeräumt wird, durch zur Selbsttätigkeit auffordernde Akte zu wirken.

Die berechtigten Einwände, die insbesondere von der Schulkritik der letzten Jahrzehnte, zum Teil wieder anknüpfend an ältere Traditionen solcher Kritik, gegen die Folgewirkungen institutionalisierter Lehr-Lernprozesse vorgebracht worden sind, dürfen jedoch nicht darüber hinwegtäuschen, daß eine Kritik, welche als positives Ziel die Abschaffung der Institutionen pädagogischen Handelns anstrebt, um auf diese Weise die Bedingungen für eine den interaktiven Prinzipien der Bildsamkeit und der Aufforderung zur Selbsttätigkeit folgende pädagogische Praxis zu verbessern, sich naiv gegenüber denjenigen gesellschaftlichen Voraussetzungen verhält, die zur Verbesonderung der pädagogischen Praxis als eines Teilbereichs menschlichen Handelns geführt haben. Eine bloße Abschaffung pädagogischer Institutionen würde nämlich, ganz abgesehen davon, daß sie gesellschaftlich gar nicht möglich ist, keineswegs die Pädagogik in die Lage versetzen, der Bildsamkeit der Heranwachsenden die gebührende Anerkennung zu sichern und über zur Selbsttätigkeit auffordernde Akte zu wirken, sondern stattdessen zur Abschaffung der pädagogischen Praxis als einer besonderen Tätigkeit unter den Praxen ausdifferenzierter Humanität führen[70].

Dies zeigt sich insbesondere daran, daß die nur den konstitutiven Prinzipien pädagogischen Denkens und Handelns verpflichtete Kritik pädagogischer Institutionen überall dort, wo sie positive Alternativen zu formulieren versucht, mit einer Affirmation vorbürgerlicher Gesellschaftsordnungen verbunden ist, in denen die pädagogische Praxis noch als integriertes Moment der ökonomischen, sittlichen, politischen und religiösen Praxis, welche ihrerseits noch nicht im heutigen Sinne ausdifferenziert waren, ausgeübt werden konnte. Solche positiven Alternativen zur fortgeschrittenen Institutionalisierung und Professionalisierung der pädagogischen Praxis hoffen implizit darauf, die regulativen Ideen einer nicht-hierarchischen Verhältnisbestimmung der Einzelpraxen ausdifferenzierter Humanität und der Überführung gesellschaftlicher in pädagogische Determination ließen sich dann einlösen, wenn die pädagogische Praxis wieder zu einem integrierten Moment der menschlichen Gesamtpraxis werde. Die Chancen hierfür stehen jedoch äußerst schlecht. Durch die Verwissenschaftlichung aller Lebensbereiche haben diese selbst aufgehört, unmittelbar bildend zu wirken. Eine einfache Rückkehr der Heranwachsenden in die Arbeitsstätten ist heute ebenso ausgeschlossen wie eine unmittelbare Beteiligung der Heranwachsenden an der politischen Planung und Gestaltung von Zukunft. Eine spielende Pädagogik, welche Arbeit und Leben miteinander versöhnen und pädagogische Prozesse in allgemeine gesellschaftliche Lern- und Handlungszusammenhänge einbetten zu können meint, ist heute allenfalls als Freizeitpädagogik, nicht aber als eine die Heranwachsenden zur Mitwirkung an der menschlichen Gesamtpraxis befähigende pädagogische Praxis möglich. Die beiden großen reformpädagogischen Versuche, die pädagogische Praxis nicht im Medium der Freizeit, sondern als integriertes Moment herstellender Arbeitsvollzüge zu organisieren, die Arbeitsschulbewegung und die polytechnische Erziehung, scheiterten daran, daß erstere nur in vor- und frühbürgerliche Arbeitszusammenhänge einzuführen vermochte und letztere nicht der Wiederherstellung der menschlichen Gesamtpraxis, sondern der Qualifikation der Arbeiter zu Lohnarbeitern in industrialisierten Produktionsstätten diente[71].

Die auf eine Entinstitutionalisierung pädagogischer Praxis zielende Kritik pädagogischer Institutionen gerät somit unweigerlich in die Antinomie, daß eine bloße Abschaffung pädagogischer Institutionen gar nicht möglich ist, weil der Gesamtzusammenhang menschlicher Praxis sich weder innerhalb zu Institutionen menschlicher Gesamtpraxis erweiterten pädagogischen Einrichtungen abbilden und vorwegnehmen, noch durch deren Reintegration in andere Institutionen durchsichtig machen läßt. Eine Entinstitutionalisierung der pädagogischen Praxis als einer gegenüber den anderen Bereichen menschlichen Handelns ausgegrenzten Praxisform wäre nur möglich, wenn es die Fragen und Probleme, die zur Einführung pädagogischer Institutionen geführt haben, gar nicht gäbe. Die Kritik freilich, die Entinstitutionalisierungskonzepte, sofern sie nicht einfach politischem Wunschdenken folgen, sondern die konstitutiven Prinzipien pädagogischen Denkens und Handelns zu Kriterien pädagogischer Urteilskraft erheben, an der vorgegebenen Institutionalisierung pädagogischer Praxis üben, verliert hierdurch nichts von ihrer Schärfe. Denn nicht minder ausweglos ist die Antinomie, in welche die den Entinstitutionalisierungskonzepten entgegengesetzte Position führt, welche die Legitimität gesellschaftlicher Institutionen generell und pädagogischer Institutionen insbesondere nach den Entlastungsleistungen bemißt, mit denen Institutionen die Komplexität gesellschaftlicher Interdependenzen reduzieren.

Während Entinstitutionalisierungskonzepte irrtümlich glauben, den konstitutiven Prinzipien der Bildsamkeit und der Aufforderung zur Selbsttätigkeit außerhalb einer gesamtgesellschaftlichen Beachtung der regulativen Prinzipien eines nicht-hierarchischen Verhältnisses der Einzelpraxen der menschlichen Gesamtpraxis und der Überführung gesellschaftlicher in praktische Determination zur Anerkennung verhelfen zu können, rechtfertigen entlastungstheoretische Konzepte die Einrichtungen pädagogischen Handelns, indem sie alle Reformkonzepte zu einer Veränderung pädagogischer Institutionen mit der Frage konfrontieren, ob die Reformmaßnahmen zu einer Steigerung der Entlastungsleistungen pädagogischer Institutionen führen oder diese minimieren. Entlastungs- und systemtheoretische Konzepte kommen in ihren Bestimmungen der Rationalitätsstruktur pädagogischer Institutionen ohne Grundbegriffe pädagogischen Denkens und Handelns und ohne Berücksichtigung erziehungs- und bildungstheoretischer Fragestellungen aus. Den Begriff der Selbsttätigkeit verwendet die Systemtheorie N. Luhmanns nicht mehr im Sinne der Tradition praktischer Philosophie, sondern, wie H. Peukert kritisch herausgearbeitet hat, unter Berufung auf die Theoriediskussion in der „Thermodynamik, Biologie, neueren

Physiologie, Zellentheorie und Computertheorie" zur Kennzeichnung sich selbst organisierender und in diesem Sinne autopoietischer Systeme. Unter Autopoiesis versteht die Systemtheorie die Selbsterhaltung voneinander abgegrenzter Systeme, im Bereich der sozialen Systeme zum Beispiel des Erziehungs- und des Wirtschaftssystems, von denen jedes in sich autonome Kontrollmöglichkeiten entwickelt hat und nach außen mit den anderen Systemen so interdependiert, daß Geschlossenheit und Offenheit, Selbst- und Fremdkontrolle der Systeme in eine keineswegs dauerhaft statische, sondern dynamische Wechselwirkung treten.

Als Regulative solcher Wechselwirkung erkennt die Systemtheorie die beiden Ideen der Überführung gesellschaftlicher in praktische, also ökonomische, ethische, pädagogische, politische, ästhetische und religiöse Determination und des nicht-hierarchischen Verhältnisses der Einzelpraxen ausdifferenzierter Humanität nicht an. Sie bezieht ihr Kriterium zur Beurteilung von Systemrationalität aus der Evolutionstheorie, aus der Hoffnung nämlich, daß die weder teleologisch noch in einem Begriff der Gesamtpraxis fundierten Selbsterhaltungskräfte der Systeme auch unter Bedingungen fortschreitender Machtsteigerung und trotz der zunehmenden Gefahren, die hiermit untrennbar verbunden sind, obsiegen werden: „Fürs Überleben genügt Evolution."[72]

Im Vergleich mit naiven Entinstitutionalisierungskonzepten kommt der entlastungstheoretisch argumentierenden Systemtheorie eine nicht zu unterschätzende Überlegenheit zu. Luhmanns und Schorrs Analysen der „Reflexionsprobleme im Erziehungssystem"[73] haben die soziologische Naivität einer auf Entinstitutionalisierung pädagogischen Handelns setzenden Position, ohne sich explizit mit dieser Position auseinanderzusetzen, schonungslos offengelegt. Würden wir jedoch die systemtheoretische Bestimmung der Funktionen gesellschaftlicher Institutionen zum handlungstheoretischen Begriff pädagogischer Institutionen und ihrer Reform erheben, so müßten wir den größten Teil der Fragen, die systematische Pädagogik seit ihren Anfängen beschäftigt haben, verabschieden und die pädagogische Praxis ebenso wie die menschliche Gesamtpraxis einer Interdependenz gesellschaftlicher Systeme ausliefern, über deren Schicksal dann nurmehr die Evolutionsgeschichte zu entscheiden hätte.

4.3.2. Zum Fragehorizont einer nicht-affirmativen Theorie pädagogischer Institutionen

Trotz ihrer gegensätzlichen und einander ausschließenden Strategien stimmen Entinstitutionalisierungs- und systemtheoretische Entlastungskonzepte darin überein, daß sie von einem affirmativen Gesellschaftsverständnis ausgehen. Während Entinstitutionalisierungskonzepte in Ver-

170

kennung der Komplexität der modernen bürgerlichen Industriegesellschaften vornehmlich vor- oder frühbürgerliche Lebensformen ideali-
sieren und von der geschichtlichen Tatsache abstrahieren, daß es sich
bei diesen Lebensformen um solche einer hierarchisch geordneten
Ständegesellschaft handelte, affirmiert die Systemtheorie die bürgerliche Gesellschaft, indem sie sich, um den kritischen Traditionen praktischer Philosophie und philosophischer Bildungstheorie auszuweichen,
auf evolutionstheoretische Vorstellungen von einer kontingenten und
autopoietischen Systementwicklung stützt.

In seiner Studie „Codierung und Programmierung" hat N. Luhmann
vorgeschlagen, die Rationalitätsstruktur pädagogischer Institutionen systemtheoretisch zu effektivieren. Dies soll dadurch geschehen, daß die
erziehungstheoretischen Probleme pädagogischen Wirkens und die bildungstheoretischen Fragen einer kritischen Aufgabenbestimmung
pädagogischen Handelns systemtheoretisch aufgelöst oder doch wenigstens zum Verschwinden gebracht werden. Zu diesem Zweck wird vorgeschlagen, Lehrer nicht mehr länger für das, was Schüler im Unterricht
lernen oder nicht lernen, mitverantwortlich zu machen, sondern als Experten im Erziehungssystem anzusehen, die Schülerleistungen von einem systemtheoretischen Beobachterstandpunkt aus nach dem binären
Code „besser — schlechter" beurteilen (S. 162ff.). Ein solcher Code
bietet nach Luhmann und Schorr den doppelten Vorteil, erstens unabhängig von wechselnden Programmen zu funktionieren, wie sie beispielsweise in Richtlinien und Lehrplänen formuliert werden, und
zweitens die „Reflexionsprobleme" im Erziehungssystem von jener
Selbstreflexivität freizuhalten, die die Anschlußmöglichkeiten einer systemtheoretischen Komplexitätsreduktion aus der Sicht der im Erziehungssystem handelnden Akteure und ihres Klientels „blockieren"
könnte.

Die systemtheoretische Argumentation betätigt sich hier als eine Pro-
blemwaschanlage, welche reflexive erziehungs- und bildungstheoretische Problemstellungen durch andere zu ersetzen sucht. Die erzie-
hungstheoretisch-methodische Frage, wie Schüler durch Unterricht
zum Selberdenken aufgefordert werden können, läßt sich vermeiden,
wenn Lehrer ihren eigenen Unterricht nicht mehr auf dessen Wirkungen bei Schülern hin befragen, sondern sich als Experten für Fremdbeurteilung nach dem Code „besser — schlechter" begreifen und in ihren Urteilen auf die „Asymmetrie von Fremdbeurteilung und Selbstbe-
urteilung" berufen (S. 165ff.). Dieser Auflösung der erziehungstheoretischen Fragen korrespondiert eine Auflösung aller bildungstheoretischen Problemstellungen. Um Schüler vorrangig oder gar ausschließlich nach dem Code „besser — schlechter" beurteilen zu können, emp-
fiehlt es sich, sie im Wissen darum, daß sie selbstreflexive Wesen sind,
als „triviale Maschinen" anzusehen, denn nur „Trivialmaschinen kann
man auf Fehler hin beobachten und anhand von fehlerhaften bzw. feh-

lerfreiem Operieren selektiv behandeln". An die Stelle bildungstheoretischer Reflexion über rechtmäßige Ziele und Aufgaben pädagogischen Handelns setzt die Systemtheorie die Zielperspektive eines Erziehers, der nicht bei der Pädagogik, sondern bei ihr in die Lehre gegangen ist. „Sein (und ihr, D.B.) Ziel ist . . . die Erziehung (nicht-trivialer Maschinen, D.B.) zur Trivialmaschine" (S. 166ff.). Die von allen erziehungs- und bildungstheoretischen Rücksichten absehende Aufgabe des Erziehungssystems ist es schließlich, die Akzeptanz gesellschaftlicher „Selektionsprozesse" zu steigern und die Schule als Institution mit einer „eigenen Karrierestrecke" zu legitimieren, die Heranwachsende mit Hilfe des Codes „besser – schlechter" sowohl einer systemimmanenten als auch einer externen Selektion unterwirft und zugleich mit der Forderung konfrontiert, die Resultate ihre Fremdbeurteilung einschließlich deren Folgen für den eigenen Bildungsgang zu affirmieren (S. 163ff.).

Eine Theorie pädagogischer Institutionen, welche sich weder Entinstitutionalisierungskonzepten noch systemtheoretischen Legitimationen vorgegebener Institutionen einfach anschließt, wird sich von deren einander ausschließenden Affirmationen gleichermaßen distanzieren und doch die Tradition pädagogischer und praktischer Institutionskritik und die zuletzt von der Systemtheorie vermittelte Einsicht in die Notwendigkeit der Institutionen der bürgerlichen Gesellschaft bewahren müssen. Wie aber soll dies möglich sein, da sich doch die Strategien der bisher vorgestellten Institutionstheorien gar nicht vereinbaren lassen?

So, wie die erziehungstheoretische Fragestellung nach der richtigen Art und Weise pädagogischen Wirkens einen dritten Weg jenseits der Problemverkürzungen intentionaler und funktionaler Erziehung aufzeigte, und so, wie für die bildungstheoretische Fragestellung nach der Aufgabenbestimmung pädagogischen Handelns ein dritter Weg jenseits der falschen Alternativen formaler und materialer Bildung gefunden werden konnte, so gilt es nun, jenseits der beiden Strategien einer bloßen Abschaffung oder bloßen Legitimation vorgegebener Institutionen einen dritten Weg zu skizzieren, der die Notwendigkeit einer Institutionalisierung der menschlichen Praxis im allgemeinen und der pädagogischen Praxis im besonderen mit der Notwendigkeit einer Kritik der institutionalisierten Arbeitsteilung ausdifferenzierter Humanität verbindet und über die bisher diskutierten Alternativen einer naiv-praktizistischen Auflösung oder Entinstitutionalisierung der pädagogischen Praxis und einer systemtheoretisch-evolutionstheoretischen Legitimation vorgegebener Institutionen hinausweist. Einen Hinweis darauf, was unter dem gesuchten dritten Weg zu verstehen ist, können wir vielleicht jener äußerst merkwürdigen Übereinstimmung entnehmen, die sich heute zwischen den Traditionen der Kritik und der Legitimation der bürgerlichen Gesellschaft abzeichnet.

Die bürgerliche Gesellschaft, der wir unsere Menschenrechte und Mitwirkungsmöglichkeiten an der menschlichen Gesamtpraxis verdanken, wird von ihren Kritikern seit Marx nicht grundlos als eine in sich widersprüchliche Gesellschaftsform verstanden, deren Institutionen die ihnen zugewiesenen Aufgaben vernachlässigen, statt sie zu erfüllen. Sie wird zugleich von ihren Befürwortern damit legitimiert, daß ihre Einrichtungen das menschliche Handeln so auf einzelne Institutionen verteilen, daß die Bürger von der Mitwirkung an der menschlichen Gesamtpraxis gleichsam entlastet und zur Spezialisierung auf einen besonderen Bereich menschlichen Handelns freigestellt werden. Nachdenklich muß vor diesem Hintergrund stimmen, daß Kritiker und Befürworter der bürgerlichen Gesellschaft, obwohl sie sich zuweilen auf das heftigste bekämpfen, nicht nur gleichermaßen Recht haben, sondern in Teilen ihrer Kritik beziehungsweise Legitimation sogar übereinstimmen.

Nach den Auffassungen der Befürworter wie der Kritiker der bürgerlichen Gesellschaft entlastet uns die Große Industrie, die fortschreitende Industriealisierung und die Computerisierung der Arbeitsprozesse zunehmend von der ökonomischen Praxis, dies freilich um den Preis, daß die Produktionsprozesse eine Eigengesetzlichkeit entwickeln, die den Menschen als Produzenten und Subjekt der Produktion immer weniger achtet und, statt allen Bürgern eine ihren Fähigkeiten entsprechende Arbeitsmöglichkeit bereitzustellen, Arbeitsplätze zunehmend automatisiert. Durchaus vergleichbar entlastet uns nach solchen Deutungen die Justiz und die zunehmende Verrechtlichung der Sitte im positiven Recht von der sittlichen Praxis, dies wiederum um den Preis, daß das Rechtssystem immer weniger für Gerechtigkeit sorgt und immer mehr die Funktion übernimmt, Unrecht klassifizierbar zu machen. In analogem Sinne entlasten uns die Bildungsinstitutionen vom Kindergarten und der Schule bis hin zum Gefängnis und Altenheim von der pädagogischen und sittlichen Praxis, und zwar um den Preis, daß die Gesellschaft selbst sich immer weniger um ihre erziehlichen und bildenden Qualitäten bekümmern muß und die pädagogische Praxis zunehmend Aufbewahr- und Zuteilungsfunktionen übernimmt. Gleichermaßen entlasten uns die professionalisierte Berufspolitik und die Amtskirchen von der politischen und religiösen Praxis, dies um den Preis, daß die Politik immer mehr den Charakter einer Tätigkeit von Bürgern verliert und die Religion in den Innenbezirken der Kirchen aufhört, eine koexistentielle Praxis der Menschen im Bewußtsein ihrer Endlichkeit angesichts eigener Todesgewißheit und fremder Todeserfahrung zu sein. Kritisierten noch Marx und Feuerbach die institutionalisierte Religion als Opium des Volkes, so rechtfertigen heute affirmative Theorien diese Funktion, wenn sie Religion im Sinne eines Placebo-Effektes als Mittel der Kontingenzbewältigung legitimieren und zugleich herabwürdigen[74].

Kritik wie Legitimation der Institutionen der bürgerlichen Gesellschaft verweisen auf eine Antinomie, in welcher sich die ausdifferenzierten Einzelpraxen der menschlichen Gesamtpraxis in der bürgerlichen Gesellschaft befinden. Ohne Ausdifferenzierung der menschlichen Gesamtpraxis in unterschiedliche Institutionen würden wir gar nicht zwischen ökonomischem, sittlichem, pädagogischem, politischem, ästhetischem und religiösem Handeln unterscheiden und die Frage nach einem nicht-hierarchischen Ordnungszusammenhang der menschlichen Gesamtpraxis gar nicht stellen können. Mit der Ausdifferenzierung der menschlichen Gesamtpraxis in voneinander abgegrenzte Institutionen wird die durch diese Ausdifferenzierung erst möglich gewordene Frage nach der Ordnung der menschlichen Gesamtpraxis jedoch zugleich in dem Maße gefährdet, in dem die institutionalisierten Einzelpraxen Entlastungsfunktionen übernehmen und ohne Kenntnis und Wissen um den Gesamtzusammenhang der menschlichen Praxis ausgeübt werden, so daß das menschliche Handeln schließlich angesichts der regionalisierten und professionalisierten Perspektiven der zu Berufstätigkeit reduzierten Einzelpraxen nicht mehr als Gesamtpraxis gedacht und ausgeübt werden kann.

Ein besonderer Fall dieser Antinomie ist die Antinomie bürgerlicher Gesellschaftsreform durch Schulreform. Die Versuche, gesellschaftlichen Fortschritt durch Schulreform einzuleiten, sind seit den Preußischen Reformen Anfang des 19. Jahrhunderts gerade deshalb immer wieder gescheitert, weil sie zwar dem gesellschaftlichen Subsystem institutionalisierter pädagogischer Praxis die Aufgabe einer Erziehung zur Mündigkeit übertrugen, die anderen gesellschaftlichen Institutionen jedoch, statt auch von ihnen die Anerkennung solcher Mündigkeit zu verlangen, von eben dieser Anerkennung entlasteten. So scheiterte die von Humboldt eingeleitete Preußische Schulreform, welche im Erziehungs- und Bildungssystem von der Elementarschule bis hin zur Universität eine Erweiterung der Grenzen standesspezifischer Erziehung und Sozialisation durch die Entwicklung eines vielseitigen Interesses aller einzelnen anstrebte, unter anderem daran, daß das politische System den Bürgern die versprochenen Mitwirkungsrechte versagte, die Kirchen aufgeklärte und über die Grenzen ihrer Konfession hinaus denkende und fühlende Mitglieder nicht tolerierten und das Beschäftigungssystem, statt sich in Richtung auf freiere Formen menschlicher Arbeit weiterzuentwickeln, nach kurzen Reformbemühungen zu den alten Formen feudaler und standesspezifischer Herrschaft zurückkehrte. Auch die zurückliegende Bildungsreform der letzten Jahre scheiterte, abgesehen von ihrer mangelnden erziehungs- und bildungstheoretischen Begründung, unter anderem daran, daß die zunächst aus ökonomischen und keineswegs pädagogischen Gründen befürchtete Bildungskatastrophe in einer Arbeitskatastrophe endete, weil das Wirtschaftssystem, statt sich auf eine sinnvolle Beschäftigung der nachwachsenden Geburtenjahrgänge einzustellen, seine Produktivität gerade dadurch steigerte, daß die Arbeit nicht auf alle verteilt, sondern rationalisiert wurde.

Der problemgeschichtliche Zusammenhang, daß erst in der neuzeitlichen bürgerlichen Gesellschaft die pädagogische Praxis sich institutionell zu einer Praxisform mit eigenen konstitutiven Prinzipien verbesonderte, ist untrennbar damit verbunden, daß sich die bürgerliche Gesellschaft mit der Zuweisung besonderer Aufgaben an das Erziehungssystem zugleich von einer allgemeinen Anerkennung dieser Aufgaben entlastete. Dies läßt sich vielschichtig belegen. Seit und weil die Arbeit in der Großen Industrie nicht mehr bildet und weiterbildet, gibt es die Frage nach einer allgemeinen menschlichen Bildung und deren Vermittlung mit Berufsbildung und Wirtschaftspädagogik; seit das gesellige Leben sich nicht mehr gesellig fortentwickelt, gibt es die Frage nach einer allgemeinen Geselligkeit in bürgerlicher Öffentlichkeit und institutionalisierte Formen sozialen Lernens und Sozialpädagogik; seit die Familie die Erziehung der Kinder nicht mehr aus eigener Kraft sichert, gibt es das Problem der Ergänzung familiärer Erziehung und Vorschulerziehung; seit die in Schulen und Hochschulen institutionalisierten Lernprozesse nicht ausreichen, um auf ein selbständiges Weiterlernen vorzubereiten, gibt es Erwachsenenbildung; seit und weil die politische Praxis unter den Bürgern sich zunehmend in eine solche von Berufspolitikern und Funktionären auflöst, gibt es das Problem der politischen Bildung und eine die anderen Fachpolitiken von pädagogischen Fragen entlastende Bildungs- und Familienpolitik; und weil die Alten zunehmend ausgegrenzt in Heimen leben und sterben, gibt es seit neuestem auch eine Altenbildung und Altenpädagogik.

Vor dem Hintergrund der Antinomik einer bürgerlichen Gesellschaftsreform und -politik, die die Gesamtgesellschaft durch zunehmende institutionelle Ausgrenzung der pädagogischen Praxis in professionelle Handlungsfelder von der Beachtung und Anerkennung der Erziehungstatsache zu entlasten sucht, sind Strategien, die die pädagogische Praxis durch Entinstitutionalisierungskonzepte oder durch eine bloße Legitimation vorgegebener Institutionen zu rechtfertigen suchen, in handlungstheoretischer Hinsicht gleichermaßen defizitär. Während Entinstitutionalisierungskonzepte die Komplexität bürgerlicher Gesellschaften, die die Systemtheorie auf einen Begriff bringt, nicht einmal zur Kenntnis nehmen, legitimiert die Systemtheorie im Vertrauen auf die Evolutionsgeschichte die Institutionen der bürgerlichen Gesellschaft, ohne freilich für das Problem, daß die Entlastung der Gesellschaft von einer gesamtgesellschaftlichen Verantwortung auf Dauer keineswegs zur Rationalisierung gesellschaftlicher Interdependenzen durch Komplexitätsreduktion führen kann, eine Antwort bereitzustellen. In seiner allgemeinen Theorie sozialer Systeme gesteht Luhmann ein:

„Die Entlastung, die die Gesellschaft an einer durch Evolution (scheinbar und angeblich, D.B.!) immer schon ausgewogenen Umwelt hatte, wird mehr und mehr gefährdet. Das gilt besonders, weil die Rekombinationen (neue Produkte, neue Kombinationen von Handlungen in Organisationen) nicht etwa auf Wiederherstellung der gestörten Umweltstabilitäten zielen, sondern auf Neugewinn von kombinatorischen Möglichkeiten. Hinzu kommt, daß die schulförmige Erziehung riesiger ... Menschenmengen über sehr viele und wichtige Lebensjahre hinweg Kognitionen und Motivlagen formt, also die Umwelt der Gesellschaft hochgradig deformiert, ohne daß absehbar oder gar planbar wäre, wie die Gesellschaft dadurch betroffen wird. Daß Ausbildungspläne mehr oder weniger deutlich auf Arbeitsleistungen abgestellt werden, bietet sicher keinen ausreichenden Folgenschutz. Und erst recht liegt in den Selbstbeschreibungen des Erziehungssystems als Bildungssystem nichts, was dieses Problem auch nur erfassen könnte. Ähnlich wie in den Sektoren der Produktion und der Organisation materieller und humaner Artefakte werden nur spezifische Rekombinationen angestrebt ... Im Effekt wirkt das auf die Gesellschaft zurück. ... Gesellschaftliche Rationalität würde nunmehr erfordern, daß die durch die Gesellschaft ausgelösten Umweltprobleme, soweit sie die Gesellschaft rückbetreffen, im Gesellschaftssystem abgebildet, das heißt in den gesellschaftlichen Kommunikationsprozeß eingebracht werden. Dies kann in den einzelnen Funktionssystemen in begrenztem Umfange geschehen – so wenn Mediziner die durch sie selbst verursachten Krankheiten wieder zu Gesicht bekommen. Typischer ist jedoch, daß ein Funktionssystem über die Umwelt andere Funktionssysteme belastet. Vor allem aber fehlt ein gesellschaftliches Subsystem für die Wahrnehmung von Umweltinterdependenzen. Ein solches kann es bei funktionaler Differenzierung nicht geben; denn das hieße, daß die Gesellschaft selbst in der Gesellschaft nochmals vorkommt. Das Differenzierungsprinzip der modernen Gesellschaft macht die Rationalitätsfrage dringlicher – und zugleich unlösbarer. Jeder Rückgriff auf traditionelle Rationalitätssemantiken versagt angesichts dieser Situation. Manche fordern daraufhin eine Allzuständigkeit der Politik, andere wollen aussteigen. Beides ist nicht möglich. Es bleibt wohl nur die Möglichkeit, das Problem mit der nötigen Schärfe zu formulieren, die funktionssystemspezifischen Umweltorientierungen zu verbessern und die gesellschaftsinternen Rückbelastungen und Problemverschiebungen mit mehr Transparenz und Kontrollierbarkeit auszustatten."[75]

Luhmanns Diagnose gilt freilich nicht nur für die Folgelasten, die von der pädagogischen Praxis im Erziehungssystem auf die anderen gesellschaftlichen Systeme ausgehen, sondern ebenso für die der anderen Systeme, denen das Erziehungssystem ausgesetzt ist. Insofern wird man ihr ohne jede Einschränkung zustimmen müssen, ebenso ihrer Einsicht, daß der Gefährdung der menschlichen Gesamtpraxis durch deren Ausdifferenzierung in verschiedene Gesellschaftssysteme nicht dadurch begegnet werden kann, daß die Gesellschaft für die Wahrnehmung gesamtgesellschaftlicher Verantwortung ein weiteres, zusätzliches Subsystem ausbildet. Luhmanns Vorschlag jedoch, die Rationalitätsdefizite bürgerlicher Gesellschaften dadurch zu meistern, daß über sie „mit der nötigen (begrifflichen, D.B.) Schärfe" aufgeklärt wird und die Folgelasten transparent gemacht werden, büßt unter der Maxime „Fürs Überleben genügt Evolution" seine kritische Potenz ein. Denn diese könnte doch nur darin liegen, daß über die Folgelasten der in abgesonderte gesellschaftliche Systeme und Institutionen verbesonderten und ausdifferenzierten menschlichen Gesamtpraxis nicht nur in den Systemen, von denen Anteile der Folgelasten ausgehen, aufgeklärt wird, sondern ebenso in denjenigen, die von solchen Folgelasten betroffen sind.

Für eine solche Aufklärung aber reicht die systemtheoretische Idee einer evolutiv sich von selbst erneuernden Rationalität des Gesamtsystems nicht aus, sondern ist die Idee einer praktischen Systemrationalität der menschlichen Gesamtpraxis erforderlich, wie sie in den vorausgegangenen Kapiteln mit den regulativen Prinzipien einer Überführung gesellschaftlicher Determination in praktische Determination und eines nichthierarchischen Verhältnisses der Einzelpraxen ausdifferenzierter menschlicher Gesamtpraxis näher bestimmt worden ist. Denn erst das Prinzip der Überführung gesellschaftlicher in praktische Determination verweist auf die Aufgabe, die Folgelasten ausdifferenzierter menschlicher Praxis in allen Bereichen der Gesamtpraxis zu reflektieren; und erst das Prinzip eines nicht-hierarchischen Ordnungszusammenhangs der menschlichen Gesamtpraxis formuliert die regulative Idee, unter der solche Reflexion, statt dem bloßen Streben nach Einflußsicherung, Machterhaltung oder Machtsteigerung zu dienen, erfolgreich sein kann. Die Bedeutung dieser regulativen Prinzipien für eine Theorie der menschlichen Gesamtpraxis auszuweisen, wäre Aufgabe einer allgemeinen Theorie der menschlichen Gesamtpraxis. Eine Allgemeine Pädagogik muß sich damit begnügen, den gesuchten dritten Weg zur Institutionalisierung pädagogischen Handelns jenseits der Alternativen naiver Entinstitutionalisierungskonzepte und systemrational-evolutionstheoretischer Legitimationen der vorgegebenen Ausdifferenziertheit der menschlichen Gesamtpraxis aufzuzeigen.

Hierfür ist es hilfreich, die von Luhmann vorgeschlagene Analyse der Folgelasten auf eine Analyse des fehlenden Folgenschutzes auszuweiten, der sich heute auch innerhalb der pädagogischen Praxis abzeichnet. Denn die fortgeschrittene Ausgrenzung pädagogischer Praxis aus der menschlichen Gesamtpraxis hat nicht nur zu institutionellen, sondern auch zu methodischen und thematischen Strukturveränderungen geführt, welche das Gelingen einer den konstitutiven Prinzipien der Bildsamkeit und der Aufforderung zur Selbsttätigkeit verpflichteten pädagogischen Interaktion erschweren und gefährden.

Die institutionelle Struktur ausgegrenzter pädagogischer Praxis basiert darauf, daß pädagogisches Handeln immer weniger als Moment anderer gesellschaftlicher Tätigkeiten ausgeübt werden kann und zunehmend in mehr oder weniger geschlossenen Institutionen stattfindet. Die veränderte thematische Struktur pädagogischer Praxis basiert darauf, daß der Sinn pädagogischer Interaktion, den diese dort hat, wo sie Moment anderer Tätigkeiten ist, gefährdet wird. In den Schulen wird nie nur gelernt, um etwas zu können, sondern immer auch gelernt, um in der Schule etwas zu lernen, was außerhalb derselben ohne weiteres nicht erlernt werden kann. Die Bildbetrachtung, der Erlebnisbericht, der Besinnungsaufsatz, die Ferienbeschreibung, das Diktat, die Fremdsprachenübersetzung, welche Schüler für ihre Lehrer anfertigen, werden in der Regel nicht angefertigt, um gemeinsam ein Bild zu betrachten, Erlebnisse auszutauschen, Ferienerfahrungen einander mitzuteilen, etwas Wichtiges aus der eigenen in eine fremde oder einer fremden in die eigene Sprache zu übersetzen. Auch sitzt niemand im Gefängnis, um sich auf die gesellschaftliche Praxis, auf Arbeit, Pädagogik, Sitte, Politik und Religion, vorzubereiten, sondern weil er rechtskräftig verurteilt und seine Mitwirkung an der menschlichen Gesamtpraxis in eine besondere Institution ausgegrenzt wurde. Und die methodische Struktur institutionell und thematisch ausgegrenzter pädagogischer Prozesse schließlich basiert darauf, daß es in ihnen nicht ohne weiteres eine *méthodos,* einen Progreß, um etwas zu können, sondern oft nur einen infiniten Regreß gibt. Ein „güter" Lehrer muß seinen Schülern, sobald sie etwas gelernt haben, was sie vorher nicht wußten, etwas Neues vorsetzen, was sie noch nicht wissen, um auf diese Weise dafür zu sorgen, daß er auf keinen Fall überflüssig wird.

Vor dem Hintergrund der entwickelten Problematik stellen Forderungen nach einer Abschaffung pädagogischer Institutionen und Berufe, wie sie bestimmte Richtungen der Gegenschulbewegung und Antipädagogik aufgestellt haben, keine Lösungen, sondern nur notwendig zum Scheitern verurteilte Ausstiegsversuche aus der umfassenden Antinomie dar, in welcher alle menschlichen Praxen und mit diesen die menschliche Gesamtpraxis sich innerhalb der bürgerlichen Gesellschaft befinden. Konzepte der Entschulung, der einfachen Aufhebung der Institutionalisierung pädagogischer Praxis und sogenannter Anti-Pädagogik sind insofern naiv, als sie Problemlösungsmöglichkeiten vortäuschen, die nur durchführbar wären, wenn es die mit der Ausdifferenzierung der menschlichen Praxis verbundenen Probleme, die zu lösen sie beanspruchen, gar nicht gäbe.

Einfache Antworten auf die Frage, wie die Folgelasten einer Regionalisierung der Einzelpraxen in ausgegrenzten Institutionen und Subsystemen der Gesellschaft so in diesen Subsystemen reflektiert werden können, daß die allenfalls entlastungs- und evolutionstheoretisch abgesicherte Rationalität des Gesamtsystems, die auch nach den Kenntnissen der Systemtheorie „mehr und mehr gefährdet" ist, in eine praktische Rationalität transformierbar wird, gibt es nicht. Das Programm hierfür können wir ebensowenig einer früheren Gesellschaftsformation einfach entnehmen, wie wir darauf hoffen dürfen, es werde aus den Antinomien der bürgerlichen Gesellschaft evolutiv von selbst hervorgehen. Eine nichtaffirmative Theorie pädagogischer Institutionen beurteilt die systemtheoretischen Vorschläge zur evolutionstheoretischen Legitimation der Folgewirkungen einer nur auf gegenseitige Entlastung der Subsysteme bemessenen Komplexitätsreduktion darum ebenso skeptisch wie die Hoffnungen, die Entinstitutionalisierungskonzepte in eine Reintegration der pädagogischen Praxis setzen. Statt solchen Strategien zu vertrauen, wird eine kritische Theorie pädagogischer Institutionen sowohl die Folgelasten der anderen gesellschaftlichen Systeme, die sich im Erziehungssystem auswirken, als auch jene, die, von der institutionalisierten pädagogischen Praxis ausgehend, die anderen Bereiche der gesellschaftlichen Praxis betreffen, weder mit der Option für eine Rückkehr in vorbürgerliche Gesellschaftsverhältnisse negieren, noch als Fatum bürgerlicher Gesellschaft anerkennen.

Statt die Ausdifferenzierung der menschlichen Gesamtpraxis in ökonomisches, ethisches, pädagogisches, politisches, ästhetisches und religiöses Handeln systemtheoretisch zu deuten und zu legitimieren und statt die pädagogische Praxis in Verkennung der Antinomik, die untrennbar mit der Ausdifferenzierung der menschlichen Gesamtpraxis in der bürgerlichen Gesellschaft verbunden ist, in die anderen Praxen zu entinstitutionalisieren und aufzulösen, muß eine Theorie pädagogischer Institutionen sich der zweifachen Frage stellen, welches denn die Aspekte sind, unter denen institutionalisierte pädagogische Praxis, ohne lediglich Entlastungsfunktionen zu erfüllen, die Ansprüche der anderen Bereiche gesellschaftlicher Praxis beachten kann, und welches die Aspekte sind, unter denen ihre eigenen pädagogischen Ansprüche, statt sich in die anderen Bereiche menschlichen Handelns aufzulösen, zu deren Momenten werden können.

4.3.3. Zur institutionellen Grundstruktur nicht-affirmativer pädagogischer Praxis

Die institutionelle Grundstruktur einer nicht-affirmativen pädagogischen Praxis zeichnet sich gegenüber den bisher erörterten affirmativen Konzepten dadurch aus, daß in ihr die Interdependenzen, die zwischen den Bereichen menschlichen Handelns bestehen, weder im Sinne einer Entinstitutionalisierung pädagogisiert noch im Sinne einer systemtheoretischen Legitimation funktionalisiert, sondern unter der Frage nach einer praktischen Systemrationalität analysiert und beurteilt werden.

Solche Analyse und Beurteilung basiert darauf, daß zwischen den von pädagogischen Institutionen ausgehenden Folgewirkungen und ihrer Bedeutung für die anderen Bereiche menschlichen Handelns und den von diesen ausgehenden Folgewirkungen und ihrer Bedeutung für die pädagogische Praxis zunächst unterschieden wird, daß dann aber die zwischen beiden Bedeutungen bestehenden Interdependenzen daraufhin befragt werden, ob und inwieweit sie den Postulaten der methodischen und thematischen Grundstruktur einer nicht-affirmativen pädagogischen Praxis entsprechen (vgl. die Abschnitte 4.1.3. und 4.2.3.). Die Unterscheidung von Determinanten, die teils von der pädagogischen Praxis ausgehen, teils auf sie einwirken, muß ebenso wie die Analyse der Interdependenzen kriteriengeleitet vorgenommen werden. Soweit die erforderlichen Kriterien sich auf die pädagogische Praxis beziehen, können wir sie den Prinzipien pädagogischen Denkens und Handelns entnehmen.

Die Prinzipien der individuellen Seite pädagogischer Interaktion formulieren die Kriterien dafür, wie Anforderungen der anderen Praxen ausdifferenzierter Humanität als Ansprüche, die von der pädagogischen Praxis zu beachten sind, in diese eingehen können. Die weder formal noch material zu fassende Bildsamkeit des Menschen verlangt, daß die gesellschaftlichen Anforderungen an die pädagogische Interaktion auf eine Mitwirkung der Lernenden an ihren eigenen Lernprozessen hin zu transformieren sind, und die weder intentional noch funktional adäquat zu bestimmende Kausalität pädagogischen Wirkens verlangt, daß gesellschaftliche Einwirkungen auf die pädagogische Praxis in zur Selbsttätigkeit auffordernde Einwirkungen transformiert werden. Beide Transformationen aber kann die pädagogische Praxis nicht stellvertretend für die menschliche Gesamtpraxis leisten, sondern nur fördern, sofern sich die gesellschaftlichen Anforderungen und Einwirkungen ihrerseits nicht von jeglicher Rücksichtnahme auf die Eigenstruktur pädagogischer Prozesse entlasten.

Die Kriterien für eine gesellschaftliche Beachtung der pädagogischen Praxis stellen die regulativen Ideen der gesellschaftlichen Seite pädagogischen Handelns bereit. Sie müssen von der pädagogischen Praxis gleichermaßen wie von allen anderen Praxen anerkannt werden, damit die Interdependenzen zwischen den institutionalisierten Formen menschlicher Gesamtpraxis solche einer praktischen Systemrationalität werden können. Das Prinzip der Überführung gesellschaftlicher in pädagogische Determination verlangt von der pädagogischen Praxis, die gesellschaftlichen Anforderungen und Wirkungen in solche zu transformieren, die den Kriterien der Bildsamkeit und Aufforderung zur Selbsttätigkeit angemessen sind. Es verlangt zugleich von den anderen Bereichen menschlichen Handelns, solche Transformationen dadurch zu erleichtern, daß auch sie die zwischen ihnen bestehenden gesellschaftlichen Interdependenzen in eine praktische, also gerade nicht in eine im Sinne der Systemtheorie umweltbedingte, sondern in eine ökonomische, sittliche, politische und religiöse Determination überführen. Dies aber kann nur gelingen, wenn alle institutionalisierten Praxisformen zusammen mit dem Prinzip der Überführung gesellschaftlicher in praktische Determination die regulative Idee einer nicht-hierarchischen Verhältnisbestimmung der ausdifferenzierten Bereiche menschlichen Handelns anerkennen und in den Beratungen über die Weiterentwicklung der zwischen ihnen bestehenden Interdependenzen ausdrücklich darauf verzichten, einer einzigen Form menschlicher Praxis einen Vorrang gegenüber den anderen einzuräumen.

Gelänge es, die bestehenden Hierarchien und Ungleichgewichte zwischen den ökonomischen, politischen und pädagogischen Subsystemen bürgerlicher Gesellschaft unter den regulativen Ideen der Überführung gesellschaftlicher in praktische Determination sowie einer nicht-hierarchischen Verhältnisbestimmung der Einzelpraxen untereinander abzubauen, so brauchten wir den geschichtlichen Fortschritt, den wir der bürgerlichen Gesellschaft und der in ihr historisch möglich gewordenen Ausdifferenzierung der menschlichen Gesamtpraxis verdanken, nicht weiterhin mit der Verkürzung praktischen Handelns nach Maßgabe funktionaler Handlungsrationalität und der mit dieser Verkürzung untrennbar verbundenen Auslieferung der Weltgeschichte an eine vermeintlich naturwüchsige Evolutionsgeschichte zu bezahlen.

Als Postulat für die heute anstehende Verständigung über die in gesellschaftliche Subsysteme ausdifferenzierte und institutionalisierte menschliche Gesamtpraxis könnte dasjenige nach einer institutionellen Offenheit hilfreich sein. In ihm sind zwei Merkmale der Moderne, die Ausdifferenzierung der menschlichen Praxis in gegeneinander abgegrenzte Institutionen und das Nachdenken über einen nicht-hierarchischen Gesamtzusammenhang der menschlichen Praxis, miteinander verbunden. Das Postulat institutioneller Offenheit umschreibt die historisch vielleicht noch mögliche Alternative zu naiven Konzepten einer bloßen Abschaffung der Institutionen der bürgerlichen Gesellschaft einerseits und ihrer systemtheoretischen Legitimation andererseits. Es fordert weder die Rückkehr in eine vorbürgerliche Gesellschaft, noch die Annahme der Tatsache, daß die Folgeprobleme der heute vorherrschenden Institutionalisierung der menschlichen Gesamtpraxis deren Leistungskapazität, was die Möglichkeiten der Komplexitätsreduktion durch Entlastung betrifft, längst überschreiten.

Im Hinblick auf die Formen institutionalisierten pädagogischen Handelns verweist das Postulat institutioneller Offenheit auf die heute gegebene Antinomik der pädagogischen Praxis, an vom übrigen gesellschaftlichen Leben abgesonderten Orten Lernleistungen provozieren und Bedeutungszusammenhänge erfahrbar machen zu sollen, die in den anderen gesellschaftlichen Subsystemen nicht angeeignet werden können und, was die Horizonte der in ihnen üblichen Tätigkeiten und Verhaltensweisen betrifft, nicht einmal gefragt sind.

Das Wirtschaftssystem wünscht sich qualifizierte Arbeiter und kaufbereite Konsumenten, das politische System wünscht sich gesetzestreue Untertanen und parteipolitisch aktive Wahlbürger, das Verteidigungssystem wünscht sich verteidigungsbereite Soldaten, die aus Vaterlandsliebe und Abscheu vor dem Frevel des Gegners, der die militärischen Vernichtungswaffen als erster einsetzt, dieselben Waffen einzusetzen bereit sind, und vom Erziehungssystem wird erwartet, daß es gleichzeitig qualifizierte Arbeiter, für Werbung aufgeschlossene Konsumenten, getreue Untertanen, politisch aktive Wahlbürger, für den Frieden sich einsetzende Soldaten und im Ernstfall die Vernichtungswaffen bedienende Befehlsempfänger hervorbringt.

Die gewünschte Identität von Mensch und Bürger kann die pädagogische Praxis weder innerhalb der bestehenden Institutionen des Erziehungssystems noch an irgendwelchen anderen Orten herstellen. Ebensowenig kann sie eine alternative Identität von Mensch und Bürger konstruieren und in die Welt, wie sie ist, hineinsetzen. Sie kann die Heranwachsenden und sich selbst weder von den Systemzwängen, in die sie eingebunden ist, emanzipieren, noch darf sie, wenn sie an der kritischen Tradition pädagogischen Denkens und Handelns festhält, mit diesen einfach befreunden. Sie kann die Anerkennung der Prinzipien pädagogischen Denkens und Handelns, von denen zwei unmittelbar auf Prinzipien der menschlichen Gesamtpraxis verweisen, ebensowenig durchsetzen, wie sie den Postulaten methodischer, thematischer und institutioneller Offenheit eine allgemeine Beachtung zu sichern vermag. Wohl aber kann sie für eine öffentliche Diskussion der erziehungstheoretischen, bildungstheoretischen und institutionstheoretischen Fragen und Problemstellungen eintreten, welche die gesellschaftlichen Interdependenzen der pädagogischen Praxis und der anderen Bereichen menschlichen Handelns offenlegt, und sich in ihren eigenen, gesellschaftlich ausgegrenzten Handlungsfeldern um eine erziehungs-, bildungs- und institutionstheoretisch aufgeklärte, den Grundprinzipien pädagogischen Denkens und Handelns sowie den Postulaten methodischer, thematischer und institutioneller Offenheit verpflichtete Ausübung und Gestaltung ihrer eigenen Praxis bemühen.

Nicht-affirmative Pädagogik weiß um die Grenzen und Möglichkeiten ihrer Ohnmacht. Da sie keinen Primat unter den ausdifferenzierten Formen menschlicher Praxis anstrebt, weiß sie sich in ihren Möglichkeiten begrenzt durch die fehlende gesellschaftliche Anerkennung der ihr zugrunde liegenden Prinzipien und Postulate und zugleich dazu verpflichtet, innerhalb der ihr verbleibenden Grenzen Lernprozesse zu fördern, die zu einer gesamtgesellschaftlichen und menschheitlichen Überwindung der Grenzen dessen, was heute möglich ist, beitragen können.

Skepsis hinsichtlich der eigenen Möglichkeiten vernünftigen Wirkens, jenseits der Scheinalternativen optimistischer oder pessimistischer Diagnosen pädagogisch noch handeln zu können, ist vielleicht die sokratisch-paradoxe Aufgabe gegenwärtiger und künftiger Pädagogik, mit der alle Bereiche professionellen und nicht-professionellen pädagogischen Handelns konfrontiert sein werden[76]. Die Handlungsdimensionen einer aus der menschlichen Gesamtpraxis ausgegrenzten, gleichwohl nie endgültig ausgrenzbaren pädagogischen Interaktion, welche dieser Problemstellung entsprechen, werden im folgenden Abschnitt vorgestellt.

182

5. Systematische Gliederung der pädagogischen Praxis nach Handlungsdimensionen

Auf der Grundlage der Prinzipien pädagogischen Denkens und Handelns (Kapitel 3.) und der mit diesen vermittelten handlungstheoretischen Fragestellungen der Erziehungswissenschaft (Kapitel 4.) soll nun eine systematische Gliederung der pädagogischen Praxis nach Handlungsdimensionen vorgestellt und die Frage erörtert werden: Wie läßt sich die pädagogische Praxis in Handlungsvollzüge gliedern, die sowohl mit den Prinzipien pädagogischen Denkens und Handelns als auch mit den systematischen Fragestellungen wissenschaftlicher Pädagogik abgestimmt sind? Welches sind die Grundweisen eines Handelns, das die Heranwachsenden in ihrer unbestimmten Bildsamkeit als an ihren Lernprozessen mitwirkende Subjekte anerkennt und zur Selbsttätigkeit so auffordert, daß dabei gesellschaftliche Einwirkungen auf ihre Lernprozesse im Sinne einer nicht-hierarchischen Bestimmung des Verhältnisses der pädagogischen Praxis zur ausdifferenzierten menschlichen Gesamtpraxis in pädagogische Einwirkungen transformiert werden können?

Daß sich den vier Prinzipien nicht einfach vier Dimensionen pädagogischen Handelns zuordnen lassen, geht schon aus den Beziehungen hervor, die zwischen den konstitutiven und den regulativen Prinzipien bestehen. Das pädagogische Handeln läßt sich nicht gliedern in Handlungsvollzüge, die der Bildsamkeit oder der Aufforderung zur Selbsttätigkeit oder der Überführung gesellschaftlicher Einflüsse in pädagogische oder der Sicherung eines nicht-hierarchischen Verhältnisses der Einzelpraxen in jeweils ausschließlicher Weise verpflichtet wären. Im Handeln verlangen alle Prinzipien eine gleichzeitige Anerkennung, und wir können eines nicht ohne die anderen beachten. Auch den drei systematischen Fragestellungen der Pädagogik lassen sich linear keine Dimensionen pädagogischen Handelns zuordnen, denn in ihnen sind Prinzipien, die für die individuelle Seite pädagogischen Handelns gelten, jeweils mit Prinzipien der gesellschaftlichen Seite so verbunden, daß auch die systematischen Fragestellungen pädagogischer Handlungstheorie Anspruch auf eine gleichzeitige Anerkennung erheben (vgl. das Schema der Prinzipien und systematischen Fragestellungen im Abschnitt 3.3.). Die pädagogische Praxis in erziehende Interaktionen, bildende Tätigkeiten und innerhalb pädagogischer Institutionen organisierte Maßnahmen zu differenzieren, würde ganz und gar dem bisher entwickelten pädagogischen Grundgedankengang widersprechen.

Eine systematisch und handlungstheoretisch begründete Dimensionierung der pädagogischen Praxis in verschiedene Handlungsvollzüge zielt nicht darauf, das pädagogische Handeln nach Fragestellungen zu bestimmen, die gleichzeitig zu beachten sind, sondern auf eine Differenzierung der pädagogischen Praxis in unterschiedliche, zeitlich aufeinander folgende Handlungsvollzüge. Diese lassen sich weder aus den konstitutiven und regulativen Prinzipien noch aus den handlungstheoretischen Fragestellungen der Pädagogik ableiten. Sollen überhaupt unterschiedliche Formen pädagogischen Handelns voneinander abgegrenzt werden können, so müssen dies Handlungsformen sein, die in der ihnen eigenen Temporalität sowohl den Prinzipien als auch den erziehungs-, bildungs- und institutionstheoretischen Fragestellungen genügen. Die gesuchte Dimensionierung finden wir, wenn wir die fundamentale Grundnorm pädagogischer Temporalität beachten und die in den konstitutiven Prinzipien begründete besondere Finalität pädagogischen Handelns berücksichtigen, daß nämlich die pädagogische Praxis ihr eigenes Ende antizipieren muß, um nicht zu pervertieren (vgl. Abschnitt 3.1.3.). Diese Finalität muß für alle Formen pädagogischen Handelns gelten. Dies aber bedeutet, daß die einzelnen Formen ihr Ende nicht allein im Übergang zu den jeweils anderen Formen finden, sondern auf eine ihnen jeweils angemessene Weise zugleich antizipieren müssen, um so den ihnen möglichen Beitrag zur Beendigung der pädagogischen Praxis und deren Überführung in die menschliche Gesamtpraxis zu erbringen.

In problemgeschichtlicher Hinsicht lassen sich idealtypisch zwei Weisen unterscheiden, wie pädagogisches Handeln an sein eigenes Ende gelangt. Solange die Menschen in vorbürgerlichen Gesellschaften intergenerationell aus alltäglicher Welterfahrung und im zwischenmenschlichen Umgang lernten und ihre Bestimmung fanden, war die pädagogische Praxis keine in sich differenzierte und ausgegrenzte Handlungsform, sondern ein Moment anderer gesellschaftlicher Tätigkeiten, in die sie integriert war und in denen sie folglich immer auch ihr eigenes Ende finden konnte. Seit der neuzeitlichen Ausdifferenzierung der menschlichen Gesamtpraxis in die Institutionen der bürgerlichen Gesellschaft und der mit dieser Ausdifferenzierung untrennbar verbundenen Verbesonderung des pädagogischen Handelns zu einer gegenüber alltäglicher Welterfahrung und zwischenmenschlichem Umgang ausgegrenzten Lehr- und Lernpraxis finden die institutionalisierten und professionalisierten Formen pädagogischen Handelns ihr Ende nicht mehr aufgrund einer unmittelbaren Teilhabe an der intergenerationellen Welterfahrung und am zwischenmenschlichen Umgang, sondern vermittelt über spezielle Akte, Entscheidungen und Dezisionen, die das Ende der pädagogischen Praxis zum Beispiel durch die Ausstellung von Zeugnissen und Berechtigungen festlegen.

Vergleicht man diese beiden Formen, das Ende der pädagogischen Praxis herbeizuführen, miteinander, so zeigt sich, daß die zuerst genannte, ältere sehr wohl ohne die zweite, historisch an die Entstehung und Entwicklung bürgerlicher Gesellschaften gebundene Form möglich ist, daß dagegen die neuzeitliche Art und Weise, das Ende der pädagogischen Praxis durch den Übergang von gesellschaftlich ausgegrenzten pädagogischen Prozessen ins bürgerliche Leben herbeizuführen, ohne die ältere Form pädagogischer Praxis' nicht auskommt. Welterfahrung und zwischenmenschlicher Umgang lassen sich in institutionalisierten Lehr- und Lernprozessen nur erweitern, wenn durch sie das Lernen aus Erfahrung und Umgang nicht einfach suspendiert, sondern um andere Lernformen ergänzt wird. Dies aber setzt voraus, daß institutionell ausgegrenzte Formen pädagogischen Handelns sich nicht verselbständigen, sondern ihr eigenes Ende unter Bedingungen, die eine unmittelbare Teilhabe der pädagogischen Praxis an den anderen gesellschaftlichen Tätigkeiten nicht mehr gestatten, dadurch herbeiführen, daß sie Übergänge zwischen alltäglicher Welterfahrung und zwischenmenschlichem Umgang sowie institutionalisierten Lernprozessen in beide Richtungen anstreben.

Erhöben wir heute die älteren Formen des Erfahrungs- und Umgangslernens, in denen pädagogisches Handeln sein eigenes Ende als integriertes Moment anderer Tätigkeiten fand, zur einzig legitimen Form und strebten wir eine Entinstitutionalisierung der pädagogischen Praxis durch deren Reintegration in eine unmittelbare Teilhabe der Heranwachsenden an der menschlichen Gesamtpraxis an, so würden wir nicht nur die unreduzierbare Komplexität bürgerlicher Industriegesellschaften verkennen, sondern zugleich eine Dimensionierung der pädagogischen Praxis zum Ideal erheben, die ihre frühere Stimmigkeit standesspezifischen Formen der Erziehung und Sozialisation verdankte. Eine Rückkehr zu vorbürgerlichen Lern- und Lebensformen ist heute, abgesehen davon, daß solche Vorstellungen mit einer historisch unhaltbaren Idealisierung früherer Epochen verbunden sind, gar nicht möglich. Weder lassen sich die institutionalisierten Formen pädagogischer Praxis durch die Formen eines unmittelbaren Erfahrungs- und Umgangslernens ersetzen, noch kommt den nicht-institutionalisierten Formen heutigen Erfahrungs- und Umgangslernens die Qualität einer authentischen Welt- und Selbsterfahrung zu.

Setzten wir, um den Naivitäten von Entinstitutionalisierungskonzepten zu entgehen, an deren Stelle die Art und Weise, in der institutionalisierte pädagogische Praxis ihr eigenes Ende – zum Beispiel durch die bloße Unterscheidung zwischen Schulzeit und Freizeit – täglich veranstaltet und ihr definitives Ende an die Erteilung von Zeugnissen und Berechtigungen zurückbindet, als einzig legitime Form an, so müßten wir die pädagogische Praxis in beaufsichtigende, lehrende, prüfende, zensierende, berechtigende, unterhaltende, beschäftigende, therapierende, resozialisierende Tätigkeiten und andere mehr einteilen und das ganze Spektrum der Handlungsstrategien professioneller Pädagogen abbilden. Auf diese Weise käme eine Dimensionierung der pädagogischen Praxis zustande, die zwar das, was professionelle Pädagogen arbeitsteilig nacheinander und nebeneinander tun, erfaßte, die aber von den Prinzipien pädagogischen Denkens und Handelns und den handlungstheoretischen Fragestellungen her gerade zu kritisieren, keineswegs aber zu legitimieren wäre.

Die gesuchte Dimensionierung der pädagogischen Praxis wird sich, soll sie den Anforderungen des in den vorausgegangenen Kapiteln vorgestellten pädagogischen Grundgedankens genügen, gleichermaßen von den Idealisierungen eines unmittelbaren Erfahrungs- und Umgangslernens wie von einer bloßen Legitimation der heute gegebenen und üblichen Arbeitsteilung pädagogischer Berufe unterscheiden müssen. Eine mit den Prinzipien pädagogischen Denkens und Handelns und den systematischen Fragestellungen der Pädagogik in Einklang stehende Dimensionierung pädagogischer Praxis können wir weder den Konzepten eines unmittelbaren Erfahrungs- und Umgangslernens in vorbürgerlichen Gesellschaften entlehnen, noch aus der institutionellen Abgrenzung der pädagogischen Praxis als einer gegenüber den anderen gesellschaftlichen Tätigkeiten abgehobenen Lehr- und Lernpraxis ableiten. Die im folgenden unterschiedenen Dimensionen pädagogischen Handelns zielen darum weder auf eine Auflösung der pädagogischen Praxis in Momente anderer Tätigkeiten, noch auf eine bloße Abbildung der vorgegebenen Handlungsstrategien pädagogischer Berufe, sondern auf eine Differenzierung der pädagogischen Praxis, die für alle pädagogischen Berufe als ein Korrektiv der unter ihnen bestehenden Arbeitsteilung Geltung beansprucht und die Naivitäten und Problemverkürzungen von Konzepten, die das pädagogische Handeln durch Entinstitutionalisierung oder durch eine Anerkennung seiner institutionalisierten Entlastungsleistungen legitimieren, gleichermaßen vermeidet.

Erkennt man an, daß es kein Zurück in die älteren Formen eines weitgehend an alltägliche Erfahrung und zwischenmenschlichen Umgang gebundenen intergenerationellen Lernens im gemeinsamen Vollzug der ökonomischen, sittlichen, politischen, ästhetischen und religiösen Praxis gibt, daß gleichwohl Erfahrung und Umgang durch in pädagogischen Institutionen stattfindende Lernprozesse nicht suspendiert werden dürfen, so gilt es, eine dieser Problemstellung angemessene Dimensionierung der pädagogischen Praxis zu entwickeln. Eine solche Dimensionierung muß zeigen, daß die pädagogische Praxis beim Erfahrungs- und Umgangslernen beginnt und vermittelt über ausgesonderte und institutionalisierte Lernformen den Wissens- und Könnenshorizont der Lernenden so erweitert, daß das pädagogische Handeln, statt ein unmittelbar integrierter Teil der menschlichen Gesamtpraxis zu sein oder als eine von den anderen Tätigkeiten völlig abgesonderte Praxisform ausgeübt zu werden, über die Lernleistungen, die es ermöglicht, in die menschliche Gesamtpraxis reintegriert werden kann. Im Hinblick auf die in der bürgerlichen Gesellschaft veränderte methodische, thematische und institutionelle Grundstruktur pädagogischer Praxis (vgl. die Abschnitte

4.1.3., 4.2.3., 4.3.3.) lassen sich drei Dimensionen modernen pädagogischen Handelns unterscheiden, die erstmals Herbart in seiner „Allgemeinen Pädagogik" (1806) auf den Begriff gebracht hat. Die erste Dimension hängt mit den Brüchen zusammen, die unweigerlich dort stattfinden, wo menschliches Lernen nicht mehr nur Lernen aus unmittelbarer Erfahrung und im zwischenmenschlichen Umgang ist; diese Dimension ist diejenige der pädagogischen Praxis als eines sich selbst negierenden Gewaltverhältnisses. Die zweite Dimension bezieht sich auf die Aufgabe, Erfahrung und Umgang durch ausgegrenzte Lehr-Lernprozesse zu erweitern; sie wird im folgenden als diejenige einer bildenden Erweiterung von Erfahrung und Umgang durch erziehenden Unterricht näher bestimmt. Die dritte Dimension schließlich bezieht sich auf die Aufgabe der Reintegration der pädagogischen Praxis; sie wird unter der Überschrift „Pädagogische Praxis im Übergang zu intergenerationellem Handeln" vorgestellt.

5.1. Pädagogisches Handeln als sich negierendes Gewaltverhältnis

An der Frage, ob Gewalt über andere auszuüben ein legitimer Teil pädagogischen Handelns sei oder nicht, scheiden sich immer wieder die Geister. Was die Beantwortung dieser Frage betrifft, so lassen sich bis heute zwei „einfache" Positionen idealtypisch unterscheiden. Die eine lehnt jedwede Form von Gewaltanwendung und -ausübung ab und erhebt den grundsätzlichen Verzicht auf gewaltsame Maßnahmen zur einzig legitimen Maxime pädagogischen Handelns. Die andere erblickt in der Herrschaft der zu pädagogischem Handeln Befugten über die auf pädagogische Interaktion Angewiesenen eine unverzichtbare Dimension pädagogischer Praxis und legitimiert dies damit, daß der Mensch erst „erzogen" werden müsse, bevor er sich „bilden" könne. Beide Positionen bekämpfen einander, indem sie sich gegenseitig als antiautoritäre oder autoritäre Weisen pädagogischen Handelns diffamieren. Antiautoritäre Erziehung neigt, wo sie ihren Namen wirklich verdient, dazu, keinerlei Autoritäten jenseits des Willens der Heranwachsenden anzuerkennen. Autoritäres pädagogisches Handeln erkennt dagegen nur den Willen der Erwachsenen oder der Gesellschaft als vernünftig an und fordert die Unterwerfung des kindlichen Willens, seine Anpassung an die schon vorhandene Vernünftigkeit der Wirklichkeit. Beide Positionen folgen, sofern sie überhaupt weitergehende pädagogische Fragestellungen kennen, einer affirmativen Theorie der Erziehung und Bildung. Nur in dem, was sie bejahen, unterscheiden sie sich voneinander.

187

Ihr Streit darüber, ob Erziehung als ein Gewaltverhältnis zu legitimieren sei oder nicht, ist blind gegenüber der sich im Handeln immer wieder stellenden Frage, wann und inwieweit Gewaltausübung pädagogisch erlaubt sei. Die einander bekämpfenden autoritären und antiautoritären Positionen kennen diese Frage nicht einmal, sondern halten sie, ohne sich auf sie einzulassen, für dogmatisch entscheidbar und entschieden. Sich auf die Frage nach der Legitimität pädagogischer Gewaltausübung einzulassen, verlangt dagegen, statt Gewalt einfach als notwendig anzuerkennen oder Gewaltlosigkeit schlicht als möglich zu behaupten, sich der von Kant in seiner 1803 veröffentlichten Pädagogik-Vorlesung formulierten Frage zu stellen: ,,Wie kultiviere ich die Freiheit bei dem Zwange?"[77] Zum Kern dieser Frage können wir nur vordringen, wenn wir das pädagogische Gewaltverhältnis von anderen Formen der Gewalt unterscheiden.

5.1.1. Problemgeschichtliche Hinweise zur Besonderheit pädagogischer Gewaltausübung

Solange die pädagogische Praxis als ein integriertes Moment anderer gesellschaftlicher Tätigkeiten ausgeübt wurde, gab es eine gegenüber allgemeinen Formen von Gewaltausübung ausgegrenzte pädagogische Weise der Gewaltanwendung nicht, war der Zwang, den Erwachsene über Kinder ausübten, gleichsam eingebettet in Zwänge und Notwendigkeiten, die auch das Leben und Zusammenleben der Erwachsenen bestimmten.

Dies läßt sich an dem vielleicht ältesten Dokument unserer Tradition zur Frage, ob es erlaubt sei, Kinder zu töten, belegen.In der Geschichte des Abraham, der von seinem Gott in die Versuchung geführt wurde, seinen geliebten, einzigen Sohn als Brandopfer auf dem Scheiterhaufen zu verbrennen, war die Extremform väterlicher Gewaltausübung untrennbar verbunden mit kultischen Bräuchen, die nicht nur das Opfern von Kindern, sondern ebenso die religiös gebotene Opfertötung erwachsener Menschen vorsahen. Und Abrahams Befreiung von der Versuchung, seinen Sohn zu opfern, war keine spezifisch pädagogische Freisetzung, sondern integriertes Moment der Befreiung der religiösen Praxis aus den kultischen Zwängen als inhuman eingesehener Menschenopfer.

Daß die Formen pädagogischer Gewaltausübung vor der Ausgrenzung der pädagogischen Praxis integrierte Formen gesamtgesellschaftlicher Gewaltverhältnisse waren, gilt nicht nur für die Extremform der Gewalt über Leben und Tod, von der das Alte Testament im 22. Kapitel des ersten Buches Mose berichtet, sondern auch für die Normalformen alltäglicher Gewaltausübung Erwachsener über Heranwachsende. Aristoteles hat im siebten Buch seiner Politik die pädagogische Gewalt als integriertes Moment gesellschaftlicher Gewalt legitimiert, indem er die pädagogische Praxis *(paideía)* in die Handlungsdimensionen der „Gewöhnung" und des „Unterrichts" einteilte und das in beiden Dimensionen gegebene pädagogische Generationsverhältnis als ein politisches, nämlich als Verhältnis Regierender und Regierter bestimmte. Ausgehend von der Überlegung, daß angesichts der Endlichkeit des Menschen nicht diejenige Gesellschaftsordnung die beste sein könne, in der die Regierenden und die Regierten „ihr ganzes Leben hindurch verschiedene" sind, sondern nur diejenige, in der Regierende und Regierte in gewissem Sinne dieselben sind, entwickelte er die folgende Vorstellung von der zweckgeleitet richtigen pädagogischen Praxis in der besten Verfassung:

„Da jede staatliche Gemeinschaft aus Regierenden und Regierten besteht, so erhebt sich die Frage, ob die Regierenden und die Regierten dieselben Leute sein sollen oder ihr ganzes Leben hindurch verschiedene. Denn es ist klar, daß nach der Bestimmung hierüber auch die *paideía* sich wird richten müssen. Wäre nun der eine Teil der Staatsbürger so verschieden von dem anderen, wie es nach unserem Glauben die Götter und Heroen von den Menschen sind, . . . dann würde es offenbar besser sein, daß immer der eine Teil ein für allemal regierte und der andere regiert würde. Da nun dies aber nicht leicht anzunehmen ist . . . , so ist es offenbar aus vielerlei Gründen notwendig, daß alle Staatsbürger in gleicher Weise an dem abwechselnden Regieren und Regiertwerden Anteil haben müssen. Denn für die Gleichen ist die Gleichheit einerlei, und schwerlich wird eine Verfassung von Bestand sein, die widersprechend den Forderungen der Gerechtigkeit geordnet ist. . . . Daß nun aber andererseits trotzdem die Regierenden vor den Regierten etwas voraushaben müssen, ist unbestreitbar. . . . Die Natur selbst nämlich hat hier die Scheidung an die Hand gegeben, indem sie das, was der Gattung nach ganz einerlei ist, doch in eine ältere und eine jüngere Generation zerteilt, von denen es der einen geziemt zu regieren und der anderen regiert zu werden. Denn niemand empört sich, wenn er seinem Alter gemäß regiert werden soll, noch hält er sich zu gut dafür, zumal wenn er selbst einst Anteil an der Regierung erhalten wird, sobald er nur in das dazu geeignete Alter gelangt ist. Hiernach wird man also sagen müssen, daß es in gewisser Weise dieselben Leute sind, welche regieren und welche regiert werden, in gewisser Weise aber andere . . . . Man sagt ja, daß der, der gut regieren will, zuvor regiert werden muß. Nun gibt es freilich eine Herrschaft . . ., die zugunsten des Herrschenden, und eine andere, die zum Besten des Beherrschten ausgeübt wird, und jede Herrschaft der ersteren Art bezeichneten wir als eine solche, wie sie der Herr über den Sklaven, jede der letzteren aber als eine solche, wie man sie über freie Menschen übt. . . . Da wir nun aber behaupten, daß die Tugend des Staatsmannes und Regierenden einerlei sei mit der des besten Mannes und daß eben derselbe Mensch zuerst regiert werden muß und dann regieren, so ist dasjenige, was in dieser Hinsicht der Gesetzgeber ausfindig zu machen hat, wie und durch welche Beschäftigungen man tüchtige Männer bildet und was das Endziel des tugendhaften Lebens ist."[78]

Diese Stelle belegt eindrucksvoll, daß Kants Frage, wie Freiheit und Zwang in der pädagogischen Praxis zusammen stimmen können, auf seine Weise schon Aristoteles kannte. Um das neuzeitliche Verständnis der pädagogischen Praxis als eines Gewaltverhältnisses problemgeschichtlich begreifen zu können, gilt es freilich nicht nur auf die Ähnlichkeit in der Fragestellung, sondern sogleich auf die Verschiedenheit der Frage und ihrer Beantwortung zu achten. Aristoteles legitimierte die pädagogische Praxis als eine in der Sitte begründete politische Tätigkeit Regierender gegenüber Regierten, indem er die *paideía* auf die teleologische Ordnung aller menschlichen Tätigkeiten in der Polis hin konzipierte und als eine Herrschaft freier Bürger über heranwachsende freie Bürger begriff, die nicht willkürlich, sondern zielgerichtet auszuüben ist. Die Ziele der *paideía* aber dachte Aristoteles als der pädagogischen Praxis ebenso wie der politischen Praxis vorgegebene Ziele. Und dies erst verlieh seiner politischen Ableitung der pädagogischen Praxis ihre immanente Stimmigkeit.

Weil Pädagogik und Politik gleichermaßen einer teleologisch vernünftigen Gesamtordnung der menschlichen Praxis verpflichtet sind, in der die Arbeit der Sklaven nicht der Anhäufung von Reichtum und der Steigerung politischer Macht, sondern der Ermöglichung einer durchaus asketischen Muße freier Bürger dient, die ihrerseits nicht untätig, sondern politisch tätig sind und sich dem philosophisch-wissenschaftlichen Begreifen der kosmologischen Welt- und Polisordnung widmen, kann die pädagogische Praxis als Teil der regierenden politischen und reflektierenden philosophischen Praxis ausgeübt und in die Gewöhnung der nachwachsenden Generation an die vorgegebene Sitte und Rechtsordnung und die Unterweisung der nachwachsenden Generation in den theoretischen und praktischen Wissenschaften eingeteilt werden. Wenn Aristoteles feststellt, daß die „Gewöhnung" der unterweisenden „Vernunftbildung" vorausgehen müsse, so begründete er dies gerade nicht im Sinne heutiger Auffassungen und weltanschaulicher Überzeugungen, wie sie von normativen und affirmativen Pädagogiken vertreten werden, sondern teleologisch und im Hinblick auf die genetische Struktur menschlichen Lernens. Die Zwecke der menschlichen Tätigkeit dachte er ebenso wie die zeitliche Konstitution menschlicher Urteils- und Handlungskompetenz als frei von jeglicher Willkür menschlicher Machtsteigerung im Sinne neuzeitlicher Wissenschaft und Geschichtsplanung. Die Gewöhnung geht der Unterweisung voraus, weil erstens die Sitte der Praxis ebenso vorgegeben ist wie die Ordnung des Kosmos dem menschlichen Wissen und weil zweitens nur die um die teleologische Vernünftigkeit der Gesamtordnung wissen können, die sich in sie eingeübt haben. Genetisch ist demnach das Regiertwerden früher als das Regieren, die Gewöhnung früher als die Unterweisung, logisch und ontologisch aber ist gerade nicht das genetisch Frühere, sondern das genetisch Spätere das Erste oder Fundierende: die Gesamtordnung des Kosmos nämlich und die dieser affine Ordnung der Polis[79].

Die aristotelische Antwort auf die Frage „Wie kultiviere ich die Freiheit (des Zöglings) bei dem Zwange?" war, wie aus der zitierten Stelle hervorgeht, eine zweifache. Sie lautete, es gebe Menschen, die als „beseelte Werkzeuge" gar nicht der Freiheit fähig sind und infolgedessen ihr ganzes Leben so zu regieren seien, wie ein guter Herr über einen Sklaven herrscht. Ein solches Regieren aber zieme sich nicht gegenüber heranwachsenden freien Bürgern. Diese gelte es, zu Bürgern der vorgegebenen Polis zu erziehen und so zu regieren, daß sie sich in die bestehende Ordnung eingewöhnen und durch Unterweisung in den theoretischen und praktischen Wissenschaften fähig werden, später andere gut zu regieren.

Hegel versuchte, für seine Zeit diese Antwort zu erneuern, wenn er in den §§ 151–153 seiner Rechtsphilosophie die „Pädagogik (als) die Kunst, die Menschen sittlich zu machen", deutete und auf die Frage, wie dies geschehen könne, die antike Antwort wiederholte: „wenn du ihn (den Heranwachsenden, D.B.) zum Bürger eines Staates von guten Gesetzen machst". Darin, daß die Gewöhnung dem Unterricht vorausgehen müsse, stimmte Hegel mit Aristoteles überein. Aber die Sitte, an die Heranwachsende durch Unterordnung ihres Willens zu gewöhnen sind, war für Hegel eine ganz andere als die der antiken Polis, nämlich diejenige der neuzeitlichen bürgerlichen Gesellschaft, in der die Arbeit (griechisch: *ascholia)* nicht mehr als eine für freie Bürger unschickliche Betätigung, die diese der Muße (griechisch: *scholé)* beraubt, sondern als eine allgemeine menschliche Tätigkeit und als Quelle allen Wohlstandes und Reichtums verstanden und damit gegenüber der herstellenden Tätigkeit der Sklaven in der griechischen Polis entscheidend aufgewertet wurde. Um die Heranwachsenden an den Übergang von einer nur der Subsistenzsicherung dienenden handwerklich-bäuerlichen zur industriös-bürgerlichen, auf Warenproduktion und Geldwirtschaft basierenden kapitalistischen Ökonomie zu gewöhnen, hatten Aufklärungspädagogen ein halbes Jahrhundert vor Erscheinen der Rechtsphilosophie Hegels die Maxime aufgestellt, daß niemand zu essen bekommen solle, der nicht früh auf arbeite[80]. In problemgeschichtlicher Hinsicht drohte damit, zumindest für die unteren Schichten der Gesellschaft, die Erziehung der Heranwachsenden in eine Regierung über Sklaven, die nun jedoch nicht nur an herstellende, handwerkliche Tätigkeiten, sondern an industriöse Lohnarbeit zu gewöhnen sind, überzugehen.

In dieser sozialgeschichtlich wie problemgeschichtlich auszuweisenden Situation formulierte Kant seine Frage, wie Freiheit und Zwang in der Erziehung miteinander vereinbar seien. Die Antwort, die er auf diese Frage fand, unterscheidet sich gleichermaßen von derjenigen des Aristoteles, der zwischen der Regierung über Sklaven und derjenigen über Freie unterschied, wie von derjenigen der pädagogischen Aufklärung, welche Zwang in der Erziehung als Disziplinierung der Heranwachsenden zur Steigerung ihrer Arbeitsproduktivität guthieß, wie auch von derjenigen Hegels, der die aristotelische Dialektik von Regieren und Regiertwerden unter historisch veränderten Bedingungen zu modernisieren versuchte, als er feststellte: „Der Gehorsam ist der Anfang aller Weisheit; denn durch denselben läßt der das Wahre, das Objektive noch nicht erkennende und zu seinem Zwecke machende, deshalb noch nicht wahrhaft selbständige und freie, vielmehr unfertige Wille (des Kindes, D.B.) den von außen an ihn kommenden vernünftigen Willen in sich gelten, und macht diesen nach und nach zu dem Seinigen. Erlaubt man dagegen den Kindern zu thun, was ihnen beliebt, ... so entsteht in den

Kindern ein beklagenswertes Sicheinhausen in besonderes Belieben . . . .
Bald thut sich im Kinde der Eigenwille und das Böse hervor. Dieser
Eigenwille muß durch die Zucht gebrochen, – dieser Keim des Bösen
durch dieselbe vernichtet werden."[81] Kants Antwort auf die Frage, wie
Freiheit und Zwang in der pädagogischen Praxis miteinander vereinbar
seien, war eine ganz andere. Sie gestand in ihren drei Momenten die
neuzeitliche Antinomik, wie unter Ausübung des in der bürgerlichen
Gesellschaft notwendigen Zwangs zur Freiheit erzogen werden könne, ein
und lautete:

,,Hier muß man folgendes beobachten: 1) daß man das Kind, von der ersten Kindheit an,
in allen Stücken frei sein lasse . . . . 2) Muß man ihm zeigen, daß es seine Zwecke nicht
anders erreichen könne, als nur dadurch, daß es andere ihre Zwecke auch erreichen lasse
. . . . 3) Muß man ihm beweisen, daß man ihm einen Zwang auferlegt, der es zum Gebrauche
seiner eigenen Freiheit führt, daß man es kultiviere, damit es einst frei sein könne, d.h.
nicht von der Vorsorge anderer abhängen dürfe. Dieses letzte ist das späteste. Denn bei den
Kindern kommt die Betrachtung erst spät, daß man sich z.E. nachher selbst um seinen
Unterhalt bekümmern müsse. Sie meinen, das werde immer so sein, wie in dem Hause der
Eltern, daß sie Essen und Trinken bekommen, ohne daß sie dafür sorgen dürfen."[82]

Aus Kants Antwort auf die Frage nach der Legitimität pädagogischer
Gewaltausübung geht hervor, daß nicht nur seine Antwort, sondern auch
seine Frage eine andere als diejenige des Aristoteles war. Kants Frage und
Antwort ist über Rousseaus Auseinandersetzung mit der antiken
Philosophie und den von diesem geführten Nachweis vermittelt, daß es
unter den Bedingungen der bürgerlichen Gesellschaft der Neuzeit kein
Zurück mehr zur antiken Identität von Mensch und Staatsbürger geben
kann. Kants Antwort bezieht sich auf das Problem der Legitimität
pädagogischer Gewaltausübung in der neuzeitlichen bürgerlichen Gesellschaft, welche die Notwendigkeit, durch Arbeit für den eigenen
Lebensunterhalt zu sorgen, einerseits allen ihren Mitgliedern zumutet
und andererseits die Freiheit der einzelnen nicht an deren Übereinstimmung mit einer vorgegebenen, teleologisch begründeten Gesellschaftsordnung zurückbindet, sondern als ökonomische Freiheit, eigene Zwecke
zu verfolgen, und als sittliche und politische Aufgabe der gegenseitigen
Anerkennung aller Menschen als freier Wesen versteht.

Im Unterschied zu dem, was Aristoteles als politisch-regierendes
Gewaltverhältnis der älteren über die jüngere Generation bezeichnet
hatte, wird die neuzeitliche Handlungsdimension pädagogischer Gewaltanwendung nicht mehr als ein integriertes Moment anderer Praxisformen, sondern als eine aus diesen ausgegrenzte, gleichwohl auf sie
bezogene Dimension pädagogischen Handelns verstanden. In der geschichtlichen Periode des Übergangs von der Ständegesellschaft zur
modernen bürgerlichen Gesellschaft, die allgemein als Zeitalter der
Aufklärung bezeichnet wird, veränderte sich die Stellung der pädagogischen Praxis innerhalb der menschlichen Gesamtpraxis grundlegend,
und dies hatte nicht zuletzt Folgen für die Legitimation und Legitimier-

barkeit dessen, was unter einer pädagogisch zu rechtfertigenden Ausübung von Gewalt zu verstehen ist.

In ökonomischer Hinsicht unterscheidet sich die bürgerliche von den vorbürgerlichen Wirtschaftsformen dadurch, daß in ihr nicht mehr Güter für die Sicherung der Subsistenz, sondern Waren für den Markt produziert werden. In ethischer Hinsicht unterscheidet sich die bürgerliche Gesellschaft der Neuzeit von den älteren Gesellschaftsformen dadurch, daß die standesspezifischen Sitten ihre Anerkennung verlieren und die Einheit von Arbeits- und Lebensordnung zerbricht. Und in politischer Hinsicht schließlich unterscheidet sich die bürgerliche Gesellschaft der Neuzeit von den älteren Gesellschaftsformen dadurch, daß die politische Praxis auf keine teleologisch gerechtfertigte Hierarchie menschlicher Tätigkeiten mehr begründet wird, sondern in eine Abhängigkeit zur warenproduzierenden Ökonomie gerät, vor der die antike Praxisphilosophie die politische Praxis dadurch zu bewahren versucht hatte, daß sie den Sinn menschlicher Arbeit nicht in der Steigerung menschlicher Herrschaft über die Natur und in der Anhäufung von privatem und gesellschaftlichem Reichtum, sondern in der Sicherung der Subsistenz begründete.

Für die pädagogische Praxis hatten diese gesellschaftlichen Veränderungen zur Folge, daß die Heranwachsenden immer weniger auf eine tugendhafte Ausübung der ihnen standesspezifisch zugewiesenen Tätigkeiten hin erzogen werden konnten. Unter den Bedingungen einer warenproduzierenden kapitalistischen Wirtschaftsform mußten die Heranwachsenden für die Ausübung teleologisch gerade nicht mehr legitimierter Arbeitsprozesse diszipliniert und auf die Konkurrenz von Subjekten, die sich gegenseitig als Mittel zur Steigerung wirtschaftlicher Produktivität gebrauchen und doch zugleich als Selbstzweck anerkennen sollen, vorbereitet werden. An die Stelle der aristotelischen Eingewöhnung der Heranwachsenden in die vorgegebene Sitte trat nun die Umgewöhnung der Heranwachsenden zu industriellen Arbeitern und zu Subjekten, die die Steigerung der Produktivität der Ökonomie planen; an die Stelle der Unterweisung der freien Bürger in den theoretischen und praktischen Wissenschaften trat nun die Aneignung neuzeitlicher, auf die Steigerung menschlicher Macht über Natur und Geschichte ausgerichteter Wissenschaft, in welcher das genetisch Frühere nicht mehr in einem ontologisch Fundamentalen begründet ist; und an die Stelle eines regierenden politischen Generationsverhältnisses trat nun ein neues Generationsverhältnis, in dem die Tugenden und Kenntnisse der älteren Generation ihre Vorbildfunktion verloren und die durch Disziplinierung, Unterweisung und Einführung der nachwachsenden Generation in die bürgerlichen Produktionsprozesse zu erzielenden Leistungen zum Maßstab für die Beurteilung des von der pädagogischen Praxis geforderten Beitrags zum gesellschaftlichen Fortschritt erhoben wurden[83].

Während in der Antike Gewöhnung und Unterweisung als pädagogische Dimensionen der regierenden oder politischen Praxis verstanden wurden und der Einführung der nachwachsenden Generation in die vorgegebene teleologische Ordnung der Polis dienten, gliedert sich die pädagogische Praxis seit dem Verlust dieser Ordnung in der modernen bürgerlichen Gesellschaft nicht mehr in zwei, wie Hegel in der oben zitierten Stelle noch meinte, sondern in drei Dimensionen: in die Dimensionen der Disziplinierung, der unterrichtlichen Unterweisung und der Einführung der nachwachsenden Generation in die gesellschaftlichen Tätigkeiten. Bis heute kommt das pädagogische Handeln mit den alten Dimensionen der Gewöhnung und Unterweisung nicht mehr aus, deren Stimmigkeit untrennbar an eine teleologische Gesamtordnung menschlicher Praxis zurückgebunden war. Weder durch bloße Gewöhnung, noch durch zusätzliche Unterweisung können Heranwachsende in der bürgerlichen Gesellschaft ihre künftige Bestimmung finden; durch Gewöhnung nicht, weil sie ihre künftige Bestimmung aufgrund eigener Neigungen und Leistungen und der Fähigkeit, sich selbst Zwecke zu setzen, suchen müssen, durch Unterweisung nicht, weil in der bürgerlichen Gesellschaft Unterricht nicht zu jenen Tätigkeiten, die die Griechen zur Muße rechneten, hinführt, sondern die Heranwachsenden darauf vorbereitet, in allen Bereichen menschlicher Praxis tätig zu werden und ihre künftige Bestimmung möglichst unabhängig vom Stand ihrer Herkunft zu finden. Darum geht Gewöhnung in der bürgerlichen Gesellschaft teils dem Unterricht voraus, teils folgt sie erst auf diesen. Die Gewöhnung, die der unterrichtlichen Dimension pädagogischen Handelns vorausgeht, bezeichnete Kant als Disziplinierung. Hegel verfehlte das von Kant Gemeinte, wenn er sich, gegen Rousseau und die neuzeitliche Pädagogik polemisierend, der von Teilen der Aufklärungspädagogik vertretenen Auffassung anschloß und der Gewöhnung die Aufgabe zuwies, den „Eigenwillen (im Kinde) zu brechen", damit „dieser Keim des Bösen . . . vernichtet werde". Die auf den Unterricht folgende und an ihn anschließende Gewöhnung faßte Kant als Aufgabe der Zivilisierung und Moralisierung, welche die Heranwachsenden in die Lage versetzen, „alle Menschen (zu) ihren Zwecken (zu) gebrauchen" (Zivilisierung) und solche Zwecke zu „erwählen", die „nur lauter gute Zwecke" sind, weil sie „zu gleicher Zeit jedermanns Zwecke sein können" (Moralisierung)[84].

Die Transformation der beiden älteren Dimensionen pädagogischen Handelns als einer auf Gewöhnung und Unterweisung beruhenden regierenden Praxis in die drei Dimensionen disziplinierender, durch Unterricht unterweisender und den Übergang ins gesellschaftliche Leben begleitender Tätigkeiten stellt die Revolution pädagogischen Denkens und Handelns dar, durch die sich die Pädagogik in der neuzeitlichen bürgerlichen Gesellschaft von derjenigen anderer Gesellschaftsformen unterscheidet. Zur Antinomik der neuzeitlichen Dimensionierung pädagogischen Handelns gehört untrennbar, daß die pädagogische Praxis erst nach dem Verlust der teleologischen und kosmologischen Ordnungsvorstellungen der älteren Tradition ihre dreifache, neuzeitliche Dimensionierung erhielt, daß sie die mit diesem Verlust möglich werdende neue gesellschaftliche Anerkennung aber nur um den Preis erreichen konnte, daß sie ihre frühere Abhängigkeit von einer teleologisch gerechtfertigten Gesamtpolitik gegen eine lineare und teleologisch gerade nicht zu rechtfertigende Abhängigkeit von den Erfordernissen und Mechanismen der neuzeitlichen warenproduzierenden bürgerlichen Gesellschaft eintauschte. Wie die Emanzipation von teleologischen Ordnungsvorstellungen ohne Affirmation der Systemzwänge einer warenproduzierenden Ökonomie zu erreichen sei, dies macht seitdem den Kern der erziehungs-, bildungs- und institutionstheoretischen Fragen neuzeitlicher Pädagogik aus.

Die Pädagogik der Neuzeit ist in allen ihren Fragestellungen und Handlungsdimensionen durch den Verlust einer teleologischen Ordnung und durch die neuzeitliche, alle Weltbegebenheiten erklärende und menschlicher Herrschaft unterwerfende Rationalität bestimmt. Seit der pädagogischen Aufklärung läßt sich die theoretische und praktische Verständigung über die Dimensionen pädagogischen Handelns danach beurteilen, ob sie lediglich einer Anpassung der Heranwachsenden an sich wandelnde gesellschaftliche Erfordernisse oder zugleich einer Sinnverständigung über die menschliche Gesamtpraxis dient, welche den Telosschwund der Moderne, statt ihn zu leugnen oder fortschrittseuphorisch zu bejahen, zum unverzichtbaren Moment einer pädagogischen Praxis erhebt, die nicht mehr nur auf Gewöhnung und Unterweisung, sondern auf reflektierter Gewaltausübung, bildendendem Unterricht und Befähigung zur Mitwirkung an der menschlichen Gesamtpraxis basiert.

Kants Beantwortung der Frage, wie sich Freiheit und Zwang im pädagogischen Handeln widerspruchslos vereinbaren lassen, brachte diesen Zusammenhang für die erste Dimension neuzeitlicher pädagogischer Praxis auf einen ersten, durchaus aporetischen Begriff. Die in Kants Pädagogik schon entworfene Antwort auf diese Frage präzisierte Herbart in seiner Bestimmung der Aufgaben und Maßnahmen der Kinderregierung, welche sich sowohl mit dem Verlust einer teleologisch gerechtfertigten Gesamtordnung der menschlichen Praxis als auch mit dem Problem auseinandersetzt, wie wir im pädagogischen Handeln Gewalt über Heranwachsende so ausüben können, daß wir diese weder der Willkür unseres Willens noch gesellschaftlichen Anforderungen einfach unterwerfen.

5.1.2. Möglichkeiten und Grenzen einer pädagogisch legitimen Gewaltausübung

Der ersten Dimension pädagogischen Handelns hat Herbart in Abgrenzung zu den Formen einer politischen Macht- und Herrschaftsausübung den Namen „Kinderregierung" gegeben. In dieser Bezeichnung sind Nähe und Distanz zur aristotelisch-politischen Definition der pädagogischen Praxis als einer regierenden Tätigkeit gegenüber Regierten gleichermaßen angesprochen. Herbarts Begriff der Kinderregierung steht Kants Begriff der Disziplinierung durchaus nahe und befindet sich in äußerster Distanz zu Hegels Begriff einer Zucht, welche den noch unvernünftigen Willen der Heranwachsenden unterdrückt und vernichtet, indem sie diese zu einem Gehorsam ohne eigene Einsicht zwingt. Den Begriff der Regierung übernimmt Herbart von Aristoteles. Ihren Horizont aber bestimmt er so, daß die an die Sitte gewöhnende und die unterrichtende Handlungsdimensionen nicht mehr Momente einer regierenden Tätigkeit sind, sondern als zweite und dritte Dimension, freilich in der umgekehrten Reihenfolge eines „bildenden" oder „erziehenden Unterrichts" und einer zur „Charakterstärke der Sittlichkeit" führenden „Zucht", hinzutreten[85]. Unter „Zucht" als dritter Dimension pädagogischen Handelns versteht Herbart nicht die von Hegel geforderte Zucht, welche pünktlichen Gehorsam durch Unterdrückung des kindlichen Willens erpreßt, sondern jene Dimension pädagogischen Handelns, welche die Heranwachsenden zu Gehorsam ihrem eigenen, durch erziehenden Unterricht gebildeten und nach allgemeinen Grundsätzen praktischer Urteilskraft beurteilten Willen anhält. Da die zweite und dritte Dimension pädagogischer Praxis erst in den folgenden Abschnitten (5.2. und 5.3.) ausführlicher behandelt werden, gilt es nun, anknüpfend an Herbarts Begriff der Kinderregierung, die neuzeitliche Dimension der pädagogischen Praxis als eines Gewaltverhältnisses genauer zu fassen.

Aristoteles band die Legitimität der pädagogischen Praxis als einer regierenden Tätigkeit und die Erlaubtheit regierender Akte daran zurück, daß diese taugliche Mittel zur Erreichung allgemeiner, von jeglicher Willkür freier, teleologisch geordneter und mit der Zweckbestimmung der Polis übereinstimmender Ziele sind. Herbart dagegen vermochte, und hierin liegt die grundsätzliche Differenz der neuzeitlichen Legitimation der Kinderregierung als eines Gewaltverhältnisses, nach dem Verlust teleologischer Ordnungsvorstellungen an der schon von Aristoteles geforderten Unabhängigkeit regierender Maßnahmen von willkürlichen Absichten nur festzuhalten, indem er die pädagogische Legitimität neuzeitlicher Kinderregierung an zwei strenge Bedingungen knüpfte, daran nämlich, als einzigen Zweck denjenigen zu verfolgen, „keinen Zweck im Gemüte des Kindes zu erreichen . . ., sondern . . . nur Ordnung (zu) schaffen", sowie daran, regierende Maßnahmen nur auszuüben, „ehe sich Spuren eines echten Willens beim Kinde zeigen". Als

Begründung fügte Herbart hinzu: „So fordern es die Grundsätze der praktischen Philosophie"[86].

Das im kategorischen Imperativ formulierte Prinzip gegenseitiger Anerkennung der Menschen als Selbstzweck gilt nach Herbart ganz im Sinne von Kants Forderung aus der Pädagogik-Vorlesung, „das Kind, von der ersten Kindheit an, in allen Stücken frei sein" zu lassen, auch für das Verhältnis der Erwachsenen zu den Heranwachsenden. Zwar müssen wir über den kindlichen Willen, sofern dieser vom Kind noch nicht zurückgehalten und beurteilt werden kann, dort Gewalt ausüben, wo das Kind sich selbst oder der Gesellschaft Schaden zufügen würde; aber wir dürfen solche Gewalt gerade nicht im Sinne eines politischen, sondern nur im Sinne eines pädagogischen Machtverhältnisses ausüben. Die „Ordnung", welche regierende Maßnahmen herbeiführen, ist gerade nicht jene Ordnung, die die aristotelische Regierung durch die Gewöhnung der Heranwachsenden an die Sitte anstrebte, sondern stellt nur eine notwendige, nicht aber zureichende Voraussetzung für die beiden anderen Dimensionen pädagogischen Handelns, diejenige der Erziehung durch Unterricht und diejenige des Übergangs der pädagogischen Praxis in die menschliche Gesamtpraxis, dar.

Die zwei Voraussetzungen der Legitimität pädagogischer Gewalt, daß wir, vom Heranwachsenden her gesehen, Gewalt in pädagogischer Absicht nur ausüben dürfen, solange sich im Heranwachsenden noch kein von ihm selbst verantwortlich zu beurteilender „echter" Wille oder Motivationshorizont entwickelt hat und sofern wir, was die Intentionalität unseres Wirkens betrifft, keine Zwecke im Gemüt des Heranwachsenden zu erreichen suchen, begründen die Gewaltdimension pädagogischer Praxis ganz im Sinne der in Kapitel 3. vorgestellten Prinzipien und der im Kapitel 4. entwickelten systematischen Fragestellungen der Pädagogik als Moment einer Erziehung zur Mündigkeit, welche in der Mündigkeit der Heranwachsenden nicht ein spätes Endprodukt ihrer Entwicklung sieht, sondern schon den noch Unmündigen die „Mündigkeit" zuerkennt, an ihren Lernprozessen mitzuwirken. Nur dort, wo Lernende dies noch nicht vermögen und wo wir ihre Bildsamkeit durch zur Selbsttätigkeit auffordernde Akte nicht anerkennen können, ist Gewaltausübung als eine Form pädagogischen Handelns erlaubt, und dies auch nur dann, wenn wir dabei keine positive Veränderung des Motivationshorizontes anstreben, sondern die Heranwachsenden lediglich an uneinsichtigem Handeln hindern. Dieser weder teleologisch, noch willkürlich, sondern einzig negativ bestimmte Zweck dient allein der Vorbereitung der „eigentlichen Erziehung"[87]. Er kann aber deren Vorbereitung nur dienen, wenn er die eigentliche pädagogische Praxis nicht vorwegnimmt.

Die Dimension eines Gewaltverhältnisses darf die Erziehungspraxis nur in Grenzsituationen annehmen, in welchen die anderen Dimensionen pädagogischen Handelns noch nicht oder vorübergehend nicht mehr möglich sind. Grenzsituationen im hier gemeinten Sinne sind solche Situationen, in denen Gewaltausübung über Heranwachsende deshalb gar nicht zu vermeiden ist, weil diese weder durch Unterweisung und Gespräch aufklärbar, noch aufgrund eigener Überlegungen handlungsfähig sind. Hierzu gehören Situationen, in denen wir den Adressaten der pädagogischen Praxis die Freiheit selbstbestimmter Urteile und Entscheidungen nicht zumuten dürfen, weil eine solche Zumutung unmittelbar dazu führen würde, daß entweder wir ihre Existenz gefährdeten oder sie durch unreflektierte Willkürhandlungen anderer Schaden zufügten.

Ihrer allgemeinen Finalität, sich selbst überflüssig zu machen, kann die pädagogische Praxis in der ersten Dimension eines Gewaltverhältnisses nur zu folgen, wenn sie den Willen der Heranwachsenden weder durch Gewalt bricht, noch ihren Motivationshorizont gewaltsam verändert, sondern Übergänge in die beiden anderen Dimensionen pädagogischen Handelns findet und die erziehenden und bildenden Wirkungen nicht auf Gewalt, sondern auf unterrichtliche Aufklärung einerseits und auf die Überführung der pädagogischen Praxis in eine intergenerationelle Ausübung der menschlichen Gesamtpraxis andererseits gründet.

Aristoteles konnte die pädagogische Praxis noch insgesamt als eine regierende Tätigkeit deuten und in die Dimensionen der Gewöhnung und Unterweisung einteilen, weil er die regierende Tätigkeit sowohl bei den Regierenden als auch bei den Regierten als eine von jeglicher individuellen Willkür freie Tätigkeit verstand und die Ziele der menschlichen Gesamtpraxis einer ontologisch und kosmologisch begründeten teleologischen Ordnung entlehnte. Darum, daß seine Einteilung der Menschen in von Natur aus freie, zur politischen und philosophischen Praxis bestimmte Bürger und von Natur aus unfreie, zur Arbeit bestimmte Sklaven gleichwohl eine willkürliche, nicht in der Natur des Menschen, sondern in der gesellschaftlichen Herrschaftsordnung der antiken Polis begründet war, wußte er noch nicht. Erst die neuzeitliche Idee einer allgemeinen Menschenbildung, die alle Mitglieder der Gesellschaft als zur Mitwirkung an der menschlichen Gesamtpraxis fähig erachtet und infolgedessen auf eine teleologische Bestimmung der menschlichen Tätigkeiten verzichtet, kennt das Problem einer weder willkürlich noch teleologisch zu rechtfertigenden Begrenzung individueller Willkür. Dies erklärt die dem Wortlaut nach gegensätzliche Legitimation der pädagogischen Praxis als eines Gewaltverhältnisses bei Aristoteles und Herbart.

Während Aristoteles die Legitimation einer regierenden pädagogischen Praxis daran bindet, daß diese in ihren Dimensionen der Gewöhnung und Unterrichtung teleologisch gerechtfertigte Ziele verfolgt, bindet Herbart vor dem Hintergrund der Legitimationsproblematik neuzeitlicher ,,Kinderregierung" die Rechtfertigung pädagogischer Gewaltausübung gerade daran, daß diese keine Ziele verfolgt, sondern nur an uneinsichtigem Handeln hindert. In der Absicht, pädagogische Gewalt von Willkür frei zu halten, stimmen die antike und die neuzeitliche Antwort auf die Frage nach der Vereinbarkeit von Freiheit und Zwang überein. Darin, daß die Legitimation dieser Absicht in der antiken Antwort teleologisch, in der neuzeitlichen aber gerade nicht-teleologisch begründet wird, unterscheiden sich beide Antworten voneinander. Gewalt über Heranwachsende so auszuüben, daß dabei keine Zwecke im Gemüt der Heranwachsenden verfolgt werden, ist äußerst schwierig. Denn die Möglichkeit eines solchen Gewaltverhältnisses hängt entscheidend davon ab, daß es überhaupt Handlungsmöglichkeiten jenseits einer die Heranwachsenden an die vorgegebene gesellschaftliche Ordnung gewöhnenden *paideía* und jenseits des von Rousseau aufgezeigten Dilemmas gibt, daß wir nach dem Verlust der teleologischen Ordnung der menschlichen Gesamtpraxis die Heranwachsenden entweder fremder Willkür unterwerfen oder die Gesellschaft der Willkür von Kindern ausliefern (vgl. Abschnitt 3.1.2.).

In der bürgerlichen Gesellschaft der Neuzeit müssen nach ihrer bis heute zutreffenden Definition durch Kant und Hegel die einzelnen sich selber Zwecke setzen, andere als Mittel für ihre Zwecke gebrauchen und zugleich sich als Mittel für die Zwecke anderer gebrauchen lassen. Würden wir nun diese bürgerliche Notwendigkeit auf die Heranwachsenden schon von Geburt an auslegen und von Kindern verlangen, teils sich eigene Zwecke zu setzen und andere als Mittel für ihre Zwecke zu gebrauchen, teils Mittel für die Zwecke anderer zu werden, so gerieten wir unweigerlich in jenes Dilemma, das Rousseau als erster auf den Begriff gebracht hat. Kindern von Geburt an die Freiheit zuzugestehen, sich willkürlich Zwecke zu setzen, hieße von ihren Ernährern verlangen, daß sie sich dem Willen von Kindern unterwerfen; und Kinder von Geburt an als Mittel für fremder Willkür entsprungene Zwecke zu gebrauchen, hieße sie fremder Willkür zu unterwerfen.

Dieses Dilemma kannten vorbürgerliche Gesellschaften noch nicht, da in ihnen die Zwecke menschlichen Handelns nicht über Willkür vermittelt, sondern teleologisch begründet waren. In ihnen galten für Erwachsene und Heranwachsende dieselben, individueller Willkür weitgehend entzogenen Zweckbestimmungen. Solange nämlich Kinder von leibeigenen Bauern wieder Bauern, von Handwerkern Handwerker im selben Gewerbe und entsprechend Kinder von Adeligen Adelige wurden, stand die Erziehung der Heranwachsenden unter denselben Zweckbestimmungen, die auch für die Tätigkeiten ihrer Eltern Geltung beanspruchten. Gewalt über Kinder auszuüben, war in vorbürgerlichen Gesellschaften vor allem dann legitim, wenn diese Gewalt teleologisch legitimiert war und darauf zielte, den Kindern von Geburt an die ihnen standesspezifisch zugewiesene Bestimmung zu geben. Individuelle Willkür als Freiheit, eigene Zwecke zu verfolgen und nicht nur andere als Mittel für die eigenen Zwecke zu gebrauchen, sondern auch Mittel für die Zwecke anderer zu werden, führte erst in das pädagogische Dilemma, daß wir entweder uns der Willkür von Kindern oder diese unserer Willkür unterwerfen müssen.

Umfang und Reichweite dieses Dilemmas lassen sich erst erfassen, wenn wir bedenken, daß in der bürgerlichen Gesellschaft, welche die künftige Bestimmung von Kindern nicht mehr von Geburt her festlegt, den Heranwachsenden keineswegs die bürgerliche Freiheit, eigene Zwecke zu verfolgen, von Anfang an zugestanden werden kann. Denn Kinder lassen sich an eine ihnen teleologisch vorgegebene Bestimmung zwar gewöhnen, wenn die sie umgebenden Bezugspersonen im Sinne derselben Bestimmung tätig sind und handeln. An bürgerliche Willkür und Freiheit aber können Kinder nicht einfach gewöhnt werden. Die Freiheit zu bürgerlicher Selbstbestimmung kann durch eine nur gewöhnende Übernahme der Zwecke, die Eltern als bürgerliche Subjekte verfolgen, ebensowenig erlernt werden wie dadurch, daß Heranwachsende von ihren erwachsenen Bezugspersonen als Mittel für deren Zwecke gebraucht werden. Heranwachsende konnten Knecht oder Magd werden, indem sie sich in die Arbeiten ihrer Eltern eingewöhnten, Handwerker, indem sie sich die Kompetenzen der sie umgebenden Erwachsenen aneigneten. Die Subjektivität bürgerlicher Individualität aber konnte auf diese Weise nicht erlernt werden.

Hierum wußte Hegel, wenn er feststellte, es gelte zunächst den kindlichen „Eigenwillen" zu „brechen", um dann im gebrochenen Willen von Kindern einem vernünftigen Willen Geltung zu verschaffen. Unter dem vernünftigen Willen verstand er nicht mehr den Willen der Erzeuger und Ernährer, die an ihre Kindern dieselbe Bestimmung weitergeben, die sie in ihren eigenen Tätigkeiten ausüben, sondern einen gerade nicht auf dem Wege standesspezifischer Gewöhnung und Unterweisung, sondern allererst über den Umweg eines allgemeinen Unterrichts zustandekommenden Willen. Dessen Bildung aber wies er der Schule der bürgerlichen Gesellschaft als Aufgabe zu. Von den Eltern verlangte er, das einzelne Kind „in seiner unmittelbaren Einzelheit . . ., sein Betragen mag gut oder schlecht seyn", zu „lieben" und es dann der Schule zu übergeben, in der „die Unmittelbarkeit des Kindes ihre Geltung (verliert); hier wird dasselbe nur insofern geachtet, als es Werth hat, als es etwas leistet; – hier wird es nicht mehr bloß geliebt, sondern nach allgemeinen Bestimmungen kritisirt und gerichtet, nach festen Regeln durch die Unterrichtsgegenstände gebildet, überhaupt einer allgemeinen Ordnung unterworfen, welche vieles an sich Unschuldige verbietet, weil nicht gestattet werden kann, daß Alle Dies thun. So bildet die Schule den Übergang aus der Familie in die bürgerliche Gesellschaft. Zu dieser hat jedoch der Knabe nur erst ein unbestimmtes Verhältnis"[88].

Mit dieser Legitimation der Brechung des kindlichen Willens brachte Hegel die Gewalt, der Kinder im Übergang von der Ständegesellschaft zur bürgerlichen Gesellschaft ausgesetzt wurden, als sie ihre künftige

Bestimmung nicht mehr in derjenigen ihrer Herkunftsfamilie finden konnten, sondern sich allgemeine bürgerliche Qualifikationen, wie zum Beispiel diejenigen des Lesens, Schreibens und Rechnens, unter Mithilfe körperlicher Züchtigung aneignen mußten, auf den Begriff. Die von Hegel beschriebene historische Veränderung, daß Eltern in der bürgerlichen Gesellschaft die künftige Bestimmung ihrer Kinder nicht mehr geburtsständisch vorwegnehmen können, sondern ihre Kinder gleichsam um ihrer selbst willen lieben müssen, derweil eine neue Institution, die Schule der bürgerlichen Gesellschaft, die Kinder darauf vorbereitet, sich selber Zwecke zu setzen, andere als Mittel für ihre Zwecke zu gebrauchen und selber als Mittel für anderer Zwecke brauchbar zu werden, vermochte freilich das von Rousseau beschriebene Dilemma, daß die pädagogische Praxis nach dem Verlust teleologischer Ordnungsvorstellungen der Willkür preisgegeben wird, nicht aufzuheben. Hegels Vermittlung von Liebe und Zwang verlagerte dieses Problem nur auf eine sogenannte ,,höhere'' Ebene.

Die Maxime, über den Willen von Kindern keine deren künftige Bestimmung vorwegnehmende Gewalt auszuüben, konnte allererst im Kontext der Entstehung der bürgerlichen Gesellschaft als allgemeine Maxime formuliert werden. Und doch hat keine Gesellschaft soviel Gewalt speziell über den Willen von Kindern ausgeübt wie die bürgerliche Gesellschaft. Denn in ihr wird Kindern vieles, was ihnen später erlaubt oder verboten ist, zuvor verboten oder erlaubt. Eltern sollen in der bürgerlichen Gesellschaft ihre Kinder nicht im Hinblick auf deren Gewöhnung an die von den Eltern ausgeübten Tätigkeiten, sondern um ihrer selbst willen lieben; diese sollen ihre künftige Bestimmung vermittelt über ein allgemein-bildendes und allgemein-machendes Schulwesen finden und hernach wiederum fähig sein, ihre eigenen Kinder um deren selbst willen zu lieben. Kinder sollen in der bürgerlichen Gesellschaft ihren Willen, eine bestimmte Tätigkeit auszuüben, die sie interessiert, weil sie in ihr unmittelbar konkrete Erfahrungen sammeln, unterdrücken lernen, um allgemeine Qualifikationen zu erwerben, und hernach dann doch eine bestimmte Tätigkeit ausüben, die ihnen nun jedoch nicht ihr Herkunftsstand, sondern die auf konkurrierenden Leistungen einzelner und der Willkür aller beruhende bürgerliche Gesellschaft zuweist.

Hegels Einsicht, daß Eltern in der bürgerlichen Gesellschaft ihre Kinder um ihrer selbst willen lieben sollen und daß der kindliche Wille gebrochen werden müsse, damit diese die innerhalb der bürgerlichen Gesellschaft notwendigen Qualifikationen erwerben können, gehören untrennbar zusammen. Wo Kinder vorrangig ihrer künftigen, durch die Tätigkeiten der Eltern von Geburt an feststehenden Bestimmung wegen geschätzt werden, können sie sich allgemeine Qualifikationen, die ihre künftige Bestimmung offen halten, nicht aneignen; nur dann, wenn Kinder, bevor sie zur Aneignung allgemeiner Qualifikationen gezwungen werden, um ihrer selbst willen geliebt worden sind, können sie sich hernach allgemein qualifizieren und nach dem Durchgang durch die Institutionen der bürgerlichen Gesellschaft als Eltern einer bürgerlichen Familie ihre eigenen Kinder zweckfrei lieben und sie anschließend der Institution Schule übergeben, damit diese sie für allgemeine Zwecke brauchbar mache.

Angesichts dieser Ambivalenz von Liebe und Zwang, mit der Hegel historisch-gesellschaftliche Erfahrungen seiner Zeit und die Zerrissenheit neuzeitlicher Subjektivität auf einen Begriff zu bringen suchte, gewinnt nun Herbarts Bestimmung der Aufgaben und Möglichkeiten einer pädagogisch legitimen Kinderregierung allererst ihre über Hegel hinausweisende handlungstheoretische und -kritische Qualität. Denn nach Herbart ist nur solche Gewalt pädagogisch erlaubt, die an uneinsichtigem Handeln hindert und gerade keine Zwecke im Gemüt des Kindes zu erreichen sucht, sondern dort immer schon ihr Ende findet, wo sich erste Spuren eines vom Kind selbst artikulierten und beurteilten Willens zeigen. Indem Herbart die Erlaubtheit einer pädagogischen Gewaltanwendung an solch strenge Maßstäbe band, wandte er sich gegen Hegels Rechtfertigung einer bürgerlichen Strafpraxis, die einerseits den Willen von Kindern bricht und Gehorsam erpreßt, andererseits aber unter dem Gebot steht, Kinder seien um ihrer selbst willen zu lieben. Zugleich wandte sich Herbart gegen Hegels Legitimation schulischen Unterrichts, Kinder einer allgemeinen Ordnung zu unterwerfen und durch solche Unterwerfung auf den Übergang von der Familie in die bürgerliche Gesellschaft vorzubereiten. Hegels Rechtfertigung einer Brechung und Vernichtung des kindlichen Willens korrespondiert bei Herbart die entgegengesetzte Forderung, es sei mit den Grundsätzen der praktischen Philosophie unvereinbar, den Willen von Kindern gewaltsam zu ändern.

Herbarts Legitimation pädagogischer Gewaltausübung ist fundiert in den konstitutiven Prinzipien pädagogischen Denkens und Handelns, im Prinzip der Bildsamkeit und im Prinzip der Aufforderung zur Selbsttätigkeit. Da wir im pädagogischen Handeln die Bildsamkeit der Heranwachsenden mißachten, wenn wir ihre Bestimmung durch Gewalt festzulegen oder offenzuhalten versuchen, und da wir unter Einsatz von Gewalt nicht zur Selbsttätigkeit, sondern zur Unterwerfung des kindlichen Willens unter einen blinden Gehorsam auffordern, ist Gewaltausübung pädagogisch nur dann und nur solange erlaubt, wie wir in den beiden anderen Dimensionen pädagogischen Handelns, derjenigen eines erziehenden Unterrichts und derjenigen des Übergangs ins gesellschaftliche Leben, nicht tätig werden können.

Die Intentionalität pädagogischer Gewalt, gerade keine positive Bestimmung und Wirkung im kindlichen Willen hervorzurufen, sondern nur an uneinsichtigem Handeln zu hindern, kommt freilich erst dort zum Zuge, wo nicht nur die pädagogisch Wirkenden auf positive Gewalt verzichten, sondern die Heranwachsenden Gewaltmaßnahmen, welche sie am Handeln hindern, auch als Maßnahmen, die keine positiven Zwecke verfolgen, begreifen und verstehen. Erst aus der Gewißheit der Heranwachsenden, daß ihre gewaltsame Hinderung am Handeln ausdrücklich keine positiven Zwecke verfolgt, bezieht die Anwendung von Gewalt ihre pädagogische Legitimation. Die Rechtfertigung von Gewalt kann also nie gewaltsam erfolgen, vielmehr muß in die Ausübung pädagogischer Gewalt ein diskursives Moment eingehen, das die Strenge der Gewalt zwar im Einzelfall nicht mildert und auch nicht etwa die Ausübung von Gewalt zur Diskussion stellt, wohl aber deutlich macht, daß nur eine einzelne, bestimmte Handlung gewaltsam unterdrückt oder verhindert wird und daß die sonstige Kommunikation mit dem Kind hierdurch keinerlei Einschränkung oder Schaden erfährt.

Dies weist darauf hin, daß wir entgegen Hegels Votum, das die immanente Stimmigkeit der aristotelischen *paideía* unter neuzeitlichen Bedingungen nicht wiederherzustellen vermag, mit pädagogisch zu legitimierenden Gründen Kinder unter Verwendung von Gewalt nicht regierend bestrafen dürfen. Denn im Sinne der strengen Kriterien für eine legitime Kinderregierung sind Strafen innerhalb der ersten Dimension pädagogischen Handelns gar nicht erlaubt. Einem Kind, das beispielsweise mit einem Hammer sich selbst oder eine andere Person in Gefahr bringt oder eine Sache zu beschädigen droht, müssen wir den Hammer aus der Hand nehmen, um eine bestimmte, für es oder andere gefährliche Handlung zu verhindern. Verletzt es nämlich sich oder andere, so ist es unser Versäumnis, die notwendige Entscheidung nicht rechtzeitig getroffen zu haben. Wer aber nach entstandenem Schaden mehr tut, als das Versäumte nachzuholen, und etwa dem Kind einen Teil der Spielsachen wegnimmt, um es zu bestrafen, der versucht vielleicht den kindlichen Willen zu brechen und blinden Gehorsam zu erpressen, aber pädagogisch legitim ist eine solche Gewaltausübung nicht. Denn die Sicherstellung des Hammers dient in dem Beispiel der Verhinderung einer bestimmten Handlung, die Wegnahme anderer Gegenstände dagegen verfolgt einen Zweck im Gemüt des Kindes. So gesehen besteht also die Kunst pädagogisch legitimer Gewaltausübung darin, Kindern zum Beispiel einen Hammer so wegzunehmen, daß sie dadurch nur an uneinsichtigem Handeln gehindert werden. Dies aber kann letztlich nur gelingen, wenn hierbei dem ,,regierten" Kind bewußt ist, daß es gleichwohl zu einem späteren Zeitpunkt andere Erfahrungen im Umgang mit einem Hammer wird machen dürfen und daß ihm die hierfür notwendige Hilfe nicht verwehrt wird.

Pädagogisch legitime Gewalt folgt der Finalität pädagogischen Handelns, sich selbst überflüssig zu machen, nur dann, wenn die Gewalt, nachdem sie ausgeübt worden ist, auch sogleich wieder verschwindet und die pädagogische Interaktion in die beiden anderen Dimensionen pädagogischen Handelns und vermittelt über diese in Formen menschlichen

Handelns übergeht, welche nicht mehr pädagogische Praxis sind, sondern zwischenmenschliches Handeln im Horizont einer gemeinsamen Sitte.

Die Antizipation ihres eigenen Endes wird damit aber zu einem unverzichtbaren Moment pädagogisch legitimer Gewaltausübung. Orientierungen dafür, wie solche Antizipationen gelingen können, stellen die beiden regulativen Prinzipien pädagogischen Denkens und Handelns bereit. Situationen, in denen pädagogische Gewalt nicht verschwinden kann, sondern dauerhaft ausgeübt werden muß, zeichnen sich dadurch aus, daß in ihnen gesellschaftliche Einwirkungen die Handlungsmöglichkeiten legitimen pädagogischen Handelns unzulässig begrenzen. Solche gesellschaftlichen Einwirkungen müssen in pädagogische transformiert werden. Wer also zum Beispiel seine Wohnung so eingerichtet hat, daß in ihr Kinder durch ihr Handeln sich und die Einrichtung in Gefahr bringen, der wird die Grundnorm pädagogisch legitimer Gewalt, keine Zwecke im Gemüt des Kindes zu verfolgen, nur anerkennen können, wenn er die Wohnungseinrichtung ändert. Dies aber setzt voraus, daß zwischen den pädagogischen und den anderen zwischenmenschlichen Handlungen ein nicht-hierarchisches Verhältnis angestrebt wird, so daß weder die Ausübung von Gewalt über Kinder als ein permanentes Mittel notwendig ist, um Gegenstände vor der Beschädigung durch Kinder zu schützen, noch die gesamte Einrichtung einzig darauf abgestimmt wird, daß in ihr alles für Kinder zugänglich und erreichbar ist.

Die Legitimität pädagogischer Gewaltausübung hängt letztlich nicht allein davon ab, daß in ihr keine positiven Zwecke im Motivationshorizont von Kindern angestrebt und diese nur am Handeln gehindert werden, sie verweist darüber hinaus auf das Problem einer vernünftigen Abgrenzung der Bedürfnisse von Kindern und Erwachsenen. Diese Abgrenzung kann nicht von Kindern stellvertretend für Erwachsene vorgenommen werden. Vielmehr müssen Kinder von früh an die Erfahrung machen, daß die Erwachsenen selber ihre Bedürfnisse untereinander abstimmen und gegenüber Kindern abgrenzen. Diese Aufgabe wird verfehlt, wenn Erwachsene in antiautoritärer Einstellung die Bedürfnisse ihrer Kinder zu ihren einzig legitimen eigenen Bedürfnissen erheben oder in autoritärer Einstellung ihre eigenen Bedürfnisse zu solchen ihrer Kinder zu machen versuchen. Die vorbürgerlichen Gesellschaften, in denen die Bestimmung von Eltern und Kindern teleologisch festgelegt war, kannten solche Probleme noch nicht im neuzeitlichen Sinne. Erst in der bürgerlichen Gesellschaft entwickeln Kinder eigene Bedürfnisse, die sich von denjenigen der Erwachsenen unterscheiden, und müssen Erwachsene ihre Bedürfnisse von denjenigen von Kindern unterscheiden. Darum läßt sich die Notwendigkeit, pädagogisch legitime Gewalt auszuüben, auch nicht, wie Hegel, Aristoteles nacheifernd, meinte, in einer neuen Sitte aufheben. An die Stelle vorbürgerlicher Sitten, in denen Erwachsene und Kinder weitgehend denselben Zwängen unterworfen waren, kann eine in der Sitte festgelegte Bedürfnisabgrenzung von Kindern und Erwachsenen deshalb nicht treten, weil heute nicht nur die Abgrenzung von Bedürfnissen vollzogen, sondern zugleich das Abgrenzen von Bedürfnissen erlernt werden muß. Die aufgegebene Sitte gegenseitiger Anerkennung von Kindern und Erwachsenen muß gleichsam in der Sitte von Generation zu Generation neu entstehen.

5.1.3. Voraussetzungen der pädagogischen Praxis als eines sich selbst negierenden Gewaltverhältnisses

Die Form eines Gewaltverhältnisses nimmt die pädagogische Praxis nicht nur zuweilen in der Familienerziehung, sondern auch in professionellen Handlungsfeldern, angefangen von der Tätigkeit von Erziehern im Kindergarten, Lehrern in Schulen, Sozialpädagogen in Heimen bis hin zur Tätigkeit von Gefängnispädagogen im Strafvollzug, an. Wäre es um die menschliche Gesamtpraxis insgesamt und die pädagogische im besonderen besser bestellt und würden die Voraussetzungen für ihr Gelingen auch von seiten der sittlichen, ökonomischen und politischen Praxis gesichert, so könnte sich die erste Dimension pädagogischen Handelns vielleicht tatsächlich, wie Herbart dies forderte, auf diejenige einer Regierung von Kindern beschränken. Aber auch für Tätigkeiten, in denen Pädagogen über Heranwachsende in einem fortgeschritteneren Lebensalter oder sogar über Erwachsene Gewalt ausüben, gilt ein und dieselbe Grundnorm pädagogisch legitimer Gewaltausübung, daß diese nämlich nur am Handeln hindern und keine Zwecke im Motivationshorizont der von der Anwendung pädagogischer Gewalt Betroffenen verfolgen darf.

Mit pädagogischen Gründen läßt sich zum Beispiel der Strafvollzug nicht allein dadurch legitimieren, daß in ihm Straftäter einer gerechten Strafe zugeführt werden. Mit pädagogischen Gründen läßt sich die gewaltsame Unterbringung von Straftätern in geschlossenen Anstalten nur dann legitimieren, wenn die Gewalt, die hierbei über Straftäter ausgeübt wird, keine positiven Zwecke verfolgt, sondern diese nur an der Begehung weiterer Straftaten hindert. Der positive Zweck des Strafvollzugs, die Wiedergutmachung des Täters und, sofern dies möglich ist, die Wiedergutmachung des durch die Straftat entstandenen Schadens, kann durch Gewaltmaßnahmen ohnedies nicht gefördert werden. Gewaltmaßnahmen vermögen ihren negativen Beitrag zur Erreichung dieses positiven Zwecks nur zu leisten, wenn sie sich in den Grenzen ihrer pädagogischen Legitimation bewegen. Dies aber ist nur dann der Fall, wenn während des Vollzugs der Strafe das Ende der Strafpraxis dadurch vorbereitet wird, daß sich bereits im Strafvollzug die Gewaltdimension in die beiden anderen Dimensionen pädagogischen Handelns, in diejenige einer bildenden Aufklärung durch Unterricht und in diejenige einer Anleitung zur vernünftigen Mitwirkung an der menschlichen Gesamtpraxis, aufheben kann. Wo dagegen im Strafvollzug die negative Funktion der Gewalt zur positiven erhoben und deren Überführung in die beiden anderen Dimensionen pädagogischen Handelns vernachlässigt wird, da entsteht die Gefahr, daß die Gewaltausübung über rechtmäßig Verurteilte nur neue Gewalt provoziert, daß sich die Straftäter gegenseitig „unterrichten" und ihren Wiedereintritt in die Gesellschaft dadurch vorbereiten, daß sie sich geschickter zur Begehung neuer Straftaten machen. Schon Herbart bemerkte hierzu: „Die Strafen ... dürfen die Menschen nicht schlechter machen, als sie waren ... wie in Gefängnissen, wo ein Verbrecher den anderen unterrichtet"[89].

Ob pädagogische Praxis in ihrer Dimension eines Gewaltverhältnisses auf die Möglichkeiten und Grenzen pädagogisch legitimer Gewaltausübung beschränkt sein und sich durch den Übergang in die beiden anderen Dimensionen negieren und als Gewaltausübung aufheben kann, hängt nicht nur von der Beachtung der Grenzen pädagogisch legitimer Gewalt ab, sondern ebenso davon, ob pädagogische Praxis in den beiden anderen Dimensionen real möglich ist. Ist es um die Erziehung durch Unterricht und den Übergang der Heranwachsenden ins selbständige Handeln schlecht bestellt, weil den Adressaten pädagogischen Handelns entweder gar kein Unterricht oder nur ein solcher Unterricht erteilt wird, der nicht bildend wirkt, und entlastet sich die Gesamtgesellschaft durch die Ausgrenzung der pädagogischen Praxis in besondere Institutionen wie Heime, Schulen, Gefängnisse und andere mehr davon, Vorsorge für die Mitwirkung der pädagogischer Unterstützung und Förderung Bedürftigen am menschlichen Handeln zu treffen, so reicht der gute Wille der professionell und nicht-professionell pädagogisch Handelnden alleine nicht mehr aus, um die gebotenen Grenzen pädagogisch legitimer Gewaltausübung zu beachten. Dies aber verweist darauf, daß pädagogisches Handeln real als ein sich in die beiden anderen Dimensionen aufhebendes Gewaltverhältnis nur möglich ist, wenn die Postulate methodischer, thematischer und institutioneller Offenheit (vgl. die Abschnitte 4.1.3., 4.2.3. und 4.3.3) beachtet werden.

Methodisch offen im wohlverstandenen Sinne ist Gewalt nur dann, wenn sie den Willen und das Handeln der Betroffenen weder formiert noch unterdrückt, sondern diese in einer Weise am Handeln hindert, daß sie freigesetzt werden zur Mitwirkung an Lernprozessen in den beiden anderen Dimensionen pädagogischen Handelns. Thematisch offen ist Gewalt nur dann, wenn sie keine positiven Ziele und Zwecke verfolgt, sondern negativ in dem Sinne bestimmt ist, daß sie die positive Verständigung über das jeweils zu Lernende und durch pädagogische Unterstützung zu Bewirkende gerade nicht gewaltsam, sondern vermittelt über erziehenden Unterricht und die Befähigung der Heranwachsenden zum Eintritt ins gesellschaftliche Leben herbeiführt. Institutionell offen schließlich kann pädagogische Gewaltanwendung nur dann sein, wenn sie von Personen und Berufsgruppen ausgeübt wird, die zugleich auch in den anderen Dimensionen pädagogischen Handelns tätig sind oder tätig werden können. Die Verantwortung darüber nämlich, wann und wo pädagogisches Handeln als Gewaltverhältnis zu beenden ist, muß von demjenigen, der diese Gewalt ausübt, selbst getragen werden können. Man kann zwar in den anderen Dimensionen der pädagogischen Praxis tätig sein, ohne Gewalt auszuüben, man kann und darf aber in der Gewaltdimension nur tätig sein, wenn man jederzeit die Möglichkeit hat, diese in die anderen Dimensionen zu überführen.

Im Sinne der Bedingungen, unter denen Erziehung als Gewaltverhältnis erlaubt ist, kann und darf die erste Dimension der pädagogischen Praxis nur eine Grenzsituation sein. Sie verdankt ihre Legitimation nicht sich selbst, sondern allererst der im Grenzfall durch sie vermittelten Möglichkeit, daß die pädagogische Praxis in den beiden anderen, ihren „eigentlichen" Dimensionen, derjenigen des erziehenden Unterrichts und derjenigen der Einführung der pädagogischer Unterstützung Bedürftigen in die menschliche Gesamtpraxis, wirksam werden kann. Die Voraussetzungen, unter denen pädagogische Praxis in ihrer ersten Dimension als ein sich selbst negierendes Gewaltverhältnisses erlaubt ist, sind somit nicht Voraussetzungen einer bloßen Gewaltausübung allein, sondern zugleich Voraussetzungen, die auf die reale Möglichkeit der beiden anderen Dimensionen pädagogischen Handelns verweisen.

5.2. Pädagogische Praxis als Erziehung durch Unterricht

Beim Wort „Unterricht" denken nicht nur Pädagogen in der Regel an Schulunterricht. Unterricht in einem weiter gefaßten Sinne beginnt jedoch viel früher als schulischer Unterricht und ist viel allgemeiner als dieser[90]. Zu ihm gehört neben dem schulisch erteilten Unterricht all das, was wir umgangssprachlich meinen, wenn wir uns oder andere über etwas unterrichten. Unterricht in diesem weiten Sinne findet statt, wenn Menschen, ohne einander lediglich Anweisungen zu erteilen oder solche entgegenzunehmen, miteinander sprechen, ein Buch lesen oder eine informierende oder unterhaltende Fernsehsendung anschauen. Dies alles geschieht auch im schulischen Unterricht oder kann zumindest in ihm geschehen. Dieser ist Unterricht, aber nicht jeder Unterricht ist schulischer Unterricht.

Für die Klärung der Frage, was eigentlich Erziehung durch Unterricht heißt, ist eine weitere Unterscheidung zu treffen. Alle pädagogische Praxis in ihrer zweiten, unterrichtlichen Dimension fällt unter das, was hier zunächst ganz allgemein als Unterricht oder sich und andere unterrichten bezeichnet wurde. Aber nicht jeder Unterricht ist Unterricht im Sinne der zweiten Dimension pädagogischen Handelns. Wer sich über Börsenkurse unterrichtet, um seine Geldanlagen zu überprüfen, oder bei der Bahn nach den Abfahrtszeiten von Zügen fragt, der unterrichtet sich zweifellos und läßt sich auch unterrichten, aber er tritt nicht in eine pädagogische Interaktion ein. Wenn dagegen jemand lernt, wie man Börsenkurse interpretieren kann und eine Reiseroute nach Reiseabsicht, -ziel und Verkehrsverbindungen festlegt, dann handelt es sich um einen Unterricht, der in die zweite Dimension pädagogischen Handelns fällt.

Beide Unterscheidungen zusammengenommen besagen, daß schulischer Unterricht keineswegs die einzige Form von Unterricht ist und daß nicht jeder Unterricht in die zweite Dimension pädagogischen Handelns fällt. Diese aber ist keineswegs auf schulischen Unterricht zu begrenzen, sondern weiter zu fassen. Eine dritte noch zu beachtende Unterscheidung leitet unmittelbar zu den problemgeschichtlichen Fragen eines erziehenden Unterrichts über, die im folgenden behandelt werden. Es ist dies die Unterscheidung zwischen einem im Horizont menschlicher Welterfahrung und zwischenmenschlichen Umgangs sich vollziehenden Lehren und Lernen und einem Lehren und Lernen, das nicht einfaches Erfahrungs- und Umgangslernen ist, sondern gerade auf die Erweiterung des Erfahrungs- und Umgangslernens zielt. In dem einen Fall ist die pädagogische Praxis in ihrer zweiten Dimension – durchaus den Situationen vergleichbar, in denen die Gewaltausübung Erwachsener über Heranwachsende unmittelbar eingebettet ist in allgemeine Gewaltzusammenhänge – integriertes Moment anderer gesellschaftlicher Tätigkeiten, zum Beispiel der Arbeit, der Sitte, der politischen Beratung oder der Ausübung einer Religion. In dem anderen Fall jedoch, in dem Unterricht nicht unmittelbar als Welterfahrung und im zwischenmenschlichen Umgang sich vollzieht, sondern gerade eine Erweiterung von Erfahrung und Umgang intendiert, grenzt sich die pädagogische Praxis als eine besondere Tätigkeit gegenüber anderen Tätigkeiten ab.

Während nun das Erfahrungs- und Umgangslernen immer schon der Finalität der pädagogischen Praxis, ihr eigenes Ende herbeizuführen, folgt, kommt es dort, wo Unterricht in einer ausgegrenzten Form erteilt wird, darauf an, daß er sein eigenes Ende planvoll und gezielt herbeiführt. Das Ende des Unterrichts aber ist der Übergang ins Leben und Handeln. Diesen begründet herbeizuführen, ist Aufgabe der dritten Dimension pädagogischen Handelns, derjenigen des Übergangs von pädagogischen Situationen in Situationen gesellschaftlichen und intergenerationellen Handelns.

Die Unterscheidung zwischen einem in Erfahrung und Umgang eingebundenen und einem diese transzendierenden Unterricht hat nicht nur Folgen für die Bestimmung des Endes der pädagogischen Praxis; vielmehr kommt ein weiteres Problem hinzu. Dort, wo Lehr-Lern-

Prozesse in der alltäglichen Erfahrung und im zwischenmenschlichen Umgang stattfinden, wird nie bloß eine bestimmte Erkenntnis, sondern immer auch ein bestimmter Umgang mit der jeweiligen Erkenntnis erlernt. Wer beispielsweise im Erfahrungs- und Umgangslernen lernt, wie man sich die Zähne putzt, der erlernt dabei immer auch das richtige Zähneputzen. Der Übergang in die dritte Dimension pädagogischen Handelns findet hier dadurch statt, daß die Aufsicht der Erwachsenen allmählich verschwindet und der Heranwachsende die Verantwortung für die Zahnpflege selber übernimmt. Anderen beizubringen, wie man sich die Zähne richtig putzt, können im Erfahrungs- und Umgangslernen nur diejenigen, die sich selber die Zähne richtig zu putzen wissen. Anders verhält es sich dort, wo unterrichtliche Lehr-Lern-Prozesse nicht im unmittelbaren Erfahrungs- und Umgangslernen stattfinden, sondern auf eine Erweiterung von Erfahrung und Umgang ausgerichtet sind. Während nämlich im Erfahrungs- und Umgangslernen die Unterrichtung der Gewöhnung folgt und die Heranwachsenden sich erst daran gewöhnen, die Zähne zu putzen, und hernach vielleicht noch zusätzlich lernen, welche guten Gründe es hierfür angesichts bestimmter Ernährungsgewohnheiten gibt, geht bei der unterrichtlichen Erweiterung von Erfahrung und Umgang die gute Gewöhnung dem Unterricht nicht einfach voraus, sondern folgt sie vorausgegangenem Unterricht. Wer in einer Gesellschaft, deren Mitglieder häufig an Zahnkrankheiten leiden, über die richtige Zahnpflege aufgeklärt wird, der lernt durch solche Aufklärung keineswegs schon das richtige Zähneputzen, sondern muß dieses im Anschluß an die ihm durch Unterrichtung erteilte Aufklärung – womöglich durch eine Veränderung seiner bisherigen Gewohnheiten – noch eigens einüben.

Die Einheit von unterrichtlicher Unterweisung und Einübung in den richtigen Vollzug des Gelernten, welche im Erfahrungs- und Umgangslernen gegeben ist, trifft auf einen Unterricht, der Erfahrung und Umgang durch Aufklärung erweitern soll, nicht zu. Dies zeigt sich auch daran, daß, bezogen auf unser Beispiel, im Unterschied zum einfachen Erfahrungs- und Umgangslernen die unterrichtliche Erweiterung von Erfahrung und Umgang sehr wohl von jemandem geleitet werden kann, der seine eigenen Zähne nicht pflegt. Aber auch dort, wo Hygieneunterricht von jemandem erteilt wird, der im Alltag nach seinen eigenen Kenntnissen handelt, muß im Unterricht die Vermittlung von Wissen um etwas und verantwortlichem Handeln eigens thematisiert werden und ist der Übergang in eigenverantwortliches Handeln mit zusätzlichen, im Erfahrungs- und Umgangslernen so nicht vorhandenen Problemen verbunden.

Daß Unterricht erzieht, ist im alltäglichen Lernen durch den Zusammenhang von Lernen und Handeln weitgehend gesichert. Solche Sicherheit aber ist in einer unterrichtlichen Erweiterung von Erfahrung und Umgang nicht gegeben. Die Frage, was unter einem erziehenden Unterricht zu verstehen ist, der der Finalität pädagogischen Handelns, sich selber überflüssig zu machen, folgt, stellt sich daher dort, wo unterrichtliche Lehr-Lern-Prozesse aus dem Zusammenleben der Menschen ausgegrenzt werden, in besonderer Weise. Einen zusätzlichen Akzent gewinnt diese Frage, wenn wir sie auf das Erlernen der Wissenschaften beziehen. Was unter Erziehung durch Unterricht zu verstehen ist, wird darum im folgenden in drei Schritten entwickelt. Zunächst werden problemgeschichtliche Hinweise zur Vermittlung von Erziehung und Unterricht im erziehenden Unterricht entwickelt. Dann werden Fragen eines bildenden wissenschaftlichen Unterrichts vorgestellt und schließlich wird die Vermittlungsproblematik von theoretischer und praktischer Urteilskompetenz erörtert, welche zugleich zur dritten Dimension pädagogischen Handelns, derjenigen des Übergangs in die menschliche Gesamtpraxis, überleitet.

5.2.1. Problemgeschichtliche Hinweise zur Vermittlung von Erziehung und Unterricht im erziehenden Unterricht

Der Begriff „erziehender Unterricht" wird im folgenden synonym mit dem Begriff eines Unterrichts, der bildet, gebraucht, denn wie die anderen Dimensionen pädagogischen Handelns läßt sich auch diejenige des Unterrichts weder nur erziehungs- noch nur bildungstheoretisch fassen, sondern nur im Hinblick auf alle drei systematischen Fragestellungen der Pädagogik (vgl. Kapitel 4.) adäquat bestimmen. Die pädagogische Vermittlungsaufgabe erziehenden Unterrichts zielt auf eine Erweiterung der alltäglichen Erfahrung zu einer im Durchgang durch die Wissenschaften aufgeklärten Erfahrung und auf eine Erweiterung des alltäglichen zwischenmenschlichen Umgangs zu einem wissenschaftlich aufgeklärten Verständnis der menschlichen Praxis. Sie führt dann zu der Frage hin, wie die Einheit des Erfahrungs- und Umgangslernens, in welchem alles, was erlernt wird, zugleich in seiner Bedeutung für das menschliche Handeln angeeignet wird, wenn sich diese schon nicht auf einer höheren Stufe einfach wiederherstellen läßt, als Problem und Aufgabe tradiert werden kann. Was hierunter zu verstehen ist, läßt sich wiederum durch einen problemgeschichtlichen Vergleich verdeutlichen, nämlich durch den Vergleich der aristotelischen und der neuzeitlichen Konzeption eines erziehenden Unterrichts.

Nicht durch Zwang, ideologische Rede oder Indoktrination, sondern durch Unterricht zu erziehen und zu wirken, war schon für Aristoteles das einzig zulässige Fundament für das Ethos des Lehrers. Zwar faßte Aristoteles die unterrichtliche Tätigkeit neben der gewöhnenden als eine regierende Tätigkeit. Aber die regierende Gewalt, die der Lehrer im Unterricht ausübt, kommt diesem nicht aufgrund eines willentlichen oder willkürlichen Herrschaftsverhältnisses über seine Schüler, sondern aufgrund seines Wissens und der Tatsache zu, daß die Schüler nach Wissen streben. Hierzu führt Aristoteles zu Beginn seiner Metaphysik aus:

„Alle Menschen streben von Natur nach Wissen; dies beweist die Freude an den Sinneswahrnehmungen, denn diese erfreuen an sich, auch abgesehen von dem Nutzen, und vor allen andern die Wahrnehmungen mittels der Augen. Denn nicht nur zu praktischen Zwecken, sondern auch wenn wir keine Handlung beabsichtigen, ziehen wir das Sehen so gut wie allem andern vor, und dies deshalb, weil dieser Sinn uns am meisten Erkenntnis gibt und viele Unterschiede offenbart. Von Natur nun haben die Tiere sinnliche Wahrnehmung, aus der sinnlichen Wahrnehmung entsteht bei einigen Erinnerung . . ., das Geschlecht der Menschen dagegen lebt auch in Kunst und Überlegung. Aus der Erinnerung nämlich entsteht für die Menschen Erfahrung, denn die Vielheit der Erinnerungen an denselben Gegenstand erlangt die Bedeutung einer einzigen Erfahrung, und es scheint die Erfahrung beinahe der Wissenschaft und der Kunst sich anzunähern. Wissenschaft aber und Kunst gehen für die Menschen aus der Erfahrung hervor . . . . Die Kunst entsteht dann, wenn sich aus vielen durch die Erfahrung gegebenen Gedanken eine allgemeine Annahme über das Ähnliche bildet. Denn die Annahme, daß dem Kallias, indem er an dieser bestimmten Krankheit litt, dieses bestimmte Heilmittel half, und ebenso dem Sokrates und so vielen einzelnen, ist eine Sache der Erfahrung; daß es dagegen . . . allen, die an dieser Krankheit litten, zuträglich war, . . . diese Annahme gehört der Kunst an. Zum Zweck des Handelns steht die Erfahrung der Kunst an Wert nicht nach, vielmehr sehen wir, daß die Erfahrenen mehr das Richtige treffen als diejenigen, die ohne Erfahrung nur den allgemeinen Begriff besitzen. Die Ursache davon liegt darin, daß die Erfahrung Erkenntnis des Einzelnen ist, die Kunst des Allgemeinen, alles Handeln und Geschehen aber am Einzelnen vorgeht. Denn nicht einen Menschen überhaupt heilt der Arzt, . . . sondern den Kallias oder den Sokrates oder irgendeinen anderen Einzelnen . . . Wenn nun jemand den Begriff besitzt ohne Erfahrung und das Allgemeine weiß, das darin enthaltene Einzelne aber nicht kennt, so wird er das rechte Heilverfahren oft verfehlen; denn Gegenstand des Heilens ist vielmehr das Einzelne. Dennoch aber schreiben wir Wissen und Verstehen mehr der Kunst zu als der Erfahrung und sehen die Künstler für weiser an als die Erfahrenen, indem Weisheit einem jeden vielmehr nach dem Maßstabe des Wissens zuzuschreiben sei. Und dies deshalb, weil die einen die Ursache kennen, die anderen nicht. Denn die Erfahrenen kennen nur das Daß, aber nicht das Warum; jene aber kennen das Warum und die Ursache. Deshalb stehen auch die leitenden Künstler in jedem einzelnen Gebiete bei uns in höherer Achtung, und wir meinen, daß sie mehr wissen und weiser sind als die Handwerker, weil sie die Ursache dessen, was hervorgebracht wird, wissen, während die Handwerker manchen leblosen Dingen gleichen, welche zwar etwas hervorbringen, (wie) z.B. das Feuer Wärme, aber ohne das zu wissen, was es hervorbringt; wie jene leblosen Dinge nach einem natürlichen Vermögen das hervorbringen, so sie hervorbringen, so die Handwerker durch Gewöhnung. Nicht nach der größeren Geschicklichkeit zum Handeln schätzen wir dabei die Weisheit ab, sondern darum bezeichnen wir die leitenden Künstler als weiser, weil sie im Besitz des Begriffes sind und die Ursachen kennen. Überhaupt ist es ein Zeichen des Wissens, daß man den Gegenstand lehren kann, und darum sehen wir die Kunst mehr für Wissenschaft an als die Erfahrung; denn die Künstler können lehren; die Erfahrenen aber nicht."[92]

In dieser Stelle aus der Metaphysik des Aristoteles ist das ältere Modell der Erziehung durch Unterricht sowohl in seiner gesellschaftlich-politischen als auch in seiner erkenntnistheoretisch-ontologischen Dimension auf klare Begriffe gebracht und in einer Dialektik von Allgemeinem und Einzelnem begründet, in welcher die einzelne Erfahrung dem Wissen um das Allgemeine zeitlich vorausgeht, das Allgemeine aber sowohl der Erfahrung als auch dem Wissen zugrunde liegt.

Diejenigen menschlichen Wesen, die zur Erfahrung, aber nicht zum Wissen um das Allgemeine fähig sind, stehen gleichsam zwischen den lernfähigen Tieren, die Einzelnes erinnern, und den vernunftbegabten Menschen, die die Gründe dafür einsehen können, warum Erfahrungen gelingen. Darum üben die Wissenden über die nur Erfahrenen eine regierende Tätigkeit aus, wie sie freien Bürgern gegenüber Sklaven zukommt, die fähig sind, Einzelnes am Einzelnen hervorzubringen. Während jedoch die Sklaven und Handwerker nur aus Erfahrung und Umgang zu lernen vermögen, wissen die Künstler und Wissenschaftler um das Allgemeine und können aufgrund dieses Wissens lehren. Im Unterschied zum bloßen Erfahrungs- und Umgangslernen der Tiere und Handwerker vollzieht sich das wissenschaftliche Lehren und Lernen nicht am Einzelnen. Vielmehr steigt es von der Erfahrung zum Wissen auf, um dann jedoch nicht zur Erfahrung der Handwerker zurückzukehren, sondern ganz andere Tätigkeiten zu ermöglichen, nämlich lehrende, philosophierende und politische Tätigkeiten, die im Wissen um die Gründe und die teleologische Ordnung aller menschlichen Tätigkeiten fundiert sind.

Durch Unterricht zu erziehen bedeutet dem aristotelischen Modell zufolge Vermittlung und Hinführung *(epagogé)* zu dem aller Erfahrung zwar zugrunde liegenden, in ihr aber nicht erkennbaren Allgemeinen. Epagogisch lehren können diesem Modell zufolge nur die in einem philosophischen Sinne Wissenden. Aber auch sie können ihr Wissen keineswegs einfach anderen vermitteln, sondern müssen ihre Schüler hermeneutisch und dialektisch dazu anleiten, die *epagogé* von der aus Erfahrung gewonnenen Kenntnis des Einzelnen zum Wissen um das schon der Erfahrung zugrunde liegende, in ihr aber gerade nicht erkennbare Allgemeine zu vollziehen. Dieser Vorstellung zufolge schließen wir im Lernen niemals von einem Einzelnen auf ein höheres Allgemeines, sondern begreifen wir im Lernen das unserer Kenntnis des Einzelnen schon zugrunde liegende Allgemeine, indem wir von einem für uns bekannten und früheren Wissen *(próteron pròs hemãs)* zu einem der Natur der zu erlernenden Sache nach Früheren *(próteron tẽ phýsei)* vordringen[93].

Die anamnetische Aneignungsstruktur eines Lehrens und Lernens, welches die Grenzen eines bloßen Erfahrungslernens überschreitet, ist dem antiken Modell unterrichtlicher Erziehung zufolge stets eine zweifache. Wir gelangen im Lernen von einem unserem Vorwissen nach früheren zu einem späteren Wissen, das der Natur der Sache nach keineswegs ein Späteres unseres Wissens, sondern dessen Früheres ist. Wir machen zum Beispiel die Erfahrung, daß bestimmte Tiere Eier legen, und bemerken später, daß aus diesen Tiere derselben Gattung schlüpfen, welche die Eier hervorgebracht hat; oder wir erfahren, daß aus Eiern Tiere schlüpfen, die selber wiederum Eier hervorbringen können, die der Fortpflanzung ihrer Art dienen. Welche Erfahrung wir auch immer zuerst

212

machen mögen, sie ist ontologisch fundiert in einem unserer Erfahrung nach Früheren, das wir uns erkenntnistheoretisch jeweils nur als ein im Hinblick auf unser Vorwissen Späteres aneignen können. Die Frage, ob Henne oder Ei früher existieren, können wir nur stellen, weil wir entweder die Erfahrung einer eierlegenden Henne oder die eines schlüpfenden Huhns als jeweils erste machen; welche von beiden Erfahrungen aber auch jeweils die erste in einem individuellen Lernprozeß sein mag, sie ist im Hinblick auf die ihr folgende in einem ontologischen Allgemeinen fundiert, welches sich auf die organologische Tatsache bezieht, daß Ei und Tier, Tier und Ei, von welcher Daseinsform tierischer Existenz wir auch ausgehen mögen, der Erhaltung und Fortpflanzung der Art dienen. Der ontologisch allgemeine Zusammenhang liegt unserer Erkenntnis besonderer Phänomene immer schon zugrunde, und wir können ihn erst erkennen, wenn wir von der Erfahrung des Einzelnen zur Erkenntnis des Ganzen, in das das Einzelne eingeordnet ist, fortschreiten.

Die *epagogé* vom einzelnen oder besonderen Wissen zum allgemeinen Wissen um den Ordnungszusammenhang alles Seienden gelingt dem antiken Modell eines Erfahrung und Umgang transzendierenden und über unterrichtliche Unterweisung vermittelten Lehrens und Lernens zufolge deshalb, weil der Ordnungszusammenhang, den es zu erlernen gilt, schon vor unseren Bemühungen um Erkenntnis in der Ordnung der Natur vorgegeben ist. Wir erzeugen die Ordnung unseres Wissens nicht im Erkennen, sondern erkennen durch unser Wissen eine Ordnung, die wir nicht etwa selber herstellen, sondern der wir angehören und die wir nur begreifen können, weil wir ihr angehören[94]. Innerhalb eines solchen Ordnungszusammenhangs regieren die Wissenden die bloß Erfahrenen nicht aufgrund der Erklärungskraft ihrer Theorie, sondern aufgrund ihrer Einsicht in einen teleologischen Ordnungszusammenhang, der frei von jeglicher Willkür allem menschlichen Denken und Handeln vorgegeben ist und in den die Erfahrungen ebenso wie das Wissen eingebettet sind.

Von der Erfahrung zum Wissen aufzusteigen bedeutet somit, zur Erkenntnis des teleologischen Ordnungszusammenhangs alles Seienden gelangen. Dem Wissen um die in diesem Ordnungszusammenhang fundierten Gründe und Prinzipien kommt darum nicht eine theoretisch-erklärende Bedeutung im neuzeitlichen Sinne, sondern eine theoretisch-teleologische Bedeutung im Sinne eines universellen Ordnungswissens zu. Wer um den Ordnungszusammenhang weiß, gehört dem regierenden Teil der Polis an und kann andere dadurch gut regieren, daß er zu lehren vermag. Lehren ist Weitergabe des Wissens, der *theoría,* Erziehung durch Unterricht ist Aufstieg von der Erfahrung *(empeiría)* zum Wissen *(epistéme).*

Neben dieser Form des Unterrichts kennt Aristoteles eine zweite Form, welche sich nun jedoch nicht auf die Aneignung theoretisch-teleologischen, sondern praktisch-teleologischen Wissens, nicht auf das Erlernen der Wissenschaft *(epistéme),* sondern auf das Erlernen praktischer Urteilskraft *(phrónesis)* bezieht. Sowohl die Erfahrenen als auch die Wissenden, welche die *epagogé* von der Erfahrung zum Wissen hinter sich haben, besitzen nicht nur eine im Erfahrungswissen beziehungsweise im wissenschaftlichen Wissen verankerte theoretische, sondern zugleich eine auf das Handeln bezogene Urteilskompetenz. Diese unterteilte Aristoteles in eine den Erfahrenen zukommende, auf herstellende oder schaffende Tätigkeiten *(poíesis)* und eine den Wissenden zukommende, auf praktische Tätigkeiten *(prãxis)* ausgerichtete Urteilskompetenz.

Der Zusammenhang von Erfahrungswissen und der aufs Handeln bezogenen Urteilskompetenz ergibt sich nach Aristoteles für die von den bloß Erfahrenen ausgeübten Tätigkeiten von selbst. Die herstellenden Tätigkeiten haben ihr Ziel jeweils in einem von der Tätigkeit „getrennten Endziel", nämlich in dem durch die jeweilige Tätigkeit herzustellenden Produkt, nicht aber im Handeln selbst, folglich auch nicht in einem Selbstverhältnis der herstellend Tätigen. Diese erlernen zusammen mit der Geschicklichkeit, bestimmte Güter hervorzubringen, immer auch schon die Haltungen, die für solche Arbeit notwendig sind. Darum bezeichnete Aristoteles die nur Erfahrenen als „beseelte Werkzeuge", räumte gleichzeitig jedoch ein, daß sie in der Ausübung herstellender Tätigkeiten „mehr das Richtige treffen" als die Wissenden, „die nur den allgemeinen Begriff besitzen". Er führte dies nicht auf eine schon dem Erfahrungswissen eigene Vermittlungsleistung zwischen Allgemeinem und Einzelnem, sondern darauf zurück, „daß die Erfahrung Erkenntnis des Einzelnen ist, die Kunst (oder die Wissenschaft dagegen Erkenntnis, D.B.) des Allgemeinen, alles Handeln und Geschehen aber am Einzelnen vorgeht"[95].

Ganz anders ist es um das Verhältnis von theoretischer und praktischer Urteilskompetenz bei den Wissenden bestellt, die vom Erfahrungswissen zum wissenschaftlichen Wissen aufgestiegen sind und als freie Bürger nicht herstellenden Tätigkeiten nachgehen, sondern über eine praktische Urteilskraft verfügen und in öffentlichen Angelegenheiten tätig sind, die ihr eigenes Handeln und die gesamte Polis betreffen. Während die Erfahrenen ihre Arbeitshaltung unmittelbar in der Ausübung herstellender Tätigkeiten erlernen, bringt die *epagogé* von der Erfahrung zum Wissen nicht unmittelbar eine die Wissenden auszeichnende praktische Urteilskraft hervor: „Wissen ist sie nicht, denn man sucht ja nicht nach dem, was man schon weiß, Wohlberatenheit aber hängt mit ‚Rat' zusammen und wer mit sich zu Rate geht, der sucht"[96].

Die den freien Bürger auszeichnende praktische Klugheit, sittliche Einsicht und Urteilskraft nennt Aristoteles *„phrónesis"*. Sie bezieht sich nicht auf ein außerhalb der Tätigkeit liegendes Ziel, sondern hat das gute Handeln selbst zum Endziel. Im Unterschied zu der für herstellende

Tätigkeiten erforderlichen Arbeitshaltung kann die *phrónesis* nicht unmittelbar durch die Ausübung einer Tätigkeit erlernt werden. Sie stellt sich weder als Resultat irgendeiner herstellenden Tätigkeit, noch als Resultat eines Aufstiegs von der Erfahrung zum Wissen ein. Sie kann darum auch nicht unmittelbares Resultat von Unterricht sein, denn Unterricht führt von der Erfahrung zum Wissen, nicht aber zu sittlicher Einsicht und praktischer Urteilskompetenz. Wie aber kommt praktische Urteilskraft zustande, wenn sie weder im unmittelbaren Erfahrungslernen noch durch eine bloße *epagogé* zum Wissen erlernt werden kann? Diese Frage beantwortet Aristoteles, indem er die Entwicklung praktischer Urteilskraft im Unterschied zu derjenigen theoretischer Urteilskraft nicht als einen Aufstieg zum Wissen, sondern als einen dialektischen Prozeß von Gewöhnung, Unterweisung und Rückkehr ins Handeln deutet.

Die Fähigkeit zur Verständigung über Fragen des richtigen sittlichen und politischen Handelns erlangen die Heranwachsenden, indem sie sich zunächst unter der Regierung erwachsener freier Bürger in die vorgegebene Sitte der Polis eingewöhnen und später in fortgeschrittenerem Alter durch das Studium der praktischen Philosophie zu einem praxisphilosophischem Wissen um die Grundsätze einer guten gesellschaftlichen Ordnung vordringen, das sie dann zusammen mit der schon abgeschlossenen Einübung in die Sitte in die Lage versetzt, einzelne Handlungssituationen richtig zu beurteilen und sich selbst und andere gut zu regieren. Die Eingewöhnung in die Sitte muß dem Studium der praktischen Philosophie vorausgehen, weil praktische Urteilskraft durch theoretische Studien nicht erlernt werden kann. Die Beschäftigung mit der politischen Philosophie muß jedoch der Eingewöhnung in die Sitte folgen, weil die bloße Einübung in die Sitte, für sich genommen, niemals schon zu praktischer Urteilskraft führt. Worin aber soll diese bestehen, wenn sie weder durch herstellende Tätigkeiten, noch durch die Einübung in die Sitte, noch durch die *epagogé* von der Erfahrung zum Wissen, noch durch das Studium der praktischen Philosophie erlernt werden kann? Nachdem Aristoteles in der Nikomachischen Ethik seine Mesoteslehre vorgestellt und den Versuch unternommen hat, die praktische Klugheit als Mitte zwischen extremen Verhaltensweisen, zum Beispiel die Tapferkeit als Mitte zwischen Tollkühnheit und Feigheit, zu bestimmen, gesteht er ein, daß diese Vorgehensweise zur Klärung dessen, was unter der *phrónesis* zu verstehen ist, noch nicht ausreicht. Um genauer ausführen zu können, worin die praktische Urteilskraft besteht, vergleicht er dann diese mit der Urteilskraft der Erfahrenen in herstellenden Tätigkeiten:

„(D)ie sittliche Einsicht *(phrónesis)* (hat) als Bereich die menschlichen Dinge und das, was ein Mit-sich-zu-Rate-gehen zuläßt. Denn dies bezeichnen wir vor allem als die Leistung des Einsichtsvollen, daß er klug mit sich zu Rate geht ... Das Prädikat des klug Mit-sich-zu-Rate-gehens aber gebührt ohne Einschränkung dem, der wesenhaft nach dem obersten menschlichen Ziel strebt, das durch Handeln erreicht werden kann, indem er sich eben durch die erwägende Reflexion leiten läßt. Die sittliche Einsicht ist aber auch nicht lediglich auf das Allgemeine gerichtet, sie muß vielmehr auch in den Einzelfällen klar sehen. Denn ihr Wesen ist Handeln, das Handeln aber hat es mit Einzelfällen zu tun. Daher kommt es vor, daß manche, obwohl sie über eine theoretische Fundierung ihres Könnens nicht verfügen, geschickter im Handeln sind als solche, die darüber verfügen – auch auf anderen Gebieten übrigens: es sind das die Leute mit praktischer Erfahrung. Wenn jemand nämlich (ganz allgemein) wüßte, daß Fleisch, wenn es leicht ist, gut verdaulich und somit gesundheitsfördernd ist, jedoch nicht wüßte, welches Fleisch leicht ist, so könnte er keinen Heilerfolg erzielen. Wer dagegen weiß, daß Geflügelfleisch leicht und gesund ist, kann eher zu einem Heilerfolg kommen."[97]

Um zeigen zu können, worin praktische Urteilskraft besteht, unterschied Aristoteles zunächst zwischen herstellenden und praktischen Tätigkeiten, von denen erstere ihr Ziel außerhalb der Tätigkeit in einem herzustellenden Produkt, letztere in sich selber haben; um aber zeigen zu können, wie praktische Urteilskraft vorgeht und sich äußert, greift er wiederum auf herstellende Tätigkeiten zurück, um an diesen, die sich doch nicht auf ein „Sich-Wissen", sondern auf ein „Etwas-Wissen" beziehen, zu verdeutlichen, was es heißt, im Einzelfall sich mit sich selbst und anderen nach allgemeinen Grundsätzen der praktischen Philosophie ethisch, politisch oder juristisch zu beraten. Dies verweist auf eine tieferliegende Gemeinsamkeit zwischen *téchne* und *phrónesis,* darauf nämlich, daß in den herstellenden Tätigkeiten der Erfahrenen das Allgemeine der Naturordnung, um welches die Wissenden wissen, ebenso vorausgesetzt ist wie in den beratenden praktischen Tätigkeiten das Allgemeine der Polisordnung, welches die politische Philosophie zu begreifen sucht. Hier wie dort geht es im Handeln nicht um eine Bestimmung der Zwecke, sondern um den richtigen Gebrauch und die Klärung der Mittel, die geeignet sind, ontologisch, kosmologisch und politisch vorgegebenen allgemeinen Zwecken zu dienen:

„Über das Endziel ... geht niemand mit sich zu Rate; dieses liegt vielmehr für alle fest. Sondern (man berät bei sich) über das was einen Bezug auf das Ziel hat, ob dieses oder jenes sich darauf bezieht, oder ... wie dieses verwirklicht werden könnte. Und wir beraten da alle bei uns so lange, bis wir die das Werden auslösende Ursache auf uns selbst zurückgeführt haben. ... Es ist aber so, daß der mit sich zu Rate gehende dies immer um eines Etwas willen tut und es gibt immer einen Richtpunkt für ihn, in Bezug auf den er das Zweckmäßige ins Auge faßt. Dabei gilt aber folgendes: über das Endziel selbst geht niemand mit sich zu Rate, sondern dies ist (bewegendes) Prinzip und Grundannahme"[98].

Nach Aristoteles besteht die sittliche Einsicht oder praktische Klugheit darin, durch „erwägende Reflexion" in konkreten Handlungssituationen die geeigneten Mittel zur Erreichung vorgegebener, auf das „oberste menschliche Ziel" ausgerichteter Ziele zu ermitteln. Aufgabe der praktischen Philosophie ist es, die möglichen Ziele menschlichen Handelns in eine solche Ordnung zu bringen, daß sie untereinander als Mittel zur Erreichung ranghöherer Ziele taugen und auf diese Weise dem Endziel einer wohlgeordneten Polis dienen. Daß die moralisch-politische Erziehung als Eingewöhnung in die Ordnung der Polis beginnt, besagt vor diesem Hintergrund, daß die Heranwachsenden lernen, selber Mittel für

216

die Erreichung und Erhaltung der teleologischen Ordnung der Polis zu werden. Die einen gewöhnen sich, ohne daß es hierzu irgendeines besonderen Unterrichts bedürfte, an Arbeit und finden in herstellenden Tätigkeiten ihre teleologische Bestimmung. Die anderen steigen von der Erfahrung zum Wissen auf und gewöhnen sich an beratende Tätigkeiten, in die sie später nach dem Studium der praktischen Philosophie zurückkehren. Für die *epagogé* von der Erfahrung zum Wissen gibt es keine Rückkehr zu herstellender Tätigkeit, denn die Arbeit dient nur der Herstellung rangniederer Güter und wird von den Erfahrenen besorgt, die Mittel für die Erreichung ranghöherer Ziele herstellen. Die *epagogé* von der Gewöhnung zur praktischen Philosophie verlangt dagegen geradezu die Rückkehr ins praktische Handeln, denn die Tugend ist nicht im praxisphilosophischen Wissen, sondern nur im Handeln selbst wirklich.

Die neuzeitliche Frage, wie theoretisches und praktisches Wissen so zu erlernen und miteinander zu vermitteln sind, daß nicht nur freie Bürger, sondern alle Gesellschaftsmitglieder sich in ihrer Mitwirkung an der menschlichen Gesamtpraxis gegenseitig anerkennen können, kannte Aristoteles noch nicht. Die Frage nach dem Zusammenhang von *téchne* und *phrónesis,* herstellenden und praktischen Tätigkeiten sah er beantwortet in der ewigen Ordnung des Kosmos und der vorgegebenen, gegen Willkür und Verfall zu schützenden politischen Ordnung der Polis, welche zwischen den als Arbeit und den in Muße auszuübenden Tätigkeiten streng unterschied und unter diejenigen der Muße sowohl die theoretischen als auch die praktischen Tätigkeiten faßte. Darum kannte Aristoteles zwei Formen eines bildenden Unterrichts an, diejenige der *epagogé* von der Erfahrung zum Wissen und diejenige der *epagogé* von der Eingewöhnung in die Sitte zum Studium der praktischen Philosophie und der anschließenden Rückkehr ins Handeln. Von der Erfahrung erste Schritte zum Wissen aufzusteigen und geometrische und mathematische Kenntnisse zu erlernen, traute Aristoteles schon ,,jungen Leuten" zu, sich mit Naturphilosophie, Metaphysik und praktischer Philosophie zu befassen dagegen nicht, weil junge Leute die Gewöhnung an die Sitte nicht abgeschlossen und ,,eine Erfahrung im wirklichen Leben" noch nicht gewonnen haben[99]. Darum geht erziehender Unterricht in den theoretischen Disziplinen erziehendem Unterricht in praktischer Philosophie und Gesellschaftslehre voraus. Nach dem Zusammenhang beider Teile aber zu fragen ist Aufgabe der Metaphysik als einer von allen anderen Tätigkeiten abgehobenen philosophischen Reflexion.

Die aristotelische, auf Platons Anamnesislehre zurückgehende Einsicht, daß alles menschliche Lernen stets von einem Vorwissen, das die Lernenden schon haben, ausgeht und daß Unterricht an dieses Vorwissen der Lernenden anknüpfen muß, um erfolgreich zu sein, gilt bis heute. Sie liegt auch dem neuzeitlichen Modell eines erziehenden Unterrichts zugrunde und läßt sich bis in die Logik der Entwicklung menschlichen Wissens hin verfolgen, welche die Entwicklungspsychologie konstruiert und rekonstruiert. Die Besonderheit der Problemstellung eines erziehenden Unterrichts im neuzeitlichen Sinne läßt sich jedoch erst erfassen, wenn wir über die epistemologische Frage nach der Aneignungsstruktur menschlichen Lernens hinaus jene zweifache „Revolution der Denkungsart" (Kant) beachten, die die neuzeitliche Wissenschaft von der antiken *epistéme* und die neuzeitliche praktische Philosophie von der antiken politischen Ethik unterscheidet. Wenden wir uns zunächst den Differenzen zwischen antiker und neuzeitlicher Wissenschaft zu.

Als „Revolution der Denkungsart" deutet Kant die Revolutionierung der Erforschung der Natur durch die rechnende, mathematische Naturwissenschaft, welche nicht mehr von der Erfahrung zum Wissen fortschreitet und aufsteigt, sondern die Naturerscheinungen nach vom menschlichen Verstand konstruierten Gesetzen ordnet und diese dann in Experimenten, die nach Maßgabe einer vom erklärenden Verstand ausgehenden Gesetzgebung entworfen werden, überprüft. Deuteten wir nun die Theorien neuzeitlicher Wissenschaft im Sinne der aristotelischen *epagogé* von der Erfahrung zum Wissen um die aller Erfahrung zugrunde liegende und in der Natur der jeweils zu erkennenden Sache selbst fundierte Ordnung, so würden wir gerade das, was neuzeitliche Wissenschaft von der antiken *epistéme* unterscheidet, verkennen. Ursache im antiken Sinne und Kausalität im neuzeitlichen Verstand sind nämlich keineswegs dasselbe. Während das Wissen um die Gründe für die Stimmigkeit menschlicher Erfahrung und die Ordnung alles Seienden in der antiken *epistéme* als in einem menschlicher Erfahrung und wissenschaftlichem Wissen vorausgehenden Ordnungszusammenhang des Kosmos begründet angesehen wurden, entsteht die neuzeitliche Wissenschaft keineswegs aus einer *epagogé* von der Erfahrung zum Wissen um die aller Erfahrung zugrunde liegende teleologische Ordnung, sondern als eine vom menschlichen Verstand entworfene und konstruierte Erklärung der Wirklichkeit, welche gerade nicht in einem vorgegebenen teleologischen Ordnungszusammenhang fundiert, sondern darin begründet ist, daß die vom menschlichen Verstand konstruierte und entworfene Ordnung der Weltbegebenheiten an der Erfahrung scheitern oder sich in dieser bewähren kann.

Der antike Begriff der Erfahrung und des Fortschreitens von der Erfahrung zum Wissen war nicht theoretisch-technisch in der erklärenden Kraft unseres Verstandes, sondern theoretisch-teleologisch in der mimetischen Fähigkeit unseres Denkens begründet, die Ordnung der Natur nachzuahmen und nachahmend zu erkennen. Hierdurch sind antike *téchne* und neuzeitliche Wissenschaft voneinander unterschieden. In der antiken Heilkunst zum Beispiel ist das Heilmittel ein Mittel zur Heilung von Krankheiten, weil es dem Zweck der Gesundheit dient und die Natur sich mit seiner Hilfe selbst zu heilen vermag. Die Erfahrenen wissen um die Heilmittel nur aus der Erfahrung, die Wissenden dagegen wissen um die heilenden Wirkungen von Heilmitteln, weil sie einen

Begriff von den Selbsterhaltungskräften der Natur haben. Ganz anders verhalten sich Erfahrung und Wissen in der modernen Medizin und medikamentösen Behandlung zueinander. Die Entwicklung der Medikamente geht nicht mehr auf eine Nachahmung der Selbstheilungskräfte der Natur zurück, sondern auf eine kausale Erklärung der Krankheiten. Die Erfahrung der Heilkräfte der Natur geht nicht der Wissenschaft voran, sondern die kausale Erklärung der Krankheiten und die chemische Herstellung von Medikamenten geht der Erfahrung voraus, die wir in der Behandlung von Krankheiten machen. Arzt im antiken Sinne war jemand, der die Mittel kannte, die Mittel für den Zweck der Natur sind, sich selbst zu heilen; Arzt im modernen Sinne dagegen ist jemand, der um die kausale Erklärung der Krankheiten weiß und aus diesem Wissen Medikamente verordnet, die aufgrund der kausalen Erklärung der Krankheiten hergestellt werden. In der antiken *téchne* und Wissenschaft geht die Erfahrung dem Wissen, in der neuzeitlichen Wissenschaft und Technik dagegen das Wissen der Erfahrung voraus.

Die Revolution der Denkungsart neuzeitlicher Welterkenntnis hatte Folgen nicht nur für Veränderung menschlicher Arbeit in der großen Industrie, in welcher die Arbeiter immer weniger aus eigener Erfahrung lernen, sondern geschickt sind, wissenschaftlich-technisch vorentworfene Konstruktionen sachgerecht auszuführen. Sie hatte zugleich Folgen für den Begriff menschlichen Lehrens und Lernens und für das, was seitdem unter Erziehung durch Unterricht zu verstehen ist. Zwar gilt die alte Einsicht, daß menschliches Lernen stets von einem Vorwissen ausgeht und wir uns neue Kenntnisse durch eine Transformation unseres schon erworbenen Wissenszusammenhangs aneignen; aber die Prozeßstruktur des Lernens führt nun nicht mehr von einer teleologisch geordneten Erfahrung zum Wissen um die teleologische Ordnung, sondern von einer zunehmend schon verwissenschaftlichten Erfahrung zur Wissenschaft und von dieser zur Erfahrung zurück. Durch Unterricht erziehen heißt heute nicht mehr Aufstieg von einem durch Erfahrung vermittelten Wissen zum philosophischen Wissen um die aller Erfahrung und allem Wissen zugrundeliegende Ordnung, sondern Aufstieg von einer vom Lernenden zunächst undurchschauten, gleichwohl über Wissenschaft schon vermittelten Erfahrung zur Aneignung der Wissenschaften und Rückkehr in eine Erfahrung, für die es keinerlei in den Wissenschaften erkannte teleologische Ordnung mehr gibt. Menschliches Lernen ist in der frühen Kindheit auch heute mimetisch bestimmt, steigt dann jedoch über die schon in der Alltagserfahrung vorliegende Verwissenschaftlichung menschlicher Welterfahrung zum wissenschaftlichen Wissen auf und kehrt hernach in eine Erfahrung zurück, die weder mimetisch noch teleologisch geordnet ist. Weil neuzeitliche Wissenschaft nicht mehr die Natur nachahmt und nicht zu menschlicher Erfahrung immer schon zugrundeliegenden teleologischen Gründen vordringt, sondern die Weltbegebenheiten unter von uns selbst hypothetisch entworfene Gesetze bringt, kann heute die *epagogé* von der Erfahrung zum Wissen nicht mehr im antiken Sinne als Aufstieg zu den schon aller Erfahrung zugrunde-liegenden teleologischen Gründen gedacht und vollzogen, sondern nur über spontane Akte der Lernenden vermittelt werden, in welchen diese nicht einfach von der Erfahrung zum Wissen aufsteigen, sondern sich das, was sie lernen, unter den hypothetischen Fragestellungen neuzeitlicher Wissenschaft aneignen.

Die Differenz zwischen antiker *epistéme* und neuzeitlicher Wissenschaft und den Unterschied zwischen aristotelischer Unterweisung und neuzeit-lichem Unterricht hat Kant auf den Begriff gebracht, als er die Leistungen, die unser Verstand in der Konstruktion einer gesetzmäßigen Ordnung der Weltbegebenheiten vollbringt, nicht auf eine im Seienden selber liegende ewige und unabänderliche Ordnung gründete, sondern in einem ,,Aktus der Spontaneität'' begründete, den wir, auch wenn wir uns dessen nicht bewußt sind, immer dort vollziehen, wo wir die Mannigfal-tigkeit von Weltgegebenheiten in eine durch unser Denken hervorge-brachte synthetische Einheit bringen[100]. Denken-Lernen im neuzeitli-chen Sinne schließt nach Kant, wenn es gelingt und nicht Täuschungen erliegt, immer zweierlei ein. Zum einen basiert unser Denken und mit ihm alles Denken-Lernen auf Akten und Leistungen, in denen Rezeptivi-tät und Spontaneität untrennbar miteinander verbunden sind. Zum anderen führt es uns zu einem Wissen, das gerade nicht Wissen um eine allem Seienden immer schon zugrundeliegende ewige und unabänderli-che Ordnung, also nicht Wissen im Sinne der aristotelischen *ousía,* sondern Erkenntnis der durch unsere Rezeptivität und Spontaneität vermittelten Weltbegebenheiten, nicht aber Erkenntnis der unserer Erfahrung uneinholbar vorausgesetzten Wirklichkeit der Welt als Ding an sich ist.

Dem geschichtlichen Wandel von der antiken *epistéme* zur neuzeitlichen Wissenschaft und dem, was Kant unter der Revolution theoretischer Denkungsart und Urteilskraft verstand, wäre es nun völlig unangemes-sen, wenn wir die Differenz zwischen antiker *epistéme* und neuzeitlicher Wissenschaft so deuteten, als sei erstere in dem Irrtum befangen gewesen, sie könne die Welt an sich erkennen, derweil erst letztere einen Begriff von den Grenzen unseres Erkenntnisvermögens habe und zwischen unserem Wissen um eine vom menschlichen Verstand hervorgebrachte wissen-schaftliche Ordnung der Weltbegebenheiten und der Welt an sich unterscheide. Die Fragen, die sich von der Differenz zwischen antiker *epistéme* und neuzeitlicher Wissenschaft her ergeben, sind ganz andere und viel weiterreichende.

Die antike *epistéme* kannte noch gar nicht Kants transzendentale Differenz von Ding an sich und Erscheinung. Sie konnte diese Differenz in ihrer neuzeitlichen, auf das veränderte Verhältnis von Mensch und Natur bezogenen Bedeutung noch gar nicht kennen, und sie mußte diese

Differenz aufgrund des handwerklichen Charakters der antiken *téchne*
auch nicht beachten. Das Wissen der antiken *epistéme* war Wissen um
eine Ordnung der lebendigen Natur und des Kosmos, die als eine sich
selbst erhaltende und insofern in sich zweckmäßige Ordnung gedacht
wurde, der der Mensch in einer Weise angehört, daß er sich, auf sie
hinschauend und sich in sie einordnend, einen theoretischen Begriff von
ihr bilden kann, der jedoch gerade keine Herrschaft des Menschen über
Natur und Geschichte begründet, sondern Wissen um eine dem
Menschen vorgegebene und unverfügbare Ordnung ist.

Dagegen begründet die neuzeitliche Wissenschaft und die mit ihrer
Entwicklung untrennbar verbundene Mechanisierung der Arbeit, indem
sie alle Weltgegebenheiten unter eine Gesetzgebung des menschlichen
Verstandes bringt, die Möglichkeit einer Herrschaft des Menschen über
Natur und Geschichte, in der, wird sie nicht begrenzt, für Vorstellungen
einer unverfügbaren, in sich sinnvollen und zweckmäßigen Ordnung der
Natur und des Kosmos kein Raum mehr ist. Die neuzeitliche Wissenschaft so zu erlernen und so zu lehren, daß zwischen der in ihr erklärten
und durch unser ,,Ich denke" konstituierten Welt und der ihren
Aussagesystemen uneinholbar vorausgesetzten Wirklichkeit der Welt als
Ding an sich unterschieden wird, ist die sich von Kant her stellende und
durch nichts zu ersetzende Aufgabe eines erziehenden Unterrichts, der
die Welt nicht zum bloßen Explanandum und beherrschbaren Objekt
menschlicher Willkür verkürzt, sondern an der alten Idee einer teleologischen Ordnung der Welt und deren Unverfügbarkeit gerade unter den
Bedingungen einer zunehmenden Verwissenschaftlichung aller Hand-
lungs- und Lebensbereiche festhält.

Um die Frage, was in problemgeschichtlicher Sicht unter erziehendem
Unterricht im neuzeitlichen Sinne zu verstehen ist, weiter klären zu
können, gilt es, an eine zweite Revolution der Denkungsart zu erinnern,
die sich auf das Verständnis praktischer Urteilskraft und das neuzeitliche
Verhältnis von theoretischer und praktischer Vernunft bezieht. Während
die Revolution der Denkungsart in den theoretischen Disziplinen darauf
beruht, daß zwar alles menschliche Lernen von einem in der Erfahrung
schon erworbenen Wissenszusammenhang *(próteron pròs hemãs)* ausgeht, die neuzeitliche Wissenschaft jedoch nicht zu einer in der zu
erlernenden Sache selbst begründeten teleologischen Naturordnung
(próteron tẽ phýsei), sondern nur zu einer vom menschlichen Verstand
selbst konstruierten gesetzmäßigen Ordnung aller Weltgegebenheiten
vordringt, verweist die Revolution der Denkungsart in den praktischen
Disziplinen darauf, daß praktische Urteilskraft, die sich ganz im Sinne
der aristotelischen Einsicht stets auf einzelne, konkrete Handlungssituationen bezieht, nach der Verwissenschaftlichung aller Lebensbereiche in
keiner teleologischen Ordnung der menschlichen Gesamtpraxis mehr
fundiert werden kann.

Die Revolution der Denkungsart im Bereich der praktischen Philosophie bestimmte Kant, indem er auch hier die Vernunft als Gesetzgeberin faßt, solcher Gesetzgebung als Wirklichkeitsbereich nun aber nicht die Naturerscheinungen, auch nicht die Erscheinungen der Menschenwelt, sondern die Anleitung zur Prüfung und Beurteilung der Beweggründe und Motive handelnder Subjekte zuweist. Wie schon die *phrónesis* des Aristoteles bezieht sich auch die praktische Vernunft Kants nicht auf ein „Etwas-Wissen", sondern auf ein „Sich-Wissen" als „Beratschlagung mit sich selber". Und insoweit gilt die aristotelische Einsicht, daß die *phrónesis* weder auf bloßer Gewohnheit beruht, noch ihre Urteile deduktiv aus einer allgemeinen Ordnung ableitet, sondern Beratschlagung in einzelnen, je einmaligen Handlungssituationen ist, bis heute[101]. Dies zeigt sich überall dort, wo wir zwischen den Wissensformen der Gewißheit und des Gewissens unterscheiden. Von der Erfahrung zum theoretischen Wissen aufzusteigen, ist etwas anderes als der Übergang von der Eingewöhnung in eine vorgegebene Sitte zu selbstverantwortetem Handeln. Als Orientierung praktischer Beratschlagung scheiden jedoch nach Kant die Sitten und Gesetze eines Staates ebenso wie die Moralen eines Standes, aber auch alle Tugend- und Güterhierarchien aus. Die von Kant selbst eingeleitete Revolution der Denkungsart im Bereich der praktischen Vernunft erhebt das Gewissen des Einzelindividuums zur einzigen Richterinstanz in der Beurteilung seiner Gesinnung und formuliert als allgemeines Gebot die Pflicht, so an sich und gegenüber anderen Subjekten zu handeln, daß sowohl die eigene Person als auch die der anderen als Selbstzweck anerkannt, niemals aber als bloßes Mittel gebraucht wird[102]. Hinter diesem kategorischen Imperativ steht der große Gedanke, daß Freiheit nur als Sittlichkeit wirklich sein kann, Sittlichkeit aber ebensowenig in einer teleologischen Ordnung der menschlichen Gesamtpraxis wie in der Befolgung materialer Gebote aufgeht, sondern einer Würde der eigenen Person entspringt, die aus der Anerkennung der Würde jeder anderen Person erst hervorgeht.

Im Unterschied zur praktischen Philosophie des Aristoteles, welche die Beratung im Handeln an einer hierarchischen und teleologischen Ordnung der Zwecke menschlichen Handelns ausrichtete und die praktische Klugheit als Urteilskraft in der Entscheidung über die jeweils geeigneten Mittel zur Erreichung teleologisch gerechtfertigter Zwecke verstand, erhebt die praktische Philosophie der Neuzeit die Beurteilung der Handlungsziele zum Gegenstand praxisphilosophischer Erörterung. Sie weist der praktischen Urteilskraft nicht nur die Aufgabe zu, eine vernünftige Entscheidung über die zur Erreichung vorgegebener Ziele geeigneten Mittel zu treffen, sondern auch die Handlungszwecke zu überprüfen. In der aristotelischen Polisphilosophie konnten die Zwecke die Mittel heiligen, weil die gesamte Ordnung der Zwecke als frei von jeglicher menschlichen Willkür und die Mittel als jeweils rangniedere Zwecke im Dienste ranghöherer Zwecke gedacht wurden. Eine solche

Vermittlung zwischen den Zwecken und den Mitteln menschlichen Handelns ist auf der Grundlage neuzeitlicher Wissenschaft nicht mehr zulässig, denn diese führt im Unterschied zur antiken *epistéme* nicht mehr zu einem Wissen um die Ordnung des Seienden, sondern zu einer Erklärung der Weltgegebenheiten, welche nicht die Welt an sich begreift, sondern die Welt der Erscheinungen unter Gesetze unseres Verstandes bringt und Zwecken unterwirft, die nicht teleologische Zwecke der Natur selbst, sondern vom Menschen gesetzte Zwecke sind.

Legten wir heute in Verkennung der Differenz von neuzeitlicher Wissenschaft und antiker *epistéme* die aristotelische Vermittlung von *téchne* und *phrónesis* der Begründung von Handlungsrationalität im Zeitalter wissenschaftlicher Zivilisation zugrunde, so verkehrte sich die aristotelische Auffassung, daß im Handeln nur teleologisch geordnete Zwecke die Mittel rechtfertigen, in ihr Gegenteil. Würden nämlich die Entscheidungen über die Mittel menschlichen Handelns auf der Grundlage neuzeitlicher Wissenschaft und der durch sie möglichen Steigerung menschlicher Macht über Natur und Geschichte getroffen, so entschieden nicht mehr Zwecke als teleologische Ursachen über die Tauglichkeit der Mittel, sondern vom menschlichen Verstand konstruierte instrumentelle Mittel über die Vernünftigkeit von Zwecken (vgl. hierzu den Exkurs im Abschnitt 4.2.2.). Teleologisch ließe sich dies nur rechtfertigen, wenn wir in Verkennung der transzendentalen Differenz von Ding an sich und Erscheinung den Menschen zur Krone der Schöpfung erhöben und die seiner Willkür und Macht entspringenden Bestimmungen der Welt als deren eigene Bestimmung ausgäben. Eine solche Teleologie aber widerspräche den antiken Vorstellungen von einer teleologischen und kosmologischen Ordnung des Seienden ebenso wie Kants kritischer Begrenzung der Reichweite und Gültigkeit unseres theoretisch-technischen Erkenntnisvermögens und der Aussagesysteme neuzeitlicher Wissenschaft. Darum beschränkte Kant die Gültigkeit teleologischer Ordnungsvorstellungen auf den Horizont einer übermechanischen Zweckmäßigkeit der Welt als Ding an sich, von der wir überhaupt keinen angemessenen theoretisch-empirischen Begriff entwickeln können, die wir gleichwohl als regulative Idee eines teleologischen, nicht unserer Willkür entspringenden, sondern in sich selber zweckmäßigen Ordnungszusammenhangs der Natur als Ding an sich voraussetzen und anerkennen müssen, um zwischen der von uns begriffenen und der unserer Erkenntnis uneinholbar vorausgesetzten Welt unterscheiden zu können[103].

Eine teleologische Rechtfertigung der Zwecke menschlichen Handelns, welche der aristotelischen Polisphilosophie zufolge allein zur Begründung eines Begriffs praktischer Urteilskraft tauglich wäre, lehnte Kant nicht nur deshalb ab, weil eine Vermittlung von Natur- und Handlungsteleologie unter den Bedingungen neuzeitlicher Wissenschaft und Zivilisation nur um den Preis einer Erhebung des Menschen zur Krone der Schöpfung und einer gleichzeitigen Mißachtung der In-sich-Zweckmäßigkeit der Natur möglich wäre, sondern auch deshalb, weil sie mit der neuzeitlichen Idee der Freiheit aller Menschen und einer auf gegenseitiger Anerkennung und Achtung der Individuen als Person basierenden Sittlichkeit und Moralität nicht zu vereinbaren ist. Hiervon hatte die antike Güterethik noch keinen Begriff. „persona" heißt im Lateinischen Maske und bezeichnet einen Teil der Verkleidung, in der Schauspieler im Theater auftreten, wenn sie eine fremde, vorgegebene Rolle darstellen; und „individuus" bezeichnet etwas unteilbares, untrennbares und ist gleichbedeutend mit dem Griechischen „átomos", welches ebenfalls nicht auf die Einzigartigkeit einer Person verweist, sondern die nicht mehr zerlegbaren Teile der Materie bezeichnet. Für Individualität im neuzeitlichen Sinne gibt es in der griechischen Sprache keinen Begriff, denn denjenigen, der Anspruch auf eine individuelle Eigentümlichkeit erhob, nannten die Griechen „idiótes", um damit jemanden zu bezeichnen, der sich der Ordnung der Polis entzieht und, indem er sich zur Privatperson erklärt, dem Staate einen Staatsbürger raubt (vgl. auch das Lateinische „privare").

Die neuzeitliche Idee, daß nicht eine vorgegebene Ordnung hierarchisch geordneter Zwecke und Güter über den Wert der einzelnen, sondern die Idee einer zweckfreien gegenseitigen Anerkennung der Individuen als Selbstzweck und Person über die Moralität von Sitten und Konventionen und die sittliche Qualität von Motiven und Handlungsantrieben entscheidet, stellt nicht nur eine Revolution der Denkungsart in der praktischen Philosophie, sondern zugleich eine Revolutionierung dessen dar, was seitdem unter dem Erlernen praktischer Urteilskraft zu verstehen ist. Die aristotelische Beratschlagung in einzelnen Handlungssituationen konnte durch Gewöhnung an die Sitte, durch ein späteres Studium der praktischen Philosophie und die Rückkehr ins Handeln zwar nicht hervorgebracht, wohl aber unterstützt werden. Moralität im neuzeitlichen Sinne aber ist auf diese Weise weder lehrbar noch lernbar, denn sie gründet sich auf eine Urteilskraft, die ihre Kriterien weder einer vorgegebenen Sittenordnung noch einer politischen Ethik entnehmen kann, die die Aufgaben des Handelns nach Maßgabe eines übergeordneten Ganzen normieren, sondern allein aus dem kategorischen Imperativ einer unbedingten gegenseitigen Anerkennung der Menschen als Person und Selbstzweck zu gewinnen vermag. Damit aber treten Pädagogik und Ethik sowie pädagogische Praxis und sittliche Praxis in ein ganz neues, nicht-teleologisches und nicht-hierarchisches Verhältnis zueinander. Die Pädagogik ist nun ebensowenig ein angewandter Teil einer politischen Ethik, wie die moralische Erziehung und Unterweisung einfach den Regeln einer materialen Sittenordnung folgen kann. Vielmehr setzt eine im kategorischen Imperativ begründete Ethik, wie sie Kant entworfen und Herbart in seiner Allgemeinen praktischen Philosophie ausgeführt hat, eine durch die pädagogische Praxis schon gebildete moralische Urteilskraft voraus, die nur dann sich entwickeln kann, wenn die

Heranwachsenden nicht zuerst auf eine bloße Übernahme vorgegebener Sitten und Moralen verpflichtet und später unterwiesen, sondern, ohne daß ihr Wille gebrochen wurde, von Anfang an um ihrer selbst willen geliebt werden. Die hier gefordete Anerkennung der Heranwachsenden als Selbstzweck und sich bildende Person setzt darum voraus, daß die Gewöhnung der Unterweisung nicht einfach vorausgeht, sondern teils gleichzeitig mit dieser erfolgt, teils dieser nachfolgt.

Unter moralischer Unterweisung im hier gemeinten Sinne ist eine solche Form der Rede mit Heranwachsenden zu verstehen, welche diesen nicht etwa, wie Kant gelegentlich meinte, den kategorischen Imperativ katechetisch erläutert, sondern Konventionen des Zusammenlebens vor den Heranwachsenden in den für sie offen stehenden Mitwirkungsmöglichkeiten so darstellt, daß diese dadurch die Freiheit gewinnen, in einer vorgegebenen und doch zugleich für sie neu entstehenden Sitte zu interagieren und zu handeln. Auch die Lernprozesse, die moralische Unterweisung zu fördern sucht, basieren somit auf einem Aktus der Spontaneität, der durch Gewöhnung nicht ersetzt, sondern durch bloße Gewöhnung allenfalls gefährdet werden kann.

Um den problemgeschichtlichen Zusammenhang der antiken und neuzeitlichen Frage nach einem erziehenden Unterricht, der durch Unterweisung bildet, in seiner ganzen Reichweite zu erfassen, gilt es abschließend noch auf das Problem der Einheit des erziehenden Unterrichts aufmerksam zu machen, das in den bisherigen Überlegungen zwar immer wieder angesprochen, aber als solches noch nicht offengelegt worden ist. Nach Aristoteles gehen Erfahrung beziehungsweise Gewöhnung der Unterweisung in den theoretischen Disziplinen ebenso wie in der praktischen Philosophie und politischen Ethik voraus. Die Unterweisung in der politischen Polisphilosophie zielt auf eine Rückkehr der Lernenden ins politisch-sittliche Handeln, die Unterweisung in der theoretischen Philosophie dagegen nicht, denn sie hat ihren Zweck in sich selbst und ist selber ein Teil der öffentlichen Praxis, die freie Bürger dort ausüben, wo sie sich in Muße wissenschaftlichen und philosophischen Fragen und Gegenständen widmen. Für die *theoría* beanspruchte Aristoteles sogar den höchsten Rang unter allen menschlichen Tätigkeiten, weil sie allein die Einsicht in die teleologische Ordnung des Kosmos und der Polis eröffnet. Darum stellte für ihn die Frage nach der Einheit des erziehenden Unterrichts in seinen beiden Teilen theoretischer und praktischer Unterweisung kein Zusatzproblem dar, denn beide fügen sich in die hierarchisch-teleologische Ordnung der menschlichen Gesamtpraxis bruchlos ein.

Anders verhält es sich mit der neuzeitlichen Wissenschaft und praktischen Philosophie sowie der Frage nach dem Zusammenhang der beiden Revolutionen der Denkungsart. Hier stellt sich das Problem, wie die Differenz von Ding an sich und Erscheinung, die im Erlernen neuzeitlicher Wissenschaft zu beachten ist, auch in der Anwendung der Ergebnisse neuzeitlicher Wissenschaft Beachtung finden kann und wie dies wiederum mit den Aufgaben und Zielen einer moralischen Unterweisung zusammenhängt, die ihren Zweck nicht in einem Wissen, sondern allererst im Handeln der Menschen erreicht. Eine teleologische Antwort auf diese Frage, welche neuzeitliche Wissenschaft, Technologie, Praxis und philosophische Reflexion in eine Rangfolge zu bringen suchte, kann es aus den schon genannten Gründen hier nicht geben. Denn die beiden Revolutionen neuzeitlicher Denkungsart und die problemgeschichtliche Bedeutung, die ihnen in Anlehnung an Kant zugewiesen wurde, verweisen zusammengenommen auf eine Antinomik neuzeitlicher Vernunft, die erkannt und ausgehalten werden muß, sollen einfache und ideologische Antworten auf die Frage nach der Vermittlung von Erziehung und Unterricht im erziehenden Unterricht vermieden werden.

Die Revolution theoretischer Denkungsart in der Erklärung der Natur verabschiedete nicht nur die ältere Naturteleologie, sondern ging mit einer Revolutionierung praktischer Denkungsart einher, welche die Begründung von Handlungsrationalität nach teleologischen Ordnungsvorstellungen niederrangiger und höherrangiger Handlungszwecke in eine Überprüfung aller praktischen Handlungsmaximen nach Maßgabe des kategorischen Gebots einer gegenseitigen Anerkennung der Menschen als Selbstzweck überführte. Ohne den Verlust teleologischer Ordnungsvorstellungen in der Naturerkenntnis und ohne die Überwindung der Vorstellungen von einer hierarchischen Ordnung niederrangiger und höherrangiger Tätigkeiten wäre weder die Entwicklung neuzeitlicher Wissenschaft, noch die Idee einer teleologisch unbestimmten, zu Freiheit, Gleichheit und Brüderlichkeit bildsamen Natur aller Menschen denkbar gewesen. Erst durch die Überwindung der Vorstellungen von einer teleologischen Ordnung der menschlichen Gesamtpraxis wurde die Befreiung der Arbeit aus dem Rang einer niederen und von Sklaven oder Angehörigen einer untersten Klasse zu verrichtenden Tätigkeit zu einer allgemeinen menschlichen Tätigkeit und die Idee eines nicht-hierarchischen Verständnisses der menschlichen Gesamtpraxis möglich, welches Arbeit, Ethik, Pädagogik, Politik, Kunst und Religion als gleichgewichtige Formen menschlicher Tätigkeit ausweist und keiner von ihnen einen Vorrang gegenüber den anderen zuerkennt. Der Verlust teleologischer Ordnungsvorstellungen in der Naturerkenntnis führte jedoch im Zusammenhang mit der Erklärung aller Weltgegebenheiten nach Maßgabe vom menschlichen Verstand konstruierter Gesetzmäßigkeiten gleichzeitig zu einer Steigerung menschlicher Macht über Natur und Geschichte, für welche heute weder die aristotelische Naturphilosophie, die noch keinen Begriff von der neuzeitlichen Herrschaft des Menschen über Natur und Geschichte hatte, noch die neuzeitliche Idee der Freiheit, die sich ausschließlich im Horizont gegenseitiger Anerkennung der Menschen bewegt, ein Korrektiv bereitstellen.

Hieraus erwächst erziehendem Unterricht die ihm von der Revolution neuzeitlicher Denkungsart her zukommende Aufgabe, in den problemgeschichtlichen Zusammenhang von Telosschwund, neuzeitlicher Wissenschaft und der Frage nach einer Handlungsrationalität einzuführen, die die Zwecke menschlichen Handelns weder auf eine fortschreitende Steigerung menschlicher Macht über Natur und Geschichte gründet, noch einer wie auch immer gearteten teleologischen Ordnung entlehnt, sondern unter Beachtung der Differenz zwischen der In-sich-Zweckmäßigkeit der Natur als Ding an sich und unserer Erklärung der Welt der Erscheinungen formuliert.

Die neuzeitliche Konzeption des erziehenden Unterrichts hat Herbart im zweiten Buch seiner Allgemeinen Pädagogik auf einen ersten Begriff gebracht. Vor dem Hintergrund unserer problemgeschichtlichen Analyse läßt sich seine systematische Bestimmung des erziehenden Unterrichts als ein Versuch deuten, zwischen der aristotelischen Konzeption eines von der Erfahrung zum Wissen und von der Eingewöhnung in die Sitte über das Studium der praktischen Philosophie zum Handeln führenden Unterrichts *und* der neuzeitlichen Revolution der Denkungsart so zu vermitteln, daß die antike Vorstellung von einer hierarchischen und teleologischen Ordnung der menschlichen Gesamtpraxis und die aristotelische Unterscheidung zwischen bloß erfahrenen und freien Bürgern unter der Idee der Freiheit, Gleichheit und Brüderlichkeit aller Menschen korrigiert werden können. Wie schon die Neubestimmung regierender Maßnahmen (vgl. Abschnitt 5.1.2.) zielt auch die Neubestimmung des erziehenden Unterrichts darauf, jenen Beitrag zu bestimmen, den die pädagogische Praxis zur Überführung der Ständegesellschaft in eine auf gegenseitiger Anerkennung der Menschen als Selbstzweck basierende Gesellschaft zu leisten vermag.

Die wesentlichen Korrekturen, die Herbart am aristotelischen Modell unterrichtlicher *paideía* vornimmt, beziehen sich nicht so sehr auf die Unterscheidung zwischen der *epagogé* von der Erfahrung zum Wissen und der Förderung praktischer Urteilskraft durch das Studium der praktischen Philosophie als vielmehr auf das zeitliche Nacheinander, welches Aristoteles für beide Formen des erziehenden Unterrichts vorsah. Vom erziehenden Unterricht verlangt Herbart, daß er in „getrennten Reihen" Erfahrung zur Erkenntnis und Umgang zur Teilnahme erweitere, Lernprozesse in beiden „Reihen" gleichzeitig fördere und miteinander in Beziehung bringe. Die Zielbestimmung eines solchen Unterrichts ergibt sich nicht mehr aus der Unterscheidung zwischen bloß Erfahrenen, die zur Arbeit bestimmt sind, und Wissenden, die nicht in die Sphäre der Arbeit eintreten, auch nicht aus der Unterscheidung zwischen bloß herstellend Tätigen und aus praktischer Urteilskraft Handelnden. Ziel des erziehenden Unterrichts ist es vielmehr, Erfahrung und Umgang jedes einzelnen zu der ihm größtmöglichen „Vielseitigkeit des Interesses" zu erweitern und auf diese Weise jeden zur Mitwirkung an der menschlichen

Gesamtpraxis in den Bereichen der Arbeit, der Sitte, der Pädagogik, der Politik, der Kunst und der Religion zu befähigen[104].

In methodischer Hinsicht zeichnet sich ein solcher Unterricht dadurch aus, daß er an der aristotelischen Einsicht in die genetische Struktur menschlichen Lernens festhält und anknüpfend an den schon erworbenen Wissenszusammenhang der Lernenden deren Erfahrung und Umgang zu erweitern sucht, das Erlernen wissenschaftlichen Denkens jedoch nicht mehr als teleologisch fundiert in der zu lernenden Sache, sondern als methodisch konstituiert durch das erkennende Subjekt begreift. In thematischer Hinsicht zeichnet sich ein solcher Unterricht dadurch aus, daß er die neuzeitliche *epagogé* von der schon verwissenschaftlichten Erfahrung zum wissenschaftlichen Wissen mit der Frage nach dem historisch-gesellschaftlichen Kontext der Entwicklung neuzeitlicher Wissenschaft und Technik sowie mit dem Problem, die Grenzen der Gültigkeit wissenschaftlichen Wissens zu erkennen und zu beachten, verbindet. In institutionstheoretischer Hinsicht schließlich zeichnet sich ein solcher Unterricht dadurch aus, daß er weder dem Modell eines unmittelbaren Erfahrungs- und Umgangslernens, noch demjenigen eines bloßen Aufstiegs zum Wissen folgt, sondern erziehenden Unterricht als Erweiterung von Erfahrung und Umgang im Sinne einer Vorbereitung der Heranwachsenden auf den Eintritt ins gesellschaftliche Leben zu gestalten sucht.

Die Konzeption für einen solchen Unterricht führte Herbart in seiner Allgemeinen Pädagogik aus, indem er die methodische Struktur erziehenden Unterrichts gleichsam zwischen der aristotelischen *epagogé* vom Vorwissen zum Wissen und der neuzeitlichen Konstitution der modernen Wissenschaften durch das ,,Ich denke'' Kants[105] ansiedelte und durch formale Stufen einer Erweiterung von Erfahrung und Umgang zu einem vielseitigen Interesse gliederte. Die thematische Struktur des erziehenden Unterrichts verpflichtete Herbart darauf, Lernprozesse in der Reihe der Erkenntnis, welche die Erfahrung zur Wissenschaft und Kunst erweitern, mit Lernprozessen in der Reihe der Teilnahme zu verbinden, welche den standesspezifisch begrenzten Umgang der Menschen zu einer öffentlichen Politik und nicht mehr konfessionell eingeengten Religion transzendieren. Gemeinsame Aufgabe beider Reihen des erziehenden Unterrichts ist es, durch unterrichtliche Aufklärung in den Heranwachsenden eine Urteils- und Handlungskompetenz anzubahnen, die sich real dann zwar erst vermittelt über das Handeln entwickeln kann, nun jedoch aufgrund der unterrichtlichen Erweiterung von Erfahrung und Umgang anders entwickeln wird, als dies innerhalb eines bloßen Erfahrungs- und Umgangslernens einerseits und einer bloßen *epagogé* von der Erfahrung zum Wissen andererseits möglich wäre. Die Gewöhnung an selbstverantwortetes Handeln fällt dann freilich nicht in jene Dimension pädagogischen Handelns, die Aristoteles derjenigen des Unterrichts vorordnete, sondern in eine dritte Dimension pädagogischen Handelns, die auf den erziehenden Unterricht folgt.

In Herbarts Theorie des erziehenden Unterrichts sind alle drei Merkmale der zweiten Dimension pädagogischen Handelns im Sinne der neuzeitlichen Bestimmung der pädagogischen Praxis enthalten, die anamnetisch-epistemologische Struktur menschlichen Lernens, die es methodisch beim Unterrichten zu beachten gilt, die Mehrdimensionalität der Thematik eines erziehenden Unterrichts, welche Lernprozesse in der Reihe der Erkenntnis mit solchen in der Reihe der Teilnahme zusammenführt, und die Finalität des erziehenden Unterrichts, nicht dadurch zu verschwinden, daß die Heranwachsenden zu Wissenden und Regierenden im aristotelischen Sinne erzogen und gebildet werden, sondern dadurch, daß sie urteils- und handlungsfähig an der menschlichen Gesamtpraxis mitwirken können.

Die Erweiterung der Erfahrung zum wissenschaftlichen Wissen zielt darauf, daß die Arbeitenden weder als beseelte Werkzeuge Güter hervorbringen, über deren zweckgemäßen und richtigen Gebrauch dann freie Bürger, wie in der antiken Polis, befinden, noch als industriöse Lohnarbeiter Waren produzieren, ohne die über Wissenschaft vermittelte Technologie zu begreifen, die sie arbeitend in Gang setzen und bedienen. Die Erweiterung des Umgangs zur Teilnahme zielt darauf, klassen- und standesspezifische Moralen durch unterrichtliche Aufklärung zu entgrenzen und in allen Heranwachsenden eine individuelle Moralität, eine politische Partizipationsfähigkeit und ein religiöses Bewußtsein zu provozieren, das über die beschränkten Horizonte von Standesmoralen, klassenspezifischer Politik und religiöser Ansprüche einer alleinseligmachenden positiven Religion hinausführt.

Erziehender Unterricht im modernen Sinne erweitert Erfahrung und Umgang der Menschen nicht mehr durch eine *epagogé* zu einem Wissen um eine vorgegebene Ordnung des Ganzen, an der jeder auf seine Weise teilhat und die die Angehörigen der Gesellschaft in solche einteilt, die herstellende Tätigkeiten und solche, die freie Tätigkeiten ausüben. Er zielt vielmehr auf eine Erweiterung von Erfahrung und Umgang, welche eine gegenseitige Anerkennung aller Menschen als freier, an der Gesamtpraxis mitwirkender Subjekte anstrebt. Das Wissen, zu dem erziehender Unterricht führt, zielt auf eine Überwindung einseitiger Vollkommenheiten der Gesellschaftsmitglieder, wie sie der antiken Polis und der Ständegesellschaft im absolutistischen Staat zugrunde lagen und heute den Einseitigkeiten beruflicher Tätigkeiten zugrunde liegen. Erziehender Unterricht versucht, in jedem einzelnen Individuum ein vielseitiges Interesse gleichschwebend auszubilden und so die einzelnen in die Lage zu setzen, ihre künftige Bestimmung nicht allein in dem Beruf, den sie in der Gesellschaft ausüben, sondern darin zu finden, daß sie die jeweils spezielle Tätigkeit so ausüben können, daß sie Teil ihrer Mitwirkung an der menschlichen Gesamtpraxis werden kann.

Im Unterschied zur antiken *epagogé* von der *empeiría* zur *epistéme* wird in der modernen bürgerlichen Gesellschaft niemand schon dadurch zur Mitwirkung an der menschlichen Gesamtpraxis fähig, daß er sich wissenschaftliche Einsichten aneignet, denn das Wissen der neuzeitlichen Wissenschaften führt nicht mehr zur Einsicht in die Ordnung alles Seienden und des gesellschaftlichen Ganzen. Die theoretischen Wissenschaften sind nicht Erkenntnis einer vorgegebenen Ordnung, sondern basieren auf einer vom menschlichen Verstand konstruierten Gesetzgebung, welche die Natur menschlicher Herrschaft unterwirft, ohne Aussagen über den Sinn und Zweck solcher Herrschaft begründet formulieren zu können. Die praktischen Wissenschaften, insbesondere Ökonomie, Ethik, Pädagogik und Politik, fragen nach einer nicht-hierarchischen Ordnung der menschlichen Gesamtpraxis, welche keinerlei teleologisch gerechtfertigte Hierarchie menschlicher Tätigkeiten mehr zuläßt. Die historisch-hermeneutischen Wissenschaften schließlich bewahren die Erinnerung an die Geschichte und rekonstruieren deren Verlauf, der in den theoretischen Wissenschaften nicht erinnert werden kann, weil diese in ihren kausal-analytischen Theorien zur Erklärung und Beherrschung der Wirklichkeit die Geschichte ihrer eigenen Disziplinen und die sozialgeschichtlichen Interdependenzen ihres Erkenntnisfortschritts nicht tradieren können.

Die Erfahrung zur Wissenschaft, welche seit der Verwissenschaftlichung aller Lebensbereiche teleologiefrei der Erfahrung selbst zugrunde liegt, zu erweitern, den Umgang der Menschen in seiner historisch-gesellschaftlichen Vermitteltheit aufzuklären und die beiden Reihen der Erweiterung von Erfahrung und Umgang angesichts des Fehlens eines teleologischen Ordnungszusammenhangs in einem vielseitigen Interesse zusammenzuführen, das zu praktischer Urteilskompetenz befähigt, dies ist zusammengenommen das Sisyphus-Programm des neuzeitlichen erziehenden Unterrichts, welches Herbart, ohne schon die volle Schwierigkeit einer solchen Konzeption zu durchschauen, als erster systematisch formuliert hat.

Herbarts Maxime, es gelte Lernprozesse in der Reihe der Erkenntnis, die die Erfahrung zur wissenschaftlichen Spekulation erweitern, mit solchen in der Reihe der Teilnahme („in einem höchsten Punkt") zu verknüpfen, formuliert nur die neuzeitliche Aufgabe eines erziehenden Unterrichts, zeigt jedoch noch nicht auf, wie eine solche Verknüpfung möglich sein und worin sie bestehen könnte. Die große Frage, die sich erziehendem Unterricht von hierher stellt, ist diejenige, wie sich die durch das Erlernen neuzeitlicher Wissenschaft zu fördernde theoretisch-technische Urteilskompetenz mit einer historisch-hermeneutischen so verbinden läßt, daß daraus eine praktische Urteilskompetenz hervorgehen kann. Diese Frage, gewinnt einen Teil ihrer Brisanz aus jenen Aporien, die innerhalb des Kapitels zur Theorie der Bildung im Exkurs „Zum Verhältnis von Bildung, neuzeitlicher Wissenschaft und Politik" bereits aufgezeigt worden sind.

Zur Klärung der Frage, was unter einer bildenden Aneignung neuzeitlicher Wissenschaft verstanden werden kann, ist es hilfreich, zwischen drei Konzepten einer unterrichtlichen Erweiterung von Erfahrung und Umgang zu unterscheiden und diese daraufhin zu befragen, ob in ihnen um den mit der neuzeitlichen Wissenschaft untrennbar verbundenen Verlust der Einheit von Erfahrung, wissenschaftlichem Wissen und beider Eingebundenheit in eine teleologische, unserem Erkenntniszugriff vorgegebene Ordnung gewußt wird oder nicht. Die eine Form wissenschaftlichen Unterrichts gibt die neuzeitliche Erklärung der Weltgegebenheiten als Weisheit unseres wissenschaftlichen Verstandes aus und erkennt älteren Auffassungen allenfalls den Status von Irrtümern oder Vorstufen zum sogenannten wissenschaftlichen Weltbild zu. Sie verführt zur Wissenschaftsgläubigkeit, indem sie die vom menschlichen Verstand konstruierte Ordnung der Weltgegebenheiten als Ordnung der Welt selbst ausgibt und unterstellt, die Erklärung der Welt durch neuzeitliche Wissenschaft könne die älteren Traditionen ontologischen und teleologischen Denkens einfach ablösen und Aussagen über den Sinn und Zweckzusammenhang der Natur, des Lebens und der Geschichte machen. Ein Unterricht, der nicht mehr zwischen der Welt als der unserem Wissen uneinholbar vorausgesetzten Wirklichkeit und dem wissenschaftlichen Begriff der Welt zu unterscheiden vermag, hypostasiert die Aussagesysteme neuzeitlicher Wissenschaft, statt in diesen eine vom menschlichen Verstand konstruierte Ordnung der Weltgegebenheiten zu sehen, zur Ordnung der Welt an sich.

Hiervon unterscheidet sich eine andere Form wissenschaftlichen Unterrichts, die nicht zur Wissenschaftsgläubigkeit erzieht, sondern sich dadurch auszeichnet, daß sie um die Akte der Spontaneität weiß, die für die Gesetzgebung unseres Verstandes und die Aneignung eines durch sie vermittelten Wissens konstitutiv sind. Ein solcher Unterricht erkennt ausdrücklich an, daß neuzeitliche Wissenschaft keine Aussagen über die Welt als Ding an sich formuliert, sondern ein vom Menschen hervorgebrachtes, hypothetisch entworfenes und konstruiertes Wissen darstellt. Solcher Unterricht hypostasiert die wissenschaftlichen Aussagesysteme nicht zu ontologischen Begriffen eines teleologischen Ordnungszusammenhangs der Welt, sondern bescheidet sich damit, die neuzeitliche Wissenschaft lehrbar zu machen und ihre Satzsysteme als hypothetische Aussagesysteme zu erschließen. Seine Bescheidenheit reicht jedoch für sich genommen noch nicht aus, um die Irrtümer der zuerst genannten Form eines wissenschaftlichen Unterrichts zu vermeiden, denn sie führt zwar nicht zur Wissenschaftsgläubigkeit im Sinne der Hypostasierung wissenschaftlicher Satzsysteme zum Begriff der Wirklichkeit, steht jedoch umgekehrt in der Gefahr, die bloße Einsicht in die Konstitution wissenschaftlicher Welterkenntnis durch den konstruierenden menschlichen Verstand als Legitimation für die Gültigkeit wissenschaftlicher Satzsysteme auszugeben und die Weltinhalte auf das zu reduzieren, was wir im Horizont wissenschaftlicher Aussagen von ihnen wissen und in der Anwendung neuzeitlicher Wissenschaft über sie vermögen.

Von diesen beiden Konzeptionen eines wissenschaftsorientierten Unterrichts, die Denken-Lernen schlicht mit wissenschaftlichem Denken im neuzeitlichen Sinne gleichsetzen, läßt sich eine dritte Konzeption unterscheiden, die unter Denken-Lernen etwas ganz anderes versteht. Sie bezieht die Aufgabe einer bildenden Aneignung der Wissenschaften nicht nur auf die Aneignung von wissenschaftlichem Wissen, sondern zugleich auf die geschichtlich-gesellschaftliche Dimension der Akte der Spontaneität, die zur Entwicklung des wissenschaftlichen Wissens geführt haben, und auf die Frage nach der Gültigkeit und Reichweite wissenschaftlichen Wissens. Erst von ihr her läßt sich der Begriff eines Unterrichts bestimmen, der nicht in wissenschaftsorientiertem Einzelfachunterricht aufgeht, sondern seine bildende Relevanz aus fächerübergreifenden Perspektiven gewinnt, die sich auf die Vermittlung einzelwissenschaftlicher Theorien und Satzsysteme, deren historisch-gesellschaftlichen Entstehungs- und Deutungskontext und philosophisch-geltungskritische sowie praxisphilosophische Fragen beziehen.

Daß alles menschliche Lernen auch dort von einem *próteron pròs hemãs,* von einem schon erworbenen Wissenszusammenhang ausgeht, wo die antike Vorstellung von einer Fundierung des *próteron pròs hemãs* in einem *próteron tẽ phýsei* nicht mehr zutrifft, gilt auch für die dritte, im eigentlichen Sinne kritische Form neuzeitlichen erziehenden Unterrichts. Dieser gelingt nicht schon dadurch, daß wir naturwissenschaftliche, historisch-gesellschaftswissenschaftliche und philosophische Kurse so nebeneinander anordnen, daß in diesen die Entwicklung des menschlichen Wissens gleichsam noch einmal durchlaufen und von der jüngeren Generation quasi repetiert wird, sondern nur dann, wenn die heute Lernenden anknüpfend an ihr Vorwissen sich den komplexen Zusammenhang zwischen wissenschaftlichem Erkenntnisfortschritt, geschichtlicher Entwicklung und philosophischem Denken aneignen. Was hierunter zu verstehen ist, soll im folgenden in Anlehnung an Einsichten der bildungskategorialen Didaktik Franz Fischers und der kritischen Theorie Adornos und Horkheimers erläutert werden, welche sich zwar in ihren Ausgangsfragestellungen durchaus unterscheiden, darin jedoch übereinstimmen, daß eine bildende Interpretation neuzeitlicher Wissenschaft nur im Durchgang durch die Aussage- und Satzsysteme der positiven Wissenschaften zu begründen ist.

5.2.2. Erziehender Unterricht und die Möglichkeiten und Grenzen einer bildenden Aneignung neuzeitlicher Wissenschaft

In seiner Abhandlung „Traditionelle und kritische Theorie", welche als Programmschrift der ersten Phase der Theoriediskussion der Frankfurter Schule angesehen werden kann, entwickelte Horkheimer ein Vermittlungsmodell zwischen traditionellen Theorien, neuzeitlicher Wissenschaft, kritischer Gesellschaftstheorie und gesellschaftlicher Praxis, welches in seinem Kern auf interessen-theoretischen und interessen-politischen Annahmen basierte. Die interessen-theoretische Annahme war, einer gesellschaftstheoretisch fundierten historischen Rekonstruktion des Entstehungs-, Verwendungs- und Bedeutungszusammenhangs neuzeitlicher Wissenschaft könne es gelingen, den in den wissenschaftlichen Aussagesystemen selbst ausgeblendeten und nicht reflektierten Vermittlungszusammenhang von historisch-gesellschaftlicher Erfahrung und traditioneller Wissenschaft aufzudecken und so den objektivistischen Schein traditioneller Theorie zu durchbrechen, der überall dort entsteht, wo Satzsysteme der positiven Wissenschaften als rein szientifische Aussagen über Wirklichkeitsbereiche verstanden werden. Die interessen-politische Hoffnung richtete sich darauf, eine mit Hilfe kritischer Theorie aufgeklärte traditionelle Theorie werde nicht mehr blind vorgegebenen gesellschaftlichen Verwendungszusammenhängen verpflichtet bleiben, sondern könne ein Bündnis mit fortschrittlichen gesellschaftlichen Bewegungen eingehen und auf diese Weise ihre theoretische Arbeit in den politischen Kampf für eine Gesellschaft ohne Ausbeutung und Unterdrückung einbringen.

Die interessen-politische Hoffnung der ersten Phase kritischer Theorie haben Horkheimer und Adorno schon 1944 mit der Veröffentlichung ihrer Studien zur „Dialektik der Aufklärung" korrigiert. Angesichts des Scheiterns der deutschen Arbeiterbewegung im Faschismus und der Russischen Revolution im Stalinismus stellten sie, rückblickend auf die erste Phase kritischer Theorie, fest, daß sie ihre Hoffnung und ihr „Vertrauen", „Soziologie, Psychologie und Erkenntnistheorie" in einer interessen-theoretisch und interessen-politisch fundierten kritischen Theorie vereinigen zu können, „aufgeben mußten"[106]. Im Vorwort zur Neupublikation seiner Beiträge in der Zeitschrift für Sozialforschung ging Horkheimer noch einen Schritt weiter, wenn er vor einer Ineinssetzung von theoretischem und praktischem Interesse warnte:

„Aus kritischer Theorie Konsequenzen für politisches Handeln zu ziehen, ist die Sehnsucht derer, die es ernst meinen; jedoch besteht kein allgemeines Rezept, es sei denn die Notwendigkeit der Einsicht in die eigene Verantwortung. Unbedachte und dogmatische Anwendung kritischer Theorie auf die Praxis in der veränderten historischen Realität vermöchte den Prozeß, den sie zu denunzieren hätte, nur zu beschleunigen. Die der kritischen Theorie im Ernst Verbundenen, auch Adorno, der mit mir sie entfaltet hat, stimmen darin überein."[107]

Die wesentlichen Korrekturen, die Horkheimer und Adorno an der von ihnen begründeten kritischen Theorie auf dem Wege von deren erster zu deren zweiter Phase vornahmen, beschränkten sich im Kern auf die ursprüngliche interessen-politische Annahme. In erkenntnis- und interessen-theoretischer Hinsicht dagegen ist zwischen der ersten und der zweiten, durch Adornos „Negative Dialektik" und Horkheimers „Kritik der instrumentellen Vernunft" geprägten Theoriephase keine tiefergreifende Differenz festzustellen, allenfalls diejenige, daß die Aufklärung positiver Wissenschaft über die historisch-gesellschaftliche Vermitteltheit ihrer Theorieentwicklung entgegen den interessen-politischen Hoffnungen der ersten Phase nicht eine Emanzipation und Befreiung von den historisch-gesellschaftlichen Bedingungen neuzeitlicher Wissenschaft herbeiführt, sondern nur zur Einsicht in deren historisch-gesellschaftliche Vermitteltheit hinführt. Solche Einsicht freilich ist auch mit den Mitteln traditioneller Theorie zu gewinnen. Schon 1937 heißt es hierzu in Horkheimers Abhandlung über traditionelle und kritische Theorie, die „Untersuchung der sozialen Bedingtheit von Tatsachen sowie von Theorien" werde „wohl ein Forschungsproblem, ja, ein ganzes Feld theoretischer Arbeit bilden, aber es (sei) nicht einzusehen, inwiefern sich derartige Studien von anderen fachlichen Bestrebungen grundsätzlich unterscheiden sollten"[108]. Und so stellt sich die Frage, ob überhaupt an der Differenz zwischen traditioneller und kritischer Theorie noch festgehalten werden kann, wenn die Kritsche Theorie ihre Hoffnung, Aufklärung im Dienste fortschrittlicher politischer Bewegungen leisten zu können, in ihrer zweiten Theoriephase selbstkritisch revidieren mußte.

In einem freilich unterschied sich der ideologiekritische Ansatz Horkheimers und Adornos, auch wenn man seine interessen-politischen Optionen hintansetzt, von anderen Ansätzen zur Wissenschaftssoziologie und -historie, und dies weist ihm eine bleibende Bedeutung für die Klärung der Frage zu, was unter einer bildenden Aneignung neuzeitlicher Wissenschaft zu verstehen ist. Er zielte nämlich von Anfang an darauf, die Arbeitsteilung, die zwischen den Einzelwissenschaften und in ihrer Lehre gegeben ist, zu überwinden und wissenschaftsstheoretische mit gegenstandstheoretischen und wissenssoziologischen Fragestellungen zu verbinden. Am Beispiel der Geschichte des kopernikanischen Weltbildes, an welchem schon Kant seinen Begriff der Revolution theoretischer Denkungsart erläuterte, verdeutlicht Horkheimer das von ihm Gemeinte folgendermaßen:

„Daß man im siebzehnten Jahrhundert begann, die Schwierigkeiten, in welche die traditionelle astronomische Erkenntnisweise geraten war, nicht mehr durch zusätzliche Konstruktionen zu erledigen, sondern zum kopernikanischen System überging, lag nicht an seinen logischen Eigenschaften – etwa der größeren Einfachheit – allein. Daß diese als Vorzüge wirkten, führt selbst auf die Grundlage der gesellschaftlichen Praxis jener Epoche. Wie das im sechzehnten Jahrhundert kaum erwähnte kopernikanische System dazu kam, zu einer revolutionären Macht zu werden, bildet einen Teil des geschichtlichen Prozesses, in dem das mechanistische Denken zur Herrschaft gelangt. Daß die Änderung wissenschaftlicher Strukturen von der jeweiligen gesellschaftlichen Situation abhängt, gilt jedoch nicht allein für so umfassende Theorien wie das kopernikanische System, sondern auch für die speziellen Forschungsprobleme im Alltag. Ob das Auffinden neuer Varietäten auf einzelnen Gebieten der anorganischen oder organischen Natur, sei es im chemischen Laboratorium oder bei paläontologischen Forschungen, zur Änderung alter Klassifikationen oder zur Entstehung neuer den Anlaß bildet, läßt sich keineswegs aus der logischen Situation allein ableiten. Die Erkenntnistheoretiker pflegen sich hier mit einem nur scheinbar ihrer Wissenschaft immanenten Begriff der Zweckmäßigkeit zu helfen. Ob und wie neue Definitionen zweckmäßig gebildet werden, hängt in Wahrheit nicht bloß von der Einfachheit und Folgerichtigkeit des Systems, sondern unter anderem auch von Richtung und Zielen der Forschung ab, die aus ihr selbst weder zu erklären noch gar letztlich einsichtig zu machen sind. Und wie der Einfluß des Materials auf die Theorie so ist auch die Anwendung der Theorie auf das Material nicht ein innerszientifischer, sondern zugleich ein gesellschaftlicher Vorgang."[109]

Einsichten wie diese sind heute nicht mehr umstritten, sondern weitgehend anerkannt. Die Lehre der Wissenschaften an den Hochschulen und im Schulunterricht erfolgt gleichwohl immer noch unter weitgehender Abstraktion vom historisch-gesellschaftlichen Entstehungs- und Anwendungskontext der wissenschaftlichen Aussagesysteme. Dagegen ist als erste Forderung einer erziehenden und bildenden Vermittlung und Aneignung neuzeitlicher Wissenschaft diejenige aufzustellen, daß die Satzsysteme der einzelnen Wissenschaften nur zusammen mit erkenntnistheoretischen und wissenschaftsgeschichtlichen Fragestellungen in einem bildenden Sinne erlernt werden können. Dies gilt freilich auch für die Aussagesysteme der Kritischen Theorie, die hiervon nicht ausgenommen sind. Werden diese unter Abstraktion von ihrem historisch-gesellschaftlichen Entstehungskontext dogmatisch gelehrt, so führt die Ineinssetzung ihrer interessen-theoretischen und interessen-politischen Momente dazu, daß die Lehre Kritischer Theorie ihre mögliche aufklärende Kraft einbüßt und in eine Indoktrination umschlägt, welche Emanzipationschancen vortäuscht, die durch Unterricht gar nicht hervorgebracht werden können.

Wissenschaftlicher Unterricht erfordert, um bildend wirken zu können, daß wissenschaftliche Aussagesysteme unter Berücksichtigung ihres historisch-gesellschaftlichen Entstehungs- und Anwendungshorizontes gelehrt und gelernt werden. Die Einsicht in die historisch-gesellschaftliche Vermitteltheit unseres Wissens verliert jedoch ihre bildende Bedeutung, sobald sie in irgendeinem Sinne den Anspruch erhebt, durch sie lasse sich die volle Wahrheit wissenschaftlicher Aussagesysteme in den Blick bringen. Zwar ist die Auffassung, daß alles Wissen und alle Erfahrungen historisch-gesellschaftlich vermittelt sind, richtig; die Auffassung jedoch, daß alles, was historisch-gesellschaftlich vermittelt ist, das, was es ist, durch seine historisch-gesellschaftliche Vermittlung sei, diese Auffassung ist falsch. Denn wir erfahren und erkennen nie etwas, das das, was es ist und für uns ist, nur aufgrund seiner gesellschaftlich-geschichtlichen Vermittlung wäre. Wo immer Erkenntnistheorie auf

Wissenschaftstheorie und Wissenssoziologie reduziert wird, da erliegt die Gesellschaftstheorie demselben Fehler, den sie an den Aussagesystemen anderer Wissenschaften, sofern diese die Erklärung und Deutung ihres Erkenntnisgegenstands zu dessen vollständigem Begriff erheben, bekämpft, denn der soziologistische Schein von Wissenssoziologie und Ideologiekritik ist nicht minder problematisch als der objektivistische Schein kausal-analytischer Theorie oder der historistische Schein geschichtswissenschaftlicher Objektivität.

Darum muß als zweite, gleichgewichtige Forderung einer erziehenden und bildenden Aneignung neuzeitlicher Wissenschaft diejenige anerkannt werden, die Aussagesysteme der positiven Wissenschaften so zu lehren und zu lernen, daß eine Reduktion der Wirklichkeit auf das, was die wissenschaftlichen Theorien über sie aussagen, ebenso vermieden wird wie deren Hypostasierung zum Begriff der Wirklichkeit. Was hierunter zu verstehen ist, läßt sich an F. Fischers „Darstellung der Bildungskategorien im System der Wissenschaften" verdeutlichen[110].

Während die Kritische Theorie in erkenntnistheoretischer und -kritischer Absicht die historisch-gesellschaftliche Vermitteltheit menschlicher Welterfahrung und wissenschaftlicher Aussagesysteme in den Blick zu bringen sucht und dort, wo sie ihren Begriff dieser Vermitteltheit zum Begriff der Wahrheit oder Falschheit unseres Bewußtseins erhebt, in die Gefahr gerät, die erkenntnistheoretische Differenz von Ding an sich und Erscheinung zu vernachlässigen und die Hypostasierung wissenschaftlicher Theorie zum Begriff der Wirklichkeit, welche sie an der traditionellen Theorie zu Recht bekämpft, selber zu vollziehen, erhebt Fischers Theorie der Bildungskategorien die transzendentale Differenz von Ding an sich und Erscheinung zum Ausgangspunkt einer bildenden Interpretation neuzeitlicher Wissenschaft. Sie fragt nicht nach der gesellschaftlich-historischen Bedeutung positiver Wissenschaften und traditioneller Theorien, sondern nach dem „Sinn des Sinnes" ihrer Aussagesysteme und versucht von hierher die Möglichkeit einer bildenden Interpretation neuzeitlicher Wissenschaft zu begründen.

Unter dem Sinn des Sinnes von Aussagen versteht Fischer weder die Bedeutung, die Sätzen und wissenschaftlichen Satzsystemen in einem alltäglichen oder szientifischen Sinne zukommt, noch jene Bedeutung, die wir rekonstruieren, sobald wir einzelwissenschaftliche Theorien ideologiekritisch auf ihren gesellschaftlich-geschichtlichen Entstehungs- und Anwendungskontext hin analysieren, sondern eine Bedeutung, die wir erst dann bemerken, wenn wir Kants transzendentale Differenz zwischen Ding an sich und Erscheinung beachten und zwischen dem empirischen Sinn von Aussagen auf der einen und dem Sinn ihres Sinnes auf der anderen Seite unterscheiden, der ihnen von der in ihnen selbst unvermittelt vorausgesetzten Wirklichkeit her zukommt.

Was hierunter zu verstehen ist, versuchte Fischer zu verdeutlichen, indem er zwischen dem in einer Aussage oder einem Aussagesystem Gesagten und Gemeinten unterschied und Interpretationen, die das Gemeinte vom Gesagten her deuten, mit einer bildungskategorial begründeten Interpretation wissenschaftlicher Aussagesysteme konfrontierte, die die Beachtung der Differenz zwischen Aussagen über Gegebenes und der in diesen unvermittelt vorausgesetzten Wirklichkeit zum Anspruch einer bildenden Interpretation neuzeitlicher Wissenschaft erhebt. Als Rahmen für eine solche Interpretation entwickelte Fischer eine für alle Wissenschaften Geltung beanspruchende Gliederung des Wissens nach Stufen sowie eine Differenzierung der Wissenschaften nach Bildungskategorien, die im folgenden kurz vorgestellt werden sollen, da sich von ihnen her, verbindet man sie mit dem Ansatz der Kritischen Theorie, Möglichkeiten und Grenzen einer bildenden Interpretation neuzeitlicher Wissenschaft systematisch bestimmen lassen.

Eine für alle Wissenschaften geltende Differenzierung des Wissens entwickelte Fischer, indem er Kants Unterscheidung zwischen theoretischer und praktischer Vernunft als eine Unterscheidung zwischen „Gewißheit" und „Gewissen" auslegte[111] und dann in Auseinandersetzung mit Hegels Phänomenologie und Logik eine Stufenordnung konstruierte, die in der Reflexion auf die Voraussetzungen unseres Wissens nicht zu einem absoluten Wissen aufsteigt, sondern die Existenz der Welt als eine gerade reflexiv nicht einholbare und zu vermittelnde Voraussetzung unseres Denkens und Handelns anerkennt[112]. Wie Hegel unterschied Fischer zwischen sechs Stufen, ordnete diese jedoch nicht in die des „Bewußtseins", „Selbstbewußtseins", der „Vernunft", des „Geistes", der „Religion" und des „absoluten Wissens", sondern in die Stufen der „vorausgesetzten unvermittelten Wirklichkeit", des „Unmittelbar-Allgemeinen", des „Prädikativ-Allgemeinen", des „Positiv-Allgemeinen", des „Unmittelbar-Konkreten" und des „Positiv-Konkreten".

Die erste dieser Stufen, die der vorausgesetzten unvermittelten Wirklichkeit, ist keine Stufe im eigentliche Sinne, sondern verweist auf die uneinholbare Vorausgesetztheit unserer eigenen Existenz und der der gesamten Welt, auf eine Voraussetzung also, die auch dadurch, daß wir sie benennen und um sie wissen, nicht aufhört, Voraussetzung zu sein. Die zweite Stufe, die des Unmittelbar-Allgemeinen, entspricht dem, was Hegels Phänomenologie im Abschnitt über das Bewußtsein zur „sinnlichen Gewißheit" ausführt. Sie faßt unter sich alle Aussagen, die sich auf ein Einzelnes beziehen und dieses in allgemeinen Begriffen benennen. Während jedoch Hegel die sprachlich-allgemeine Aussage als Wahrheit der sinnlichen Gewißheit deutete[113], insistiert Fischer auf der in kein Wissen aufhebbaren Differenz von Gemeintem und Gesagtem, wenn er die Gewißheit solcher Aussagen als eine unmittelbar-allgemeine bestimmt. Unmittelbar ist solche Gewißheit nämlich insofern, als sie auf die unvermittelt vorausgesetzte Wirklichkeit verweist, allgemein, indem sie das, was wir jeweils meinen, gerade nicht ausspricht, sondern nur eine allgemeine Aussage über ein empirisch Gegebenes formuliert, die zwar nicht in dem, was sie meint, wohl aber in dem, was sie aussagt, für alles Gegebene vergleichbarer Art zutrifft. Hegels Verständnis der Sprache zufolge ist alles Unmittelbare stets vermittelt, weil wir ein einzelnes Dies, Hier und Jetzt, das wir meinen, nicht aussagen können und die Sprache das Einzelne immer schon so ins Allgemeine vermittelt, daß es für uns und andere mitteilbar wird (vgl. hierzu auch den Abschnitt 2.1.). So gelten die Worte des Satzes „Mein Großvater ist heute gestorben" für alles, dem wir die Bedeutung von „Mein" und „Heute" zuweisen können, und für jeden Großvater und jeden Tod. Auf diese allgemeine Sinnstruktur des Satzes geht die weltvermittelnde und die kommunikative Mitteilungskraft und -funktion der Sprache zurück, derzufolge die Aussage eines Ich „Mein Großvater ist heute gestorben" vom jeweiligen Du als Aussage „Sein Großvater ist heute gestorben" verstanden wird. Der Sinn des Sinnes einer solchen Aussage aber geht gerade nicht in der allgemeinen Bedeutung ihrer Worte auf, sondern verweist auf die in ihr allgemein gerade nicht vermittelte, sondern unvermittelt vorausgesetzte Wirklichkeit.

Die Satzsysteme der positiven Wissenschaften ordnet Fischer der dritten Stufe unseres Wissens, derjenigen prädikativ-allgemeiner Aussagen zu, welche ein hypothetisches Wissen über komplexe Kausalverhältnisse formulieren und aufgrund ihrer prognostischen Aussagestruktur empirisch überprüft werden, sich bewähren oder scheitern können. Der Sinn prädikativ-allgemeiner Aussagen dieser Art ist ein solcher instrumentellen Handelns, denn sie gestatten bei gegebenen und bekannten Ausgangsbedingungen nicht nur Prognosen, sondern begründen zugleich die Möglichkeit eines Handelns, welches Wirkungen erfolgskontrolliert berechnet. Auf diese Weise kann zum Beispiel ein Arzt, der auf der Intensivstation verschiedene Meßgeräte abliest, welche Auskunft geben über die Organfunktionen eines Patienten, die Diagnose „Exitus durch Herzversagen" stellen und anschließend einem Angehörigen des Patienten mitteilen, daß sein Großvater gestorben ist. Die sinntheoretische Differenz zwischen dem Sinn einer Aussage und dem Sinn ihres Sinnes, welche in den beiden ersten Stufen des Wissens begründet ist, gilt auch für die dritte Stufe. Während nämlich der Sinn der Diagnose in der medizinisch-biologischen Erklärung des Todes aufgeht, verweist der Sinn ihres Sinnes auf den Tod und das Sterben eines Individuums und die Endlichkeit unserer Existenz und Koexistenz, die wir nur dann erfahren, wenn wir zwischen der wissenschaftlichen Erklärung von Weltgegebenheiten in hypothetisch-prognostischen Aussagen über Gegebenes und der in diesen Aussagen unvermittelt und uneinholbar vorausgesetzten Wirklichkeit unterscheiden. In dem eben genannten Beispiel zeigt sich die Differenz zwischen der empirischen Feststellung des Todes und dem Sinn des Sinnes dieser Feststellung an der Differenz zwischen der medizinischen Aussage auf der einen und dem Beileid, das wir den Angehörien eines Verstorbenen aussprechen, auf der anderen Seite.

Wird die Differenz zwischen prädikativ-allgemeinen Aussagen der positiven Wissenschaften und dem Eigensinn der diesen Aussagen unvermittelt vorausgesetzten Wirklichkeit nicht beachtet, so kommt es zu jener Verkehrung im Verhältnis der szientifischen Mittel zweckrationalen Handelns und der Ziele und Aufgaben menschlicher Praxis, die Schelsky als Bestimmung des Menschen in der wissenschaftlichen Zivilisation und als Ende nicht nur der politischen Praxis ausgemacht hat (vgl. den Exkurs zum Abschnitt 4.2.2.). Wird dagegen die Differenz zwischen prädikativ-allgemeinen Aussagen und dem Sinn des Sinnes der in diesen unvermittelt vorausgesetzten Wirklichkeit beachtet und anerkannt, dann entscheiden nicht länger die Mittel instrumentellen Handelns über die Vernünftigkeit möglicher Zwecke unserer Praxis, sondern dann stellt sich die Frage, wie wir im Handeln und in der Anwendung neuzeitlicher Wissenschaft den Eigensinn der vorausgesetzten Wirklichkeit, statt diese zu einem bloßen Gegebenen zu verkürzen, anerkennen können. Die über die Satzsysteme der positiven Wissenschaften hinausführende vierte Stufe eines solchen Fragens, das die Anerkennung des Anspruchs der unvermittelt vorausgesetzten Wirklichkeit zum Sinnkriterium für die Beurteilung unserer Handlungsmotive und damit zum Kriterium einer vom Gewissen zu verantwortenden Entscheidung über die Tauglichkeit von Mitteln erhebt, bezeichnet Fischer als die Stufe des Positiv-Allgemeinen.

Auch sie läßt sich wieder am Beispiel des sterbenden Großvaters verdeutlichen. Erleidet ein Mensch den Tod, nachdem zuvor alle Möglichkeiten einer technisch-instrumentellen Verlängerung seines Lebens ausgeschöpft wurden, und ergeben sich die Ziele der medizinischen Versorgung des Sterbenden unmittelbar aus den Mitteln einer apparativen Aufrechterhaltung von Lebensfunktionen, so wird der sterbende Mensch nicht in seiner unvermittelt vorausgesetzten Wirklichkeit anerkannt, sondern in seinem Sterben auf ein Objekt reduziert, dessen Organfunktionen sich in den Grenzen des Machbaren manipulieren lassen. Von den Beweggründen eines Handelns, das seine theoretisch-allgemeinen technischen Handlungsmittel zur Legitimationsinstanz möglicher Handlungszwecke verkehrt, unterscheiden sich die positiv-allgemeinen Beweggründe eines den Anspruch der unvermittelt vorausgesetzten Wirklichkeit anerkennenden Handelns dadurch, daß sie in Anerkennung des Eigenanspruchs des kranken und möglicherweise sterbenden Menschen über den Einsatz technischer Mittel zur Verlängerung des Lebens befinden. An die Stelle von Maximen, die die bloße Verlängerung des Lebens im Sinne einer technisch unterstützten Aufrechterhaltung von Organfunktionen zum Beweggrund erheben, tritt dann als positiv-allgemeiner Beweggrund derjenige, den Anspruch des

Menschen auf einen eigenen, individuellen Tod anzuerkennen. Positiv ist ein solcher Beweggrund deshalb, weil er keineswegs von uns oder anderen normativ gesetzt wird, sondern im Eigenanspruch einer uns unverfügbaren Wirklichkeit begründet ist, allgemein, weil er einen Eigenanspruch formuliert, der sich als solcher noch nicht auf das individuelle Sterben eines Einzelnen, sondern auf das allgemeine Recht jedes Menschen auf einen individuellen Tod bezieht.

Der Sinn des Sinnes positiv-allgemeiner Beweggründe geht nicht im Wissen um sie auf, sondern verweist auf eine fünfte Stufe, die allererst im Handeln erreicht wird, sofern wir dessen Zwecke weder technisch-instrumentell noch dessen Mittel im Sinne irgendeiner normativen Moral legitimieren, sondern unsere Motive unter Anerkennung des Eigensinns der unverfügbaren Wirklichkeit prüfen und die Mittel so einsetzen, daß in ihnen die Wirklichkeit nicht zum verfügbaren und manipulierbaren Gegebenen verkürzt wird. Diese Stufe nennt Fischer die des Unmittelbar-Konkreten, weil sie sich auf das individuelle Handeln in je einmaligen Situationen bezieht und damit eine Aufgabe bezeichnet, vor die Lehrende und Lernende in gleicher Weise gestellt sind. Sie verweist auf ein Handeln, das außerhalb der Sphäre eines erziehenden Unterrichts und einer bildenden Interpretation neuzeitlicher Wissenschaft liegt und durch unterrichtliche Lehr-Lernprozesse unmittelbar weder herbeigeführt werden darf noch kann. Daß jedoch der positiv-allgemeine Anspruch des Eigensinns der unverfügbaren Wirklichkeit im Handeln unmittelbar-konkret anzuerkennen ist, kann als Anspruch einer kritischen Praxis im Unterricht thematisiert werden und macht dann eine sechste und letzte Stufe unseres Wissens aus, in der die Anerkennung des positiv-allgemeinen Anspruchs der unverfügbaren Wirklichkeit zwar nicht unmittelbar-konkret im individuellen Handeln vollzogen, wohl aber positiv-konkret als Aufgabe bewußt wird.

Aktuelle Bedeutung für eine Klärung dessen, was unter erziehendem Unterricht zu verstehen ist, kommt Franz Fischers Differenzierung des Wissens nach Stufen nicht etwa deshalb zu, weil sich aus ihr die Stufen realer Bildungsprozesse und -gänge ableiten und eine Reihenfolge zeitlich nacheinander zu vollziehender Reflexions- und Entscheidungsakte bestimmen ließen, sondern weil sie gleichzeitig zu beachtende Voraussetzungen für eine bildende Interpretation neuzeitlicher Wissenschaft offenlegt, die über die im Exkurs zum Abschnitt 4.2.2. vorgestellten Positionen entscheidend hinausführen[114].

Mit Litt verbindet Fischer, daß er an der bildungstheoretischen Relevanz von Kants Unterscheidung zwischen Ding an sich und Erscheinung festhält und die Gültigkeit neuzeitlicher Wissenschaft auf Aussagen über Gegebenes begrenzt. Von Litt unterscheidet sich Fischers Differenzierung des Wissens zugleich dadurch, daß sie zwischen Wissen und Gewissen, neuzeitlicher Wissenschaft und Moralität nicht im Sinne einer ethischen und politischen Verantwortung der Technik, sondern durch den Aufweis eines Anspruchs und Eigensinns der unverfügbaren und im Wissen der positiven Wissenschaften vorausgesetzten Wirklichkeit, den es anzuerkennen gilt, vermittelt. Von Ritter trennt Fischer, daß er den Geisteswissenschaften keineswegs lediglich eine kompensatorische Bedeutung zuweist, sondern den Dualismus von Natur- und Geisteswissenschaften bildungskategorial überwindet, indem er die gesamte neuzeitliche Wissenschaft, die empirisch-analytischen Wissenschaften ebenso wie die historisch-hermeneutischen, mit dem Anspruch einer in ihnen unvermittelt vorausgesetzten Wirklichkeit konfrontiert.Von Schelsky trennt Fischer, daß er die Affirmation neuzeitlicher Wissenschaft und Technologie, der Schelsky im Wissen darum erliegt, daß neuzeitliche Wissenschaft nicht mehr in einem traditionellen Sinn ethisch und politisch verantwortet werden kann, einer fundamentalen Kritik unterwirft, die den metaphysischen Irrtum, nicht mehr zwischen Wissen über Gegebenes und dem Eigensinn der unvermittelt vorausgesetzten Wirklichkeit unterscheiden zu können, offenlegt. Von Habermas' Interessenlehre schließlich hebt sich die Position der bildungskategorialen Didaktik dadurch ab, daß sie die bildende Interpretation neuzeitlicher Wissenschaft nicht in einer Reflexion auf deren gesellschaftlich vermittelte erkenntnisleitende Interessen, sondern in der Frage nach dem Sinn des Sinnes ihrer Aussagesysteme begründet. Statt den Sinn der Geltung empirisch-analytischen Wissens in einem technischen, den historisch-hermeneutischen Wissens in einem kommunikativen Erkenntnisinteresse und den kritischer Handlungswissenschaften in einem emanzipatorischen Interesse zu verorten, begrenzt Fischers bildungskategoriale Analyse den Sinn der Geltung neuzeitlicher Wissenschaft gegenüber der dieser selbst unvermittelt vorausgesetzten Wirklichkeit. Der bildenden Interpretation wissenschaftlicher Aussagesysteme erwächst von hierher die Aufgabe, die Natur gerade keinem bloß technischen und die historisch-gesellschaftliche Wirklichkeit gerade keinem bloß kommunikativen Interesse zu überantworten, sondern die technische Bearbeitung der Natur unter den Anspruch der Selberzweckhaftigkeit der Natur und die Verständigung über die Geschichte unter den Anspruch eines Eigensinns individueller und gesellschaftlicher Wirklichkeit zu stellen und infolgedessen die praxisorientierende Kraft kritischer Handlungswissenschaft nicht auf ein emanzipatorisches Interesse, sondern auf die Differenz von Gegebenem und unvermittelt vorausgesetzter Wirklichkeit und die Anerkennung des Eigensinns dieser Wirklichkeit zu gründen.

Die große Frage, die sich hier stellt, ist nun diejenige, woher wir um den Sinn der unvermittelt vorausgesetzten Wirklichkeit der Natur, des Lebens, der Psyche, der Gesellschaft, der Geschichte, der Sitte, des Rechts, der Politik und Religion wissen können, wenn dieser Sinn in den natur-, geistes- und sozialwissenschaftlichen Theorien neuzeitlicher Wissenschaft, die sich nur auf Gegebenes beziehen, nicht aufgeht, sondern als unvermittelter Anspruch der Wirklichkeit uneinholbar vorausgesetzt ist. Diese Frage versuchte Fischer zu beantworten, indem er eine systematische Gliederung der positiven Wissenschaften konstruierte, welche diese nach den ihnen jeweils zugrunde liegenden positiv-allgemeinen Sinnhorizonten ordnet und in eine Reihenfolge bringt, welche mit Semantik, Logik und Mathematik beginnt und über Physik, Biologie, Psychologie, Soziologie, Geschichte, Jurisprudenz, politische Wissenschaft und Kunst zur Religion aufsteigt. Auf diese Weise hoffte er, ein allgemeines und universelles System der Wissenschaften entwickeln zu können, das deren Theorien und Aussagesysteme nach in diesen selber nicht explizierten, wohl aber vorausgesetzten Sinnhorizonten und Wirklichkeitsbereichen gliedert und dadurch eine bildende Interpretation der positiven Wissenschaften begründet, welche nicht nur die einzelnen Satzsysteme einer bildungskategorialen Deutung zuführt, sondern zugleich das Verhältnis der Wissenschaften zueinander nach Maßgabe der für sie jeweils geltenden Sinnvoraussetzungen bestimmt.

Die bildungskategoriale Differenzierung der Wissenschaften nach Wirklichkeitsbereichen und -ansprüchen unterscheidet für jede der oben genannten Wissenschaften jeweils zwischen dem, was ihre Satzsysteme aussagen, und der in diesen unvermittelt vorausgesetzten Wirklichkeit. Sie leitet dann aus der Differenz von Gesagtem und Gemeintem diejenige zwischen einer ideologischen Deutung und Anwendung wissenschaftlicher Rationalität, welche die Differenz von Gegebenem und Wirklichem unterschlägt, und einer bildungskategorialen Interpretation wissenschaftlicher Aussagen ab. Sie zeigt schließlich auf, daß eine bildungskategoriale Deutung der Aussagen einer Wissenschaft nicht nur die Differenz zwischen dem in dieser Gesagten und Gemeinten beachtet, sondern immer schon unter zusätzlichen Voraussetzungen steht, die dann das Gemeinte der im System der Wissenschaften folgenden Wissenschaftsdisziplinen ausmachen und in diesen neuerlich auf die Differenz von Gesagtem und Gemeintem befragt und einer unter weiteren Voraussetzungen stehenden bildungskategorialen Deutung zugeführt werden können. Die „didaktische Offenheit", die auf solche Weise zwischen den Satzsystemen der positiven Wissenschaften und deren bildender Interpretation entsteht, und die Ordnung der Wirklichkeitsbereiche nach ihrem jeweiligen Eigensinn und den von ihm her begründeten Ansprüchen eines verantwortbaren menschlichen Handelns hat Fischer auf folgende prägnante Formel gebracht:

„Es trifft ein Anspruch:
der überzeichenhaften Bedeutung in die Wörter,
des übersemantischen Es-selber-Seins in die Kalküle,
der überlogischen Konfiguration in die Theoreme,
der übermathematischen Maßverhältnisse in die Gesetze,
der überphysikalischen Zweckverhältnisse in die Organfunktionen,
der überbiologischen Selbstverhältnisse in Verhaltensinvarianzen,
der überpsychologischen Verhältnisse ... in Sozialfunktionen,

der übersoziologischen Wertungen in historische Hypothesen,
der überhistorischen Wertsetzungen in Systeme des Rechts,
der überjuridischen Ideen ... in Systeme der Politik,
der überideologischen Sinngebungen in Deutungen der Kunstwissenschaft,
des übermäeutischen Sinnes aus sich selber in die Systeme der Dogmatik.“[115]

Die Reihe der Wirklichkeitsbereiche und Wissenschaftsdisziplinen beginnt mit der Semantik, weil sie durch die allgemeinste Unterscheidung zwischen Gemeintem und Gesagtem bestimmt ist und als in ihr unvermittelte Wirklichkeit die Existenz von Bedeutungen zur Voraussetzung hat, die wir nur in Worten aussprechen, nie jedoch auf einen abschließenden Begriff bringen können. Sie endet mit der Religionswissenschaft, welche den Gesamtsinn der Schöpfung zur Voraussetzung hat und diesen doch nur als menschliches Wort über den Sinn aus sich selbst auszusagen vermag. Während wir dort, wo wir unsere Bestimmung des Schöpfungssinnes zur Norm des Glaubens erheben, eine Dogmatik begründen, die zwischen Gemeintem und Gesagtem nicht zu unterscheiden vermag, sondern eine einzelne Kirche oder eine bestimmte Religion und Glaubenslehre zum Begriff Gottes hypostasiert, können wir uns dort, wo wir an der Differenz zwischen Gemeintem und Gesagtem festhalten und die Verkürzung des Schöpfungssinns zu einem empirisch Gegebenem überwinden und vermeiden, für einen Glauben öffnen, der im heiligen Geist der Unverfügbarkeit unserer eigenen Existenz und derjenigen der gesamten Schöpfung begründet ist.

Nicht nur Anfang und Ende von Fischers Systematisierung und Differenzierung der Wissenschaften, sondern auch der Verhältnisbestimmung von Physik, Biologie, Psychologie und Soziologie kommt eine immanente Plausibilität und Stimmigkeit zu. So erklärt die Mathematisierung der Bewegungen der Himmelskörper in der klassischen Mechanik keineswegs die Ordnung des Kosmos, sondern führt nur zu Gesetzen, welche die Bewegungen der Himmelskörper in den Dimensionen von Raum und Zeit berechenbar machen, nicht aber zu einem Begriff der Ordnung und Zweckmäßigkeit des Kosmos erhoben werden dürfen; so thematisiert (meint) die Biologie den Zweckzusammenhang des organischen Lebens, führt jedoch nicht zu einem Begriff dieses Zweckzusammenhangs, sondern nur zu Erklärungen von Organfunktionen und -zusammenhängen, die wiederum nicht für eine beliebige Manipulation der Lebewesen, sondern unter Anerkennung der Selberlebendigkeit des Lebens verwendet werden sollen; das Selbstverhältnis des Lebendigen hat die Psychologie zu dem ihr vorausgesetzten Wirklichkeitsbereich, welche in ihren Theorien freilich die Identität der Person voraussetzen muß und Invarianzen des Verhaltens erklärt, die dem Sinn der ihnen vorausgesetzten Wirklichkeit gemäß nicht in einer Manipulation der Psyche, sondern unter dem Anspruch eines Zu-sich-selber-Verhaltens von Personen auszulegen sind; dieses schließlich macht den Wirklichkeitsbereich soziologischer Theoriebildung aus, die die Existenz des gesellschaftlichen

Zusammenlebens der Menschen meint, aber nur zu einem Begriff gesellschaftlicher Verhältnisse vordringt, der wiederum nicht zu deren Manipulation verwendet werden darf, sondern unter dem Anspruch einer die Unverfügbarkeit der Wirklichkeit anerkennenden Gemeinschaft der Menschen auszulegen ist.

Die Plausibilität der hier skizzierten kategorialen Ordnung derWirklichkeitsbereiche von den Maßverhältnissen des Kosmos über den Zweckzusammenhang des Lebens bis hin zum Selbstverhältnis der Person und des gesellschaftlichen Zusammenlebens der Menschen beruht darauf, daß die den positiven Wissenschaften jeweils vorausgesetzten Wirklichkeitaspekte mit innerszientifischen Aussagesystemen der einzelnen Wissenschaften so vermittelt werden, daß die Beachtung der Differenz zwischen Gesagtem und Gemeintem in einem Wissensbereich jeweils den Blick auf einen weiteren, in den vorausgegangenen Wissenschaften noch nicht thematisierten Wirklichkeitsbereich öffnet, der freilich nicht unabhängig von den anderen Wirklichkeitsbereichen existiert, auch nicht einfach zu diesen hinzutritt, sondern Gegenstand einer Wissenschaft wird, welche Zusammenhänge, die die vorausgegangenen Wissenschaften noch nicht thematisieren konnten, in Aussagesystemen erforscht, die dann wiederum unter Ansprüchen auszulegen sind, die über den Fragehorizont aller zuvor genannten Wissenschaften hinausreichen.

Eine vergleichbare Plausibilität kann jedoch Fischers Ortsbestimmung von Logik und Mathematik zwischen Semantik und Physik sowie seine Einordnung der Geschichtswissenschaft zwischen Soziologie und Jurisprudenz und das Folgeverhältnis von Rechtswissenschaft, politischen Wissenschaften, Kunst und Religion nicht beanspruchen. Zur Mathematisierung von Gegebenem werden in fast allen Wissenschaften mathematische Operationen verwendet, ohne daß sich deren Sinn aus der Stellung der Mathematik zwischen Logik und Physik beurteilen ließe. Auch die historisch-gesellschaftliche Vermitteltheit unseres Wissens läßt sich keineswegs dadurch angemessen begreifen, daß Soziologie und Geschichtswissenschaft zwischen Psychologie und Jurisprudenz justiert werden, denn sie bezieht sich auf alle Wissens- und Handlungsbereiche von der Semantik bis zur Religion. Politik, Kunst und Religion schließlich lassen sich ebensowenig wie die in Fischers Systematik fehlenden Disziplinen Ethik, Ökonomie und Pädagogik in irgendeine lineare aufsteigende Reihe bringen, sondern verweisen auf Wirklichkeitsbereiche einer ausdifferenzierten menschlichen Gesamtpraxis, deren Zusammenhang nur durch eine nicht-hierarchische Verhältnisbestimmung adäquat begründet werden kann (vgl. hierzu die Abschnitte 2.1. und 3.2.).

Der größte, von Fischer selbst bemerkte Mangel seiner Auslegung der Bildungskategorien in einem System positiver Einzelwissenschaften ist jedoch, daß auf diese Weise der Zusammenhang der Wirklichkeitsansprüche und Gewissenshorizonte gar nicht in den Blick kommen kann[116]. Die Frage nach dem Sinn des Sinnes wird nämlich von einer Wissenschaftsdisziplin an die jeweils nächste weitergegeben, ohne daß dem der Religion zugeordneten Wirklichkeitsanspruch eines Sinnes aus sich selbst die Antwort auf die Frage nach dem Sinn des Sinnes der Aussagesysteme positiver Wissenschaft zu entnehmen wäre. Fischers Zuversicht war, der Sinn der jeweils vorausgesetzten Wirklichkeit werde jedem ins Auge springen, sobald man nur zwischen Gemeintem und Gesagtem zu unterscheiden gelernt und sich in die Systematik der Bildungskategorien und Wissenschaftsbereiche eingeübt habe. Diese Zuversicht aber ist trügerisch, denn was unter der Selberzweckhaftigkeit der Natur, der Selberlebendigkeit des Lebens, dem Selbstverhältnis der Person und dem Anspruch der Gemeinschaft zu verstehen ist, erfahren wir nie ein für allemal in irgendeiner überhistorischen Gültigkeit, sondern nur in kritischer Auseinandersetzung mit unserer eigenen Weltdeutung.

Um die Selberzweckhaftigkeit der Natur, insbesondere der organischen Natur, wußte schon die antike Polisphilosophie. Die Einsicht in das für individuelle Subjektivität und gegenseitige Anerkennung der Menschen als Selbstzweck konstitutive Selbstverhältnis des Menschen ist neuzeitlichen Datums. Die Erfahrung, daß wir nicht nur zwischen der Welt an sich und unserer wissenschaftlichen Erklärung der Weltgegebenheiten unterscheiden müssen, sondern daß es auch darauf ankommt, unser technisch-theoretisches Wissen und Können in der ökonomischen, pädagogischen, politischen, ethischen, ästhetischen und religiösen Praxis so auszulegen und zu verwenden, daß wir die Wirklichkeit, die außermenschliche Natur ebenso wie die menschliche Natur, nicht zum bloß Gegebenen verkürzen, ist noch jüngeren Datums; sie dringt erst in unseren Tagen in das allgemeine und öffentliche Bewußtsein vor.

Vergleicht man die beiden Konzepte der Kritischen Theorie und der Theorie der Bildungskategorien miteinander, so zeigt sich, daß die Kritische Theorie in ihren Analysen die historisch-gesellschaftliche Vermitteltheit unseres Denkens und Handelns in den Vordergrund stellt, derweil die bildungskategoriale Didaktik die transzendentale Differenz zwischen unvermittelt vorausgesetzter Wirklichkeit und Gegebenem zum Ausgangspunkt einer sinntheoretischen Differenzierung unseres Wissens erhebt. Vor dem Hintergrund unserer problemgeschichtlichen Analyse der Fragestellungen eines erziehenden Unterrichts und in Anlehnung an die Einsichten der Kritischen Theorie und der bildungskategorial-sinntheoretischen Didaktik soll im folgenden ein Vorschlag für eine bildende Interpretation neuzeitlicher Wissenschaft gemacht werden, der die Auflösung der transzendentalen Differenz zwischen Welt an sich und Erscheinung in eine innergeschichtliche Differenz von Wesen und Erscheinung ebenso vermeidet wie die Annahme eines unmittelbaren Offenbarwerdens der Ansprüche der unvermittelt vorausgesetzten Wirklichkeit und der die Möglichkeiten und Grenzen einer bildenden

Interpretation wissenschaftlicher Satzsysteme unter bewußtem Verzicht auf einen vorrangigen Primat politischer Bewegungen (Horkheimer) oder den Rekurs auf eine geschichtsphilosophisch negative (Adorno) oder positive (Fischer) Dialektik bestimmt.

Mein Vorschlag geht dahin, zwischen vier, für eine bildende Interpretation unverzichtbaren Ebenen zu unterscheiden, die untereinander durch die Grundbegriffe, die in den wissenschaftlichen Satzsystemen verwendet werden, verbunden sind und sich aufgrund der Sinndifferenzen, die zwischen den Ebenen bestehen, weder auseinander ableiten, noch in einer übergeordneten, höheren Ebene „versöhnen" lassen. In diesem Sinne unterscheide ich zwischen einer innerszientifischen Ebene, welche sich auf den Erkenntnisgewinn im innerwissenschaftlichen Diskurs bezieht, einer historisch-gesellschaftlichen Ebene, welche dessen Eingebundenheit in eine vorgegebene historisch-gesellschaftliche Praxis aufzeigt, einer transzendental-kritischen Ebene, welche die Gültigkeit wissenschaftlicher Aussagen auf diejenige von Aussagen über empirisch Gegebenes begrenzt und hiervon den Anspruch der unvermittelt vorausgesetzten Wirklichkeit abhebt, und einer praxisphilosophischen Ebene, welche die Anerkennung des Anspruchs der unvermittelt vorausgesetzten Wirklichkeit als Aufgabe der menschlichen Gesamtpraxis auslegt.

Diese vier Ebenen stellen nur gemeinsam und unter Beachtung des zwischen ihnen bestehenden Zusammenhangs die Grundlage einer bildenden Interpretation neuzeitlicher Wissenschaft dar. Wird nämlich die eine oder andere Argumentationsebene ausgelassen und übersprungen, so ergeben sich jene Positionen, an denen im Exkurs zum Abschnitt 4.2.2. die Fragestellung einer bildenden Interpretation neuzeitlicher Wissenschaft problemgeschichtlich entwickelt wurde. Verbindet man beispielsweise die erste Ebene unmittelbar mit der letzten, ohne die zweite und dritte zu berücksichtigen, so ergibt sich das Modell einer zweckrationalen Verknüpfung von neuzeitlicher Wissenschaft und Handlungsrationalität, demzufolge die wissenschaftlichen Aussagesysteme sich ausschließlich auf die Rationalität der Mittel und die vierte Ebene sich ausschließlich auf diejenige der Zwecke bezieht. Habermas hat dieses Modell zusammen mit Schelsky als dasjenige Max Webers umschrieben. Verbindet man dagegen die erste Ebene unter Vernachlässigung der dritten und vierten so mit der zweiten, daß der historisch-gesellschaftlichen Analyse, wie bei Ritter und Schelsky, keine aufklärende, sondern nur eine kompensierende Funktion zukommt, so legitimieren die Mittel die mögliche Rationalität der Handlungsziele, so daß, wie Schelsky und Habermas treffend feststellten, Max Webers politischer Staat in den technischen Staat übergeht. Verbindet man, um dies zu vermeiden, die erste, szientifische Ebene so mit der zweiten, daß dieser eine aufklärende Kraft im Sinne eines Nachweises der historisch-gesellschaftlichen Vermitteltheit der Tatsachen und Satzsysteme der ersten Ebene zukommt, und springt man dann unter Vernachlässigung der dritten Ebene sogleich zur vierten, so gelangt man zu Habermas' Modell einer Vermittlung empirisch-analytischen, historisch-hermeneutischen und emanzipatorischen Wissens, welches in Ermangelung einer transzendental-geltungskritischen Reflexion Emanzipation als Außeranwendungsetzung hermeneutisch als variant erfahrener empirisch-analytischer Gesetzeszusammenhänge deutet.

Beachtet man dagegen alle vier Ebenen in ihren Sinndifferenzen und in ihrem Zusammenhang, so lassen sich die Verkürzungen einer bloß politischen Verantwortung neuzeitlicher Wissenschaft und Technologie beziehungsweise einer szientifischen und technologischen Legitimation der Ziele menschlicher Praxis und Handlungsrationalität ebenso vermeiden wie eine lineare Anbindung der Arbeit an ein bloß technisches, der Sprache an ein bloß kommunikatives und der Politik an ein emanzipatorisches Erkenntnisinteresse. Denn dann stellt sich die Aufgabe, die innerszientifischen Aussagesysteme (erste Ebene) in ihrer Vermitteltheit durch die vorgegebene historisch-gesellschaftliche Praxis (zweite Ebene) zu begreifen, die Theorien der Einzelwissenschaften und die gesellschaftliche Praxis auf die Differenz von Gegebenem und Wirklichem hin auszulegen (dritte Ebene) und von hierher die Frage nach einer nicht-hierarchischen Verhältnisbestimmung der menschlichen Gesamtpraxis zu erörtern, die den Anspruch der unvermittelt vorausgesetzten Wirklichkeit nicht im Sinne einer verkürzenden Interpretation des Verhältnisses von neuzeitlicher Wissenschaft und Handlungsrationalität preisgibt.

Möglichkeiten und Grenzen einer solchen Interpretation neuzeitlicher Wissenschaft, welche alle vier Ebenen für eine bildende Aneignung wissenschaftlicher Satzsysteme nutzt, möchte ich, die Überlegungen hierzu an dieser Stelle abschließend, am Beispiel der auf Darwin zurückgehenden Evolutionstheorie skizzieren, deren Anhänger heute bekanntlich mit dem Anspruch auftreten, ein einheitswissenschaftliches Paradigma für alle Bereiche des menschlichen Wissens formuliert zu haben[117].

Exkurs: Explikation der vier Ebenen einer bildenden Interpretation neuzeitlicher Wissenschaft am Beispiel der Evolutionstheorie

Erste Ebene

Den innerszientifischen Sinn der Evolutionstheorie – Vergleichbares gilt für alle anderen Theorien neuzeitlicher Wissenschaft –, kann man nur erfassen, wenn man ihre Aussagen als prädikativ-allgemeine Aussagen (Fischer), als ein vom menschlichen Verstand konstruiertes Wissen, welches die Mannigfaltigkeit der Erscheinungen ordnet (Kant) beziehungsweise als ein hypothetisches Wissen, das an der Erfahrung überprüft wird und offen (falsifizierbar) für weitere Theorieentwicklung ist (Popper), deutet und sich vor jeglicher metaphysischen Interpretation und ontologischen Auslegung evolutionstheoretischer Erkenntnisse hütet.

Im Bereich der Erklärung der Naturgeschichte der Welt stellt die auf Darwin und andere zurückgehende Evolutionstheorie eine vergleichbare Revolution der Denkungsart dar, wie sie Kant in der Physik Kopernikus und Galilei zuerkannt hat. Denn sie führt zu einer Erklärung der Naturerscheinungen, welche über die Erfahrung hinausweist, daß alle Lebewesen, da nur solche gleicher Art an der Erhaltung ihrer Art mitwirken können, in konstanten Arten existieren. In der Erforschung der Naturgeschichte ist seit Darwin an die Stelle der alten Erfahrung einer Artenkonstanz die wissenschaftliche Hypothese einer Artenvariabilität und einer naturgeschichtlichen Verwandtschaft der Arten untereinander getreten. Dieser Auffassung zufolge sind die heute lebenden Arten, den Menschen eingeschlossen, über inzwischen ausgestorbene Arten miteinander verwandt, so daß paläontologische Funde aufgesucht und als Zwischenglieder in die Naturgeschichte der Entwicklung der Arten eingeordnet werden können.

Die Fülle dessen, was an Mannigfaltigkeit der Naturerscheinungen unter vom menschlichen Verstand ersonnene Gesetze gebracht werden kann, ist durch die Evolutionstheorie in einem immer noch steigerungsfähigen Umfang ausgeweitet worden, so daß an ihrer theoretisch-empirischen Fruchtbarkeit nicht mehr gezweifelt werden kann. Auch für den Fall, daß die Evolutionstheorie als Ganze einmal falsifiziert werden sollte, wird sie doch nur durch eine Theorie ersetzt werden können, die die ältere Auffassung von einer Konstanz der Arten nicht wieder in ihr Recht setzt. Dies gilt auch für einen Teil der Ausweitungen, die die Evolutionstheorie über Darwins Hypothesen hinaus inzwischen erfahren hat. So wird heute auch jene Mannigfaltigkeit von Weltenkörpern, unter denen die Erde ein belebter Weltkörper innerhalb eines Sonnensystems von Weltkörpern ohne erkennbares Leben ist, welches wiederum ein Teil anderer Systeme ist, die nicht nur in sich selbst, sondern auch untereinander in Bewegung begriffen sind, evolutionstheoretisch erklärt. Dies geschieht im Hinblick auf die Mannigfaltigkeit aller Weltenkörper dadurch, daß diese geordnet nach Systemen gedacht werden, die untereinander in einer entweder zunehmenden oder abnehmenden Ausdehnung begriffen sind, in der das Universum gleichsam explodiert oder implodiert.

Zu dieser Ausweitung der Evolutionstheorie tritt in unseren Tagen eine zweite hinzu, welche nicht nur die schon vorhandene Mannigfaltigkeit von Gegebenem unter Gesetze unseres Verstandes bringt, sondern eine vom Menschen bewirkte Veränderung dieser Mannigfaltigkeit möglich macht. Zum einen sind Hypothesen entwickelt und Experimente durchgeführt worden, welche die Entstehung organischer Verbindungen

aus anorganischen erklären und Darwins Hypothese von der naturgeschichtlichen Verwandtschaft der Arten um die Hypothese von einer
naturgeschichtlichen Verwandtschaft der belebten mit der unbelebten
Materie erweitern. Zum anderen ist es gelungen, den genetischen Kode,
der zusammen mit anderen Bedingungen über die Varianz oder Invarianz
der Arten entscheidet, ansatzweise zu erklären, so daß wir erste
Veränderungen, die in der Naturgeschichte bisher entweder gar nicht
vorgekommen sind oder eine naturhistorische Zeit beanspruchten, die
von der Lebens- und Handlungszeit des einzelnen Menschen her
ebensowenig wie von der historischen Geschichte der Menschengattung
her zu ermessen ist, willkürlich herbeiführen können. In dieser Hinsicht
kehrt die Evolutionstheorie gleichsam zu ihren Anfängen bei Darwin
zurück, der die naturgeschichtliche Entstehung der Arten, wie noch zu
zeigen sein wird, nach Denk- und Handlungskategorien einer vom
Menschen praktizierten Zuchtauswahl deutete. So gesehen ist die heute
entstehende Gentechnologie ein durchaus komplementärer Teil zu
Darwin Evolutionstheorie, denn sie ergänzt Darwins naturhistorisch-
rekonstruktive Erklärung der Entstehung der Arten um eine Experimen-
taltechnik, die den Menschen in die Lage versetzt, in die naturgeschichtliche Entwicklung des Lebens experimentierend einzugreifen und auch
hier die Naturgeschichte in eine über die Praxis des Menschen vermittelte
Geschichte zu überführen.

Eine dritte Ausweitung schließlich erfährt die Evolutionstheorie dort, wo
sie nicht nur als eine Theorie zur Erklärung vergangener, gegenwärtiger
und künftiger Naturerscheinungen, sondern darüber hinaus als Erkenntnistheorie der evolutionstheoretischen Erklärung dieser Mannigfaltigkeit
durch unseren Verstand und als universelle Systemtheorie natürlicher
und gesellschaftlicher Prozesse verstanden wird. In dieser Form haben wir
sie ja bereits im Abschnitt 4.3.1. in der von Luhmann formulierten These
„Fürs Überleben genügt Evolution" kennengelernt. Diese Ausweitung
stellt in gewissem Sinne eine Reaktion auf Folgeprobleme der zweiten
Ausweitung dar, die mit den heute drängenden Fragen einer ethischen
und politischen Verantwortung neuzeitlicher Wissenschaft zusammenhängen. Diesen Fragen weicht nämlich die dritte Ausweitung aus, indem
sie die Ebenen einer historisch-gesellschaftlichen und transzendental-
kritischen Deutung überspringt und der Evolutionstheorie selbst den
Status einer Erkenntnis- und Handlungstheorie zuweist. Wird aber auf
die Frage nach dem Sinn der evolutionstheoretischen Erklärung der
Naturerscheinungen und der aus ihr entspringenden Möglichkeit des
Menschen, in die Evolutionsgeschichte einzugreifen, die Antwort gegeben, diese Frage sei ein Teil der Evolutionsgeschichte selbst, der darum
auch die Antwort auf diese Frage zu überlassen sei, so bleiben nicht nur
die Voraussetzungen, unter denen dieses Denken steht, unerörtert,
sondern werden auch die Grenzen evolutionstheoretischer Erklärungen
unkritisch überschritten.

An dieser Stelle melden sich heute neuerlich Vertreter der im Exkurs zum Abschnitt 4.2.2. vorgestellten Positionen zu Worte. Man sucht, wie damals Litt, nach einer ethischen oder politischen Verantwortung neuzeitlicher Wissenschaft und Technologie und meint, die Evolutionstechnologie als eine Weiterentwicklung des Faustkeils begreifen zu können, die wie dieser zum Segen oder zum Fluch geraten kann, oder man konstatiert, wie damals Schelsky, auch für diesen Zweig neuzeitlicher Wissenschaft und Technologie ergäben sich die Antworten auf die Frage nach den Zielen menschlichen Handelns aus den Interdependenzen zwischen neuzeitlicher Wissenschaft und Gesellschaftssystem von selbst, oder man strebt, wie einst Ritter, eine kompensatorische Geisteshaltung an, die uns in die Lage versetzt, mit den im vorhinein gar nicht absehbaren Folgen unseres Denkens und Handelns, die wir weder verantwortungsethisch steuern können noch einfach gesinnungsethisch vernachlässigen dürfen, wenigstens zurecht zu kommen. Auf diese Weise wiederholen sich die früher schon behandelten Aporien. Demgegenüber soll hier versucht werden, alle vier Ebenen einer bildenden Interpretation neuzeitlicher Wissenschaft in den Blick zu bringen und zu zeigen, daß sich dann die Frage nach der Vermittlung von neuzeitlicher Wissenschaft und Handlungsrationalität auch für die Evolutionstheorie anders stellt.

Zweite Ebene

Der historisch-gesellschaftliche Entwicklungs- und Bedeutungszusammenhang neuzeitlicher Wissenschaft gerät nicht nur in Vergessenheit – keine Theorie, die Gegebenes mathematisiert, kann ihre geschichtlich-gesellschaftliche Vermittlung in sich selbst reflektieren – sondern auch aus dem Blick, sobald historische und menschheitsgeschichtliche Zeitkontexte auf naturhistorische verkürzt werden. Dies läßt sich durch einen Vergleich von Leonardo da Vincis Erklärung unserer Wahrnehmung des zu- und abnehmenden Mondes aus den sich ändernden Konstellationen von Sonne, Mond und Erde mit C. Sagans evolutionstheoretischer Reportage der großen Ereignisse vom Urknall bis heute verdeutlichen.

Martin Wagenschein hat die folgende Stelle aus Leonardos ,,Philosophischen Tagebüchern'' in seinen Überlegungen zu einer Theorie exemplarisch-genetisch-sokratischen Lehrens herangezogen, um an ihr zu verdeutlichen, daß die mathematisierenden Formeln naturwissenschaftlicher Erkenntnisse erst angemessen verstanden werden können, wenn sie so gelehrt und gelernt werden, daß die ihnen zugrunde liegende Denktätigkeit des Menschen sichtbar wird:

,,Der Mond hat kein Licht von sich aus,
und soviel die Sonne von ihm sieht,
so viel beleuchtet sie;
und von dieser Beleuchtung
sehen wir so viel,
wieviel davon uns sieht.

Und seine Nacht
empfängt so viel Helligkeit,
wie unsere Gewässer ihm spenden,
indem sie das Bild der Sonne widerspiegeln,
die sich in allen jenen Gewässern spiegelt,
welche die Sonne und den Mond sehen."[118]

In dieser Stelle aus Leonardos Tagebuch ist kein Hinweis auf irgendeine Form von Zeit enthalten, und doch müssen wir die Zeit hinzudenken, um mit ihrer Hilfe zu begreifen, warum sich der beleuchtete Mond aus der Perspektive, in der wir ihn in dem auf ihn von der Sonne fallenden Licht erblicken, von der Sichel zum Vollmond und von diesem wieder zur Sichel verändert. Die Zeit, die wir hinzudenken müssen, ist keine von uns konstruierte, sondern eine in ihrer Dauer von unserer Wahrnehmung unabhängige Zeit. Es ist die Eigenzeit, die dem Mondmonat zukommt und die Leonardo im Vergleich mit der Erdzeit in eine Mondnacht und einen Mondtag einteilt. Die historische Zeit, in der die von Leonardo gegebene Erklärung des Phänomens entwickelt wurde, das Menschen immer schon wahrnahmen, wenn sie den sich verändernden Mond ansahen, kommt in dem zitierten Text nicht vor, wohl aber der Perspektivwechsel in der Wahrnehmung, den wir denkend vornehmen müssen, um die Mondsichel so wie Leonardo deuten zu können.

Dieses im Text an der Sache selbst zur Sprache kommenden Perspektivwechsels wegen, den Lehrende und Lernende in der Wahrnehmung der beschriebenen Naturerscheinung nachvollziehen müssen, um diese und den Text begreifen zu können, handelt es sich nicht um einen ideologischen Text, der die ihm zugrunde liegende Anschauungs- und Denkweise verschweigt, sondern um einen Text, der zwar seine eigene historisch-gesellschaftliche Vermitteltheit nicht reflektiert, jedoch die Frage nach ihr nicht verstellt. Ganz anders verhält es sich bei dem folgenden Text von Sagan, den R. Spaemann und R. Löw zitieren, um an ihm jene Perversion der Evolutionstheorie zu verdeutlichen, die dann stattfindet, wenn diese nicht mehr als ein hypothetisches Aussagesystem verstanden wird. Die den Leser verdummende Wirkung des Textes von Sagan geht davon aus, daß in ihm die kosmische Eigenzeit des Erdenjahres mißbraucht wird, um der Evolutionstheorie die Qualität einer auf die Welt an sich bezogenen Objektivität zuzusprechen:

„Um Null Uhr Null am 1. Januar entsteht das All im Urknall, am 1. Mai formt sich die Milchstraße, am 14. September entsteht die Erde, um den 25. September bildet sich das erste Leben aus der Ursuppe, zum 1. November wird die Sexualität erfunden, zum 12. November die Fotosynthese. Am 19. Dezember erscheinen schließlich die ersten Fische, am 24. Dezember die ersten Dinosaurier; vier Tage vor Jahresende sterben die Saurier aus, einen Tag später entstehen die Primaten. Erst am letzten Tag dieses kosmischen Kalenderjahres taucht der Mensch auf: Am Sylvestertag um 13.30 Uhr erscheint Ramapithecus, die ersten echten Menschen lassen sich sogar bis eineinhalb Stunden vor Mitternacht Zeit; um 23.46 Uhr beherrscht der Peking-Mensch das Feuer, um 23.59 malt der Cro-Magnon Mensch seine Höhlenbilder. 40 Sekunden vor Mitternacht wird die Landwirtschaft erfunden, zehn Sekunden vor Jahresende entstehen die ersten Hochkulturen der Sumerer und Ägypter, sechs Sekunden später findet Christi Geburt statt und es ist 23.59 Uhr und 59 Sekunden, als die Kopernikanische Wende die wissenschaftliche Revolution einleitet."[119]

Beruhte die wissenschaftliche Redlichkeit des Textes von Leonardo darauf, daß dieser die historisch-gesellschaftliche Vermitteltheit seiner Aussagen gar nicht erst zu klären beanspruchte, sondern dem Leser einen für sein Verständnis unabdingbaren Blickwechsel in der Wahrnehmung der Naturerscheinung abverlangte und ihm dadurch die Möglichkeit eröffnete, sich selbst als ein spontan und rezeptiv wahrnehmendes und interpretierendes Subjekt zu begreifen, so basiert die verdummende Wirkung des Textes von Sagan darauf, daß dieser Text den Anschein erweckt, die Theorie, über die er informiert, und der geschichtliche Ort des Lesers ließen sich mit ein und derselben Theorie adäquat bestimmen. Der wissenschaftsjournalistische Trick, die hypothetische Zeitspanne vom Urknall bis zur Gegenwart an einer kosmischen Zeiteinheit zu verdeutlichen, um dadurch irgendeine Vorstellung von den naturhistorischen Zeitintervallen, mit denen die Evolutionstheorie rechnet, zu wecken, verstellt alle tiefergehenden Einsichten in den Ansatz der Evolutionstheorie. Er suggeriert nämlich, daß der Evolutionstheorie eine vergleichbare Objektivität wie der kosmischen Dauer des Erdenjahres zukomme und daß sich innerhalb desselben der Standort unserer Gegenwart proportional adäquat als 11 Monate, 30 Tage, 23 Stunden, 59 Minuten, 59 Sekunden und einige Sekundenteile mehr nach „Null Uhr Null" bestimmen lasse.

Um solche Irrtümer zu vermeiden, gilt es, die zweite Ebene einer bildenden Interpretation neuzeitlicher Wissenschaft nicht weniger zu beachten als die erste. Die zweite Ebene ordnet sich selbst nicht in die zu interpretierende wissenschaftliche Theorie ein, sondern setzt bei den Hypothesen der wissenschaftlichen Aussagesysteme an, um über deren Entstehungs- und Begründungskontext aufzuklären. Soll die Frage hiernach nicht einfach äußerlich den innerszientifischen Aussagen hinzugefügt werden, so muß die zweite Ebene einer bildenden Interpretation neuzeitlicher Wissenschaft bei der Explikation der Grundbegriffe der wissenschaftlichen Aussagesysteme ansetzen. Was nun die Evolutionstheorie betrifft, so ist dies leicht möglich. Die Einsichten, die sich hierbei gewinnen lassen, belegen dann eindrucksvoll den ideologischen Charakter der oben zitierten evolutionstheoretischen Reportage.

Darwins Evolutionstheorie erklärte bekanntlich die Entstehung der Arten auf der Grundlage eines Zusammenwirkens von Mutation und Selektion. Die Entwicklung und Darstellung dieser Hypothese gehört als solche zur ersten, innerszientifischen Ebene. Wir können jedoch diese Hypothese nur verstehen, wenn wir uns auf die den Grundbegriffen der Mutation und Selektion zugrunde liegende gesellschaftliche Erfahrung besinnen und bemerken, daß diese nicht einfach naturhistorische

Sachverhalte bezeichnen, sondern eine durchaus historisch-gesellschaftlich vermittelte Erklärung der Naturgeschichte entwickeln. Hierfür ist es aufschlußreich, die Grundbegriffe der Mutation und Selektion nacheinander auf ihren Erfahrungsgehalt hin zu befragen und dann aufzuzeigen, was es heißt, die Naturgeschichte als eine Wechselwirkung von Mutation und Selektion zu erklären.

Eine solche Analyse wäre auch dann möglich, wenn sich in Darwins Texten keinerlei explizite Reflexion auf Beziehungen zwischen seiner Theorie einer evolutiven Erklärung der Naturgeschichte und historisch-gesellschaftlichen Erfahrungen fänden. Wir müßten dann die rhetorische Argumentationsweise befragen, die Darwin benutzte, um seine Leser davon zu überzeugen, daß es Gründe gibt, die alte Erfahrung einer Konstanz der Arten im Sinne seiner Hypothese von einer evolutiven Entwicklung und Verwandtschaft aller Arten zu revolutionieren. Dabei würden wir herausfinden, daß Darwin seine Leser von der Bedeutung der Mutation als einer zufälligen Veränderung erblicher Eigenschaften für die Entstehung von Arten mit Hinweisen auf Erfahrungen aus der Pflanzen- und Haustierzucht des Menschen zu überzeugen suchte und für seine Annahme einer natürlichen Selektion, die über das Aussterben und Überleben alter und neuer Arten entscheidet, mit Argumenten warb, welche die natürliche Selektion mit dem Existenzkampf der Menschen in der bürgerlichen Gesellschaft vergleichen. Was nun jedoch Darwins eigene Schriften betrifft, so hat dieser nicht nur in seinen rhetorischen Argumenten solche Beziehungen zwischen seiner Theorie der Naturgeschichte und gesellschaftlichen Erfahrungen benutzt, sondern darüber hinaus in seiner Autobiographie ausführlich beschrieben, daß es diese gesellschaftlichen Erfahrungen waren, die ihn bei der Formulierung seiner Hypothesen beeinflußten.

Ausgangspunkt der Evolutionstheorie Darwins bildeten Beobachtungen, die er auf einer geologischen Weltreise (1831-1836) in Südamerika und den Ozeanischen Inseln gemacht hatte. Von dieser Reise, die er als ein orthodoxer Anhänger der Kirche von England angetreten hatte, der die Schöpfungsberichte der Genesis im AT naturalistisch las, kehrte er mit Überlegungen zu einer allmählichen Modifikation der Arten zurück, die er jedoch zunächst nicht systematisch gliedern und ordnen konnte. Wie ihm dies dann in einem ersten Schritt gelang, beschreibt er in seinen Lebenserinnerungen so:

,,Nach meiner Rückkehr nach England kam mir der Gedanke, daß . . . durch Sammeln aller Tatsachen, die in irgendeiner Weise sich auf das Abändern der Tiere und Pflanzen im Zustande der Domestikation und im Naturzustande beziehen, vielleicht etwas Licht auf den ganzen Gegenstand geworfen werden könnte. . . . Ich . . . sammelte ohne irgend eine Theorie Tatsachen in großem Maßstabe, ganz besonders mit Bezug auf domestizierte Naturprodukte, durch gedruckte Fragebogen, durch Unterhaltung mit gewissen Tierzüchtern und Gärtnern und durch umfassendes Lesen. . . . Ich nahm bald wahr, daß Zuchtwahl der Schlüssel zum Erfolg des Menschen beim Hervorbringen nützlicher Rassen von Tieren und Pflanzen ist. Wie aber Zuchtwahl auf Organismen angewendet werden könne, die im Naturzustand leben, blieb noch einige Zeit für mich ein Geheimnis."[120]

Diese Stelle belegt eindrucksvoll, daß die Hypothese einer natürlichen Zuchtwahl in den Erfahrungen des Menschen aus der Aufzucht von Pflanzen und Haustieren begründet ist, in einer künstlichen Zuchtauswahl also, mit der der Mensch Lebewesen mit zufällig auftretenden neuen Eigenschaften zu seinem Nutzen selegiert. Und dieser Begründungszusammenhang war es dann, der die Hypothese einer natürlichen Zuchtwahl einerseits ermöglichte, andererseits jedoch zugleich gefährdete, denn wer sollte in der Natur und der natürlichen Zuchtwahl anstelle des Menschen die Auswahl treffen? Die Antwort hierauf fand Darwin, indem er neuerlich eine historisch-gesellschaftliche Erfahrung und deren Deutung zur Erklärung der natürlichen Evolution heranzog. Unmittelbar an den eben zitierten Text schließt sich hierzu die folgende Stelle an:

„Im Oktober 1838, also fünfzehn Monate nachdem ich meine Untersuchungen systematisch angefangen hatte, las ich zufällig zur Unterhaltung Malthus' ‚Über die Bevölkerung', und da ich hinreichend darauf vorbereitet war, den überall stattfindenden Kampf um die Existenz zu würdigen, namentlich durch lange fortgesetzte Beobachtung über die Lebensweise von Tieren und Pflanzen, kam mir sofort der Gedanke, daß unter solchen Umständen günstige Abänderungen dazu neigen, erhalten zu werden, und ungünstige, zerstört zu werden. Das Resultat hiervon würde die Bildung neuer Arten sein. Hier hatte ich nun endlich eine Theorie, mit der ich arbeiten konnte"[121].

Die Theorie, die Darwin 1838 fand, war also Malthus' Essay von 1798 – wohl in der erweiterten und überarbeiteten Fassung von 1803 –, in welchem dieser die zunehmende Verelendung und Verarmung der Bevölkerung im frühkapitalistischen England darauf zurückführte, daß die Menschen sich in einem Kampf um ihr Dasein befinden, weil ihre Zahl in geometrischem Progreß zunimmt, derweil die Menge der Nahrungsmittel nur in arithmetischer Progression zu steigern sei. Dieser Theorie, die in pessimistischer Zukunftsvision die bürgerliche Gesellschaft als eine solche deutete, die nicht aus dem Kampf aller gegen alle hervorgeht, sondern zu einem solchen führt, weil sie zu arm ist, um alle ihre Mitglieder zu ernähren, entlehnte Darwin seine Hypothese, natürliche Mutationen, wie sie der Mensch in der künstlichen Zucht für seine Zwecke nutze, führten in der natürlichen Zuchtwahl, da auch diese durch einen Kampf ums Dasein bestimmt sei, zur Variabilität und Entstehung der Arten.

Ihre Erfolge erzielte Darwins Evolutionstheorie freilich nicht allein, weil sie die natürliche Zuchtwahl in Analogie zur Haustierzucht einerseits und zum Kampf ums Dasein in der bürgerlichen Gesellschaft andererseits deutete, sondern weil sie sich bei der Ordnung einer ungeheueren Mannigfaltigkeit von Naturgegebenheiten bewährte, die sich mit Hilfe anderer Theorien nicht erklären lassen. Und dennoch gilt für die Evolutionstheorie Vergleichbares wie für die kopernikanische Wende der klassischen Mechanik, die geschichtlich an gesellschaftliche Dimensionen des mechanistischen Denkens zurückgebunden war. Sie konnte nämlich nur von einem Wesen wie dem Menschen entwickelt werden, das über Jahrtausende Erfahrungen in der Pflanzen- und Haustierzucht gesammelt und diese keineswegs der Naturgeschichte einfach entnommen oder hinzugefügt, sondern aufgrund seiner Bildsamkeit selbsttätig hervorgebracht hatte; und sie konnte erst zu einem Zeitpunkt entwickelt werden, als das Zusammenleben der Menschen nicht mehr durch eine standesgesellschaftliche Ordnung geregelt wurde, in welcher die Erfahrungen einer Artenkonstanz nicht hätten fraglich werden können, sondern die einzelnen Subjekte der neuzeitlichen bürgerlichen Gesellschaft in Konkurrenz miteinander um ihr Dasein und ihre Stellung in der Gesellschaft kämpften.

Von hierher läßt sich eine erste Begrenzung der Evolutionstheorie Darwins vornehmen. Diese stellt eine in historisch-gesellschaftliche Erfahrungen eingebettete Theorie zur Erklärung der Mannigfaltigkeit von Naturerscheinungen dar, die sich in der naturhistorischen Einordnung dieser Erscheinungen bewährt hat. Sie stellt aber keine Handlungstheorie dar, welche menschliches Handeln erklärend begründen könnte, sondern hat dieses ebenso zur Voraussetzung wie die Mannigfaltigkeit der Naturerscheinungen, die sie ordnet. Darum ist es auch nicht erlaubt, unter Zuhilfenahme kosmologischer Zeiteinheiten die Evolutionsgeschichte als eine Geschichte vom Anfang der Schöpfung bis zur Gegenwart auszugeben und naturhistorische und menschheitsgeschichtliche Ereignisse in eine Zeitreihe einzutragen. Weder die Idee eines göttlichen Schöpfungsaktes, noch unsere Gegenwart, noch der historische Entstehungskontext der Evolutionstheorie selbst lassen sich in eine naturhistorische Zeitreihe nach dem Muster gewisser Zeitleisten bringen, wie sie in Grundschulen verwendet werden. Die Evolutionstheorie ist eine Theorie aus der Mitte des 19. Jahrhunderts, und dieses ist ebensowenig wie irgendeine andere historisch-gesellschaftliche Epoche oder Zeit ein Teil der naturhistorischen Evolutionsgeschichte.

Dritte Ebene

Die historisch-gesellschaftliche Rekonstruktion des Entdeckungs-, Begründungs- und Anwendungszusammenhangs einer Theorie läßt sich auf alle ihre Varianten auslegen, auch auf diejenigen, die unhaltbar sind, weil sie die Grenze dessen, was wir erkennen und wissen können, überschreiten. Ob sich freilich eine Theorie innerhalb oder außerhalb dieser Grenze bewegt, kann mit den Mitteln einer historisch-gesellschaftlichen Analyse nicht festgestellt werden. Hierzu ist vielmehr eine dritte Argumentationsebene erforderlich, die transzendental-kritische nämlich, welche zwischen Ding an sich und Erscheinung unterscheidet und die Gültigkeit wissenschaftlicher Satzsysteme auf diejenige empirischer Aussagen über Gegebenes begrenzt. Nachdem wir die transzendentale Differenz als eine solche zwischen der in Aussagesystemen gemeinten, in diesen aber unvermittelt vorausgesetzten Wirklichkeit und dem in ihnen Gesagten interpretiert haben, kommt es jetzt darauf an, die Evolutionstheorie Darwins auf die transzendentale Differenz von Gemeintem und Gesagtem hin auszulegen.

Die historisch-gesellschaftliche Analyse der Grundbegriffe der Evolutionstheorie führte zu einer ersten Unterscheidung zwischen dem in den Grundbegriffen der Mutation und Selektion Ausgesagten und Gemeinten. Diese Unterscheidung machte darauf aufmerksam, daß die Evolutionstheorie ein hypothetisches Aussagesystem ist, in dessen empirische Rekonstruktion der Entstehung der Arten Deutungen eingehen, welche die natürliche Zuchtwahl im Überlebenskampf der Einzelexemplare einer Art in Analogie zur künstlichen Zuchtauswahl durch den Menschen und zum Konkurrenzkampf bürgerlicher Subjekte erklären. Die sich hier zeigende Differenz von Gesagtem und Gemeintem besagt, daß die Evolutionstheorie zwar meint, die natürliche Zuchtwahl objektiv erklären zu können, daß ihre Aussagen jedoch durch gesellschaftliche Erfahrungen der menschlichen Praxis vermittelt sind. Bei dieser Differenz handelt es sich noch nicht um die transzendental-kritische Unterscheidung zwischen vorausgesetzter Wirklichkeit und Erscheinung, sondern um eine wissenssoziologische Differenz zwischen dem innertheoretischen Sinn eines wissenschaftlichen Aussagesystems und dessen historisch-gesellschaftlicher Vermitteltheit. Die transzendentale Differenz ist mit der bisher entwickelten wissenssoziologischen Differenz nicht identisch, denn sie legt den Unterschied von Ding an sich und Erscheinung, unvermittelt vorausgesetzter Wirklichkeit und empirisch Gegebenem sowohl auf den innerszientifischen als auch auf den gesellschaftlichen Sinn evolutionstheoretischer Aussagen aus.

Die innerszientifische Erklärung von Gegebenheiten, in unserem Beispiel also die Erklärung der Mannigfaltigkeit der Arten von Lebewesen, wird in ihrer Gültigkeit durch die Einsicht in die transzendentale Differenz daraufhin begrenzt, nicht mehr und auch nicht weniger als eine vom Menschen hypothetisch konstruierte Ordnung dieser Mannigfaltigkeit zu sein, welche infolgedessen keinerlei Aussagen über die Natur an sich formuliert. Diese Einsicht wird durch diejenige in die historisch-gesellschaftliche Vermitteltheit evolutionstheoretischer Aussagen in gewissem Sinne erleichtert, nicht aber begründet. Denn die transzendentale Differenz gilt für all unser Wissen und ganz unabhängig davon, unter welchen historisch-gesellschaftlichen Bedingungen dieses entwickelt wurde oder künftig entwickelt wird. Sie gilt auch für das Wissen um die historisch-gesellschaftlichen Bedingungen von Theorieentwicklung und -produktion, und sie gilt nicht zuletzt für die Einsicht in die transzendentale Differenz selbst.

Der Evolutionstheorie ist die wirkliche Entstehung der Arten, das also, was wir in religiösem Sinne Schöpfung und Schöpfungsgeschichte nennen, uneinholbar vorausgesetzt. Über sie vermag die Evolutionstheorie ebensowenig wie die Rekonstruktion ihres historisch-gesellschaftlichen Entstehungszusammenhangs irgendwelche Aussagen zu machen. Auch die Einsicht in die transzendentale Differenz von Ding an sich und Erscheinung führt zu keiner Bestimmung der unserem Wissen unvermittelt vorausgesetzten Wirklichkeit, sondern nur zu einem Wissen um die prinzipielle Grenze unseres Erkenntnisvermögens. Worin aber liegt dann der Sinn einer solchen Einsicht, wenn sie nicht zu einem Überschreiten dieser Grenze hinführt, sondern ein solches geradezu ausschließt?

Für die Klärung der Frage, was unter einer bildenden Interpretation neuzeitlicher Wissenschaft zu verstehen ist, kommt der transzendental-kritischen Differenz in dreifacher Hinsicht Bedeutung zu. Sie erlaubt eine Kritik der Hypostasierung wissenschaftlicher Aussagesysteme zum Begriff der Wirklichkeit, sie begründet eine Kritik reduktionistischer Deutungen, welche wissenschaftliche Aussagesysteme und Alltagserfahrung unvermittelt gegenüberstellen, und sie leitet zu einer vierten Ebene in der bildenden Interpretation neuzeitlicher Wissenschaft über. Die beiden ersten Relevanzen hat F. Fischer mit seiner Unterscheidung zwischen den Irrwegen einer „Ideologisierung" beziehungsweise „Reduzierung" neuzeitlicher Wissenschaft genauer bestimmt, die sich auch auf die Evolutionstheorie auslegen läßt.

Ideologie beziehungsweise Ideologisierung einer Wissenschaft bedeutet innerhalb der dritten Ebene einer bildenden Interpretation neuzeitlicher Wissenschaft etwas anderes als innerhalb der zweiten. Während in der zweiten Ebene Wissenschaft dann zur Ideologie wird, wenn sie um die historisch-gesellschaftliche Vermitteltheit ihrer Erkenntnisse nicht weiß und sich als vermeintlich „reine" Wissenschaft in den Dienst gesellschaftlicher Interessen stellt, liegt nach den Kriterien der dritten Ebene eine Ideologisierung wissenschaftlicher Aussagesysteme dann vor, wenn diese unter Mißachtung der transzendentalen Differenz von Ding an sich und Erscheinung zum Begriff der unvermittelt vorausgesetzten Wirklichkeit erhoben werden. Diese Form der Ideologisierung hat F. Fischer folgendermaßen beschrieben:

„Wenn man die Grenze zwischen Gegebenheit und Wirklichkeit vergißt und versucht, das Handeln von den Hypothesen als solchen her zu motivieren, dann werden die Hypothesen zu einem Übergegebenen ... hypostasiert, von dem die Gegebenheiten einfach abgeleitet werden. Dabei entsteht die Täuschung, die Hypothesen bestimmten die Gegebenheiten. Man vergißt hierbei jedoch, daß man die Hypothesen erst aus dem immanenten Beziehungszusammenhang der Gegebenheiten gefunden hat. Auf solche Weise vollzieht sich die Ideologisierung der Wissenschaft. Es werden dabei die Gesetze des Lebens, die Gesetze des Raumes, die Gesetze der Geschichte, oder die Deutung einer Epoche, oder Gesetze des sozialen Verhaltens zu Normen für das Verhalten selbst erhoben. Dabei wird gleichsam der Totalsinn eines solchen Wissenschaftssystems, das Ganze aller Hypothesen, zur Norm erhoben, aus welcher heraus nun der Mensch handelt, wobei wichtig ist, daß der Mensch bei einer solchen Hypostasierung eines Funktionensystems von Hypothesen unwillkürlich selber zu einer funktionalen Gegebenheit innerhalb dieses Systems wird. Die menschliche Wirklichkeit wird zu derjenigen eines psychologischen, biologischen oder soziologischen Wesens denaturiert. Zugleich wird hierbei jede Verantwortung des Menschen gegenüber dem Gegebenen oder der dem Gegebenen vorausgesetzten Wirklichkeit aufgehoben; denn Verantwortung ist hier allein die Funktionsgerechtigkeit, wie sie innerhalb des Systems zu üben ist, und diese Verantwortung ist eigentlich keine Selbstverantwortung des Menschen mehr, sondern sie ist eigentlich nur eine angemaßte Verantwortung eines hypostasierten Systems, das vergessen hat, daß es nicht Wirklichkeit, sondern nur Gegebenheit beschreibt."[122]

Eine solche Ideologisierung findet in und mit der Evolutionstheorie überall dort statt, wo sie zur Erkenntnis-, Geschichts- und Handlungstheorie hypostasiert wird und infolgedessen aus ökonomischen, ethischen, pädagogischen, politischen, ästhetischen und religiösen Fragen evolutionstheoretisch zu klärende Sachverhalte macht. Die Hypostasierung der Evolutionstheorie zur Universaltheorie begann schon bei Darwin selbst, der an den Schluß seiner Abhandlung „Die Entstehung der Arten" (1859) den folgenden Ausblick setzte:

„Aus dem Kampf der Natur, aus Hunger und Tod geht also unmittelbar das Höchste hervor, das wir uns vorstellen können: die Erzeugung immer höherer und vollkommenerer Wesen. Es ist wahrlich etwas Erhabenes um die Auffassung, daß der Schöpfer den Keim alles Lebens, das uns umgibt, nur wenigen oder gar nur einer einzigen Form eingehaucht hat und daß, während sich unsere Erde nach den Gesetzen der Schwerkraft im Kreise bewegt, aus einem so schlichten Anfang eine unendliche Zahl der schönsten und wunderbarsten Formen entstand und noch weiter entsteht."[123]

Bereits an dieser Stelle pervertiert die Evolutionstheorie zum Begriff der Wirklichkeit des innerweltlichen Lebens und Daseins und dessen höchster Möglichkeit, von der nun behauptet wird, daß sie aus „dem Kampf der Natur ... unmittelbar" hervorgeht. Die Idee eines Schöpfungsaktes, den die neuere Evolutionstheorie gelegentlich als Schöpfungsakt des Urknalls adäquat bestimmt zu haben glaubt, regrediert schon bei Darwin zur ersten Tatsache einer evolutionstheoretisch erklärten Entwicklung. Aus einer historisch-gesellschaftlich vermittelten und in der Spontaneität und Rezeptivität des Menschen transzendental begründeten Theorie zur Erklärung von Naturerscheinungen und -gegebenheiten wird damit eine universelle Theorie der Wirklichkeit. Nachdem die außermenschliche Natur in ihrer Wirklichkeit auf eine Tatsache verkürzt ist, welche die Theorie erklärt, bedarf es nurmehr eines weiteren Schrittes, um auch den Menschen, der doch die Theorie allererst hervorgebracht hat, in seiner der Theorie vorausgesetzten Rezeptivität und Spontaneität auf jene „höchste" Tatsache zu verkürzen, zu deren weiterer Vervollkommnung dann die Evolutionstheorie selbst die Basis liefert. Auch dieser Schritt ist schon bei Darwin angelegt. In seiner Arbeit „Die Abstammung des Menschen und die geschlechtliche Zuchtwahl" (1871) kehrt er die aus menschlicher Praxis und menschlichem Nachdenken gewonnene Theorie unter Abstraktion von ihrem Ursprung um und wendet er diese auf den zum Objekt geschlechtlicher Zuchtwahl reduzierten Menschen an:

„Der Mensch prüft mit scrupulöser Sorgfalt den Character und den Stammbaum seiner Pferde, Rinder und Hunde, ehe er sie paart. Wenn er aber zu seiner eigenen Heirath kommt, nimmt er sich selten oder niemals solche Mühe. Er wird nahezu durch dieselben Motive wie die niederen Thiere, wenn sie ihrer eigenen freien Wahl überlassen sind, angetrieben, obgleich er insoweit ihnen überlegen ist, dass er geistige Reize und Tugenden hochschätzt. Andererseits wird er durch blosse Wohlhabenheit oder Rang stark angezogen. Doch könnte er durch Wahl nicht bloss für die körperliche Constitution und das Aeussere seiner Nachkommen, sondern auch für die intellectuellen und moralischen Eigenschaften etwas thun. Beide Geschlechter sollten sich der Heirath enthalten, wenn sie in irgend welchem ausgesprochenen Grade an Körper oder Geist untergeordnet wären; derartige Hoffnungen sind aber utopisch und werden niemals, auch nicht einmal zum Theil realisiert werden, bis die Gesetze der Vererbung durch und durch erkannt sind. Alles was uns diesem Ziele näher bringt, ist von Nutzen"[124].

Aufgabe einer bildenden Interpretation neuzeitlicher Wissenschaft ist es, solche Hypostasierungen wissenschaftlicher Aussagesysteme durchschaubar zu machen und zu verhindern. Durch den Nachweis der historisch-gesellschaftlichen Vermitteltheit einer Theorie allein kann dies noch nicht gelingen, denn es sind ja womöglich dieselben gesellschaftlichen Erfahrungen, die in die Theorieentwicklung eingehen und hernach deren Anwendungshorizont bestimmen. Zwischen der gesellschaftlichen Praxis, der Darwin nach dem Bericht in seinen Lebenserinnerungen die Hypothesen seiner Theorie entlehnte, und der gesellschaftlichen Praxis, zu deren Handlungstheorie er die von ihm begründete Evolutionstheorie hypostasierte, besteht keinerlei Differenz, denn der zuletzt zitierte Vorschlag Darwins zielt ja gerade darauf, den Kampf bürgerlicher Subjekte ums Dasein durch menschliche Zuchtauswahl zu perfektionieren und die Vollkommenheit der Menschengattung auf diese Weise zu steigern. Zudem steht die historisch-gesellschaftliche Rekonstruktion des Vermittlungszusammenhangs von szientifischen Aussagesystemen und gesellschaftlicher Praxis ihrerseits in der Gefahr, sich selbst zum Begriff der Wirklichkeit zu hypostasieren. Erst zusammen mit der transzendental-kritischen Begrenzung der Gültigkeit neuzeitlicher Wissenschaft, welche zwischen der Vermitteltheit unseres Wissens durch die Rezeptivität und Spontaneität unseres Denkens und der diesem uneinholbar vorausgesetzten Welt an sich unterscheidet, kann es gelingen, die heute verbreitete Gleichsetzung von Natur und physikalisch-chemischen Sachverhalten, Leben und biologischen, Bewußtsein und psychologischen sowie Gesellschaft und soziologischen Sachverhalten zu überwinden.

Auch die Beachtung der transzendental-kritischen Differenz reicht jedoch für sich genommen nicht aus, um die Folgen einer Hypostasierung neuzeitlicher Wissenschaft zum Begriff der Wirklichkeit zu verhindern. Dies zeigt Fischer auf, indem er dem Irrweg der Hypostasierung denjenigen der Reduzierung neuzeitlicher Wissenschaft gegenüberstellt. Hierunter versteht er eine solche Deutung wissenschaftlicher Satzsysteme, die sich unter Berufung auf wissenschaftslogische und methodologische Gründe damit begnügt, die Erklärungskraft und Gültigkeit neuzeitlicher Wissenschaft auf eine Ordnung des empirisch Gegebenen zu begrenzen. Den Mangel einer nur methodologisch verstandenen transzendental-kritischen Differenz erblickt Fischer darin, daß durch sie allenfalls die Gültigkeit wissenschaftlicher Aussagesysteme begrenzt, nicht aber deren Verwendung und Anwendung im Handeln verändert wird. Hierzu führt er aus:

„Umgekehrt zur Ideologisierung verfährt die Reduzierung. Sie geht davon aus, man müsse nur einfach den methodischen Prozeß der Erkenntnisfindung durchschauen . . ., und dann die Phänomene, das Gegebene, als die eigentliche Wirklichkeit anerkennen. Ein solche Einstellung verhielte sich ignorant gegenüber der Wissenschaft. Sie würde den Umgang mit der Natur gegenüber den Gesetzen der Physik, den Umgang mit den Menschen gegenüber den Gesetzen der Soziologie, sie würde das Umgangsverhältnis des Menschen, in Anschauung der Welt, gegenüber der Reflexion und wissenschaftlichen Abstraktion ins Treffen führen. Sie erschließt damit ebensowenig einen Gewissenshorizont . . . . Insofern ist also eine Bejahung: ‚O Anblick der Sternenheere‘ gegenüber den Gesetzen der modernen Astronomie und der Gravitationstheorie bildungs- und wissenschaftstheoretisch keineswegs gerechtfertigt. Ebenso wie auf der einen Seite eine Ideologisierung der Wissenschaften, eine Erhebung der abgeleiteten Hyothesen zu einer Überwirklichkeit, zu einem Übergegebenen, abzulehnen ist, weil sie den Menschen selber zu einem funktionalen Bestandteil des Hypothesensystems macht und entgegen dem Sinn des Sinnes die Wirklichkeit der beliebigen Manipulation unterwirft, so wird auch auf der anderen Seite die Reduzierung dem Bildungsanspruch nicht gerecht.“[125]

Fischer setzt sich hier kritisch mit Litts Verhältnisbestimmung von neuzeitlicher Wissenschaft und ethischer Handlungsrationalität auseinander, die ja als einzige unter den im Exkurs zum Abschnitt 4.2.2. behandelten Positionen an der transzendentalen Differenz Kants festgehalten hat. Der Vorwurf, Litt verhalte sich „ignorant“ zur Wissenschaft, will nicht bestreiten, daß an der transzendentalen Differenz von Wirklichem und Gegebenem festzuhalten ist, sondern darauf aufmerksam machen, daß ein solches Festhalten keineswegs in einer nur erkenntnistheoretisch und methodologisch argumentierenden Begrenzung der Gültigkeit neuzeitlicher Wissenschaft aufgehen darf. Fischer wirft Litt vor, dieser habe dem neuzeitlichen, durch Wissenschaft vermittelten Weltverhältnis des Menschen ein unverdrängbares Umgangsverhältnis des Menschen mit der Natur und der Menschen untereinander gegenübergestellt und die transzendentale Differenz nur erkenntnislogisch auf die neuzeitliche Wissenschaft ausgelegt, das Umgangsverhältnis aber als „die eigentliche Wirklichkeit“ gedeutet[126]. Eine solche Deutung aber reicht zur Überwindung der Hypostasierung neuzeitlicher Wissenschaft zum Begriff der Wirklichkeit nicht aus, denn die Reduzierung, welche die erkenntnislogische Begrenzung der Gültigkeit wissenschaftlicher Aussagesysteme hinsichtlich deren Hypostasierung vornimmt, bleibt folgenlos („ignorant“), weil sie nur zu einem Dualismus von wissenschaftlichem und alltäglichem Weltbild, verwissenschaftlichter Zivilisation und lebensweltlicher Alltagspraxis hinführt und sich damit der eigentlichen Aufgabe entzieht, die neuzeitliche Wissenschaft so zu deuten, daß die Differenz von Wirklichem und

Gegebenem nicht nur in der erkenntnis- und forschungslogischen Beurteilung der Aussagesysteme, sondern auch in den Verwendungs- und Verwertungszusammenhängen neuzeitlicher Wissenschaft beachtet wird.

Gerade dann, wenn man Fischers Litt-Kritik beachtet, stellt sich die Frage, ob nicht Fischers eigener Versuch, den Dualismus Litts zu überwinden, seinerseits einer „Ignoranz" verhaftet bleibt, derjenigen nämlich, um den Anspruch und Eigensinn von etwas wissen zu wollen, das wir als solches doch gar nicht erkennen können. Diese Frage, die sich auf die Vernehmbarkeit von der unvermittelten Wirklichkeit an unser Handeln gerichteter Ansprüche bezieht, leitet zur vierten Ebene einer bildenden Interpretation neuzeitlicher Wissenschaft über.

Vierte Ebene

Die letzte der hier unterschiedenen Ebenen einer bildenden Interpretation neuzeitlicher Wissenschaft hebt die Einsichten der vorausgegangenen Ebenen nicht in eine einzige auf, sondern setzt diese voraus. Der innerszientifischen Ebene, welche den Erkenntnisfortschritt innerhalb der wissenschaftlichen Aussagesysteme umfaßt, der historisch-gesellschaftlichen Ebene, welche wissenschaftliche Theorien auf die in sie eingegangenen gesellschaftlichen Erfahrungen untersucht, und der transzendental-kritischen Ebene, welche die transzendentale Differenz von Ding an sich und Erscheinung an den Satzsystemen neuzeitlicher Wissenschaft aufzeigt, um deren Hypostasierung zum Begriff der Welt an sich als Ideologie durchschaubar zu machen, fügt die vierte Ebene die praxisphilosophische Frage nach den Voraussetzungen und Bedingungen hinzu, unter denen die Hypostasierung neuzeitlicher Wissenschaft zum Begriff der Welt an sich und deren Reduktion zu einem menschlicher Willkür ausgelieferten Gegebenen vermieden werden kann.

Schon in der Skizze zur innerszientifischen Ebene einer bildenden Interpretation neuzeitlicher Wissenschaft zeigte sich, daß die heute in Entwicklung begriffene Gentechnologie eine angewandte Disziplin der inzwischen erweiterten Evolutionstheorie ist, welche deren naturhistorisch-rekonstruktiven Teil um einen mit Hilfe anderer Wissenschaften möglich gewordenen konstruktiven, evolutionstechnologischen Teil ergänzt. Die Wissenschaft arbeitet heute daran, Mutationen, die Darwin noch dem Zufall überließ, durch Genmanipulation planvoll herbeizuführen. Es wird nicht mehr lediglich naturhistorisch rekonstruiert, welche Mutationen welche Anpassungsleistungen an vorgegebene Umweltbedingungen im Daseinskampf der Lebewesen gefördert oder gehemmt haben. Die Wissenschaft beginnt vielmehr die Mutationen experimentell zu erzeugen, sie dann auf die durch sie jeweils ausgelösten Anpassungsleistungen zu untersuchen und hernach wünschenswerte Anpassungslei-

261

stungen von Organismen und Lebewesen, die durch experimentell erzeugte Mutationen ausgelöst wurden, industriell produzierbar und verfügbar zu machen.

Die innerszientifische Ebene reicht für sich genommen nicht aus, um Sinnkriterien für einen verantwortlichen Umgang mit der Evolutionstechnologie zu entwickeln und zu begründen. Die historisch-gesellschaftliche Ebene zeigt die gesellschaftlichen Erfahrungen auf, die in die evolutionstheoretische Erklärung der Variabilität des Lebens und die technologische Nutzung ihrer Erkenntnisse eingehen; sie rekonstruiert die vorgegebenen Sinnormen, die der Entwicklung und Anwendung wissenschaftlicher Technologien zugrunde liegen, klärt über diese auf, begründet aber ebensowenig den Sinnhorizont für einen verantwortlichen Umgang mit der neuzeitlichen Wissenschaft. Die transzendental-kritische Ebene schließlich begrenzt zwar die Gültigkeit neuzeitlicher Wissenschaft auf die Erklärung der Weltgegebenheiten und unterscheidet hiervon den Eigensinn der unvermittelt vorausgesetzten Wirklichkeit; wie diese jedoch davor geschützt werden kann, unter dem Einfluß evolutionstechnologischer Manipulationsstrategien in ihrer Selberlebendigkeit mißachtet und als bloßes Material menschlicher Willkür gebraucht zu werden, vermag sie nicht zu sagen. Denn angesichts der Möglichkeiten, evolutionstechnologisch die Eigenschaften der Lebewesen durch Eingriffe in deren genetischen Code zu verändern, zeigt sich die doppelte Ignoranz einer nur transzendental-kritischen Begrenzung der Gültigkeit neuzeitlicher Wissenschaft. Die Unverdrängbarkeit des vorwissenschaftlichen Umgangs des Menschen mit der Natur (Litt) schützt diese ebensowenig davor, zur Ware zu werden, wie von einer Natur, die vom Menschen in ihren natürlichen Eigenschaften planvoll manipuliert wird, noch irgendein Anspruch einer uns unverfügbaren Wirklichkeit (Fischer) ausgehen könnte.

Und dennoch weist die transzendental-kritische Differenz von Ding an sich und Erscheinung auf die Aufgabe hin, die Selberlebendigkeit der Natur nicht auf eine vom Menschen beherrschte Naturgeschichte zu reduzieren. Die Voraussetzungen dafür, diese Aufgabe nicht nur theoretisch zu erkennen, sondern auch praktisch anzuerkennen, sind jedoch heute nicht mehr in einer uns unverfügbaren Wirklichkeit vorgegeben, sondern müssen praktisch im Handeln der Menschen gesichert werden. Eine bildende Interpretation neuzeitlicher Wissenschaft kann in ihrer vierten, praxisphilosophischen Ebene zweierlei hierzu beitragen. Sie kann einerseits die Erinnerung an den älteren, teleologischen Begriff der Natur wachhalten, und sie kann andererseits bewußt machen, daß es von der menschlichen Gesamtpraxis abhängt, ob wir jegliche Sensibilität für den Eigensinn einer uns unverfügbaren Natur verlieren.

Eine nur ethische und politische Verantwortung der Evolutionstechnologie reicht hierzu ebensowenig aus wie eine unter dem Anspruch der

Selberlebendigkeit des Lebens argumentierende Interpretation der Evolutionstheorie. Eine nur ethisch-politische Verantwortung bezöge sich ja nur auf die Ziele unseres Handelns, nicht aber auf einen Eigenanspruch der zum bloßen Material unserer Willkür reduzierten Natur. Und eine positiv-allgemeine Interpretation der Evolutionstheorie ist deshalb nicht möglich, weil sich deren Theorieansatz keineswegs neutral zur Frage der Selberzweckmäßigkeit der Natur verhält, sondern geradezu darauf ausgerichtet ist, Deutungen, die der Natur einen Eigensinn zuerkannten, zu suspendieren und durch eine mechanische Naturerklärung zu ersetzen.

Von den älteren Auffassungen der Natur, die zumindest das organische Leben und den Organismus nicht mechanistisch, sondern teleologisch als ein Ganzes deuteten, das mehr als die Summe seiner Teile ist und seine Zweckhaftigkeit nicht von außen erhält, sondern in sich selbst hat, unterscheidet sich die Evolutionstheorie dadurch, daß sie die Entwicklung der Arten unter ausdrücklichem Verzicht auf ein ontologisch Allgemeines erklärt. Der bis auf die antike Polisphilosophie zurückgehende Begriff der Art wies den Einzelexemplaren die Bestimmung zu, die Art zu repräsentieren und zu erhalten und erkannte hierin die Selberzweckhaftigkeit des Lebendigen. Einen solchen Begriff entelechialer Zweckhaftigkeit kennt die Evolutionstheorie nicht mehr. Sie erklärt die Variabilität und die Entstehung der Arten mechanisch aus einer Wechselwirkung von zufälliger Mutation und Anpassungsleistungen, die die Einzelexemplare einer sich ändernden Art an Umweltbedingungen im Kampf ums Überleben entweder erbringen oder nicht erbringen. Werden solche Anpassungsleistungen nicht erbracht, so stirbt die Art aus; werden sie aber erbracht, so verändert sie sich. In keinem beider Fälle aber hat die Art irgendeinen Zweck in sich, höchstens einen Zweck außer sich selbst, denjenigen nämlich, einen komplexeren und in diesem Sinne vollkommeneren Organismus hervorzubringen.

Bezogen auf die naturhistorische Evolutionstheorie Darwins konnten Fischers Hinweise auf die übermathematischen Maßverhältnisse des Kosmos, die überphysikalischen und überchemischen Zweckverhältnisse der Organfunktionen und die überbiologischen Selbstverhältnisse der Einzelindividuen hilfreich und zureichend sein, um die Hypostasierung der Evolutionstheorie zum Begriff der Wirklichkeit des Kosmos, des Lebens und des Zusammenlebens der Menschen zu durchschauen und zu kritisieren. Bezogen auf die Probleme eines verantwortlichen „Umgangs" mit der in unseren Tagen entstehenden Evolutionstechnologie reichen sie jedoch nicht aus, um die Anerkennung eines nicht vom Menschen geschaffenen oder gestifteten, sondern uns selbst und der Natur vorgegebenen Sinns zu begründen. Gelänge es der Evolutionstechnologie, die lebendige Natur menschlicher Willkür zu unterwerfen, und der Evolutionstheorie, die Differenzen von Wirklichem und Gegebenem einerseits und technischer und praktischer Handlungsrationalität andererseits zu nivellieren, so ginge damit jenes Selbstverhältnis des Menschen verloren, welches alle vier Ebenen einer bildenden Interpretation neuzeitlicher Wissenschaft auszeichnet. Die Einsicht der historisch-gesellschaftlichen Analyse, daß der Kampf ums Dasein, den die Evolutionstheorie der Natur selbst zuschreibt, nicht deren eigener, sondern ein von uns ihr in der Absicht, die Naturgeschichte zu erklären, zugesprochener Kampf ist, verkehrte sich dann zu der vermeintlichen Einsicht, daß wir nur den Gesetzen des Lebens gehorchen, wenn wir uns selbst und die Natur evolutionstheoretisch und -technologisch als im Kampf ums Dasein miteinander verbunden deuten[127].

Um künftig vernüftig denken und handeln zu können, müssen wir lernen, die Natur in ihrem uns unbekannten Eigensinn als etwas uns Unverfügbares anzuerkennen, und unsere Herrschaft über sie, statt sie immer weiter zu steigern und dann ethisch, politisch, pädagogisch oder theologisch zu rechtfertigen, negativ dahingehend begrenzen, daß wir die Natur durch unsere Eingriffe in sie nicht nur für unsere Zwecke gebrauchen, sondern zugleich in ihrem für uns gerade nicht einsehbaren Sinn anerkennen. Dies aber ist nur möglich, wenn es gelingt, den Primat ökonomischer Rentabilität und die Abhängigkeiten, welche zwischen den verschiedenen Bereichen menschlichen Handelns bestehen, im Sinne einer nicht-hierarchischen Verhältnisbestimmung der ausdifferenzierten Formen der menschlichen Gesamtpraxis zu revolutionieren[128].

Kants auf die antike Polisphilosophie zurückgehende Idee eines teleologischen Ordnungszusammenhangs und Eigensinns der Natur können wir heute im Zeitalter wissenschaftlicher Zivilisation und Technologie nur als ein Regulativ unserer Erkenntnis der Weltgegebenheiten anerkennen, wenn wir die zwischen Ökonomie, Sitte, Politik und Pädagogik bestehenden Interdependenzen in eine offene, praktische und nicht-hierarchische Praxisrationalität transformieren. Bildungstheoretisch können darum die sich hier stellenden Fragen und Probleme allein nicht geklärt werden. Einen freilich unverzichtbaren und notwendigen Beitrag könnte jedoch eine bildende Interpretation neuzeitlicher Wissenschaft leisten, welche alle hier unterschiedenen Argumentationsebenen einbezieht und sich vor einfachen Lösungen hütet, die sich dann ergeben, wenn man einige dieser Ebenen überspringt oder sich der Illusion hingibt, diese ließen sich in einer höheren Ebene versöhnen.

So gesehen erheben die hier unterschiedenen vier Ebenen einen Anspruch auf Beachtung in allen Formen wissenschaftlichen Unterrichts, im Schulunterricht ebenso wie im wissenschaftlichen Unterricht an Hochschulen und in der journalistischen Information der Medien über die Wissenschaftsentwicklung. Die bildende Aufgabe eines solchen Unterrichts wäre es, durch eine Verbindung zwischen innerszientifischen, historisch-gesellschaftlichen, fundamentalphilosophischen und praxisphilosophischen Fragen einen ,,Gedankenkreis'' zu fördern, der über die heute vorherrschenden Alternativen einer naiven Wissenschafts- und

Technikgläubigkeit beziehungsweise einer Politisierung der Wissenschaften hinausführt. Aufzuzeigen, daß hierzu eine differenzierende Interpretation der Grundbegriffe wissenschaftlicher Satzsysteme hilfreich sein kann, war das Anliegen dieses Exkurses.

5.2.3. Voraussetzungen des erziehenden Unterrichts. Zum Problem der Vermittlung von theoretischer und praktischer Urteilskompetenz

Die bisherigen Ausführungen zur zweiten Dimension pädagogischen Handelns entwickelten zunächst einige problemgeschichtliche Hinweise zur Vermittlung von Erziehung und Unterricht im erziehenden Unterricht, welche zeigten, daß wir sowohl hinsichtlich des Begriffs des Lehrens und Lernens als auch der durch Unterricht anzueignenden Inhalte zwischen antiker *epistéme* und *phrónesis* sowie neuzeitlicher Wissenschaft und praktischer Vernunft unterscheiden müssen. Sie behandelten dann die Möglichkeiten und Grenzen einer bildenden Interpretation neuzeitlicher Wissenschaft, welche die problemgeschichtlichen Differenzen beachtet und sich auf vier nicht ineinander auflösbare oder aufeinander zurückführbare Ebenen der Interpretation bezieht. Nun sollen abschließend unter den im vierten Kapitel vorgestellten Fragestellungen die Voraussetzungen eines erziehenden Unterrichts geklärt und dessen methodische, thematische und institutionelle Grundstruktur skizziert werden.

Mehr als eine Skizze vermag eine Allgemeine Pädagogik auch hier nicht zu geben. Eine Allgemeine Didaktik zu entwickeln, die die Konzeption eines erziehenden Unterrichts, für alle Stufen des Unterrichts und alle Bereiche und Fächer menschlichen Lehrens und Lernens ausführt, überschreitet bei weitem den Horizont des hier vorgelegten pädagogischen Grundgedankens. Dieser beansprucht nur, die erziehungs-, bildungs- und institutionstheoretischen Aspekte des erziehenden oder bildenden Unterrichts zu erfassen, nicht jedoch eine vollständige Bestimmung dieser Aspekte zu liefern. Der Anspruch auf Vollständigkeit bezieht sich also ausschließlich darauf, daß im folgenden die methodische, die thematische und die institutionelle Seite eines erziehenden Unterrichts unter der sie verbindenden Problemstellung einer Vermittlung zwischen theoretischer und praktischer Urteilskompetenz skizziert werden.

In methodischer Hinsicht zeichnet sich erziehender Unterricht dadurch aus, daß er seine bildende Wirkung auf ein Selbstverhältnis des Lernenden zu dem, was jeweils gelernt und gelehrt wird, gründet. Dieses Selbstverhältnis ist einerseits durch Rezeptivität, andererseits durch Spontaneität des Lernenden bestimmt. Die jeweils zu lernende Sache existiert für den Lernenden nur insoweit, als er sich diese rezeptiv und spontan aneignet. Rezeptiv und spontan ist der Aneignungsprozeß, insofern in ihm zunächst noch Fremdes, Unbekanntes erlernt wird und das noch Fremde nie zu Bekanntem einfach hinzukommt, sondern vom Lernenden im Ausgang von ihm schon Bekanntem angeeignet wird.

Hierum wußte bereits Aristoteles, wenn er feststellte, daß alles menschliche Lernen von einem *próteron pròs hemãs,* einem für den Lernenden Früheren oder von ihm schon erworbenen Wissen, ausgeht. Diese genetische Struktur gilt sowohl für die einfachen Formen des Erfahrungs- und Umgangslernens als auch für die Formen einer unterrichtlichen Erweiterung von Erfahrung und Umgang und den wissenschaftlichen Unterricht. Gemeinsam ist ihnen allen, daß die Lernenden rezeptiv und spontan tätig sind in Auseinandersetzung mit einem Gegenstand, Inhalt oder einer Sache. Während jedoch im Erfahrungs- und Umgangslernen das im Lernprozeß Frühere mit dem für den Lernenden zeitlich Späteren dadurch verbunden ist, daß beides, das Frühere und das Spätere, ein und demselben Erfahrungsbesitz angehören, den sich der Lernende aneignet, ist das *próteron pròs hemãs* in einem Lernen, das Erfahrung und Umgang zu neuzeitlicher Wissenschaft und deren Erkenntnissen erweitert, nicht in einem *próteron tẽ phýsei* begründet. Hier folgt das Lernen in seiner genetischen Struktur nicht epagogisch einem in der Sache selbst begründeten Vermittlungszusammenhang, sondern bringt diesen in einer Revolution der Denkungsart hervor, die der Lernende selber vollziehen muß.

Hypothetische Aussagesysteme können in Erweiterung des Erfahrungs- und Umgangslernens vom Lernenden nur angeeignet werden, wenn die genetische Methode des Lernens, statt einem in der Sache vorgegebenen Zusammenhang zu folgen, die Sache konstruktiv hervorbringt. Die Methode wird damit, wie H.-J. Kaiser anknüpfend an Kant und Hegel formuliert hat, „gegenstandskonstitutiv" [129]. Der Lernende eignet sich hier nicht etwas mit seinem Vorwissen immer schon Vermitteltes an, sondern bringt die Sache selbst dadurch, daß er nicht etwa einem ontologischen Vermittlungszuammenhang von Teil und Ganzem nachgeht, sondern nach einem hypothetischen Vermittlungszusammenhang von Theorie und Empirie fragt, allererst hervor.

Das Selbstverhältnis des Lernenden zum Lerngegenstand ist im Erfahrungs- und Umgangslernen und im Erlernen neuzeitlicher Wissenschaft folglich nicht dasselbe. Das Erfahrungs- und Umgangslernen mag, obwohl es in der Regel den Horizont herkunftsspezifischer Erfahrungen nicht überschreitet, ganzheitlich genannt werden in dem Sinne, daß Einzelnes und Allgemeines in ihm in einem vorgegebenen Sinn- und Zweckzusammenhang vermittelt sind. Das Erlernen der Wissenschaften dagegen wird ideologisch, wenn es ganzheitliche Ansprüche erhebt und vorgibt, in einen einheitlichen Sinnzusammenhang des Gegenstandes einzuführen. Im Erlernen der Wissenschaften müssen die Lernenden vielmehr zugleich die Erkenntnis gewinnen, daß ihr Selbstverhältnis zum Gelernten keineswegs in dem, was sie da lernen, aufgeht. Hierfür aber ist es unerläßlich, daß ihnen die Methode in ihrer gegenstandskonstitutiven Qualität bewußt wird.

Vergleichbares gilt auch für das Erlernen geschichtlicher Zusammenhänge und die Aneignung historisch-gesellschaftlicher Erkenntnisse. Während im einfachen Erfahrungs- und Umgangslernen die Vergangenheit gleichsam in der Gegenwart präsent ist und das Wissen um sie mündlich tradiert wird, so daß es eines besonderen historischen Unterrichts gar nicht bedarf, geht es in der unterrichtlichen Erweiterung von Erfahrung und Umgang gerade darum, daß sich die Lernenden die nicht unmittelbar präsente und tradierte, sondern vielfach gebrochene und zum Teil vergessene Geschichte so aneignen, daß sie ihre Gegenwart als eine geschichtlich gewordene und über menschliche Praxis vermittelte und weiterzuentwickelnde verstehen lernen. Auch hier ist die Methode in gewissem Sinne gegenstandskonstitutiv, denn der Unterricht fügt im Bewußtsein der Lernenden nicht zu deren primären Erfahrungen irgendein Wissen um eine vergangene Vergangenheit hinzu, er zeigt auch nicht lediglich, daß wir stets in einer Gegenwart leben, in der die Wirkungsgeschichte, wenn auch oft ungewußt, präsent ist, sondern er versucht in die Frage nach der historisch-gesellschaftlichen Vermitteltheit der jeweiligen Gegenwart einzuführen und das gegenwärtige Zeitbewußtsein um eine in ihm ebensowenig präsente wie aufgehobene geschichtliche Bestimmtheit der Praxis zu erweitern. Dies aber kann nur gelingen, wenn Unterricht weder einfach zu zeigen versucht, wie es in zurückliegenden Epochen „eigentlich gewesen ist", noch bloß darüber zu unterrichten beansprucht, wie die jeweilige Gegenwart historisch gleichsam geworden ist, sondern die Lernenden so in die Geschichte einführt, daß diese dabei begreifen, daß jede Aneignung von Tradition offen für gegenwärtige und künftige Praxis und insofern immer auch mit einer Umschrift der Tradition verbunden ist[130].

So ist auch im Erlernen historisch-gesellschaftlicher Zusammenhänge die Methode gegenstandskonstitutiv. Sie führt weder in einen schon vorgegebenen und abgeschlossenen Traditionszusammenhang ein, noch gibt sie in den Geschichts- und Sozialwissenschaften entwickelte Erkenntnisse und Einsichten einfach an die Lernenden weiter, sondern sie bringt, indem die Lernenden selber lernen, nach geschichtlichen Zusammenhängen zu fragen, in der über solches Fragen vermittelten Erweiterung von Erfahrung und Umgang die Geschichte als Gegenstand des Unterrichts allererst hervor. Die Aneignung der Geschichte wird ideologisch, wenn sie zu der Täuschung verführt, als könnten wir in einem objektivistischen Sinne um die Vergangenheit wissen und als sei unsere Gegenwart nichts anderes als ein vorerst letztes Stadium der Geschichte. Im Erlernen historisch-gesellschaftlicher Zusammemhänge müssen die Lernenden vielmehr immer zugleich die Einsicht gewinnen, daß die Aneignung der Vergangenheit über ein Selbstverhältnis der Lernenden vermittelt ist, das seinerseits nicht in dem aufgeht, was sie im historischen Unterricht sich aneignen, sondern auf eine gesellschaftliche Praxis bezogen ist, an der sie selber mitwirken können.

Das Selbstverhältnis des Lernenden in der Aneignung hypothetischer Aussagesysteme neuzeitlicher Wissenschaft ist nicht dasselbe wie das Selbstverhältnis in der Aneignung historisch-gesellschaftlicher Einsichten. Ersteres ist im Sinne der aristotelischen Unterscheidung zwischen Wissensformen auf ein Etwas-Wissen, Letzteres auf ein Sich-Wissen bezogen. Die neuzeitliche Einsicht, daß die Methode gegenstandskonstitutiv ist, weil die Gegenstände unseres Wissens durch unser Lernen konstituiert werden, führt nun dazu, daß wir nicht nur in unserem Sich-Wissen, sondern auch in unserem Etwas-Wissen um die dieses Wissen hervorbringende Selbsttätigkeit wissen können. Analoges gilt jedoch für die allen Wissensformen zugrunde liegende Selbsttätigkeit und die in ihrer Gegenstandskonstitution unvermittelt vorausgesetzte Wirklichkeit nicht. Um beide können wir weder in der Form eines Sich-Wissens, noch in der Form eines Etwas-Wissens wissen. Beide sind vielmehr unserem Wissen und Lernen transzendental vorausgesetzt. Diese unüberschreitbare Grenze unseres Nicht-Wissens zu dem uns möglichen Wissen bestimmt die Grenze der gegenstandskonstitutiven Kraft der Methode.

Dennoch sind wir in all unserem Lernen über diese Grenze insofern hinaus, als wir lernend in einer Wechselwirkung zur Welt stehen, die zwar unserem hypothetischen und historischen Wissen uneinholbar vorausgesetzt ist und die wir auf keinen methodischen Begriff zu bringen vermögen, die wir jedoch gleichwohl als eine sprachlich vermittelte Wechselwirkung in dem Sinne begreifen können, in dem Humboldt die Sprache als Vermittlerin zwischen Mensch und Welt sowie zwischen den Menschen gedeutet hat[131]. Die Grenze unseres Wissens ist das, worüber wir nicht sprechen können, die vorausgesetzte Wirklichkeit, die wir meinen, aber nicht auszusprechen vermögen. Die Sprache vermittelt zwischen ihr und uns, insofern sie zwischen Ich und Du vermittelt, und sie vermittelt zwischen den Menschen, indem sie zwischen Welt und Mensch vermittelt. In diesem Sinne können wir auch von der Sprache sagen, daß sie gegenstandskonstitutiv sei. Allerdings ist hierunter dann etwas anderes als unter den bisher unterschiedenen Formen der Gegenstandskonstitution im hypothetischen und im historischen Wissen und Lernen zu verstehen. Gegenstandskonstitutiv ist die Sprache nämlich nicht in dem Sinne, in dem unsere Denk- und Lerntätigkeit die Gegenstände unseres Wissens konstituiert, sondern in dem Sinne, daß die Sprache selber konstitutiv für alles Lernen ist.

Die Sprache ist fundamental für das Lernen aufgrund ihrer zweifachen Vermittlungsleistung. Sie konstituiert den Unterrichtsgegenstand durch ihre Weltvermittlungsfunktion, und sie konstituiert die pädagogische Interaktion durch ihre kommunikative Funktion. Wird eine dieser Leistungen außer acht gelassen oder gar auf die andere reduziert, so ist erziehender Unterricht nicht mehr möglich. In methodischer Hinsicht ist erziehender Unterricht sprachliche Interaktion von Lernenden und Lehrenden in Auseinandersetzung mit Weltinhalten oder, wie Herbart formulierte, „ästhetische Darstellung der Welt"[132]. In methodischer Hinsicht besteht die Artikulation erziehenden Unterrichts aus Sprachakten, in denen Lehrende Lernende in ihrer rezeptiven und spontanen Bildsamkeit anerkennen und zu denkender Selbsttätigkeit auffordern und Lernende sich vermittelt über sprachliche Aufforderungen Weltinhalte aneignen und in Sprachakten antworten. Im erziehenden Unterricht wirkt der Lehrer aufgrund der doppelten Vermittlungsleistung der Sprache und der von ihr ausgehenden kommunikativen Aufforderung an die Lernenden, sich Weltinhalte sprachlich anzueignen.

Hierauf basiert die methodische Offenheit des erziehenden Unterrichts. Sie besagt, daß unterrichtliche Lehr-Lernprozesse niemals linear und in *intentione recta* Wissensbestände vermitteln, sondern den Lernprozeß in der Form eines Selbstverhältnisses des Lernenden zum Lerngegenstand gestalten, die Lernenden zum Selberdenken auffordern und infolgedessen bezogen auf deren Vorwissen individuelle Lernwege fördern und gemeinsame Lernwege so planen, daß durch sie individuelle Lernprozesse unterstützt werden. Eine solche methodische Offenheit erlaubt es nicht, die Lernwege aus den angestrebten Lernresultaten abzuleiten, denn sie begreift die Methode nicht nur als ein Mittel, um Ziele zu erreichen, sondern als konstitutiven Weg und unverzichtbares genetisches Moment in der Aneignung des jeweils zu erlernenden Gegenstands. Hieraus folgt, daß das Postulat methodischer Offenheit von den Lehrenden niemals unter Abstraktion vom jeweiligen Lerngegenstand beachtet werden kann, denn nur zusammen mit diesem ist die Methode im Sinne der zweifachen Vermittlungsleistung der Sprache gegenstandskonstitutiv. Darum lautet die methodische Grundfrage erziehenden Unterrichts auch nicht einfach, wie können wir jemandem etwas beibringen, was dieser noch nicht kann, sondern: Wie können wir Lernende zur Auseinandersetzung mit Lerngegenständen so auffordern, daß die Wirkung der Aufforderung nicht von dieser selbst ausgeht, sondern vermittelt über die durch sie provozierte Auseinandersetzung mit dem Lerngegenstand zustande kommt. Diese Frage aber läßt sich nicht unabhängig vom jeweiligen Lerngegenstand und Vorwissen des Lernenden beantworten, weshalb das Postulat methodischer Offenheit im pädagogischen Handeln nur gemeinsam mit dem Postulat thematischer Offenheit beachtet werden kann[133].

In thematischer Hinsicht zeichnet sich erziehender Unterricht dadurch aus, daß er das Selbstverhältnis der Lernenden zum Lerngegenstand nicht nur methodisch beachtet, sondern zugleich den Lerngegenstand so strukturiert, daß die Lernenden ein Selbstverhältnis zu ihm entwickeln können. Dies aber ist im fachbezogenen Unterricht nur unter überfachlichen und fächerübergreifenden Perspektiven möglich. Was unter Erziehung durch Unterricht in thematischer Hinsicht zu verstehen ist, gerät nämlich aus dem Blick, sobald man dem Unterricht unter Abstraktion von dem ihm zugrunde liegenden und durch ihn zu fördernden Selbstverhältnis der Lernenden bloß die Vermittlung von Wissen und Kenntnissen als Aufgabe zuweist und all das, was über diese Aufgabe hinausgeht, einer Haltungserziehung überträgt, die in den Heranwachsenden ein wie auch immer geartetes Wertbewußtsein oder gar eine Grundwertorientierung erzeugen soll[134]. Ist erst einmal in dieser Weise zwischen Wissen und Haltung unterschieden, so kann kein vernünftiger Begriff des erziehenden Unterrichts mehr entwickelt werden und geraten auch die Unterschiede und Beziehungen zwischen der zweiten und der dritten Dimension pädagogischen Handelns aus dem Blick. Eine bloße Gegenüberstellung von unterrichtlicher Wissensvermittlung und Haltungserziehung verfehlt nämlich sowohl das, was unter erziehendem Unterricht, als auch das, was unter pädagogischer Praxis im Übergang zu gemeinsamem Handeln zu verstehen ist. Sie ist darüber hinaus auch deshalb verfehlt, weil mit ihr die Unterschiede zwischen der dritten und der ersten Dimension pädagogischen Handelns, derjenigen der Kinderregierung oder der pädagogischen Praxis als eines sich selbst negierenden Gewaltverhältnisses, verwischt werden und der Anschein erweckt wird, als sei es pädagogisch legitim, Heranwachsende ohne den ,,Umweg" über den erziehenden Unterricht und die Erfahrungen aus selbstverantwortetem Handeln zu bestimmten Haltungen zu erziehen. Hierzu bemerkte schon Herbart, als er sich gegen den Vorwurf zur Wehr setzen mußte, in seiner Begrenzung der ersten Dimension pädagogischen Handelns auf eine negative Kinderregierung die Normen und Werte nicht genannt zu haben: ,,Man frage nun nicht nach einer positiven Definition, welche den Zweck der Regierung der Kinder feststelle! Bildung und Nicht-Bildung, das ist der kontradiktorische Gegensatz"[135].

Nachdem die methodische Seite des erziehenden Unterrichts und das der genetischen Methode zugrunde liegende Selbstverhältnis der Lernenden schon skizziert wurde, kommt es jetzt darauf an, auch das die thematische Seite des erziehenden und bildenden Unterrichts auszeichnende Selbstverhältnis genauer zu bestimmen. Von bloßer Wissensvermittlung einerseits und konditionierender Haltungserziehung andererseits unterscheidet sich erziehender Unterricht dadurch, daß er die Aneignung von Weltinhalten so zu gestalten versucht, daß sich in den Lernenden vermittelt über die unterrichtliche Erweiterung ihres Erfahrungs- und Umgangshorizontes eine theoretische und praktische Urteilskompetenz entwickelt, welche diese schrittweise dazu befähigt, an der menschlichen Gesamtpraxis selbsttätig mitwirken zu können. Während sich die methodische Grundstruktur erziehenden Unterrichts auf die Selbsttätigkeit und Mitwirkungsmöglichkeiten der Lernenden in und an ihren

Lernprozessen bezieht, richtet sich die thematische Grundstruktur auf die inhaltliche Seite des unter dem Einfluß unterrichtlicher Lehr-Lernprozesse sich entwickelnden Bewußtseins der Lernenden, darauf nämlich, daß sich in ihnen ein Gedankenkreis ausbildet, der sie zu theoretischer und praktischer Urteilskompetenz befähigt.

Die früheste Form des erziehenden und bildenden Unterrichts ist die des Erwerbs der Muttersprache im unmittelbaren Zusammenleben des Kleinkinds mit seinen erwachsenen Bezugspersonen. Welterfahrung und zwischenmenschlicher Umgang sind hier durch die doppelte Leistung der Sprache, zwischen Mensch und Welt und zwischen den Menschen zu vermitteln, untrennbar verbunden. Im Erlernen der Sprache sind Denken-Lernen und Miteinander-sprachlich-Umgehen-Lernen so aufeinander verwiesen, daß das eine gar nicht ohne das andere möglich ist. Wird beispielsweise in der Zeit des Spracherwerbs von den Erwachsenen die Rezeptivität und Spontaneität des Kleinkinds nicht anerkannt, sondern durch eine normative und konditionierende Fremdbestimmung mißachtet, so wird hierdurch stets zugleich die Entwicklung theoretischer und praktischer Urteilskompetenz gefährdet. Die theoretische Urteilskompetenz, sprachlich Welt zu erfahren, und die praktische Urteilskompetenz, selber zu denken und mit anderen zu sprechen, können nur zugleich erlernt werden, und das Erlernen der einen ist stets vermittelt über das Erlernen der anderen.

Diese Einheit in der Aneignung theoretischer und praktischer Urteilskompetenz zerbricht, sobald Kinder im Elementarunterricht beginnen, sich die Sprache in der Form der Schrift anzueignen. Die theoretische Urteilskompetenz, lesen und schreiben zu können, schließt im Unterschied zum Spracherwerb nicht immer schon die praktische Urteilskompetenz, lesend und schreibend miteinander umzugehen, ein. Welches Selbstverhältnis sich in den Lernenden zur Schriftsprache ausbildet, hängt vielmehr entscheidend davon ab, ob nur das Erlernen der Schriftsprache, oder vor allem das Erlernen des Schreibens und Lesens im Vordergrund des Elementarunterrichts steht. Kommt in der Grundschule beispielsweise die Sprache in Schriftform nur an der Tafel, im Schulbuch oder Schulheft, nicht aber als Mittel und Medium sprachlicher Interaktion vor, so entsteht die Gefahr, daß das Erlernen der Schrift sich auf den Horizont der Aneignung einer Elementartechnik verengt und die praktische Urteilskompetenz, lesend und schreibend miteinander umgehen zu können, vernachlässigt wird.

Darum verlangt gerade die Vermittlung von theoretischer und praktischer Urteilskompetenz im Elementarunterricht besondere Sorge und Aufmerksamkeit. Sie vollzieht sich im Unterschied zum Spracherwerb keineswegs von selbst, sondern erfordert, daß sich die Lernenden die Schrift als Weltinhalt in Verbindung mit einem reflektierten Selbstverhältnis zur Schrift aneignen. Dieses aber erschöpft sich gerade nicht darin, vorgegebene Wörter und Texte richtig schreiben und lesen zu können, sondern schließt die produktive Freiheit, eigene Texte zu formulieren und schriftlich mit anderen zu kommunizieren, ein[136].

Im Unterschied zum Spracherwerb sind bei der Aneignung der Elementartechniken des Lesens und Schreibens – vergleichbares gilt auch für das Rechnen – theoretische und praktische Urteilskompetenz nicht mehr unmittelbar miteinander verbunden. Die thematische Grundstruktur erziehenden Unterrichts basiert hier darauf, daß das Erlernen der theoretischen Sachkompetenz in der Beherrschung der Elementartechniken mit der Einübung in die praktische Sozialkompetenz, mit Hilfe der Elementartechniken über Weltinhalte kommunizieren zu können, verbunden werden muß. Das eine schließt hier nicht mehr das andere von selbst ein. Der Sinn der Beherrschung und Verwendung der Elementartechniken geht nicht in der theoretischen Kompetenz, einen Text lesen und schreiben oder eine Rechenaufgabe lösen zu können, auf, sondern bezieht sich auf ein Selbstverhältnis des Lernenden zum Gelernten, das sich auf dessen Mitwirkungsmöglichkeiten am gesellschaftlichen Handeln und einen in diesem sinnvollen Gebrauch der Elementartechniken bezieht. Freilich gilt auch das Umgekehrte. Der Sinn des Erlernens der Elementartechniken bemißt sich nicht unmittelbar nach vorgegebenen Verwendungsmöglichkeiten für das Gerlernte, sondern danach, die Elementartechniken nicht nur in bestimmten Situationen, sondern allgemein zur Erweiterung der eigenen Welterfahrung und zum Zwecke der zwischenmenschlichen Kommunikation verwenden zu können[137].

Eine weitere Problemebene in der Vermittlung zwischen theoretischer und praktischer Urteilskompetenz liegt dort vor, wo Unterricht nicht nur in Elementartechniken einführt, die sich in der Welterfahrung und im zwischenmenschlichen Umgang bewähren können, sondern Erfahrung und Umgang in Richtung auf ein Erlernen der Anfangsgründe neuzeitlicher Wissenschaft sowie im Hinblick auf eine wissenschaftlich vermittelte Welterfahrung erweitert, ohne daß hier der Sinn des Gelernten – wie im Erlernen der Muttersprache – auf eine unmittelbare oder – wie beim Schriftspracherwerb – auf eine mittelbare Verbindung von theoretischer und praktischer Urteilskompetenz gegründet werden könnte. Zwar ist versucht worden, den bildenden Sinn des Erlernens der Anfangsgründe der neuzeitlichen Wissenschaften aus der Tatsache abzuleiten, daß diese im Zeitalter wissenschaftlicher Zivilisation die Funktion übernommen haben, die Praxis pragmatisch zu begründen und wissenschaftlich zu begreifen, zwar war man bestrebt, den bildenden Sinn neuzeitlicher Wissenschaft ideologiekritisch in einer politisch verantworteten Inanspruchnahme ihrer Ergebnisse beziehungsweise in einer Integration von Allgemeinbildung und beruflicher Ausbildung zu sichern. In bildungstheoretischer Hinsicht und im Hinblick auf eine Begründung der thematischen Struktur erziehenden Unterrichts in einem Selbstverhältnis der Lernenden zum Gelernten mußten diese Versuche scheitern, weil der erste die „Wahrheit unseres modernen Seins" in einer Vereinigung von „Wissen und Arbeit" erblickte und Bildung mit „Technischer Bildung" gleichsetzte[138], der zweite Bildung auf Ideologiekritik und politische Bildung reduzierte[139] und der dritte die Aufgabe, die Lernenden durch erziehenden Unterricht zur Mitwirkung an der menschlichen Gesamtpraxis zu befähigen, auf eine Erweiterung der Berufswahlentscheidung Heranwachsender durch doppelt qualifizierende Bildungsgänge begrenzte[140].

Weder eine technische, noch eine politische, noch eine berufliche Grundorientierung vermögen für sich genommen dem Erlernen der Anfangsgründe neuzeitlicher Wissenschaft einen bildenden Sinn zu geben. Technische Bildung steht in der Gefahr, zur Ideologie des modernen Seins zu verkümmern, emanzipatorische Ideologiekritik und Politik führen zu keiner Korrektur des neuzeitlichen Verhältnisses von Technik und Natur, sondern belassen die Natur im Zugriff eines hypostasierten technischen Interesses, und die Vermittlung beruflicher Einzelkompetenzen zur doppelten Kompetenz von Fremdsprachenkorrespondenten und angehenden Fremdsprachenlehrern, Technischen Assistenten und angehenden Diplomphysikern, Freizeitsportleitern und künftigen Sportstudenten usw. führt allenfalls zu einer berufsspezifischen Vermittlung von theoretischer und praktischer Urteilskompetenz. Sie alle ergänzen den heute üblichen wissenschaftlichen Fachunterricht um in ihm vernachlässigte Teile und streben danach, die Trennungen zwischen Wissenschaft und Lebenswelt, Wissenschaft und Politik beziehungsweise Wissenschaft und Beruf durchlässig zu machen. Wie dies jedoch im Durchgang durch die Theorien neuzeitlicher Wissenschaft möglich ist, führen sie nicht aus.

Die thematische Struktur erziehenden Unterrichts müßte dagegen darin begründet werden, daß in ihm die vier Ebenen einer innerszientifischen, einer historisch-gesellschaftlichen, einer transzendental-kritischen und einer praxisphilosophischen Interpretation der Satzsysteme neuzeitlicher Wissenschaft gleichermaßen beachtet werden, damit sich die Lernenden ein Selbstverhältnis zum Gelernten aneignen können, welches sie in die Lage versetzt, die Theorien neuzeitlicher Wissenschaft in ihren hypothetischen Wissensstrukturen zu begreifen, ihre Gültigkeit im Hinblick auf die in sie eingegangenen gesellschaftlichen Erfahrungen und die transzendentale Differenz zwischen unvermittelt vorausgesetzter Wirklichkeit und Gegebenem zu begrenzen und die Verwendungssituationen neuzeitlicher Wissenschaft von hierher unter der doppelten Perspektive der Anerkennung oder Mißachtung des Anspruchs der vorausgesetzten Wirklichkeit einerseits und einer nicht-hierarchischen Verhältnisbestimmung der menschlichen Gesamtpraxis andererseits zu beurteilen. Hieraus bezieht erziehender Unterricht seine aufklärende Kraft im Zeitalter wissenschaftlicher Zivilisation. Seine Chance ist es, die Irrtümer einer Reduktion der Natur, des Lebens, der Psyche und der gesellschaftlichen

Praxis zu wissenschaftlich beherrschbaren und unter dem Primat fortschreitender Steigerung menschlicher Macht über Natur und Geschichte manipulierbaren Gegebenheiten durchschaubar zu machen und offenzulegen, daß die Beachtung des Eigensinns der unverfügbaren Wirklichkeit an die Anerkennung der Ideen einer nicht-hierarchischen Verhältnisbestimmung der menschlichen Gesamtpraxis und der Transformation gesellschaftlicher in praktische Determination zurückgebunden ist (vgl. Abschnitt 3.2.).

Die thematische Offenheit eines solchen Unterrichts zielt auf eine qualitative Vielseitigkeit der Welt- und Selbsterfahrung der Lernenden. Sie schließt fachliche Schwerpunkte in den Lehrplänen und Bildungsgängen nicht aus. Sie konfrontiert jedoch jeden dieser Schwerpunkte mit der Aufgabe, Erfahrung und Umgang der Lernenden vermittelt über eine bildende Aneignung neuzeitlicher Wissenschaft so zu erweitern, daß diese im Sinne aller vier Ebenen selber-denken lernen und hierdurch fähig zu selbstverantwortetem individuellen und gemeinsamen Handeln werden. In der Anbahnung der doppelten Kompetenz, sich des eigenen „Verstandes ohne Leitung eines anderen ... bedienen"[141] und in verantwortliches Handeln übergehen zu können, erreicht erziehender Unterricht das ihm angemessene Ende. Dies jedoch nur dann, wenn sich die Lehrenden davor hüten, die vier Ebenen in einer einzigen zu verbinden und in den Lernenden die Illusion zu erzeugen, als ließe sich die Vermittlung von theoretischer und praktischer Urteilskompetenz im Unterricht vorwegnehmen. Zur Absicherung eines solchen Endes erziehenden Unterrichts und der ihm zugrunde liegenden methodischen und thematischen Grundstruktur reichen freilich die bisher skizzierten beiden Seiten nicht aus. Vielmehr ist hierfür die Berücksichtigung einer dritten und letzten Seite erziehenden Unterrichts unerläßlich, die sich auf dessen institutionelle Grundstruktur bezieht.

In institutioneller Hinsicht zeichnet sich erziehender Unterricht dadurch aus, daß er die Inanspruchnahme der von ihm intendierten und durch ihn zu fördernden doppelten Kompetenz, die Lernenden zum Selber-Denken und zum selbstverantworteten Übergang ins Handeln zu befähigen, nicht auf ein fernes Ende vertagt, sondern dafür Sorge trägt, daß sich Lehrende und Lernende und ebenso Lernende untereinander schon im Unterricht in den bereits erworbenen Kompetenzen gegenseitig anerkennen. Dies aber ist nur möglich, wenn die Lernenden von Anfang an am Unterricht nicht nur als auf Fragen des Lehrers Antwortende, sondern auch als Fragende beteiligt werden, wenn Unterricht nicht nur an ihre Erfahrungen anknüpft, um diese zu erweitern, sondern die Lernenden ihre Erfahrungen auch in den Unterricht einbringen können, und wenn schließlich Unterricht nicht nur zum Selber-Denken auffordert und auf einen Übergang in selbstverantwortetes Handeln vorbereitet, sondern sich zugleich dafür öffnet, die Lernenden als bereits in den außerunterrichtlichen Bereichen menschlicher Praxis denkende und handelnde Wesen anzuerkennen.

Im Unterschied zur ersten Dimension pädagogischen Handelns ist erziehender Unterricht nicht auf Grenzsituationen beschränkt, denn er fordert zum Selber-Denken auf und bereitet hierüber den Übergang in selbstverantwortetes Handeln vor. Die institutionelle Offenheit erziehenden Unterrichts darf darum keineswegs nur eine innerunterrichtliche sein, sondern bezieht sich, durchaus vergleichbar der institutionellen Offenheit der pädagogischen Praxis als eines sich selbst negierenden Gewaltverhältnisses (vgl. Abschnitt 5.1.3.), zugleich darauf, daß die pädagogische Praxis sich nicht in ihrer zweiten Dimension erschöpft, sondern darüber hinaus eine dritte Dimension hat, in der sie ihr Ende in einem noch anderen als dem bisher erläuterten Sinne findet. Erziehender Unterricht bereitet auf den Eintritt in selbstverantwortetes Handeln vor; hierzu aufzufordern, ist nicht mehr Aufgabe des erziehenden Unterrichts, sondern Aufgabe der dritten Dimension pädagogischen Handelns, derjenigen der pädagogischen Praxis im Übergang zu intergenerationellem Handeln.

5.3. Pädagogische Praxis im Übergang zu intergenerationellem Handeln

Der Finalität, überflüssig zu werden, kann die pädagogische Praxis nur entsprechen, wenn sie in der Ausübung pädagogisch legitimer Gewalt die Grenzen, die dieser Dimension pädagogischen Handelns zu setzen sind, beachtet, wenn sie als Erziehung durch Unterricht sich im Selber-Denken der Lernenden aufhebt und wenn sie schließlich auch tatsächlich im gemeinsamen Handeln der Menschen ein Ende findet.

Versuchten wir, das Ende pädagogischer Praxis unmittelbar durch regierende Maßnahmen herbeizuführen und das Verhalten der Heranwachsenden gewaltsam zu bestimmen, so wäre pädagogische Praxis nichts anderes als Manipulation. Versuchten wir, das Ende pädagogischen Handelns durch erziehenden Unterricht unmittelbar herbeizuführen und aufs Handeln der Heranwachsenden so zu wirken, daß diese gleichsam im Unterricht erlernten, wie sie handeln sollen, so wäre pädagogische Praxis zwar nicht eine Form Gewalt ausübender Manipulation, wohl aber eine Form von Indoktrination, die den Anspruch des durch Unterricht zu fördernden Selber-Denkens der Heranwachsenden außer acht ließe. Werden dagegen die Grenzen erlaubter Kinderregierung ebenso beachtet wie die Möglichkeiten und Grenzen der Erziehung durch Unterricht, dann gilt es, über die bisher vorgestellten Dimensionen pädagogischen Handelns hinaus eine dritte, der zweiten an Bedeutung nicht nachstehende Dimension pädagogischer Interaktion zu unterscheiden. Dieser fällt die Aufgabe zu, das Ende der pädagogischen Praxis dadurch herbeizuführen, daß die Heranwachsenden zu selbstverantworteten Handeln gemäß eigener Einsicht aufgefordert werden. Aufgabe und Wirkungsmöglichkeit dieser dritten Dimension ist es, die pädagogische Praxis im Übergang zur menschlichen Gesamtpraxis in ökonomische, ethische, politische, ästhetische und religiöse Praxis zu überführen und, was die pädagogische Praxis selbst betrifft, Vorsorge dafür zu treffen, daß die Heranwachsenden dort, wo sie als Erwachsene nicht-professionell pädagogisch tätig werden, keiner professionellen pädagogischen Unterstützung mehr bedürfen, sondern selber pädagogisch denken und handeln können.

Die dritte und letzte Dimension pädagogischer Praxis wird wiederum in drei Schritten bestimmt. Im Anschluß an problemgeschichtliche Hinweise zur Finalität pädagogischen Handelns, sich in intergenerationelle Praxis aufzuheben, werden einige Schwierigkeiten benannt, mit denen eine solche Aufhebung heute konfrontiert ist. Abschließend wird dann jener Grundsatz entwickelt, in dem schon Herbart in seiner Allgemeinen Pädagogik die der dritten Dimension pädagogischen Handelns eigene Argumentationsstruktur und Wirkungsmöglichkeit begründet hat.

5.3.1. Problemgeschichtliche Hinweise zur Finalität der pädagogischen Praxis, sich im Übergang zu gemeinsamem Handeln aufzuheben

Soweit die pädagogische Praxis in vorbürgerlichen Gesellschaften nicht professionalisiert und in eigens für sie eingerichteten Institutionen, sondern als integrierte Tätigkeit anderer gesellschaftlicher Tätigkeiten ausgeübt wurde, fand sie in diesen ihr Ende, ohne daß es einer besonderen, den Übergang in die gesellschaftliche Praxis herbeiführenden Dimension pädagogischen Handelns bedurft hätte. Die Initiation der Heranwachsenden in den Erwachsenenstatus wurde zwar in den unterschiedlichsten Kulturen als ein Akt mit besonderen Vorkehrungen vollzogen. Dieser wies den Heranwachsenden jedoch eine im vorhinein schon feststehende und vorgegebene gesellschaftliche Bestimmung zu. Erst mit der Verbesonderung der pädagogischen Praxis zu einem von den anderen gesellschaftlichen Tätigkeiten abgehobenen Praxisfeld verbesonderten sich auch die drei Dimensionen pädagogischen Handelns zu Handlungsformen mit jeweils eigenen Aufgaben und Wirkungsmöglichkeiten.

In der ersten Dimension trennte sich die politische Regierung und Machtausübung von der Kinderregierung, der nun die Aufgabe zufällt, gerade keine positiven Zwecke im Motivationshorizont der Lernenden zu verfolgen, sondern diese nur an uneinsichtigem Handeln zu hindern. In der zweiten Dimension veränderte sich die Aufgabenstellung unterrichtlicher Unterweisung dahingehend, daß Erziehung durch Unterricht nicht mehr nur in den Erfahrungsbesitz und die Umgangsformen der Gesellschaft einführt, sondern Erfahrung und Umgang in Richtung auf ein Selber-Denken und ein Selber-Handeln der Heranwachsenden erweitert. In der dritten Dimension pädagogischen Handelns stellt sich seitdem nicht mehr primär die Aufgabe, den Übergang von der pädagogischen Praxis ins gemeinsame Handeln so zu initiieren, daß die Heranwachsenden an die Stelle der Älteren treten und deren Gewohnheiten übernehmen, sondern ihren Eintritt ins bürgerliche Leben so zu gestalten, daß sie sich eigene Zwecke und Aufgaben setzen, selbständig Verbindungen eingehen und in selbstverantwortetem Handeln sich und andere als Person anerkennen können.

Die veränderte Aufgabenstellung der dritten Dimension pädagogischen Handelns beruht darauf, daß in ihr die Erwachsenen nicht mehr die künftige Bestimmung der Heranwachsenden repräsentieren, sondern diese dazu auffordern, ihre Bestimmung selber zu suchen, zu finden und hervorzubringen. So löst sich die Familie der bürgerlichen Gesellschaft, wie Hegel im § 177 seiner Rechtsphilosophie ausführt, nicht auf natürliche Weise durch den Tod der Eltern, sondern auf sittliche Weise auf, denn sie muß die Kinder, sobald diese volljährig geworden sind, in ihrer „freien Persönlichkeit" anerkennen und hat „keine Rechte" mehr über sie. Dies wiederum verweist auf den komplexen Zusammenhang, daß die Mündigkeit der Heranwachsenden, welche in rechtlicher Hinsicht mit dem Erlangen der Volljährigkeit zusammenfällt, in pädagogischer Hinsicht gerade nicht linear an einen bestimmten Zeitpunkt und ein bestimmtes Lebensalter zu binden ist. Vielmehr stellt sich in der dritten Dimension pädagogischen Handelns die Aufgabe, die Heranwachsenden schon während der gesamten Dauer ihrer Erziehung und Bildung als freie Persönlichkeiten anzuerkennen.

Heranwachsende, die in rechtlicher Hinsicht noch nicht mündig sind, in pädagogischer Hinsicht als schon Mündige anzuerkennen, ist eine schwierige Aufgabe. Ihr kann die pädagogische Praxis weder dadurch gerecht werden, daß sie die pädagogische Anerkennung der Mündigkeit der Lernenden zum Gesamthorizont menschlicher Mündigkeit hypostasiert, noch dadurch, daß sie die Lernenden kontrafaktisch einfach als schon politisch und ökonomisch mündige Subjekte ansieht. Die pädagogische Praxis kann in ihrer dritten Dimension den Eintritt der Heranwachsenden ins gesellschaftliche Leben nicht aus eigener Kraft regulieren, denn die Bewährungssituationen, in die sich Heranwachsende in der bürgerlichen Gesellschaft begeben müssen, lassen sich nicht im Schonraum pädagogischer Institutionen vorwegnehmen. Die pädagogische Praxis kann sich aber auch nicht damit begnügen, die Heranwachsenden lediglich dem Konkurrenzkampf bürgerlicher Subjekte um vorteilhafte Positionen in der Gesellschaft auszusetzen und allenfalls einzelne, die in diesem Kampf zu scheitern drohen, helfend zu unterstützen. Maßte sie sich an, in ihrer dritten Dimension die Entscheidungssituationen des Lebens vorwegnehmend abzubilden, so verfiele sie der Illusion, die Komplexität der menschlichen Gesamtpraxis ließe sich pädagogisch auflösen. Beschränkte sie sich dagegen im Übergang zum gemeinsamen Handeln auf eine bloße Hilfe beim Eintritt in gesellschaftliche Bewährungssituationen, so würde sie Heranwachsenden eine Hilfe versprechen, die sie aus eigener Kraft gar nicht zu geben vermag.

So wie in der zweiten Dimension pädagogischen Handelns kein zureichender Begriff von Erziehung durch Unterricht möglich ist, wenn erziehender Unterricht als eine unmittelbare Einheit von Wissensvermittlung und Haltungserziehung verstanden oder in nebeneinander stehende Formen unterrichtlicher Unterweisung und konditionierender Haltungserziehung aufgelöst wird, so ist auch in der dritten Dimension pädagogischen Handelns keine zureichende Bestimmung der pädagogischen Praxis im Übergang zu gemeinsamem Handeln möglich, wenn hierunter eine Vorwegnahme außerpädagogischer Handlungssituationen in pädagogischen Handlungsfeldern oder eine bloße Hilfe zur Selbsthilfe verstanden wird. In dem einen Fall sehnt sich die pädagogische Praxis in eine Einheit von Lernen und Leben zurück, in der es eine reflektierte pädagogische Urteilskraft noch gar nicht gab und die dritte Dimension pädagogischen Handelns in einer gewöhnenden Sozialisation der Heranwachsenden aufging; solche reformpädagogische Sehnsucht beruht auf einer Verkennung der gesellschaftlichen Bedingungen pädagogischen Handelns und der Tatsache, daß dessen Eigenstruktur untrennbar mit der Ausdifferenzierung der menschlichen Gesamtpraxis in ökonomisches, sittliches, politisches, ästhetisches und religiöses Handeln verbunden ist. In dem anderen Fall nimmt sich die pädagogische Praxis auf eine ganz unbestimmte Form des Helfens zurück, in der die Helfer die Heranwachsenden weder in irgendeinem Sinne unterrichten, noch in gesellschaftliche Handlungsfelder einführen, sondern eine Hilfe zur Selbsthilfe anbieten, die nicht den Übergang ins gesellschaftliche Handeln unterstützt, sondern bestenfalls therapeutisch wirkt und die Sozialisationsmechanismen der bürgerlichen Gesellschaft erträglicher macht.

Beide Verkürzungen der dritten Dimension pädagogischen Handelns gehen darauf zurück, daß in ihnen das Verhältnis der individuellen zur gesellschaftlichen Seite pädagogischer Interaktion nicht angemessen bedacht wird. Ob die pädagogische Praxis in ihrer dritten Dimension Allmachtsvorstellungen verfolgt, im Schonraum pädagogischer Institutionen in die menschliche Gesamtpraxis vorwegnehmend einführen zu können, oder der Ohnmacht eines hilflosen Helfens erliegt, oder aber beide Irrwege vermeiden kann, hängt nicht zuletzt davon ab, ob die pädagogischen Berufe nicht mehr in regierende, unterrichtende und helfende Berufe eingeteilt, sondern so differenziert werden können, daß sie untereinander durch alle Dimensionen pädagogischen Handelns verbunden sind. Statt die zweite Dimension unter Vernachlässigung der dritten lehrenden und die dritte unter Vernachlässigung der zweiten helfenden Berufen zuzuordnen, käme es darauf an, das Verhältnis der in ihrer Urteilslogik durchaus verschiedenen Dimensionen so zu gestalten, daß Übergänge von erziehendem Unterricht ins Handeln und die Rückkehr aus Handlungssituationen in erziehenden Unterricht möglich werden. Hierzu aber können Lehrer nur beitragen, wenn sie über die zweite Dimension pädagogischen Handelns hinaus auch in der dritten handlungskompetent sind, und die in sozialpädagogischen Berufen Tätigen nur dann, wenn sie über die Kompetenz hinaus, helfend ins Handeln einzuführen, zugleich in der Lage sind, an der unterrichtlichen und aufklärenden Weiterbildung ihres Klientels mitzuwirken[142].

Um Übergänge von erziehendem Unterricht ins Handeln und von selbstverantwortetem Handeln in erziehenden Unterricht zu sichern und in der dritten Dimension pädagogischer Praxis die Heranwachsenden beim Eintritt ins gesellschaftliche Leben zu unterstützen, reichen die individuellen Möglichkeiten pädagogischen Handelns und der gute Wille der pädagogisch Interagierenden für sich genommen nicht aus. Der Übergang von pädagogischen in außerpädagogische gesellschaftliche Situationen kann nur gelingen, wenn die pädagogische Praxis mit den anderen gesellschaftlichen Praxisformen so verbunden ist, daß Übergänge von pädagogischen in gesellschaftliche und von gesellschaftlichen in pädagogische Situationen auch real möglich sind. Dies freilich setzt voraus, daß sich die Gesellschaft in ihren Handlungsfeldern für eine selbsttätige Mitwirkung der Heranwachsenden öffnet und auf diese Weise einen Teil der Verantwortung für das Ende der pädagogischen Praxis in den Handlungssituationen des Lebens selber trägt.

5.3.2. Von den Schwierigkeiten und Möglichkeiten einer intergenerationellen Aufhebung der pädagogischen Praxis in die ausdifferenzierten Formen der menschlichen Gesamtpraxis

Während in vorbürgerlichen Gesellschaften das pädagogische Handeln als Moment anderer gesellschaftlicher Tätigkeiten ausgeübt wurde, in denen die Heranwachsenden ihre Bestimmung fanden, so daß die Aufhebung der pädagogischen Praxis in das gemeinsame Handeln quasi von selbst erfolgte, sind die Auflösung der pädagogischen Praxis in die ausdifferenzierten Formen der menschlichen Gesamtpraxis und der Übergang vom pädagogischen ins gesellschaftliche Handeln heute mit Schwierigkeiten verbunden, für die es einfache Lösungen nicht geben kann. Ein Teil dieser Schwierigkeiten hängt mit der neuzeitlichen

Differenz von rechtlicher und pädagogischer Mündigkeit zusammen, ein anderer mit Problem und Aufgabe, eine bürgerliche Öffentlichkeit zu errichten, in der über die menschliche Gesamtpraxis so beraten wird, daß daran schrittweise auch die nachwachsende Generation sich beteiligen kann.

Was die erste, im engeren Sinne erziehungstheoretische Schwierigkeit betrifft, so wies schon Schleiermacher in seiner Vorlesung von 1826 darauf hin, daß nach dem Auseinandertreten der rechtlichen und pädagogischen Mündigkeit erstere nicht mehr zur Definition des Endes der pädagogischen Praxis ausreicht. Zwar biete sich auf die Frage nach dem Ende der Erziehung nach wie vor die rechtliche Antwort an; diese sei jedoch für sich genommen untauglich, die pädagogische Frage nach dem Ende der Erziehung zu beantworten:

„Wir haben gleich eine Antwort, nämlich diese, Wenn der Mensch mündig wird, dann hört die pädagogische Einwirkung auf; d.h. wenn die jüngere Generation auf selbständige Weise zur Erfüllung der sittlichen Aufgabe mitwirkend (, an der menschlichen Gesamtpraxis mitwirkend, D.B.) der älteren Generation gleich steht; es gibt dann bloß ein Zusammenwirken beider. Politisch wird auch das Wort (Mündigkeit, D.B.) in diesem Sinne gebraucht; denn in allen Staaten gibt es einen Zeitpunkt, von wo an dem einzelnen die Mitgesamttätigkeit gesetzlich zugestanden wird, hier früher, dort später. Allein wir können die Pädagogik nicht mehr schlechthin der Politik unterordnen; und so darf uns diese politische Grenze nicht binden, wir können auch hier den politisch festgesetzten Zeitpunkt nicht annehmen. Es ist nicht die Aufgabe des Staats, das Ende der pädagogischen Wirksamkeit zu bestimmen; und die Lösung der Aufgabe kann am wenigsten in der Beziehung auf die Mündigkeitserklärung gefunden werden."[143]

Die Rechtsmündigkeit, von der Schleiermacher hier spricht, ist diejenige des neuzeitlichen Staates, welcher seinen Bürgern zum Beispiel die freie Wahl des Bekenntnisses, des Ehepartners, des Berufs und des geselligen Lebens gesetzlich einräumt und die Inanspruchnahme dieser Freiheiten von keinerlei besonderen Rechtsverhältnissen, wie sie in den vorbürgerlichen Gesellschaften innerhalb der Hierarchie der Stände sowie zwischen Eltern und Kindern bestanden, abhängig macht. Der Staat kann diese bürgerlichen Freiheiten nach dem Grundsatz der Gleichheit der Bürger vor dem Recht gesetzlich fixieren, er kann auch den Beginn bürgerlicher Rechtsmündigkeit auf ein bestimmtes Alter festsetzen. Die pädagogisch zu fördernde Mündigkeit der Menschen im Gebrauch dieser Freiheiten kann er jedoch durch seine Gesetze nicht herbeiführen. Die Frage, wie das Ende pädagogischer Einwirkungen zu bestimmen sei, wenn dieses aus der rechtsstaatlich verbürgten Mündigkeitserklärung keineswegs unmittelbar folgt, markiert darum eine der Schwierigkeiten der pädagogischen Praxis, sich in ihrer dritten Dimension in die gesellschaftliche Praxis aufzuheben.

Schleiermachers Antwort auf diese Frage ist in der oben zitierten Stelle bereits implizit ausgesprochen. Sie lautet: Das Ende der pädagogischen Praxis steht nicht am Ende der pädagogischen Praxis; vielmehr ist der „Endpunkt als ein allmählich verschwindender" zu begreifen und zu gestalten. Allmählich verschwinden aber kann die pädagogische Praxis in ihrer dritten Dimension, derjenigen der Einführung der nachwachsenden Generation in die „Mitgesamttätigkeit", nur dann, wenn die Gesellschaft Vorsorge dafür trifft, daß die Heranwachsenden schon vor der staatlich geregelten Volljährigkeit schrittweise an der menschlichen Gesamtpraxis selbsttätig mitwirken können. Soll diese selbsttätige Mitwirkung etwas anderes als die vornehmlich gewöhnende Sozialisation in vorbürgerlichen Gesellschaften sein, so kann sie sich nicht auf den Eintritt in eine vorbestimmte berufliche Tätigkeit, die Annahme einer standesspezifischen Sitte, die Übernahme eines politischen Interessenstandpunkts und die Einordnung in den Glauben einer alleinseligmachenden Konfession oder Religion, sondern nur darauf beziehen, in die vorgegebenen Lebensbereiche so einzutreten, daß sich hierbei die durch erziehenden Unterricht angebahnte Erweiterung von Erfahrung und Umgang in der „Mitgesamttätigkeit" zu bewähren vermag.

Dies aber ist nur möglich, wenn die vorgegebenen Lebensbereiche eine solche Bewährung zulassen und wenn über die unter dem Einfluß pädagogischer Interaktion geförderte Mündigkeit Heranwachsender nicht linear nach Kriterien einer normierten gesellschaftlichen Mündigkeit befunden wird. Das allmähliche Verschwinden der pädagogischen Praxis in der „Mitgesamttätigkeit" setzt eine schrittweise Beteiligung der Heranwachsenden an der menschlichen Gesamtpraxis voraus, welche nicht etwa auf einzelne Bereiche der menschlichen Praxis begrenzt ist und folglich auch nicht darin, daß die einen einen Beruf als Arbeiter, die anderen als Pädagogen oder Politiker und wieder andere als Künstler oder Kirchendiener ergreifen, sondern darin zum Ausdruck kommt, daß alle so zusammenwirken können, daß sie einzeln und gemeinsam, welches auch immer ihr künftiger bürgerlicher Beruf sein mag, in der menschlichen Gesamtpraxis tätig werden.

An dieser Stelle geht die erste, aus der Differenzierung zwischen pädagogischer und rechtlicher Mündigkeit entspringende Schwierigkeit der Auflösung der pädagogischen Praxis in eine zweite über. Diese bezieht sich nicht auf die erziehungstheoretische Frage, wie und durch welche Einwirkungen das Ende der pädagogischen Praxis zu befördern sei, sondern auf die bildungstheoretische Frage, worin denn jene menschliche Gesamtpraxis besteht, in die sich die pädagogische Praxis aufheben kann und soll. Die zweite, im engeren Sinne bildungstheoretische Schwierigkeit hängt damit zusammen, daß nach dem Auseinandertreten von rechtlicher und pädagogischer Mündigkeit weder die Praxisformen der vorbürgerlichen Gesellschaft noch diejenigen der bürgerlichen Gesellschaft eine Grundorientierung für die schrittweise Beteiligung der nachwachsenden Generation an der menschlichen Gesamtpraxis bereitstellen können.

Die vorbürgerlichen Praxisformen waren standesspezifische und zeichneten sich zum Beispiel in den handwerklichen und bäuerlichen Lebensformen dadurch aus, daß in ihnen Arbeit, Pädagogik, Ethik, Politik, Kunst und Religion eine weitgehende Einheit bildeten, derzufolge jeder Stand bestimmte Gebrauchsgüter produzierte, seine eigene Standesmoral und . Sitte sowie eigene Rechtsverhältnisse hatte und für ihn zuständige Heilige verehrte, die Freiheiten bürgerlicher Rechtsmündigkeit und die mit diesen verbundene Differenz von rechtlicher und pädagogischer Mündigkeit jedoch noch nicht kannte. Dagegen zeichnet sich die bürgerliche Gesellschaft der Neuzeit dadurch aus, daß in ihr mit der Rechtsmündigkeit zwar die Freiheiten der Berufswahl, der Religionsausübung und der Geselligkeit zugestanden werden, daß jedoch keiner der bürgerlichen Berufe alle Bereiche der menschlichen Gesamtpraxis in sich vereinigt und zu repräsentieren vermag. Darum ist die zweite Schwierigkeit der pädagogischen Praxis im Übergang zu gemeinsamem Handeln dadurch bestimmt, daß die vorbürgerlichen Lebensformen durchaus den Charakter einer Gesamttätigkeit, was die Bereiche der menschlichen Gesamtpraxis betrifft, hatten, aber noch keine standesübergreifende, freie Mitwirkung der einzelnen kannten, daß dagegen die professionellen Einzeltätigkeiten in der bürgerlichen Gesellschaft die Freiheiten einer allgemeinen Rechtsmündigkeit anerkennen, aber nicht mehr bildungstheoretisch legitimierte Orte menschlicher Gesamttätigkeit sind.

Beide Schwierigkeiten, die erziehungstheoretische Forderung nach einem allmählichen Verschwinden der pädagogischen Praxis in der ,,Mitgesamttätigkeit" und die bildungstheoretische Frage nach dem Vermittlungszusammenhang der menschlichen Gesamtpraxis, kennzeichnen zusammengenommen die veränderte Problem- und Aufgabenstellung der dritten Dimension pädagogischen Handelns. Die pädagogische Praxis kann sich in eine ,,Mitgesamttätigkeit" heute weder dadurch auflösen, daß sie die Heranwachsenden in Lebenszusammenhänge einführt, in denen Arbeit, Sitte, Politik, Kunst und Religion zu einer Gesamttätigkeit verbunden sind, noch dadurch, daß sie die Heranwachsenden für einen oder mehrere bürgerliche Berufe qualifiziert. Die Mitwirkung der einzelnen an der menschlichen Gesamtpraxis, die ,,Mitgesamttätigkeit", nach der schon Schleiermacher fragte, geht in dem einen ebensowenig wie in dem anderen auf. Wohl muß sich in der bürgerlichen Gesellschaft jeder für eine Tätigkeit qualifizieren, um von der ihm grundsätzlich zugestandenen Rechtsmündigkeit Gebrauch machen zu können. Die bildungstheoretische Mündigkeit im Sinne der Bestimmtheit des Menschen zur Mitwirkung an der menschlichen Gesamtpraxis kann jedoch in den engeren oder weiteren Grenzen spezialisierter Berufe ein ihr angemessenes Handlungsfeld nicht finden.

Das, was unter der aufgegebenen Mitwirkung der Heranwachsenden an der menschlichen Gesamtpraxis zu verstehen ist, läßt sich heute weder innerhalb der spezialisierten Berufe, noch außerhalb derselben adäquat bestimmen; innerhalb der einzelnen Berufe nicht, weil die vorbürgerliche Einheit von Arbeit, Pädagogik, Sitte und Politik endgültig verloren ist, außerhalb jeglicher Berufstätigkeit nicht, weil es im Hinblick auf eine vernünftige Bestimmung der menschlichen Gesamtpraxis gerade darauf ankommt, die einzelnen Berufe als Teil der menschlichen Gesamtpraxis auszuüben. Dies aber setzt zum einen voraus, daß die Teilung der Arbeit nicht vorrangig oder gar ausschließlich der Perspektive folgt, die durch Arbeitsteilung zu erzielende Produktivität immer weiter zu steigern, sondern schon in den einzelnen Berufen möglichst vielseitige Tätigkeiten zuläßt; dies erfordert zum anderen, daß die von den einzelnen jeweils innerhalb ihres Berufs professionell und außerhalb desselben nicht-professionell ausgeübten Tätigkeiten vermittelt über eine öffentliche Kommunikation miteinander verbunden werden, in deren Zentrum die Frage nach der Mitwirkung aller an der menschlichen Gesamtpraxis steht.

„Mitgesamttätigkeit" ist heute nur im Rahmen einer weitgefaßten bürgerlichen Öffentlichkeit möglich. In erziehungs- und bildungstheoretischer Hinsicht muß diese zwei Voraussetzungen erfüllen. Sie muß zum einen eine generationsübergreifende Öffentlichkeit sein, an der die Heranwachsenden schrittweise partizipieren, und sie muß zum anderen eine solche sein, in der keinem der Bereiche der menschlichen Gesamtpraxis ein Primat vor den anderen eingeräumt wird, sondern ökonomische, ethische, pädagogische, politische, ästhetische und religiöse Fragen in Anerkennung der Idee eines nicht-hierarchischen Ordnungszusammenhangs der menschlichen Gesamtpraxis gleichgewichtig erörtert werden.

Es würde die Möglichkeiten einer Allgemeinen Pädagogik übersteigen und ist auch nicht Aufgabe einer Allgemeinen Pädagogik, Umrisse einer nicht-affirmativen Kultur zu entwerfen, die alle Bereiche der menschlichen Gesamtpraxis, ohne diese auf professionelle Einzeltätigkeiten zu verkürzen, als gleichbedeutsam gewichtete, Konflikte zwischen ihnen nicht leugnete und auf Absolutheitsansprüche und Vormachtstellungen einzelner Praxisbereiche verzichte. Als Bildungsideal wäre ein solches Bild für pädagogisches Handeln in der dritten Dimension pädagogischer Praxis ohnedies nicht hilfreich[144]. Um Heranwachsende an der menschlichen Gesamtpraxis schrittweise so zu beteiligen, daß sich ihre durch erziehenden Unterricht erweiterte Urteilskompetenz im Handeln bewähren kann, reicht die Idee einer öffentlichen Kommunikation nicht aus, sondern ist die gesellschaftliche Realität „einer gewissen Öffentlichkeit des Lebens"[145] erforderlich, in die Heranwachsende eintreten und in der sie an der menschlichen Gesamtpraxis mitwirken können.

Statt die Idee öffentlicher Kommunikation zu einer Heilslehre und zu einem von der nachwachsenden Generation anzuerkennenden Ideal zu verklären und die Heranwachsenden womöglich handlungsunfähig innerhalb der vorgegebenen Grenzen professioneller Einzeltätigkeiten und öffentlicher Kommunikation zu machen, kommt es darauf an, die nachwachsende Generation an den vorhandenen Möglichkeiten öffentlicher Kommunikation so zu beteiligen, daß sich diese durch ihre Beteiligung erweitern. Die bürgerliche Öffentlichkeit können wir zum Zwecke des pädagogischen Handelns niemals einfach erfinden, sondern nur so in Anspruch nehmen, daß die Heranwachsenden vermittelt über ihre Beteiligung zu individuellem und gesellschaftlichem Handeln fähig werden. Sorge dafür zu tragen, daß die schon vorhandene Öffentlichkeit erhalten bleibt, daß die sich in ihr bietenden Möglichkeiten zu öffentlicher Kommunikation genutzt und daß hierdurch die Möglichkeiten zu öffentlicher Kommunikation erweitert werden, ist die auf die Befähigung zu individuellem Handeln gerichtete gesellschaftliche Aufgabe der pädagogischen Praxis in ihrer dritten Dimension.

5.3.3. Voraussetzungen der pädagogischen Praxis im Übergang zur menschlichen Gesamtpraxis: Handeln als Prinzip der Menschwerdung

Die bisherigen Überlegungen zur dritten Dimension pädagogischen Handelns entwickelten einige problemgeschichtliche Hinweise zur Finalität der pädagogischen Praxis, im Übergang zu gemeinsamem Handeln ihr Ende zu finden, und skizzierten die aus der Differenz zwischen rechtlichem und pädagogischem Mündigkeitsbegriff sowie vorbürgerlicher und bürgerlicher Arbeitsteilung resultierenden Schwierigkeiten, das Ende der pädagogischen Praxis im Übergang zur menschlichen Gesamtpraxis zu bestimmen. Diese Schwierigkeiten zeigten sich daran, daß die Mitwirkung der einzelnen an der menschlichen Gesamtpraxis, in die alles pädagogische Handeln sich auflösen muß, weder innerhalb noch außerhalb der Arbeitsteilung bürgerlicher Berufe angesiedelt werden, sondern nur darin bestehen kann, daß die professionalisierten und nichtprofessionell ausgeübten Tätigkeiten der einzelnen vermittelt über eine weitgefaßte bürgerliche Öffentlichkeit miteinander verbunden sind. Nun sollen abschließend unter den im vierten Kapitel vorgestellten systematischen Fragestellungen die erziehungs-, bildungs- und institutionstheoretischen Voraussetzungen erörtert und die methodische, thematische und institutionelle Grundstruktur der dritten Dimension pädagogischen Handelns skizziert werden, die es zu beachten gilt, damit die pädagogische Praxis auch tatsächlich ihr Ende im intergenerationellen Handeln der Menschen finden kann.

Das, was Schleiermacher „Mitgesamttätigkeit" genannt hat und was in der hier vorgelegten Allgemeinen Pädagogik unter der Bestimmung des Menschen zur Mitwirkung an der menschlichen Gesamtpraxis verstanden wird, ist nie nur öffentliche Kommunikation, sondern stets zugleich individuelle Interaktion. Die individuelle oder innere Freiheit zu selbstverantwortetem Handeln setzt zwar die gesellschaftliche Freiheit zu öffentlicher Kommunikation voraus. Der Sinn individuellen Handelns geht aber niemals darin auf, Teil einer öffentlichen Kommunikation zu sein, sondern beruht auf einem Selbstverhältnis der Individuen, das wir sowohl in methodischer als auch in thematischer und institutioneller Hinsicht beachten müssen, wenn wir Heranwachsende auf ein von ihnen selbst zu verantwortendes Handeln hin zu unterstützen versuchen.

In methodischer Hinsicht zeichnet sich die pädagogische Praxis im Übergang zum Handeln dadurch aus, daß sie zwischen dem Selbstverhältnis im Lernen und dem Selbstverhältnis im Handeln zu unterscheiden weiß und ihre Wirkungsmöglichkeiten nicht allein auf erziehenden Unterricht, sondern zugleich auf das Selbstverhältnis der Heranwachsenden als handelnder Wesen gründet. Dieses bezieht sich nicht mehr auf die allem Lehren und Lernen zugrundeliegende Selbsttätigkeit der Lernenden in der Aneignung von Weltinhalten, sondern stellt ein Selbstverhältnis der Heranwachsenden zu ihren eigenen Einsichten dar. In ihm sind Heranwachsende nicht mehr Lernende im Sinne des erziehenden Unterrichts, sondern Handelnde, die sich in konkreten Situationen zu ihren Einsichten verhalten, indem sie diesen handelnd folgen oder nicht folgen[146].

Im Hinblick auf das Selbstverhältnis im Handeln versagen alle bisher vorgestellten regierenden und unterrichtenden Wirkungsmöglichkeiten pädagogischer Praxis. Versuchten wir beispielsweise, Heranwachsende beim Übergang zum Handeln zu regieren, so würden wir sie als handelnde Wesen nicht anerkennen, sondern negieren; versuchten wir stattdessen, Heranwachsende auch dort, wo sie selber handeln wollen, durch Unterricht zu erziehen, so würden wir sie, ganz abgesehen davon, daß solcher Unterricht schwerlich ihr Interesse finden könnte, allenfalls am Handeln hindern, nicht aber zu selbstverantwortetem Handeln auffordern. Auf das Selbstverhältnis, welches allem Handeln zugrunde liegt, können wir pädagogisch nur Einfluß nehmen, wenn wir anerkennen, daß es sich hier um ein Verhältnis der Heranwachsenden zu ihrem eigenen Motivationshorizont handelt, der sich vermittelt über die zurückliegenden Handlungen entwickelt hat und im Handeln weiterentwickeln kann.

Erziehender Unterricht vermag zwar auf den Motivationshorizont, die Erfahrungen und den Umgang des Lernenden erweiternd, einzuwirken; er kann jedoch nicht das übers Handeln vermittelte und aufs Handeln bezogene Selbstverhältnis der Heranwachsenden zu ihrem Motivationshorizont verändern, denn dieses ist nicht ein solches des Wissens oder Nicht-Wissens, sondern in ihm verhält sich der Heranwachsende zu sich selbst und seinen Einsichten. Auf dieses Selbstverhältnis können wir nur einwirken, wenn wir in methodischer Hinsicht berücksichtigen, daß die hier allein erlaubten Einwirkungen solche einer Verständigung im Handeln sind und der pädagogisch Handelnde hier nicht Lehrer, der um das, was der Lernende sich aneignen soll, schon weiß, sondern selbst ein Handelnder ist, der, wie der Heranwachsende auch, vor der Aufgabe steht, sich im Handeln mit anderen zu verständigen.

Von der Verständigung im Handeln, wie sie unter Erwachsenen stattfindet, unterscheidet sich die pädagogische Verständigung dadurch, daß sie in methodischer Hinsicht ihre besondere Aufmerksamkeit der übers Handeln vermittelten Entwicklung des Motivationshorizontes widmet. Mit der Verständigung im Handeln, wie sie außerhalb pädagogischer Situationen anzustreben ist, verbindet die pädagogische Verständigung, daß in ihr ebenso wie dort die Beurteilung des Motivationshorizontes und die Entscheidung zum Handeln allein vom Handelnden selber vorgenommen beziehungsweise getroffen werden kann und nicht etwa einer stellvertretend für den anderen die Motive beurteilt und die Entscheidung trifft. Darum lautet die methodische Grundfrage der dritten Dimension pädagogischen Handelns nicht, wie können wir andere so beeinflussen, daß sie das tun, was wir als das Richtige erkannt haben, sondern: „Wie soll das Handeln nach eigenem Sinn beschränkt und ermuntert werden?"[147]

Im dritten Buch seiner Allgemeinen Pädagogik hat Herbart zwischen vier Ebenen einer solchen Verständigung unterschieden, die sich alle auf das Selbstverhältnis des Handelnden zum eigenen Motivationshorizont und die Genese dieses Selbstverhältnisses beziehen. Der Motivationshorizont kann beurteilt werden im Rückblick auf vergangene Handlungen und im Hinblick auf die über sie vermittelten Handlungsprädispositionen, er kann zugleich beurteilt werden im Vorblick auf künftiges Handeln und die von ihm ausgehenden Rückwirkungen. In der Dialektik von Rückblick in die über vergangene Handlungen vermittelte Entwicklung des Motivationshorizontes und Vorblick auf dessen Weiterentwicklung durch künftige Handlungen ist ein genetischer Begriff der Entwicklung praktischer Handlungskompetenz begründet, welcher das Handeln als Prinzip der Menschwerdung des Menschen begreift und darum weiß, daß sich der Verantwortungshorizont im Handeln nur unter Anerkennung der Freiheit, Geschichtlichkeit und Sprachlichkeit menschlicher Praxis bilden kann[148].

Frei ist der Motivationshorizont im Handeln insofern, als er nicht in dem Sinne erlernt ist, wie wir uns Weltinhalte aneignen, sondern im Handeln entstanden ist; geschichtlich ist er, insofern er nicht nur vermittelt über unser Handeln entstanden ist, sondern auch im Handeln verändert und weiterentwickelt werden kann; sprachlich ist er, insofern wir uns an die Genese unseres Motivationshorizontes erinnern, diese beurteilen und urteilend auf unser Handeln Einfluß nehmen können.

Im Rückblick auf vergangene Handlungen geht es in der pädagogischen Verständigung nicht darum, deren Beurteilung den Heranwachsenden vorzuschreiben, sondern darum, das Selbsturteil im Heranwachsenden zu provozieren und diesen dazu aufzufordern, sich die Folgen seines bisherigen Handelns zu vergegenwärtigen und vor Augen zu halten; solche Verständigung nennt Herbart „haltende Zucht". Im Hinblick auf die Prädispositionen, die im schon erworbenen Motivationshorizont für weiteres Handeln angelegt sind, gilt es ebensowenig, ein heteronomes Urteil zu treffen, sondern den Heranwachsenden dazu aufzufordern, die in seinem Motivationshorizont vorgegebenen Wahlmöglichkeiten selbst zu bestimmen; die Verständigung hierüber nennt Herbart „bestimmende Zucht". Im Vorblick auf künftiges Handeln trifft die pädagogische Verständigung die Entscheidung über das, was getan wird, wiederum nicht stellvertretend, sondern fordert den Heranwachsenden dazu auf, seine Handlungsentwürfe vor sich selbst und anderen nach Grundsätzen einer gegenseitigen Anerkennung der am Handeln beteiligten oder von ihm betroffenen Personen zu legitimieren; solche Verständigung nennt Herbart, weil sie universellen Maximen folgt, „regelnde Zucht". Im Übergang zum Handeln schließlich hebt sich die pädagogische Praxis als Verständigung im Handeln auf, indem sie den Handlungsentwurf des Heranwachsenden nicht nur toleriert, sondern auch akzeptiert; diese letzte Stufe nennt Herbart „unterstützende Zucht"[149].

Allen vier Ebenen oder Stufen der Beratung ist gemeinsam, daß sie das Selbstverhältnis des Heranwachsenden, gemäß eigener Einsicht handeln zu können und zu sollen, anerkennen, auf jede Form von Gewalt verzichten und an deren Stelle den Rückblick auf vergangenes mit dem Vorblick auf künftiges Handeln so verbinden, daß der Heranwachsende allmählich unabhängig von der Hilfe pädagogischer Verständigung wird und die Freiheit gewinnt, sich ohne pädagogische Unterstützung mit sich selbst und anderen zu verständigen.

Wäre die pädagogische Praxis in ihrer Verständigungsdimension nur durch die vier Stufen ihrer methodischen Grundstruktur bestimmt und erhöben wir die Beachtung des Selbstverhältnisses des Heranwachsenden in ihrem Handeln unter Abstraktion von jeglicher inhaltlichen Auseinandersetzung mit dem Motivationshorizont zur Aufgabe der dritten Dimension pädagogischen Handelns, so wäre deren Verhältnis zur menschlichen Gesamtpraxis letztlich ein äußerliches. Davor, daß die pädagogische Praxis im Übergang zu gemeinsamem Handeln in eine bloße Beratungspraxis abgleitet und auf eine bloße Hilfe zur Selbsthilfe verkürzt wird, vermag nur die Beachtung der thematischen Grundstruktur einer Verständigung im Handeln zu schützen.

Während sich die methodische Grundstruktur pädagogischer Verständigung im Handeln gemäß dem erziehungstheoretischen Postulat methodischer Offenheit auf das Selbstverhältnis des Heranwachsenden zum eigenen Motivationshorizont gründet, bezieht sich die thematische Grundstruktur der dritten Dimension pädagogischen Handelns auf die inhaltliche Bestimmtheit des Motivationshorizontes. Die Heranwachsenden sollen sich im Übergang zu selbstverantwortetem Handeln nicht nur ihres Selbstverhältnisses zum eigenen Motivationshorizont vergewissern, sondern sich einen Motivationshorizont aneignen, in dem die Fähigkeit zu öffentlicher Kommunikation mit der Fähigkeit verbunden ist, in allen Bereichen der menschlichen Gesamtpraxis tätig zu werden. In thematischer Hinsicht zielt die pädagogische Verständigung im Handeln darauf, daß sich in den Heranwachsenden vermittelt über deren eigenes Handeln ein Motivationshorizont bilden kann, in dem ökonomische, pädagogische, ethische, politische, ästhetische und religiöse Fragen weder unter dem Primat eines einzigen Gewissensbereichs entschieden, noch einfach unterschiedlichen, unvermittelt nebeneinanderstehenden Gewissensbereichen zugeordnet werden. Ebenso verfehlt wäre es, religiöse Fragen einem sogenannten religiösen, ethische einem moralischen und ökonomische Fragen einem ökonomischen Gewissen zur Klärung vorzulegen. Die Universalisierung eines Gewissenshorizontes zum Gesamtgewissen ist nicht minder abwegig als eine Aufteilung der menschlichen Verantwortung in regionalisierte Verantwortungsbereiche[150]. In dem einen Fall wird die Ausdifferenzierung der menschlichen Gesamtpraxis und die Idee einer nicht-hierarchischen Verhältnisbestimmung von Arbeit, Sitte, Pädagogik, Politik, Kunst und Religion mißachtet; in dem anderen Fall löst sich der Motivationshorizont in unvermittelt nebeneinanderstehende Teilgewissen auf.

Die Sorge dafür, daß weder eine Seite des Motivationshorizontes zum Gesamthorizont des Handelns erhoben, noch dieser in unvermittelt nebeneinanderstehende Motivationsbereiche aufgelöst wird, sondern Heranwachsende eine Identität entwickeln, die sie zur Mitwirkung an der menschlichen Gesamtpraxis befähigt, kann durch erziehenden Unterricht, der Erfahrung und Umgang erweitert und im Bereich des wissenschaftlichen Unterrichts alle vier Ebenen einer bildenden Interpretation neuzeitlicher Wissenschaft berücksichtigt, erleichtert werden. Erziehender Unterricht führt jedoch nur zu einer Vielseitigkeit des Interesses, nicht aber zur Vielseitigkeit im Handeln. Diese kann nur im Handeln selbst erworben werden, und dies auch nur dann, wenn sich in den Heranwachsenden vermittelt über eine am Postulat thematischer Offenheit und der Idee einer nicht-hierarchischen Verhältnisbestimmung der ausdifferenzierten Formen der menschlichen Gesamtpraxis orientierte Verständigung ein vielseitiger Motivationshorizont bildet, der sich auf alle Bereiche menschlichen Handelns bezieht und seine Substanz daraus gewinnt, daß die sich in einem Bereich der menschlichen Gesamtpraxis jeweils stellenden Fragen immer auch unter Berücksichtigung der sich von den anderen Handlungsbereichen her ergebenden Aufgaben und Probleme geklärt werden. Die pädagogische Verständigung im Handeln muß darum in thematischer Hinsicht eine doppelte sein. Sie muß zu verhindern suchen, daß im Motivationshorizont der Heranwachsenden ein Bereich der menschlichen Gesamtpraxis zum „Richterstuhl" aller anderen erhoben wird, und sie muß unterstützen, daß sich in den Heranwachsenden eine individuelle Identität und Eigentümlichkeit ausbildet, die durch ein Interesse an der menschlichen Gesamtpraxis bestimmt ist.

Aus eigener Kraft ist kein Bereich der ausdifferenzierten menschlichen Praxis davor gefeit, zu pervertieren, sobald ihm eine dominante Rolle im Motivationshorizont eines einzelnen zukommt. Reduziert sich zum Beispiel dessen Gesamthorizont auf denjenigen der Arbeit und entwikkeln Heranwachsende eine Identität, die ausschließlich durch das Interesse bestimmt ist, möglichst viel zu erwerben und zu besitzen, so verkümmern alle anderen Praxisbereiche ebenso, wie wenn im Motivationshorizont religiöse oder politische Handlungsinteressen dominieren und Heranwachsende beispielsweise Freundschaftsbeziehungen nur mit solchen eingehen können, die derselben Konfession angehören oder dieselbe politische Auffassung vertreten. Solche Einseitigkeiten im Handeln hat Herbart eine „Geisteskrankheit" genannt, deren Entstehung die pädagogische Praxis nur dadurch entgegenwirken könne, daß sie den Einseitigkeiten im Zusammenleben der Menschen durch erziehenden Unterricht und durch eine schrittweise Beteiligung der Heranwachsenden an der menschlichen Gesamtpraxis vorbeuge[151].

Dies aber verweist auf eine weitere Voraussetzung der pädagogischen Praxis im Übergang zur menschlichen Gesamtpraxis. Zur methodischen Beachtung des Selbstverhältnisses der Heranwachsenden zum eigenen Motivationshorizont und zur thematischen Ausrichtung pädagogischer Verständigung an einem der menschlichen Gesamtpraxis verpflichteten Interesse muß als dritte Voraussetzung diejenige hinzukommen, daß sich die pädagogische Praxis als Verständigung im Handeln auch tatsächlich in die intergenerationelle Praxis aufhebt. Die Sorge hierfür kann kein einzelner auf sich nehmen. Die Möglichkeit zu öffentlicher Kommunikation und zur schrittweisen Mitwirkung der Heranwachsenden an der menschlichen Gesamtpraxis muß vielmehr im gesellschaftlichen Leben der Menschen selbst gegeben sein. Dieses muß zulassen, daß schon Kinder in einer ihrem Alter und ihren Einsichten angemessenen Art und Weise untereinander und mit Erwachsenen selbsttätig handeln.

Darum darf die pädagogische Praxis in ihren drei Dimensionen der Kinderregierung, des erziehenden Unterrichts und der Verständigung im Übergang zu gemeinsamem Handeln nur einen Teil der Lebenszeit von Kindern und Jugendlichen ausfüllen. Sie muß, um nicht selber zu pervertieren, ihr Ende immer schon im gegenwärtigen Zusammenleben der Menschen finden können. Überall dort, wo Heranwachsende selber denken und handeln, befinden sie sich nicht mehr in pädagogischen Situationen, sondern in Situationen der menschlichen Gesamtpraxis, an der die pädagogische Praxis letztlich nur als eine sich in diese aufhebende Praxisform Anteil haben kann. Die hier geforderte institutionelle

Offenheit der dritten Dimension pädagogischen Handelns kann aber als Postulat innerhalb pädagogischer Situationen nur anerkannt werden, wenn sie zugleich außerhalb pädagogischer Institutionen im Zusammenleben der Menschen Beachtung findet. Innerhalb pädagogischer Institutionen ist dies nur möglich, wenn die Zeit, die Kinder und Jugendliche in ihnen verbringen, nicht ausschließlich durch regierende und unterrichtliche Maßnahmen ausgefüllt wird, sondern zugleich Zeiten für eigenes Nachdenken und die Verständigung im Handeln einschließt. Das individuelle und gemeinsame Handeln der Heranwachsenden aber kann dann nur zum geringsten Teil ein solches innerhalb pädagogischer Institutionen, es muß vielmehr ein Handeln innerhalb der intergenerationellen Praxis selbst sein.

Der Zumutung und Versuchung, die Sorge für die menschliche Gesamtpraxis zu übernehmen, muß sich die pädagogische Praxis um ihrer selbst willen verweigern und widersetzen. Verantwortung für die menschliche Gesamtpraxis zu übernehmen, steht der pädagogischen Praxis ebensowenig wie einer der anderen Formen menschlichen Handelns zu. Wo immer sich die pädagogische Praxis eine solche Kompetenz anmaßt oder eine solche Verantwortung von anderen Praxisbereichen zuschreiben läßt, geschieht dies um den Preis, daß sie gegen ihre eigene Finalität, im individuellen und gesellschaftlichen Handeln überflüssig zu werden, verstößt und die Gesellschaft davon entlastet, Kinder und Jugendliche in außerpädagogischen Situationen als handlungsfähige Subjekte anzuerkennen.

Die Überlegungen zur Aufhebung der pädagogischen Praxis im Übergang zum intergenerationellen Handeln kehren zum Anfang dieser Arbeit zurück. Der pädagogische Grundgedanke, der in ihr entwickelt wurde, ging von der Frage nach der Stellung der pädagogischen Praxis im Rahmen der menschlichen Gesamtpraxis aus und führt wieder zu dieser Frage hin.

Inwieweit damit die in den Kapiteln 1 und 2 erörterten Probleme eine Antwort gefunden haben, kann in einer Allgemeinen Pädagogik nicht stellvertretend für die Einzeldisziplinen der Erziehungswissenschaft entschieden werden. Dennoch erhebt der hier entfaltete Grundgedanke den Anspruch, problemgeschichtliche und systematische Perspektiven für eine Einheit der Pädagogik angesichts der Vielheit pädagogischer Berufe und erziehungswissenschaftlicher Teildisziplinen formuliert zu haben.

Diese wurden hier jedoch nur allgemein, nicht aber in Auseinandersetzung mit den Einzeldisziplinen der Erziehungswissenschaft und den Regionalpädagogiken für verschiedene pädagogische Berufe entwickelt. Das „kritische Geschäft" beschränkte sich darauf, vier Prinzipien pädagogischen Denkens und Handelns und eine in diesen begründete Systematik handlungstheoretischer Fragestellungen aufzuweisen, welche dann auf die klassischen drei Dimensionen pädagogischen Handelns ausgelegt wurden. Diese Überlegungen auf die Erziehungswissenschaft insgesamt und die professionellen und nicht-professionalisierten Formen pädagogischen Handelns auszuweiten, war weder beabsichtigt, noch ist dies im Rahmen einer Allgemeinen Pädagogik möglich.

Erst auf dem Wege einer solchen Auslegung aber ließe sich die Einheit der Pädagogik angesichts der Vielheit pädagogischer Berufe und erziehungswissenschaftlicher Teildisziplinen begründen. Ob es gelingen kann, die pädagogischen Berufe so voneinander abzugrenzen und aufeinander abzustimmen, daß sie durch die unterrichtliche Dimension pädagogischen Handelns und die Dimension der Verständigung im individuellen und gesellschaftlichen Handeln verbunden sind, und ob die Ausübung pädagogisch legitimer Gewalt in der gebotenen Art und Weise eingeschränkt werden kann, hängt nicht allein davon ab, daß die Regionalpädagogiken von der Vorschulerziehung bis hin zur Erwachsenenbildung ihre immanente Theoriediskussion an den konstitutiven und regulativen Prinzipien pädagogischen Denkens und Handelns ausrichten und eine erziehungs-, bildungs- und institutionstheoretisch begründete Didaktik sowie eine Verständigungskonzeption im Übergang zur intergenerationellen Praxis entwickeln. Nicht minder entscheidend für die aufgegebene Einheit der Pädagogik ist es, wie sich die Stellung der pädagogischen Praxis im Rahmen der menschlichen Gesamtpraxis entwickeln wird und ob die Ideen einer nicht-hierarchischen Verhältnisbestimmung der ausdifferenzierten Praxisformen und der Transformation gesellschaftlicher in praktische Rationalität öffentliche Anerkennung finden.

Das „kritische Geschäft" auf die gesamte Erziehungswissenschaft auszuweiten, kann nur Aufgabe der Teildisziplinen und Regionalpädagogiken selbst sein. Die Interdependenzen zwischen Theorie und Praxis im pädagogischen Handeln und im Verhältnis der pädagogischen Praxis zu den anderen Bereichen menschlichen Handelns zu analysieren, ist Aufgabe erziehungswissenschaftlicher Forschung. Am Experiment der menschlichen Gesamtpraxis durch erziehenden Unterricht und pädagogische Verständigung im Handeln mitzuwirken, ist Aufgabe der pädagogischen Praxis[152].

Der pädagogische Grundgedanke, der hier skizziert wurde, entstammt der Tradition und Gegenwart pädagogischen Denkens und Handelns. Nur gemeinsam mit der erziehungswissenschaftlichen Theoriediskussion und Forschung und der pädagogischen Praxis kann er der Verständigung über pädagogische Fragen dienen.

Anmerkungen

1 Daß eine Allgemeine Pädagogik einen pädagogischen Grundgedankengang ausarbeiten muß, wenn sie ein Thema und eine Funktion haben soll, hat W. Flitner in der Vorbemerkung zu seiner Allgemeinen Pädagogik mit Verweis auf Herbarts Allgemeine Pädagogik ausgeführt. Vgl. W. Flitner: Allgemeine Pädagogik. Stuttgart 1950, S. 9.

2 Vgl. hierzu die Beiträge von E. Schütz: Einige Überlegungen zur Fragwürdigkeit systematischer Pädagogik, R. Huschke-Rhein: Über die Zukunft der Allgemeinen Pädagogik, H.-E. Tenorth: Berufsethik, Kategorialanalyse, Methodenreflexion im Heft 1 der Zeitschrift für Pädagogik 30 (1984) sowie die Beiträge von M. Heitger: Über die Notwendigkeit und Möglichkeit einer systematischen Pädagogik, W. Fischer: Erziehungswissenschaft und Systematische Pädagogik, Th. Ballauff: Ist systematische Pädagogik heute noch möglich und notwendig? im Heft 4 der Vierteljahrsschrift für Wissenschaftliche Pädagogik 60 (1984).

3 Zu Schleiermachers Begriff des präreflexiven Daseinsgrundes vgl. das Kapitel „Hypolepsis und Antizipation" in der Abhandlung von F. Brüggen: Freiheit und Intersubjektivität. Ethische Pädagogik bei Kant und Schleiermacher. Habilitationsschrift 1986 (Fachbereich Erziehungswissenschaft der Universität Münster).

4 Das ebenso Reizvolle wie Mühsame am Durchgang durch die Problemgeschichte ist, daß dieser „Umweg" nie abgeschlossen werden kann, weil in problemgeschichtliche Analysen stets systematische Vorstellungen eingehen, die ihrerseits wiederum durch problemgeschichtliche Studien modifiziert werden können. Neben der in Anmerkung 3 genannten Arbeit sei insbesondere auf die folgenden problemgeschichtlichen Abhandlungen verwiesen: Th. Ballauff: Pädagogik als Bildungsphilosophie. Drei Kurseinheiten der Fernuniversität Hagen (1983); H. Blankertz: Die Geschichte der Pädagogik von der Aufklärung bis zur Gegenwart. Wetzlar 1982; G. Buck: Rückwege aus der Entfremdung. Studien zur Entwicklung der deutschen humanistischen Bildungsphilosophie. München 1984; H.-J. Gamm: Allgemeine Pädagogik. Die Grundlagen von Erziehung und Bildung in der bürgerlichen Gesellschaft. Reinbek 1979; H.J. Heydorn: Über den Widerspruch von Bildung und Herrschaft. Frankfurt 1970; H. Kemper: Schultheorie als Schul- und Reformkritik. Frankfurt 1982; C. Menze: Die Wissenschaft von der Erziehung in Deutschland. In: J. Speck (Hrg.): Problemgeschichte der neueren Pädagogik. Bd. I. Stuttgart 1976, S. 9–107; K. Mollenhauer: Vergessene Zusammenhänge. Über Kultur und Erziehung. München 1983; H. Peukert: Bildung und Vernunft. Neuzeitliche Vernunftkritik und die Frage nach dem Ansatz einer systematischen Erziehungswissenschaft. Frankfurt 1992; J. Ruhloff: Das ungelöste Normproblem der Pädagogik. Heidelberg 1980; W. Schmied-Kowarzik: Dialektische Pädagogik. Vom Bezug der Erziehungswissenschaft zur Praxis. München 1974; E. Schütz: Freiheit und Bestimmung. Sinntheoretische Reflexionen zum Bildungsproblem. Ratingen 1975; ferner sei verwiesen auf D. Benner: Hauptströmungen der Erziehungswissenschaft. Eine Systematik traditioneller und moderner Theorien. München 1973, [3]1991; –, Die Pädagogik Herbarts. Eine problemgeschichtliche Einführung in die Systematik neuzeitlicher Pädagogik. Weinheim 1986; Johann Friedrich Herbart: Systematische Pädagogik. Eingeleitet, ausgewählt und interpretiert von D. Benner. Stuttgart 1986.

5 Die Begriffe „Praxeologie" bzw. „praxeologisch" habe ich in meinen in Anmerkung 4 genannten Arbeiten sowie in kleineren Abhandlungen verwendet, um durch sie ein Paradigma handlungstheoretisch orientierter Forschung und Theorie-Praxis-Vermittlung zu kennzeichnen, das in der klassischen Tradition der Pädagogik angelegt ist und auf eine nicht-normative und nicht-teleologische Bestimmung des Verhältnisses der pädagogischen Praxis zu den anderen Bereichen der menschlichen Gesamtpraxis, insbesondere zu Ethik und Politik, aber auch zu Ökonomie, Kunst und Religion, zielt. Dazu, diese Verhältnisbestimmung als eine nicht-hierarchische zu präzisieren, regte mich die Arbeit von E. Gruber an: Nicht-hierarchische Verhältnistheorie und pädagogische Praxis. Zum Problem der Herrschaftsaufhebung. München 1979. Josef Derbolav verwendet den Terminus „Praxeologie" zur Kennzeichnung seines Entwurfs für eine Ordnung regionaler Berufsethiken. Vgl. hierzu: J. Derbolav: Pädagogik und Politik. Eine systematisch-kritische Analyse ihrer Beziehungen. Stuttgart 1975; siehe auch J. Derbolav (Hrg.): Kritik und Metakritik der Praxeologie. Kastellaun 1976; vgl. auch meine Rezension in: Pädagogische Rundschau 30 (1976) S. 309–327. Von der Weite der Problemdefinition her überschreitet J. Derbolavs Praxeologie jedoch die engen Grenzen einer professionsethischen Legitimation gesellschaftlicher Arbeitsteilung, wie insbesondere Derbolavs Einordnung seines eigenen Ansatzes in die bildungstheoretischen Erörterungen von Th. Litt und F. Fischer deutlich macht. Vgl. hierzu den Beitrag „Theodor Litt und das Problem der Wissenschaftssystematisierung" in: J. Derbolav: Impulse europäischer Geistesgeschichte. St. Augustin 1987, S. 271–280.

6 E. Fink hat die Grundphänomene menschlicher Koexistenz in diejenigen der Arbeit, der Herrschaft, der Liebe, des Todes und des Spiels unterschieden und diesen fünf Koexistentialien die vier Existentialien der Freiheit, Sprachlichkeit, Geschichtlichkeit und Leiblichkeit zugeordnet. Ohne Finks existential-ontologischer Bestimmung dieser Grundphänomene, insbesondere der Gleichsetzung von Arbeit und Technik sowie Politik und Herrschaft, zu folgen, unterscheide ich im folgenden zwischen sechs koexistentialen Praxen (Ökonomie, Ethik, Pädagogik, Politik, Kunst und Religion) und grenze die Leiblichkeit nicht als ein besonderes Existential von Freiheit, Geschichtlichkeit und Sprachlichkeit ab. Meine praxisphilosophischen Überlegungen gehen auf Anregungen zurück, die ich dem Wiener Philosophen E. Heintel verdanke, der den praktischen Experiment-Charakter menschlichen Handelns durch eine Vermittlung zwischen antiker Ordo- und neuzeitlicher Transzendentalphilosophie zu begründen versucht und die ausdifferenzierten Formen der menschlichen Gesamtpraxis als Ausdifferenzierung der Humanität interpretiert. Zu E. Heintel vgl. dessen Hauptwerk „Die beiden Labyrinthe der Philosophie. Systemtheoretische Betrachtungen zur Fundamentalphilosophie des abendländischen Denkens". Wien/München 1968 sowie die beiden Bände „Grundriß der Dialektik". Darmstadt 1984, insbesondere in Bd. II die Abschnitte XIII–XV. Zu E. Fink vgl. dessen posthum erschienene Schrift: Grundphänomene des menschlichen Daseins, hrg. von E. Schütz und F.-A. Schwarz. München 1979. Anregungen, die ich den Arbeiten E. Finks verdanke, sind über E. Schütz vermittelt. Zur kritischen Würdigung von E. Fink vgl. E. Schütz: Anthropologie und technische Bildung. Zum pädagogischen Werk und Vermächtnis Eugen Finks. Vortragsmanuskript vom 6./7. Dezember 1985 (erscheint in: I.M. Breinbauer/M. Langer: Gefährdung der Bildung – Gefährdung des Menschen. Marian Heitger zum 60. Geburtstag. Wien 1987).

7 Vgl. hierzu die Abhandlung von H. Peukert: Wissenschaftstheorie – Handlungstheorie – Fundamentale Theologie (Düsseldorf 1976). Frankfurt 1978, S. 245ff. sowie die Ausführungen im Abschnitt 4.3. sowie im Exkurs zum Abschnitt 5.2.2. der hier vorgelegten Arbeit.

8 Die Abgrenzungen zwischen nicht-menschlicher, menschlicher und über-
menschlicher Natur zielen weder darauf, den Menschen durch einen
Vergleich mit Pflanzen, Tieren und der Gottheit, noch darauf, diese durch
einen Vergleich mit dem Menschen zu bestimmen, sondern verfolgen einzig
den Zweck, einen weit gefaßten Begriff der Praxis als fundamentalen Begriff
menschlicher Existenz und Koexistenz auszuweisen. Wenn gleichwohl
Pflanzen und Tiere als perfekte Wesen bezeichnet werden, so soll damit nicht
geleugnet werden, daß es im Sinne der Evolutionsgeschichte gar keine
perfekten Lebewesen gibt, sondern betont werden, daß die Imperfektheit der
Praxis alleine den Menschen betrifft.

9 Den Terminus ,,Imperfektheit'' als Begriff der ,,Notwendigkeit'' des Menschen, handelnd seine Bestimmung zu suchen, habe ich der Arbeit von E.
Fink: Grundfragen der systematischen Pädagogik. Freiburg 1978, S. 22ff.,
entnommen. Dieser Terminus scheint mir entgegen der m.E. systematisch
nicht haltbaren, sondern nur wirkungsgeschichtlich zutreffenden Rousseau-
Interpretation Finks (vgl. S. 92f.; S. 98f.) das auf den Begriff zu bringen, was
Rousseau unter der ,,perfectibilité'' des Menschen verstanden hat, die
zusammen mit seinem Naturbegriff eine teleologische Unbestimmtheit und
Nicht-Perfektheit des Menschen meint und die menschliche Vollkommen-
heit, vielleicht zum ersten Mal, gerade nicht normativ verstand, sondern als
Bildsamkeit im Sinne des späteren Sprachgebrauchs Herbarts und dessen
Bestimmung der Idee der Vollkommenheit deutete. Vgl. hierzu J.J. Rousseau:
Discours sur l'origine et les fondemens de l'inégalité parmi les hommes
(1755). In: J.J. Rousseau. Schriften zur Kulturkritik, hrg. von K. Weigand,
Hamburg 1955, S. 106f., S. 188; J.F. Herbart: Systematische Pädagogik,
a.a.O., S. 85, S. 149, S. 201ff.; D. Benner: Die Pädagogik Herbarts, a.a.O.,
S. 162ff.; E. Finks Begriff der Imperfektheit habe ich gegenüber Rousseaus
Begriff der ,,perfectibilité'' deshalb den Vorzug gegeben, weil letzterer
zuweilen als teleologische Vervollkommenbarkeit mißverstanden worden ist.

10 Eine unter pädagogischer und handlungstheoretischer Fragestellung frühe
Kritik an Gehlens Deutung des Menschen als Mängelwesen (vgl. A. Gehlen:
Der Mensch, seine Natur und seine Stellung in der Welt. Berlin 1940) findet
sich in dem Aufsatz von F. Fischer: Was ist der Mensch? In: Spuren.
Nachrichtenblatt der Bonner Studentenschaft. Nr. 8 (8) 1956, wieder
abgedruckt in: F. Fischer: Philosophie des Sinnes von Sinn. Frühe
philosophische Schriften und Entwürfe (1950–1956), hrg. von E. Heintel.
Kastellaun 1980, S. 1–6.

11 Vgl. hierzu: M. Heidegger: Sein und Zeit. [15]1979, S. 385; siehe auch H.
Krings: Freiheit. In: Handbuch philosophischer Grundbegriffe. Bd. 2.
München 1973, S. 503. In der Pädagogik hat Herbart als erster den Begriff
,,Freiheit der Wahl'' eingeführt. Seine existentialphilosophischen Fassung
geht auf S. Kierkegaard zurück.

12 Die regulative Idee einer guten Ordnung der menschlichen Gesamtpraxis
wird seit Platon unter dem Begriff der ,,Idee des Guten'' genauer bestimmt.
Während die klassische griechische Philosophie diese Idee kosmologisch und
teleologisch verstand und mit ihr die Legitimation einer hierarchischen
Ordnung aller Tätigkeiten in der Polis verband, zielt eine nicht-hierarchische
Bestimmung der Idee des Guten auf eine nicht-teleologische Gesamtordnung
der menschliche Praxis. Im Anschluß an Kants Kritik materialer Ethik haben
vor allem Schleiermacher und Herbart die Stellung der pädagogischen Praxis
in einem nicht-hierarchischen Begriff der Idee des Guten zu begründen
versucht. Vgl. hierzu: F. Brüggen: Freiheit und Intersubjektivität, a.a.O.; D.
Benner: Die Pädagogik Herbarts, a.a.O., S. 59ff., S. 146–199.

13 K.R. Popper: Logik der Forschung. Tübingen [5]1973, S. 31; vgl. auch
D. Benner: Experiment, pädagogisches. In: Enzyklopädie Erziehungswissenschaft. Bd. II. Stuttgart 1984, S. 376–385.

14 Im Hinblick auf die impliziten Probleme und Folgen menschlicher Macht-steigerung hat H. Peukert die Frage nach dem Verhältnis von Vernunft und Bildung neu gestellt. Vgl. hierzu H. Peukert: Bildung und Vernunft, a.a.O.

15 K. Marx: Zur Kritik der Nationalökonomie – Ökonomisch-philosophische Manuskripte. Bd. I der von H.-J. Lieber und P. Furth hrg. Werkausgabe, S. 506. Vgl. zum folgenden W. Schmied-Kowarzik: Das dialektische Verhält-nis des Menschen zur Natur. Philosophiegeschichtliche Studien zur Natur-problematik bei Karl Marx. Freiburg 1984.

16 Der Zusammenhang dieser vier Prinzipien läßt sich an der Erziehungsphilo-sophie der Fichteaner und R. Hönigswalds rekonstruieren. Vgl. hierzu: W. Schmied-Kowarzik/D. Benner: Prolegomena zur Grundlegung der Pädago-gik II. Die Pädagogik der frühen Fichteaner und Hönigswalds. Wuppertal 1969, S. 269–272; siehe auch D. Benner: Hauptströmungen der Erziehungs-wissenschaft, a.a.O., S. 109–114. Statt des von Hönigswald stammenden Begriffs der Konzentration bzw. der Konzentriertheit aller Geltungsbereiche in der Aufgabe der Höherentwicklung der Menschheit, den ich zuletzt noch in meinem Beitrag zur Enzyklopädie Erziehungswissenschaft (vgl. Anm. 1) gebraucht habe, verwende ich zur Kennzeichnung des vierten Prinzips pädagogischen Denkens und Handelns hier den Begriff einer nicht-hierarchi-schen Verhältnisbestimmung der Einzelpraxen ausdifferenzierter Humanität, weil dieser Begriff Assoziationen zu einer geltungstheoretisch verstandenen hierarchischen Ordnung der menschlichen Gesamtpraxis und einer teleologi-schen Rangordnung niederer und höherer Werte und Praxisformen, wie sie von neukantianischen und geisteswissenschaftlichen Schulrichtungen vertre-ten worden sind, vermeidet. Vgl. hierzu D. Benner: Ethik und Pädagogik. Über ethische Voraussetzungen der Pädagogik und pädagogische Vorausset-zungen der Ethik. In: W. Schmied-Kowarzik (Hrg.): Objektivationen des Geistigen. Beiträge zur Kulturphilosophie in Gedenken an Walther Schmied-Kowarzik. Berlin 1985, S. 217–229.

17 I. Kant: Über Pädagogik. Königsberg 1803, S. 7. Mein Ordnungsversuch der Prinzipien pädagogischen Denkens und Handelns lehnt sich mit deren Einteilung in konstitutive und regulative Prinzipien an Kants Unterscheidung zwischen konstitutiven und regulativen Prinzipien an, ohne jedoch dieser Unterscheidung, die zudem bei Kant nicht immer dieselbe ist, streng zu folgen. Die Bezeichnung „konstitutive" Prinzipien verwende ich in dem Sinne, in dem Humboldt die Sprache als ein historisches Apriori verstanden hat. Die regulativen Prinzipien verweisen dagegen auf das, was Kant in seiner Lehre vom höchsten Gut behandelt. Vgl. hierzu auch die Anmerkung 12.

18 Zur Unentscheidbarkeit dieser Frage siehe: H. Heid: Über die Entscheidbar-keit der Annahme erbbedingter Begabungsgrenzen. In: Die Deutsche Schule. Heft 2/1985, S. 101–109.

19 Diese Textstelle wird hier nach dem vom Kultusminister des Landes Baden-Württemberg vervielfältigten Manuskript des Vortrags zitiert, den H. Lübbe am 9./10. Januar 1978 im Rahmen des Bonner Forums „Mut zur Erziehung" gehalten hat. Vgl. hierzu H. Lübbe: Holzweg der Kulturrevolution. In: Mut zur Erziehung. Stuttgart 1978, S. 107–120; siehe auch: Entgegnungen zum Bonner Forum Mut zur Erziehung. München 1978, sowie D. Benner: Die fehlende Pädagogik in den Thesen des Bonner Forums „Mut zur Erziehung". In: schweizer schule (72) 1985, Nr. 9, S. 33–39.

20 Vgl. hierzu: F.E.D. Schleiermacher: Theorie der Erziehung. Die Vorlesungen aus dem Jahre 1826. In: F.E.D. Schleiermacher. Ausgewählte pädagogische Schriften, hrg. von E. Lichtenstein. Paderborn 1959, S. 46ff., S. 69ff.

21 Vgl. A.R. Jensen: Wie sehr können wir Intelligenzquotient und schulische Leistung steigern? In: H. Skowronek (Hrg.): Umwelt und Begabung. Stuttgart [2]1976, S. 97f. Vgl. hierzu auch: H. Skowronek: Begabung. In: Enzyklopädie

Erziehungswissenschaft. Bd. I, a.a.O., S. 329–334. Im Unterschied zu beha-vioristischen Ansätzen können interaktionistische Ansätze die handlungs-theoretischen Einsichten der Tradition leichter in sich aufnehmen, dies aber auch nur dann, wenn sie die Determinanten menschlichen Lernens nicht auf 100 % auslegen und die Sinndifferenz von empirischer Forschung und Handlungstheorie nicht überspringen. Vgl. hierzu auch P. Helbig: Be-gabung im pädagogischen Denken. Weinheim 1988; A. Krapp: Anlage und Umwelt. In: Asanger, R./Wenninger, W. (Hrg.): Handwörterbuch der Psy-chologie, München ⁴1988, S. 37–42; A. Krapp: Intelligenz und Begabung, ebd. S. 315–321.

22 Den Begriff „parapädagogisch" habe ich von W. Fischer übernommen, der normativ-technologische Vorstellungen von pädagogischem Handeln mit der ihnen fehlenden Skepsis hinsichtlich einer zweckrationalen Legitimierbarkeit von Erziehungszielen, -mitteln und -organisationen konfrontiert und den Mangel der hier gebotenen Skepsis als parapädagogisch bezeichnet. Vgl. W. Fischer: Schule als parapädagogische Organisation. Kastellaun 1978; –, Die skeptische Methode kann pädagogisch nicht entbehrt werden. In: Viertel-jahrsschrift für Wissenschaftliche Pädagogik 58 (1982) S. 311–326.

23 Vgl. hierzu J.F. Herbart: Umriß pädagogischer Vorlesungen (1835/1841). In: J.F. Herbart. Pädagogische Schriften. Bd. III, hrg. von W. Asmus, S. 165; vgl. auch G. Buck: Herbarts Grundlegung der Pädagogik, Heidel-berg 1985; W. Böhm: Bildsamkeit und Bildung. In: Vierteljahrsschrift für wissenschaftliche Pädagogik 64 (1988), S. 395–415.

24 J.F. Herbart: Umriß pädagogischer Vorlesungen, a.a.O., S. 165. Herbarts Gleichsetzung transzendentalphilosophischer Aussagen zum intelligiblen Charakter des Menschen (Kant) und zur freien Selbsttätigkeit des Ich (Fichte) mit Annahmen einer genetischen Anlagendetermination ist letztlich unhalt-bar. Sie geht auf seine Kritik der Transzendentalphilosophie zurück und verweist auf das Problem der Vermittlung von Transzendentalphilosophie und Empirie. Vgl. hierzu: J.F. Herbart: Systematische Pädagogik, a.a.O., S. 41–48.

25 J.J. Rousseau: Emile oder Über die Erziehung (1762), hrg. von M. Rang, Stuttgart 1965, S. 129.

26 Ebd., S. 129f.

27 Ebd., S. 165.

28 J. Jegge: Dummheit ist lernbar. München 1976, S. 62. Die Anregung, den Zusammenhang der konstitutiven Prinzipien pädagogischen Denkens und Handelns an diesem Beispiel zu verdeutlichen, verdanke ich K. Mollenhauer.

29 J.G. Fichte: Grundlage des Naturrechts (1798). In: J.G. Fichte: Ausgewählte Werke in sechs Bänden, hrg. von F. Medikus, Bd. II, Darmstadt 1962, S. 40. Zur Erziehungsphilosophie Fichtes und seiner direkten Schüler vgl. auch D. Benner: Ansätze zu einer Erziehungsphilosophie bei den frühen Fichteanern. In: W. Schmied-Kowarzik/D. Benner: Prolegomena zur Grundlegung der Pädagogik II, a.a.O., S. 11–123; –, Hauptströmungen der Erziehungswissen-schaft, a.a.O., S. 89–97; R. Lassahn: Studien zur Wirkungsgeschichte Fichtes als Pädagoge. Heidelberg 1970.

30 Vgl. hierzu die folgende Stelle aus Platons Menon (80e): „Siehst du, was für einen streitsüchtigen Satz du uns herbringst? Daß nämlich ein Mensch unmöglich suchen kann, weder was er weiß, noch was er nicht weiß. Nämlich weder was er weiß, kann er suchen, denn er weiß es ja, und es bedarf dafür keines Suchens weiter; noch was er nicht weiß, denn er weiß ja dann auch nicht, was er suchen soll." So gesehen stellt die Paradoxie menschlichen Lernens und pädagogischen Handelns eine alte Frage dar, die Platon durch seine Anamnesis-Lehre beantwortete und deren neuzeitliche Fassung wir Rousseau und Fichte verdanken. Diese kommt übrigens zwar ohne ontolo-gisch-kosmologisch verstandene Anamnesis, nicht aber ohne erkenntnistheo-

retisch-epistemologische Anamnesis aus. Dies läßt sich an Jegges Beispiel (vgl. Anmerkung 28) erläutern. Würde Jegge nämlich seinen Schüler Heini zu etwas auffordern, was dieser nicht nur nicht kann, sondern auf das hin er noch keinerlei wiedererinnerbare Vorerfahrung hat, so handelte es sich bei einer solchen Aufforderung nicht um eine pädagogische, sondern eher um eine zynische.

31 Das Verhältnis von Selbsttätigkeit und Rezeptivität habe ich ganz im Sinne der Pädagogik Herbarts und Schleiermachers in Fichtes Begriff der Aufforderung zur Selbsttätigkeit aufgenommen. Von Fichtes Begriff absoluter Selbsttätigkeit her läßt sich die Dialektik von Selbsttätigkeit und Rezeptivität nicht begründen. Vgl. hierzu: F. Brüggen: Freiheit und Intersubjektivität, a.a.O., S. 185ff. und S. 226ff. (Anmerkung 20).

32 So wurde zu Beginn der Bildungsreform der 60er und 70er Jahre von allen Reformern die Auffassung vertreten, es gelte das Bildungssystem an die Erfordernisse des Gesellschaftssystems anzupassen, um eine Bildungskatastrophe, die aufs Beschäftigungssystem überzugreifen drohe, abzuwenden; am Ende der Bildungsreform zeigte sich dann, daß weder für die reduzierte Anzahl von Hauptschulabsolventen noch für die enorm gesteigerte Zahl der Abiturienten genügend Ausbildungs- und Arbeitsplätze bereitstanden. Während die staatliche Politik auf die sich nun abzeichnende Krise des Beschäftigungssystems durch eine Verschärfung der Selektionsmechanismen reagierte, vertraten Reformpädagogen, die zu Beginn der Bildungsreform für eine stärkere Anbindung des Erziehungssystems an das Beschäftigungssytem eingetreten waren, jetzt die Hypothese, es gelte das Bildungssystem vom Beschäftigungssystem abzukoppeln. Vgl. hierzu das Kapitel 7 in der Abhandlung von H. Kemper: Schultheorie und Schulreform. Von der Aufklärung bis zur Gegenwart. Königstein 1985, S. 174ff.

33 J.J. Rousseau: Discours sur l'origine et les fondemens de l'inégalité parmi les hommes, a.a.O., S. 66f. Die Übersetzung des französischen Wortes „expériences" mit „Versuche" habe ich in „Experimente" geändert, um darauf hinzuweisen, daß der Begriff des praktischen Experiments sich schon bei Rousseau findet. Vgl. hierzu die kritische Würdigung der Erziehungstheorie Rousseaus in D. Benner: Hauptströmungen der Erziehungswissenschaft, a.a.O., S. 18–44.

34 Vgl. hierzu J.G. Fichte: Reden an die deutsche Nation (1808). In: J.G. Fichte: Ausgewählte Werke in sechs Bänden. Bd. V, a.a.O.

35 Vgl. hierzu die kritische Rekonstruktion der Pädagogik der Aufklärung in der Arbeit von K.-F. Göstemeyer: Pädagogik und gesellschaftliche Synthesis. Zur Dialektik von Menschheits- und Gesellschaftsbildung bei Hobbes, Sextro und Jachmann. Dissertation Münster 1983.

36 Vgl. M. Essner/M. Jungke: Richtig schreiben. Hannover 1983, S. 158.

37 Vgl. hierzu die Überlegungen von A. Flitner: Gerechtigkeit als Problem der Schule und als Thema der Bildungsreform. In: Zeitschrift für Pädagogik 31 (1985), S. 1–26.

38 Platon: Euthydemos 290d.

39 Das Wort „Schule" stammt wie das lateinische „scholao" vom griechischen Wort „scholé". Die etymologische Verwandtschaft dieser Wörter darf freilich nicht über die Unterschiede ihrer Bedeutungen hinwegtäuschen, denn der griechische Begriff „scholé" bezeichnet nicht nur den in Schulen erteilten Unterricht, sondern zugleich die „Muße" im Sinne des Freigestelltseins von der Notwendigkeit zu arbeiten und verweist somit unmittelbar auf die nur in Muße auszuübende politische und theoretische Praxis in der Polis. Die Paradoxie, in der Schule nicht für die Schule, sondern für das Leben zu lernen, war den Griechen des klassischen Altertums noch ganz und gar fremd, da das schulische Lernen der Vorbereitung auf die öffentliche, politische und um die Ordnung der Polis wissende Praxis diente und in diesem Sinne ein

integrierter Teil dieser Praxis war. Senecas Aussage *„non vitae, sed scholae discimus"* weist bereits auf den Bruch zwischen schulischem Lernen und dessen gesellschaftlicher Bedeutung hin, denn sie zielt ebensowenig auf eine Affirmation des schulisch organisierten Lernens wie auf eine Bejahung des bürgerlichen Lebens. Hierum wußte noch Herbart, wie seine Ausführungen im Abschnitt „Das Leben und die Schule" im sechsten Kapitel des zweiten Buches seiner Allgemeinen Pädagogik belegen. Erst im späten 19. Jahrhundert und in unserem Jahrhundert ist Senecas Satz dann emphatisch verstanden worden. Solche Emphase aber ist, wie W. Fischer gezeigt hat, blind hinsichtlich des Wandels der Ordnung der menschlichen Gesamtpraxis und der sich heute stellenden Fragen. Vgl. hierzu W. Fischer: Schule und kritische Pädagogik. Heidelberg 1972, S. 7–16.

40 Vgl. hierzu R. Spaemann/R. Löw: Die Frage Wozu? Geschichte und Wiederentdeckung des teleologischen Denkens. München [2]1985.

41 F. Bacon: Neues Organ der Wissenschaften (1620), übersetzt und hrg. von A.Th. Brück. Darmstadt 1974, S. 26.

42 Vgl. hierzu den Exkurs im Kapitel 4.2.2.

43 Vgl. hierzu in der Abhandlung von H. Peukert: Bildung und Vernunft, a.a.O., das Kapitel „Kritische Theorie und Erziehungswissenschaft".

44 Vgl. hierzu die Kritik der emanzipatorischen Erziehungswissenschaft in meiner Arbeit: Hauptströmungen der Erziehungswissenschaft. München 1973, S. 281–326; [2]1978, S. 273–318. Zur Rezeption der kritischen Theorie in der Erziehungswissenschaft vgl. die Beiträge zum gleichnamigen Themenschwerpunkt in der Zeitschrift für Pädagogik 29 (1983), S. 195–280.

45 Zur Analyse der Bildungsreform siehe insbesondere die Einführung in H. Kemper (Hrg.): Theorie und Geschichte der Bildungsreform. Eine Quellentextsammlung von Comenius bis zur Gegenwart. Meisenheim 1984. S. 11–62; P. Zedler: Stagnation und Bewertungswandel. Zustand, Entwicklung und Folgen ausbleibender Strukturreformen im Bildungswesen. In: Zeitschrift für Pädagogik 31 (1985), S. 501–524; ferner die Beiträge von A. Flitner, W. Lütgert, M. Prenzel/A. Heiland im Thementeil „Rückblick auf die Reform". In: Zeitschrift für Pädagogik 31 (1985), S. 1–63.

46 In Anlehnung an R. Dahrendorfs Studie: Arbeiterkinder an deutschen Universitäten, Tübingen 1965, und in kritischer Auseinandersetzung mit bestimmten emanzipatorischen Handlungsstrategien hat H. Lübbe in einem Vortrag mit dem Titel „Noch einmal – Mut zur Erziehung" im Rahmen des 17. Bildungspolitischen Gesprächs in der Werner-Reimers-Stiftung am 3.–5. Mai 1979 die folgende Überlegung entwickelt:
„Man erinnert sich an das berühmte Dahrendorf'sche Katholische Mädchen vom Lande, das nach Ausweis unserer Bildungsstatistiken am wenigsten motiviert scheint, höhere Schulwege zu durchschreiten. Sollte man sie also nicht, um sie endlich höher zu motivieren, von den Prägungen ihres katholischen Sozialisationsmilieus, wie man das heute nennt, emanzipieren, wenn man schon ihre Mädchenrolle auch durch die beste geschlechtsindifferente Erziehung nicht vollständig neutralisieren kann? Ist es eine Karrikatur, so zu fragen? Ich fürchte nein!" (zitiert nach Blatt 7 des von P.A. Döring bearbeiteten Nachbereitungsmaterials: „Erziehung: Was ist das?" Nachlese zum 17. Bildungspolitischen Gespräch, Juli 1979) Die in diesem Zitat enthaltene beißende Kritik trifft nur auf bestimmte normative Handlungsstrategien emanzipatorischer Pädagogik zu. Zur Begründung einer affirmativen pädagogischen Praxis in Übereinstimmung mit Vorgegebenheiten, wie sie den Thesen des Bonner Forums „Mut zur Erziehung" vorschwebt, reicht Lübbes berechtigte Kritik normativer emanzipatorischer Pädagogik jedoch nicht aus, denn eine von Vorgegebenheiten zu anderen Vorgegebenheiten emanzipierende und eine mit Vorgegebenheiten befreundende Erziehung

stellen nur zwei Varianten ein und desselben Typs pädagogischer Praxis, nämlich desjenigen affirmativer pädagogischer Praxis dar.

47 Mut zur Erziehung. Beiträge zu einem Forum am 9./10. Januar 1978 im Wissenschaftszentrum Bonn-Bad Godesberg. Stuttgart 1979, S. 163f.; S. 162. Vgl. hierzu neben der in Anmerkung 19 genannten Literatur insbesondere auch die ,,Tübinger Erklärung zu den Thesen des Bonner Forums ,Mut zur Erziehung' " sowie U. Herrmanns Beitrag: ,,Mut zur Erziehung". Anmerkungen zu einer proklamierten Tendenzwende in der Erziehungs- und Bildungspolitik. In: Zeitschrift für Pädagogik 24 (1978), S. 221–240, und W. Fischers Überlegungen ,,Kant und die ,Kritikfähigkeit' als pädagogisches Prinzip – Zur Kontroverse um die 4. These des Bonner Forums ,Mut zur Erziehung' ". In: W. Fischer/D.-J. Löwisch/J. Ruhloff (Hrg.): Die Angst des Lehrers vor der Erziehung. Duisburg 1980, S. 9–21; ferner: H. Zdarzil: "Mut zur Erziehung". Rückblick auf eine pädagogisch-bildungspolitische Kontroverse. In: Vierteljahrsschrift für Wissenschaftliche Pädagogik 62 (1986), S. 396–410.

48 F.E.D. Schleiermacher: Theorie der Erziehung, a.a.O., S. 38f.

49 Siehe Aristoteles: Politik. Nach der Übersetzung von F. Susemihl bearbeitet, mit Nummerierung, Gliederungen und Anmerkungen hrg. von N. Tsouyopoulos und E. Grassi. Leck/Schleswig 1965, H 14; vgl. auch den Abschnitt 5.1.1.

50 Vgl. hierzu: M. Horkheimer/Th. W. Adorno: Dialektik der Aufklärung (1947). Frankfurt 1969.

51 J.J. Rousseau: Emile, a.a.O., S. 110.

52 J.J. Rousseau: Der Gesellschaftsvertrag oder die Grundsätze des Staatsrechtes (1762), in der Übersetzung von H. Denhardt hrg. von H. Weinstock. Stuttgart 1966, S. 45.

53 Zu Herbarts Begriff der Bildsamkeit und der Vielseitigkeit des Interesses sowie zur Begründung einer nicht mehr teleologisch, sondern nur quantitativ verstandenen Idee der Vollkommenheit vgl. D. Benner: Die Pädagogik Herbarts, a.a.O., S. 105ff., S. 162ff., S. 190ff.; zu Humboldt siehe dessen Abhandlung ,,Über den Geist der Menschheit" (1797). In: W. von Humboldt. Werke in fünf Bänden, hrg. von A. Flitner und K. Giel. Bd. I. Darmstadt 1969, S. 506–518.

54 Th. W. Adorno: Theorie der Halbbildung (1959). In: Th. W. Adorno: Gesammelte Schriften. Bd. 8. hrg. von R. Tiedemann, Frankfurt 1972, S. 93–121.

55 Vgl. hierzu: D. Benner/K.-F. Göstemeyer: Postmoderne Pädagogik: Analyse oder Affirmation eines gesellschaftlichen Wandels? In: Zeitschrift für Pädagogik 33 (1987).

56 W. von Humboldt: Theorie der Bildung des Menschen. In: W. von Humboldt: Werke in fünf Bänden. Bd. I., a.a.O., S. 235–237.

57 F.E.D. Schleiermacher: Über den Beruf des Staates zur Erziehung. In: F.E.D. Schleiermacher: Ausgewählte pädagogische Schriften. a.a.O., S. 28.

58 H.J. Heydorn: Zum Verhältnis von Bildung und Politik (1969). In: H.J. Heydorn: Bildungstheoretische Schriften. Bd. 3, S. 9.

59 I. Kant: Kritik der reinen Vernunft (zweite Auflage 1787). B XIII.

60 Th. Litt: Die öffentliche Verantwortung der Wissenschaft (Vortrag vom Juni 1956). In: Orden Pour le mérite für Wissenschaften und Künste. Reden und Gedenkworte. Zweiter Band. Heidelberg 1956/1957, S. 51–100. Die im folgenden zitierten Stellen finden sich auf den hinter den Zitaten in Klammern angegebenen Seiten.

61 Vgl. unter den pädagogischen Schriften insbesondere Litts Abhandlung ,,Naturwissenschaft und Menschenbildung", Heidelberg 1959. Eine Gesamtwürdigung der Pädagogik Litts liegt vor in der Arbeit von W. Klafki: Die Pädagogik Theodor Litts. Eine kritische Vergegenwärtigung. Königstein

1982. Zu Litts Verständnis der Menschenbildung siehe U. Bracht: Zum Problem der Menschenbildung bei Theodor Litt. Studien zur wissenschaftstheoretischen Problematik im Gesamtwerk Theodor Litts. Bad Heilbrunn 1973.

62 Exemplarisch für eine Vielzahl von Arbeiten in dieser Richtung sei verwiesen auf: F. Capra: Wendezeit. Bausteine für ein neues Weltbild. Bern 1983.

63 J. Ritter: Die Aufgabe der Geisteswissenschaften in der modernen Gesellschaft (1961). Münster 1963. Die im folgenden zitierten Stellen finden sich auf den jeweils hinter den Zitaten in Klammern angegebenen Seitenzahlen.

64 H. Schelsky: Der Mensch in der wissenschaftlichen Zivilisation (1961). In: H. Schelsky: Auf der Suche nach der Wirklichkeit. Gesammelte Aufsätze zur Soziologie der Bundesrepublik. München 1979, S. 449–486. Die im folgenden zitierten Stellen finden sich auf den hinter den Zitaten in Klammern angegebenen Seiten.

65 J. Habermas hat seine frühere Position inzwischen modifiziert und teilweise revidiert. In seiner Interessenlehre, die auf eine kommunikativ zu legitimierende emanzipatorische Außeranwendungsetzung varianter, unter technischen Interessen stehender Gesetzmäßigkeiten setzte, konnten zunächst weder die pädagogische, noch die ökonomische, noch die religiöse Praxis eine angemessene Berücksichtigung finden, denn die menschliche Bearbeitung der Natur läßt sich ebensowenig einem nur technischen Interesse zuordnen, wie sich die intergenerationellen Fragen pädagogischen und religiösen Handelns emanzipatorisch auflösen lassen (vgl. hierzu: W. Schmied-Kowarzik: Dialektische Pädagogik. Vom Bezug der Erziehungswissenschaft zur Praxis. München 1974, S. 115–132; H. Peukert: Wissenschaftstheorie. Handlungstheorie. Fundamentale Theologie, a.a.O., S. 252–310 sowie meine in Anmerkung 44 genannte Arbeit.) Habermas' Analysen zur Kolonialisation von Lebenswelten in seinen beiden Bänden „Theorie des kommunikativen Handelns", Frankfurt 1981, sowie seine Abhandlung „Der philosophische Diskurs der Moderne", Frankfurt 1985, behandeln Probleme und Fragen eines nicht-hierarchischen Ordnungszusammenhangs der menschlichen Gesamtpraxis und der Formen ausdifferenzierter Humanität, für die es m.E. emanzipatorische Anworten im Sinne der frühen Abhandlungen von J. Habermas ebensowenig geben kann wie kommunikative Lösungen, es sei denn, die aller Kommunikation uneinholbar vorausgesetzte Wirklichkeit der Welt ginge in den Diskurs in einem kommunikativ allein gerade nicht zu fundierenden Sinne ein.

66 J. Habermas: Verwissenschaftlichte Politik und öffentliche Meinung (1964). In: J. Habermas: Technik und Wissenschaft als „Ideologie". Frankfurt 1968, S. 120–145. Die Zitate aus dieser Abhandlung werden im folgenden jeweils durch die Angabe der Seitenzahl kenntlich gemacht.

67 Mit dem Begriff „anamnetische Solidarität" hat H. Peukert (vgl. dessen Abhandlung: Wissenschaftstheorie, Handlungstheorie, Fundamentale Theologie, a.a.O., S. 300ff.), ausgehend von einer Auseinandersetzung zwischen W. Benjamin und M. Horkheimer, aufgezeigt, daß sich die Opfer, die die Geschichte anderen zugemutet hat, grundsätzlich nicht in eine bessere Zukunft aufheben lassen, daß folglich eine bessere Zukunft ihre praktische Legitimität nicht linear aus einem geschichtlichen Fortschritt, sondern allein in Verbindung mit einer erinnernden und bewahrenden, mit einer anamnetischen Solidarität gewinnen kann. Der tiefe Gedanke anamnetischer Solidarität scheint mir darin zu liegen, daß er sichtbar macht, daß menschliche Emanzipation ihre praktische Vernunft nie ausschließlich aus sich selbst beziehen kann. Vorstellungen, die die Geschichte nach einem Fortschrittsmodell menschlicher Emanzipation oder evolutionstheoretisch deuten, können die Aufgabe einer anamnetischen Solidarität nicht in sich aufnehmen. Das gilt auch für das Verhältnis des Menschen zur Natur. Würde unser

Verhältnis zur Natur einmal in dem aufgehen, was wir wissenschaftlich von ihr wissen können und in der Ausübung menschlicher Herrschaft über sie vermögen, so hätten wir kein Bewußtsein mehr von dem, was in religiöser Rede unter „Mitgeschöpflichkeit" zu verstehen ist.

68 Die Alternativen einer unzulässigen Regionalisierung der menschlichen Gesamtpraxis und einer ebenso unzulässigen Universalisierung einzelner Praxisbereiche sind kürzlich in einer friedenspädagogischen und -politischen Kontroverse aufeinander getroffen. In einem kritischen Diskussionsbeitrag zur Friedensbewegung hat J. Derbolav mit seinem Aufsatz „Der Politische Auftrag von Kirche und Theologie, sein Recht und seine Grenzen" (in: Pädagogische Rundschau 37 (1983), S. 3–29) die Auffassung vertreten, die evangelische und katholische Kirche verstießen gegen regionale berufsethische Grundsätze, wenn sie auf Kirchentagen das Grundrecht der freien Religionsausübung dazu gebrauchten, um sich in militärisch-strategischen sowie dem Parlament vorbehaltenen politischen Fragen zu Worte zu melden, und den Anspruch erhöben, diese Fragen quasi aus dem Glauben klären zu können. Dies sei nämlich nur unter den Voraussetzungen einer theokratisch geregelten Ordnung der menschlichen Gesamtpraxis, die mit guten Gründen als überholt gelten müsse, zulässig und mit der freiheitlich demokratischen Grundordnung unseres Staates unvereinbar. R. Huschke-Rhein hat seine Entgegnung zu J. Derbolavs Aufsatz zusammen mit Stellungnahmen anderer Erziehungswissenschaftler in einer maschinenschriftlich vervielfältigten Fassung herausgegeben (R. Huschke-Rhein (Hrg.): Antwort an J. Derbolav. Köln 1983). In seiner eigenen Stellungnahme vertritt er die Auffassung, das systematische Problem der Praxeologie als dasjenige einer vernünftigen Ordnung der menschlichen Gesamtpraxis lasse sich durch deren Regionalisierung nicht lösen.

Vergleicht man beide Positionen miteinander, so wird man zu dem Ergebnis kommen, daß jede von ihnen in der Kritik an der anderen gute Gründe auf ihrer Seite hat, ohne daß sich diese jedoch im Rahmen einer der beiden Positionen in eine einzige Position aufheben ließen. Darin, daß wir die Friedensthematik nicht universalisieren dürfen, weil wir zwischen einem friedlichen Umgang mit der von uns beherrschten Natur, dem Frieden mit den Mitmenschen, dem politischen Frieden und dem Frieden mit unserer todgeweihten Endlichkeit unterscheiden müssen, ist J. Derbolav zuzustimmen; darin freilich, daß wir die Friedensthematik nicht berufsethisch regionalisieren und die Frage nach der Erhaltung der Natur an die Ökonomie, die Sicherung der Verteidigungsbereitschaft an die Wehrpraxis und Militärtechnologie, die Entscheidung über Frieden und Krieg an die Politik und die Aufgaben einer eschatologischen Tröstung an die Religion abtreten können, liegt die berechtigte Kritik an der von J. Derbolav berufsethisch verstandenen praxeologischen Position. In seiner letzten, im Gespräch mit D. Ikeda verfaßten Abhandlung ist J. Derbolav über die von ihm 1983 vertretene Position entscheidend hinausgegangen. Dort führt er aus: „Lassen Sie mich am Schluß . . . nochmals die Frage wiederholen, welchen Sinn es haben kann, im Rahmen dieser ihre Zukunft beschattenden Selbstgefährdung der Menschheit über die ‚Chancen einer neuen Humanität' zu reden. . . . Die neue Qualität des modernen Menschen . . . liegt nicht in seinem Selbstbewußtsein, seiner Fähigkeit, ‚im Bewußtsein der Freiheit' fortzuschreiten, wie noch die idealistische Philosophie meinte, oder in der Bereitschaft, sich selbst zu perfektionieren. . . . Sie liegt vielmehr in der doppelten Aufgabe, sein Verantwortungsbewußtsein der Welt gegenüber so zu erweitern, daß auch die Natur in ihrem animalischen, vegetabilisch und vielleicht sogar geologischen Grundbestand darin mit eingeschlossen wird, und sich in einer ganz neuen Weise kritisch zu überwachen und zu kontrollieren. Das wäre eine echte Form von Humanitätserneuerung, „die den tradierten

Humanitätsverständnissen deutliche Schranken zieht". (D. Ikeda / J. Derbolav: Auf der Suche nach einer neuen Humanität. München 1988, S. 347f.)

69 B. Bernstein: Der Unfug mit der „Kompensatorischen Erziehung". In: B. Bernstein/U. Oevermann/R. Reichwein/H. Roth: Lernen und soziale Struktur. Amsterdam 1970, S. 7–33.

70 Zu den in ihrem Festhalten an den konstitutiven Prinzipien pädagogischen Denkens und Handelns durchaus bedenkenswerten, in ihren gesellschaftlichen Optionen gleichwohl naiven Positionen gehört m.E. unter anderen diejenige von I. Illich. Vgl. hierzu dessen Vortrag zum 7. Kongreß der Deutschen Gesellschaft für Erziehungswissenschaft aus dem Jahre 1980: Erziehung am Ausgang des Industriezeitalters. In: H. Heid (Hrg.): Das politische Interesse an der Erziehung und das pädagogische Interesse an der Gesellschaft. 17. Beiheft der Zeitschrift für Pädagogik. Weinheim 1981, S. 41–48.

71 Zur Diskussion im nachrevolutionären Rußland vgl. die Arbeit von M. Krüger-Potratz: Pädagogik und „Neue Gesellschaft". Die Diskussion an der theoretischen Front der Pädagogik in der Sowjetunion 1928–1931. Habilitationsschrift 1983 (Fachbereich 21 der Universität Münster).

72 N. Luhmann: Soziale Systeme. Grundriß einer allgemeinen Theorie. Frankfurt 1984, S. 640f. (Anmerkung 73), S. 645. Zu diesem verblüffend einfachen Fundament der Systemtheorie hat H. Peukert kritisch festgestellt: „Dies ist das in sich konsequente Eingeständnis, daß die Systemtheorie vor der Frage der Rationalität einer sich selbst bedrohenden Gesellschaft resigniert mit allen Folgen für eine Theorie der Demokratie, der Ökonomie und des kulturellen Systems" und damit insgesamt für eine Theorie der Erziehung, der Bildung und der pädagogischen Institutionen (H. Peukert: Bildung und Vernunft, a.a.O., Abschnitt 3.4).

73 Vgl. hierzu N. Luhmann/K.-E. Schorr: Reflexionsprobleme im Erziehungssystem. Stuttgart 1979; N. Luhmann: Codierung und Programmierung. Bildung und Selektion im Erziehungssystem. In: H.-E. Tenorth (Hrg.): Allgemeine Bildung. Weinheim 1986, S. 154–182. Die folgenden Zitate finden sich unter den jeweils angegebenen Seitenzahlen in Luhmanns Studie „Codierung und Programmierung".

74 Vgl. hierzu H. Peukert: Kontingenzerfahrung und Identitätsfindung. Bemerkungen zu einer Theorie der Religion und zur Analytik religiös dimensionierter Lernprozesse. In: J. Blank/G. Hasenhütte (Hrg.): Erfahrung, Glaube und Moral. Düsseldorf 1982, S. 76–103.

75 N. Luhmann: Soziale Systeme, a.a.O., S. 644f. Vgl. hierzu auch J. Habermas: Der philosophische Diskurs der Moderne. Frankfurt 1985, S. 426ff.

76 Vgl. hierzu die keineswegs skeptizistische, sondern transzendentalkritische Abhandlung von W. Fischer: Die skeptische Methode kann pädagogisch nicht entbehrt werden, a.a.O.

77 I. Kant: Über Pädagogik, a.a.O., S. 32; vgl. hierzu den Aufsatz von J. Ruhloff: „Wie kultiviere ich die Freiheit bei dem Zwange?". In: Vierteljahrsschrift für Wissenschaftliche Pädagogik 51 (1975), S. 2–18; zur Legitimation pädagogischer Gewaltausübung bei Rousseau, Kant und Herbart vgl. auch D. Benner: Die Pädagogik Herbarts, a.a.O., S. 93–105.

78 Aristoteles: Politik 1332b–1333a.

79 Vgl. hierzu: Aristoteles: Politik 1334b.

80 Vgl. hierzu die Berufung auf die „Industriephilosophie des Paulus" bei H.Ph. Sextro: Über die Bildung der Jugend zur Industrie. Ein Fragment. Göttingen 1785, S. 29 (Unveränderter Neudruck, hrg. von H.J. Heydorn und G. Koneffke, mit einer Einleitung von G. Koneffke. Frankfurt 1968).

81 G.W.F. Hegel: System der Philosophie. Bd. 10 der von H. Glockner hrg. Werkausgabe. Stuttgart 1958, S. 102. Dieser Text wurde aus verschiedenen

Vorlesungen Hegels und Mitschriften seiner Hörer zusammengestellt, so daß die Authentizität der einen oder anderen Formulierung fraglich sein kann. Die Grundaussagen der zitierten Stelle geben jedoch zweifelsfrei Hegels Position wieder, denn in ihnen kommt Hegels spekulative Methode zum Zuge, die Vernünftigkeit der Wirklichkeit durch einen Aufstieg von Strukturmerkmalen besonderer Phänomene ins Allgemeine zu erweisen.

82 I. Kant: Über Pädagogik, a.a.O., S. 32f.

83 Vgl. hierzu die Arbeit von K.-F. Göstemeyer: Pädagogik und gesellschaftliche Synthesis, a.a.O.

84 I. Kant: Über Pädagogik, a.a.O., S. 22f. Der von Rink herausgegebene Text der Vorlesung enthält an mehreren Stellen Brüche im Gedankengang, die wohl darauf zurückzuführen sind, daß Rink nicht auf ein in sich abgeschlossenes Manuskript zurückgreifen konnte, sondern mehrere Teile zu einem Ganzen zusammenfügte. Insbesondere Kants Einteilung pädagogischen Handelns in die Stufen der Disziplinierung, Kultivierung, Zivilisierung und Moralisierung ist immer wieder als in Widerspruch zu anderen Aussagen Kants stehend gedeutet worden. Liest man sie jedoch in Verbindung mit Kants Forderung, die Pädagogik müsse „judiziös" werden (ebd., S. 16), und stellt man Kants Feststellung in Rechnung, daß die Menschheit noch nicht im Zeitalter der Moralität lebt, so ergibt sich die weiterführende Problemperspektive, daß die Stufe der Moralisierung den Stufen der Disziplinierung, Kultivierung und Zivilisierung keineswegs einfach hinzugefügt werden kann. Dann aber gilt es, die pädagogische Praxis so zu dimensionieren, daß die gesellschaftlich und historisch noch ausstehende Moralisierung der menschlichen Gesamtpraxis als Aufgabe aller Dimensionen pädagogischen Handelns begriffen werden kann. Diese Konsequenz zog Herbart, ohne sich jedoch auf Kants Vorlesungen über Pädagogik eigens zu berufen, als er die pädagogische Praxis in Kinderregierung (Disziplinierung), erziehenden Unterricht (Kultivierung) und Zucht (Zivilisierung) einteilte und die von Kant als noch ausstehend begriffene Moralisierung als Aufgabe einer um ihre Grenzen wissenden Kinderregierung, eines erziehenden und bildenden Unterrichts und einer den Übergang in selbstverantwortetes Handeln ermöglichenden Zucht faßte.

85 Vgl. hierzu den Kommentar zu Herbarts Allgemeiner Pädagogik in dem Quellentextband: J.F. Herbart: Systematische Pädagogik, a.a.O., S. 274–345.

86 J.F. Herbart: Allgemeine Pädagogik (1806). In: J.F. Herbart. Pädagogische Schriften hrg. von W. Asmus. Bd. II. Düsseldorf/München 1965, S. 31; vgl. auch J.F. Herbart: Systematische Pädagogik, a.a.O., S. 79f.

87 J.F. Herbart: Allgemeine Pädagogik, a.a.O., S. 36ff.; vgl. auch J.F. Herbart: Systematische Pädagogik, a.a.O., S. 83ff.

88 G.W.F. Hegel: System der Philosophie, a.a.O., S. 102ff. Die Bedeutung, die Hegels Philosophie für die Pädagogik, insbesondere in bildungstheoretischen und institutionstheoretischen Fragen, zukommt, reicht weiter, als sich den Aussagen entnehmen läßt, in denen Hegel sich direkt pädagogischen Fragen zuwendet, denn in ihnen neigt er zuweilen zu Lösungen, die durchaus hinter das Problembewußtsein der Tradition zurückfallen. Zur Relevanz der hegelschen Philosophie für die Pädagogik vgl. den Literaturbericht von L. Wigger „Aspekte der Bildungstheorie Hegels" in: Pädagogische Rundschau 38 (1984), S. 625ff., sowie die folgenden Arbeiten: S. Reuss: Die Verwirklichung der Vernunft. Hegels emanzipatorisch-affirmative Bildungstheorie. Max-Planck-Institut für Bildungsforschung. Berlin 1982; W. Schmied-Kowarzik: Hegel und die Pädagogik. In: A. Garlichs/R. Messner/D. Möhle/K. Spreckelsen (Hrg.): Unterrichtet wird auch morgen noch. Lehrerberuf und Unterrichtsinhalte. Kassel 1982, S. 353–380; J.-E. Pleines (Hrg.): Hegels Theorie der Bildung II. Kommentare. Hildesheim 1986

89 J.F. Herbart: Allgemeine praktische Philosophie (1808). In: Sämtliche Werke, hrg. von G. Hartenstein. 12 Bände. Leipzig 1850–1852. Bd. 8, S. 368.

90 Die Weite dessen, was unter Unterricht verstanden werden kann, hat J. Henningsen in seinen pädagogischen Abhandlungen immer wieder betont. Vgl. J. Henningsen: Erfolgreich manipulieren. Methoden des Beybringens. Kastellaun 1974.

91 Vgl. hierzu die Arbeitsteilung zwischen Lehrer- und Edukator nach J.B. Basedow: Vorstellung an Menschenfreunde und vermögende Männer über Schulen, Studien und ihren Einfluß in die öffentliche Wohlfahrt (1768). In: J.B. Basedow: Ausgewählte pädagogische Schriften, besorgt von A. Reble, Paderborn 1965. Siehe auch: H. Kemper: Schultheorie und Schulreform, a.a.O., S. 64–75.

92 Aristoteles: Metaphysik. Nach der Übersetzung von H. Bonitz hrg. von H. Carvallo und E. Grassi. Leck/Schleswig 1966, 980a–981b10.

93 Vgl. hierzu G. Buck: Lernen und Erfahrung. Zum Begriff der didaktischen Induktion. Stuttgart ²1969; G. Petersen-Falshöft: Wissenchaftstheorie und Didaktik. Kastellaun 1979.

94 Vgl. hierzu R. Spaemann/R. Löw: Die Frage Wozu?, a.a.O., S. 51–78.

95 Aristoteles: Metaphysik 981a13–15.

96 Aristoteles: Nikomachische Ethik, übersetzt und kommentiert von F. Dirlmeyer. Bd. 6 der Werkausgabe in deutscher Übersetzung. Berlin 1969. Z 10; vgl. zum folgenden auch Z 5.

97 Aristoteles: Nikomachische Ethik Z 8.

98 Aristoteles: Eudemische Ethik, übersetzt von F. Dirlmeyer, Berlin 1962, B 1226b10–1227a10.

99 Aristoteles: Nikomachische Ethik Z 1142a; A 1095a.

100 I. Kant: Kritik der reinen Vernunft B 132.

101 Vgl. hierzu: H.-G. Gadamer: Wahrheit und Methode. Grundzüge einer philosophischen Hermeneutik. Tübingen ⁴1975, S. 295–307; vgl. auch D. Benner: Pädagogische Erfahrung: etwas spezifisch-pädagogisches? Überlegungen im Anschluß an Aristoteles, Kant und Gadamer. Herwig Blankertz zum Gedenken. In: Vierteljahrsschrift für wissenschaftliche Pädagogik 59 (1983), S. 451–465.

102 Vgl. I. Kant: Grundlegung zur Metaphysik der Sitten (1785) A/B 66f.

103 Siehe hierzu I. Kant: Kritik der Urteilskraft (1799) A XXIV–LV sowie A 325–359.

104 Vgl. hierzu: D. Benner: Die Pädagogik Herbarts, a.a.O., S. 105ff., sowie den Kommentar in: J.F. Herbart: Systematische Pädagogik, a.a.O., S. 283ff., S. 296ff.

105 I. Kant: Kritik der reinen Vernunft B 131f.

106 M. Horkheimer/Th.W. Adorno: Dialektik der Aufklärung, a.a.O., S. 1.

107 M. Horkheimer: Traditionelle und kritische Theorie. Vier Aufsätze. Frankfurt 1968, S. 7.

108 Ebd., S. 29.

109 Ebd., S. 17f.

110 F. Fischer: Darstellung der Bildungskategorien im System der Wissenschaften. Aus dem Nachlaß hrg. von D. Benner und W. Schmied-Kowarzik. Ratingen/Kastellaun 1975. Zum Verhältnis von Bildungskategorialer Didaktik und Kritischer Theorie vgl. D. Benner: Wissenschaft und Bildung. Überlegungen zu einem problematischen Verhältnis und zur Aufgabe einer bildenden Aneignung neuzeitlicher Wissenschaft. In: Zeitschrift für Pädagogik 36 (1990) S. 597–620, insbes. S. 609f. und S. 618 (Anm. 4).

111 Siehe hierzu: F. Fischer: Die Erziehung des Gewissens. Schriften und Entwürfe zur Ethik, Pädagogik, Politik und Hermeneutik. Aus dem Nachlaß hrg. von J. Derbolav. Kastellaun 1979, S. 66ff.; S. 82ff.

112 Siehe hierzu: F. Fischer: Philosophie des Sinnes vom Sinn. Frühe Schriften und Entwürfe (1950–1956). Aus dem Nachlaß hrg. von E. Heintel. Kastellaun 1980, S. 25ff.; S. 43ff.; S. 46ff. Vgl. auch die Einleitung von E. Heintel in diesem Band, S. Xff. Zu F. Fischers Differenzierung des Wissens nach Stufen, die im folgenden kurz dargestellt wird, siehe: F. Fischer: Darstellung der Bildungskategorien im System der Wissenschaften, a.a.O., S. 81ff., S. 101ff.

113 Vgl. G.W.F. Hegel: Phänomenologie des Geistes. Bd. 2 der von H. Glockner hrg. Werkausgabe. Stuttgart 1951, S. 81–92; vgl. hierzu auch D. Benner: Theorie und Praxis. Systemtheoretische Betrachtung zu Hegel und Marx. Wien/München 1966, S. 81ff., S. 103ff., S. 163ff.

114 Vgl. hierzu das Nachwort von W. Schmied-Kowarzik zu dem Band von F. Fischer: Darstellung der Bildungskategorien im System der Wissenschaften, a.a.O., S. 178ff.

115 F. Fischer: Darstellung der Bildungskategorien im System der Wissenschaften, a.a.O., S. 90f.; siehe auch S. 85ff., S. 110ff.

116 Vgl. ebd., S. 109; ,,Denn es darf nun nicht die Bildungskategorie einer Wissenschaft ihrerseits hypostasiert werden. Es kann das Bürgerliche Gesetzbuch ebensowenig zum Gewissen gemacht werden wie die übermathematische Maßordnung. Es ist jeweils erst die Kontingenz aller Gewissensstrukturen untereinander, welche das Positiv-Allgemeine zur Konkretisierung führt.''

117 Da in der innerszientifischen und wissenschaftstheoretischen, ja selbst auch in der philosophischen Diskussion die vier Ebenen in der Regel nicht auseinandergehalten werden, kann sich die folgende Skizze nicht einfach auf die Argumente stützen, die in der bisherigen Diskussion verwendet worden sind. Aus der Sicht der Evolutionstheorie informieren die Arbeiten von G. Vollmer: Evolutionäre Erkenntnistheorie. Stuttgart 1975 und R. Riedl: Biologie der Erkenntnis. Die stammesgeschichtlichen Grundlagen der Vernunft. Berlin/Hamburg 1980. Eine kritische Aufarbeitung der bisherigen Diskussion liegt in der Abhandlung von R. Spaemann/R. Löw: Die Frage Wozu?, a.a.O., vor; vgl. ebd. die Kapitel VIII und IX.
Mit Spaemann und Löw stimme ich darin überein, daß wir uns über das, was unter einer bildenden Interpretation neuzeitlicher Wissenchaft zu verstehen ist, heute nur verständigen können, wenn wir an der Differenz zwischen metaphysischen und szientifischen Fragestellungen, derzufolge die Aussagesysteme neuzeitlicher Wissenschaft prinzipiell den Horizont eines hypothetischen Wissens nicht überschreiten können, festhalten. Von Spaemann und Löw unterscheidet sich mein Vorschlag zu einer bildenden Interpretation neuzeitlicher Wissenschaft jedoch dadurch, daß diese im Rückgriff auf die aristotelische Metaphysik die Unverzichtbarkeit teleologischen Denkens zu begründen versuchen, derweil es mir darum geht, die Unmöglichkeit einer Versöhnung von antiker Substanzphilosophie und neuzeitlicher Wissenschaft (vgl. hierzu den Abschnitt 5.2.1.) aufzuweisen und die Möglichkeit einer bildenden Interpretation wissenschaftlicher Satzsysteme in der Beachtung jener Sinndifferenzen zu begründen, die zwischen der innerszientifischen, historisch-gesellschaftlichen, transzendental-kritischen und praxisphilosophischen Argumentationsebene bestehen. Die antike Teleologie bezog sich auf eine vom Menschen noch nicht im modernen Sinne beherrschte Natur; zur Begrenzung der Gültigkeit neuzeitlicher Wissenschaft reicht sie darum ebensowenig aus wie zur Begründung einer die Natur menschlicher Willkür nicht preisgebenden Sinnorientierung der menschlichen Praxis.

118 Zitiert nach M. Wagenschein: Verstehen lehren. Genetisch-Sokratisch-Exemplarisch. Weinheim/Basel 1968, S. 53f.

119 Zitiert nach R. Spaemann/R. Löw: Die Frage wozu?, a.a.O., S. 226f.

120 Ch. Darwin: Erinnerungen an die Entwicklung meines Geistes und Charakters (Autobiographie) 1876–1881. Köln 1982, S. 140f.

121 Ebd., S. 141; vgl. auch Darwins Bezugnahme auf Malthus in seiner Abhandlung: Die Entstehung der Arten durch natürliche Zuchtwahl. Stuttgart 1967, S. 27, S. 103.

122 F. Fischer: Darstellung der Bildungskategorien im System der Wissenschaften. a.a.O., S. 105f.

123 Ch. Darwin: Die Entstehung der Arten durch natürliche Zuchtwahl, a.a.O., S. 678.

124 Ch. Darwin: Die Abstammung des Menschen und die geschlechtliche Zuchtwahl. Bd. 6 der von J. v. Carus besorgten autorisierten deutschen Ausgabe. Stuttgart 1875, S. 378. Eine ähnliche Argumentation findet sich schon im 7. Buch der Politik des Aristoteles, der aus der teleologischen Bestimmung der einzelnen, Teil des staatlichen Ganzen zu werden und zu sein, folgerte, daß verkrüppelte Kinder unmittelbar nach der Geburt zu töten, überflüssiger Nachwuchs abzutreiben, gesund Geborene dagegen aufzuziehen seien. Das neue an Darwins Argumentation ist, daß sie nicht teleologisch im Hinblick auf die Erhaltung eines Guts argumentiert, sondern mechanisch im Hinblick auf eine bloße Steigerung der vom Menschen zu erbringenden Leistungen. Aristoteles konnte teleologisch und zugleich in Abstimmung mit der Sitte der Polis argumentieren, welche die einzelnen noch nicht als einmalige Individuen anerkannte. Dagegen ist Darwins mechanistische Argumentation mit dem neuzeitlichen Begriff der Würde des Menschen nicht vereinbar.

125 F. Fischer: Darstellung der Bildungskategorien im System der Wissenchaften, a.a.O., S. 106f.

126 Zur These von der Unverdrängbarkeit des Umgangs siehe Th. Litt: Das Bildungsideal der deutschen Klassik und die moderne Arbeitswelt. Bonn [6]1959, S. 129ff.

127 Vgl. hierzu die kritischen Bestandsaufnahmen und den Diskussionsbericht in dem Band: Evolutionstheorie und menschliches Selbstverständnis, hrg. von R. Spaemann, P. Koslowski, R. Löw. Weinheim 1984, sowie H. Peukert: Bildung und Vernunft, a.a.O., Abschnitt 3.4.

128 Mit J. Derbolav stimme ich darin überein, daß der von Th. Litt, F. Fischer und ihm selbst begründete Ansatz einer bildungskategorialen Interpretation neuzeitlicher Wissenschaft um eine Theorie der menschlichen Gesamtpraxis erweitert werden muß. Insofern stehen meine eigenen Überlegungen zu einer nicht-hierarchischen Verhältnisbestimmung der ausdifferenzierten Formen der menschlichen Gesamtpraxis durchaus in dieser Tradition. Vgl. hierzu: J. Derbolav: Theodor Litt und das Problem der Wissenschaftssystematisierung, a.a.O.

129 H.-J. Kaiser: Erkenntnistheoretische Grundlagen pädagogischer Methodenbegriffe. In: P. Menck/G. Thoma (Hrg.): Unterrichtsmethode. Intuition, Reflexion, Organisation. München 1972, S. 129–144; vgl. auch H.-J. Kaiser/P. Menck: Methodik und Didaktik. Vorüberlegungen zu einer Ortsbestimmung pädagogischer Methodenlehren, ebd., S. 145–157.

130 Vgl. hierzu E. Heintel: ,,Wie es eigentlich gewesen ist". Ein Geschichtsphilosophischer Beitrag zum Problem der Methode der Historie. In: Erkenntnis und Verantwortung. Festschrift für Theodor Litt, Düsseldorf 1960, S. 207–230, und H. Bokelmann: Zukunft – ein Bestimmungsmoment erzieherischen Handelns. Vorüberlegungen zu einer Theorie der Propädeutik. In: Vierteljahrsschrift für Wissenschaftliche Pädagogik 45 (1969), S. 173–206.

131 Vgl. W. von Humboldt: Ankündigung einer Schrift über die vaskische Sprache und Nation, nebst Angabe des Gesichtspunctes und Inhalts derselben. In: W. von Humboldt: Werke in fünf Bänden, hrg. von A. Flitner

und K. Giel. Bd. V. Darmstadt 1981, S. 122f. Zur bildungstheoretischen Fundierung von Humboldts Sprachphilosophie vgl. D. Benner: Wilhelm von Humboldts Bildungstheorie. Eine problemgeschichtliche Studie zum Begründungszusammenhang neuzeitlicher Bildungsreform. Weinheim/München 1990. S. 30ff., S. 35ff., S. 77ff., S. 120ff.

132 J.F. Herbart: Über die ästhetische Darstellung der Welt als das Hauptgeschäft der Erziehung (1804). In: J.F. Herbart. Pädagogische Schriften, hrg. von W. Asmus. Bd. I. Düsseldorf/München 1964, S. 105–121; vgl. auch J.F. Herbart: Systematische Pädagogik, a.a.O., S. 59–70 und S. 249–273; vgl. ferner D. Benner: Die Pädagogik Herbarts, a.a.O., S. 71ff.

133 Hieraus ergibt sich, daß die im Exkurs zum Abschnitt 5.2.2. versuchte Explikation der vier Ebenen einer bildenden Interpretation neuzeitlicher Wissenschaft keineswegs schon die Voraussetzungen erfüllt, die an eine didaktische Analyse im Rahmen der Unterrichtsvorbereitung zu stellen sind. Zur thematischen Offenheit didaktischer Analyse vgl. W. Klafki: Studien zur Bildungstheorie und Didaktik. Weinheim 1963, S. 135ff.; –: Neue Studien zur Bildungstheorie und Didaktik. Weinheim/Basel 1985, S. 108–118.

134 Vgl. D. Benner: Das Normproblem in der Erziehung und die Wertediskussion. In: Beiträge zum 8. Kongreß der Deutschen Gesellschaft für Erziehungswissenschaft. 18. Beiheft der Zeitschrift für Pädagogik. Weinheim/Basel 1983, S. 45–57.

135 J.F. Herbart: Replik auf Jachmanns' Rezension der ,,Allgemeinen Pädagogik'' (1814). In: J.F. Herbart. Pädagogische Schriften. Bd. II, a.a.O., S. 263.

136 Vgl. hierzu D. Benner/J. Ramseger: Wenn die Schule sich öffnet. Erfahrungen aus dem Grundschulprojekt Gievenbeck. München 1981, S. 80ff.; siehe auch die Grundschulrichtlinien des Landes Nordrhein-Westfalen von 1985: Allgemeiner Richtlinienteil sowie Lehrplan Sprache.

137 Vgl. hierzu W. Wittenbruch: Schulleben. In: W. Wittenbruch (Hrg.): Das pädagogische Profil der Grundschule. Überarbeitete Richtlinien in Nordrhein-Westfalen. Impulse für die Weiterentwicklung der Grundschule. Heinsberg 1984, S. 43–67; siehe auch D. Benner: Erziehender Unterricht, ebd., S. 68–83.

138 E. Fink: Technische Bildung als Selbsterkenntnis. In: Die Deutsche Schule 55 (1963), S. 176.

139 Vgl. hierzu J. Habermas: Technik und Wissenschaft als ,,Ideologie''. Frankfurt 1968, S. 48–103.

140 Vgl. hierzu B. Fischer/A. Gruschka/M.A. Meyer/R. Naul/B. Schenk: Schüler auf dem Weg zu Studium und Beruf. Erträge der Bildungsgangforschung des nordrhein-westfälischen Kollegschulversuchs. In: Zeitschrift für Pädagogik 32 (1986), S. 557–577.

141 I. Kant: Beantwortung der Frage: Was ist Aufklärung? In: Werke in sechs

142 Der hier unterbreitete Vorschlag, die Professionalisierung in allen pädagogischen Berufen dahingehend zu korrigieren, daß sich die helfenden Berufe auch durch unterrichtliche Kompetenzen und die unterrichtenden Handeln auffordernde Kompetenzen ausweisen, will nicht in Zweifel stellen, daß sich zum Beispiel Lehrer durch Sozialpädagogen und diese durch Lehrer weiterbilden können. Der Sinn solcher Weiterbildung kann aber nur darin liegen, daß Lehrer dann über die zweite Dimension pädagogischen Handelns hinaus auch in der dritten tätig werden und Sozialpädagogen ihre Hilfe zur Selbsthilfe zugleich auf eine durch Unterricht erziehende Basis stellen. Durch eine bloße Addition der heute üblichen beruflichen Kompetenzen sind solche Ziele nicht zu erreichen. Über die Erfahrungen aus einem Modellversuch zur Integration von Schul- und Sozialpädagogik im Grundschulbereich vgl. D. Benner/J. Ramseger: Wenn die Schule sich öffnet, a.a.O., S. 22ff., S. 60ff.; –: Abschlußbericht der Wissen-

schaftlicher ... die vierjähri Modellphase des Grundschulprojekts Gievenbeck an der Wartburgschule in Münster. Münster 1984, S. 63–126.

Zum gesamten Problemkomplex siehe auch F. Schweitzer/H. Thiersch (Hrg.): Jugendzeit – Schulzeit. Von den Schwierigkeiten, die Jugendliche und Schule miteinander haben. Weinheim/Basel 1983.

Vergleichbares wie für die Erweiterung didaktischer Handlungskompetenz um sozialpädagogische Handlungskompetenz und umgekehrt gilt auch für freizeitpädagogische Berufe, die ohne didaktische Kompetenzen in der Gefahr stehen, Berufe für Animateure in der Freizeitindustrie zu werden.

143 F.E.D. Schleiermacher: Theorie der Erziehung, a.a.O., S. 45f.; Zum Verhältnis von rechtlicher und pädagogischer Mündigkeit vgl. auch D. Benner/F. Brüggen: Mündigkeit. In: Lexikon des Humanismus, hrg. von H. Holz und H. Radermacher. Stuttgart 1988.

144 Bestimmt man Bildung mit Humboldt als freie Wechselwirkung von Mensch und Welt, so wird man zwischen Bildungsidee und Bildungsideal unterscheiden müssen, denn für diese Idee der Bildung kann es schlechterdings kein positives Ideal geben.

145 J.F. Herbart: Allgemeine Pädagogik, a.a.O., S. 118; siehe auch J.F. Herbart: Systematische Pädagogik, a.a.O., S. 157 und S. 335ff.

146 A. Petzelt hat in seinen „Grundzügen systematischer Pädagogik" zwischen drei pädagogisch relevanten Aktivitätsformen unterschieden, dem Possesivverhältnis des Schülers zum Wissen, dem Selbstverhältnis des Zöglings zu seinen Haltungen und dem Selbstverhältnis des Subjekts, das über das Verhältnis von Wissen und Haltung befindet. Diese Unterscheidung scheint mir den drei Vernunftkritiken Kants nachempfunden zu sein, denn sie führt mit der dritten Aktivitätsform eine über die Abgrenzung der beiden ersten hinausweisende Bestimmung des Selbstverhältnisses ein, ohne daß diese freilich für eine Überwindung des Gegensatzes von unterrichtlicher Wissensaneignung und moralischer Haltungserziehung fruchtbar gemacht würde. Siehe hierzu A. Petzelt: Grundzüge systematischer Pädagogik. Freiburg ³1964; Zur Würdigung und Kritik der Systematischen Pädagogik Petzelts vgl. D. Benner: Hauptströmungen der Erziehungswissenschaft, a.a.O., S. 224ff.

147 J.F. Herbart: Allgemeine Pädagogik, a.a.O., S. 133; siehe auch J.F. Herbart: Systematische Pädagogik, a.a.O., S. 170.

148 Vgl. hierzu Herbarts Diktum: „Handeln ist das Prinzip des Charakters" in seiner Allgemeinen Pädagogik, a.a.O., S. 112; vgl. auch J.F. Herbart: Systematische Pädagogik, a.a.O., S. 150 und S. 331ff.

149 Vgl. hierzu J.F. Herbart: Allgemeine Pädagogik, a.a.O., S. 132ff.; siehe auch J.F. Herbart: Systematische Pädagogik, a.a.O., S. 170ff. und S. 338ff.; vgl. auch D. Benner: Die Pädagogik Herbarts, a.a.O., S. 127ff.

150 Vgl. hierzu den Abschnitt 4.2.3. sowie die Anmerkung 68.

151 Vgl. J.F. Herbart: Allgemeine Pädagogik, a.a.O., S. 145; siehe auch J.F. Herbart: Systematische Pädagogik, a.a.O., S. 181 und S. 342ff., sowie D. Benner: Die Pädagogik Herbarts, a.a.O., S. 136ff.

152 Zum Begriff des pädagogischen Experiments und des Vermittlungszusammenhangs von Theorie, Empirie und Praxis vgl. in D. Benner: Hauptströmungen der Erziehungswissenschaft, a.a.O., das Kapitel „Zur Theorie des pädagogischen Experiments" sowie D. Benner: Experiment, pädagogisches, a.a.O.